LES ARTICULATIONS DE L'ISLANDAIS A LA LUMIÈRE DE LA RADIOCINÉMATOGRAPHIE

PUBLICATIONS DE LA SOCIÉTÉ DE LINGUISTIQUE DE PARIS

COLLECTION LINGUISTIQUE

Volumes disponibles :

23. BOURGUET (E.), Le Dialecte laconien. 1927, 170 p.
25. HOMBURGER (L.), Noms des parties du corps dans les langues négro-africaines. 1929, 118 p.
26. CUENDET (G.), L'ordre des mots dans le texte grec et dans les versions gotique, arménienne et vieux slave des Évangiles. 1929, 191 p.
28. SAUVAGEOT (A.), L'emploi de l'article en gotique. 1929, 91 p.
31. SANDFELD (K.), Linguistique balkanique, problèmes et résultats. 1930, réimpr. 1968, 250 p.
32. CAHEN (M.) et OLSEN (M.), L'inscription runique du coffret de Mortain. 1930, 66 p.
35. DUMÉZIL (G.), La langue des Oubykhs. 1931, 232 p.
36. YON (A.), Ratio et les mots de la famille de « Reor ». 1933, 291 p.
37. LYONNET (S.), Le Parfait en arménien classique. 1933, 202 p.
38. CHANTRAINE (P.), La formation des noms en grec ancien. 1933, réimpr. 1968, 502 p.
40. MEILLET (A.), Linguistique historique et linguistique générale. Tome II. 1938, 248 p.
42. MOSSÉ (F.), Histoire de la forme périphrastique :
    1re partie : Introduction, Ancien Germanique, Vieil Anglais. 1938, 126 p.
43. 2e partie : Moyen Anglais et Anglais Moderne. 1938, 314 p.
48. LESLAU (W.), Documents Tigrigna. 1941, 398 p.
49. DURAND (M.), Voyelles longues et voyelles brèves. 1946, 195 p.
50. VEY (M.), Morphologie du tchèque parlé. 1946, 196 p.
52. CANTINEAU (J.), Les Parlers arabes du Horân. 1946, 2 vol., 446 p. et 60 cartes.
53. MAROUZEAU (J.), Quelques aspects de la formation du latin littéraire. 1949, 232 p.
54. ERNOUT (A.), Les adjectifs latins en -ôsus et en -ulentus. 1949, 121 p.
55. VENDRYES (J.), Choix d'études linguistiques et celtiques. 1952, 352 p.
57. LESLAU (W.), Étude descriptive et comparative du Gafât. 1956, 297 p.
58. BASSET (A.), Articles de dialectologie berbère. 1959, 204 p.
59. MIRAMBEL (A.), La langue grecque moderne : description et analyse. 1959, 474 p.
60. BENVENISTE (E.), Études sur la langue ossète. 1959, 166 p.
61. GAGNEPAIN (J.), La syntaxe du nom verbal dans les langues celtiques. 1963, 350 p.
62. FLEURIOT (L.), Dictionnaire des gloses en vieux breton. 1964, 381 p.
63. FLEURIOT (L.), Le vieux breton, éléments d'une grammaire. 1964, 448 p.
64. SJÖGREN (A.), Les parlers bas-normands de l'île de Guernesey. 1965, 240 p.
65. TILKOV (D.), Le vocalisme bulgare. 1970, 296 p.
66. CARTIER (A.), Les verbes résultatifs en chinois moderne. 1972, 248 p.
67. SAUVAGEOT (A.), L'élaboration de la langue finnoise. 1973, 479 p.

COLLECTION LINGUISTIQUE
publiée par la
SOCIÉTÉ DE LINGUISTIQUE DE PARIS
LXVIII

MAGNUS PETURSSON

LES ARTICULATIONS DE L'ISLANDAIS A LA LUMIÈRE DE LA RADIOCINÉMATOGRAPHIE

Ouvrage publié avec le concours du Centre National de la Recherche Scientifique et du Fonds National Islandais de la Recherche Scientifique.
Couronné du prix de l'A.D.R.E.R.U.S. de 1971.

LIBRAIRIE C. KLINCKSIECK
11, rue de Lille - PARIS 7e
1974

ISBN 2-252-01594-2

A mes parents et à mon pays,
l'Islande.

Avant-propos

« Markmiðið er að losna við að hafa hugboð eitt að undirstöðu, svo að ekki sé minnzt á óskhyggju, og komast að hlutlægum röksemdum ». *Einar Ól. Sveinsson* : Íslenzkar bókmenntir í fornöld, p. 205. (Almenna Bókafélagið, Reykjavík 1962).

Les bases de la phonétique de l'islandais moderne comme science furent jetées en 1927 par Stefán Einarsson avec son œuvre magistral « Beiträge zur Phonetik der isländischen Sprache ». Après cette date aucun ouvrage théorique important de phonétique islandaise moderne, fondé sur l'analyse de données objectives, n'a vu le jour. Certes il y a eu des contributions sur des problèmes partiels et nous tenons à souligner que même le plus petit compte rendu apporte quelque chose de positif à l'ensemble des connaissances, mais l'œuvre de Stefán Einarsson est encore aujourd'hui, à 45 ans de distance, d'une valeur et d'une actualité indiscutables.

La présente étude veut continuer l'œuvre de ce pionnier, véritable fondateur de la phonétique islandaise moderne. Les lecteurs et les critiques jugeront dans quelle mesure nous avons réussi dans cette entreprise ambitieuse. Quant à nous-même nous ne nous faisons aucune illusion à cet égard. Nous savons que nos matériaux présentent certaines lacunes et nous savons aussi que l'interprétation que nous avons donnée à partir de nos documents n'est sans doute pas toujours la seule possible. Le but de notre recherche était uniquement celui d'arriver à des conclusions sûres, objectivement fondées, en excluant par conséquent tout recours à l'intuition ou à une tradition historique. Les données nous ont guidé dans notre interprétation et les positions prises par nous sont prises à partir de prémisses théoriques expliquées à fur et à mesure. Nous n'avons pas non plus oublié que nous devions analyser les faits d'un point de vue linguistique et que seul le point de vue linguistique pouvait justifier notre analyse. Il est certain que notre étude n'est qu'un modeste début d'une véritable connaissance objectivement fondée de la phonétique islandaise, mais nous espérons avoir réalisé ce premier pas. On trouvera peut-être que nous nous sommes trop occupé de certains détails, mais nous avons cru qu'il valait mieux exposer ce qui se passe réellement dans l'acte de parole plutôt que de supposer que tel ou tel fait fût plus important qu'un autre.

Etant donné que notre étude se fonde en particulier sur les données d'un sujet on est en droit de se demander dans quelle mesure nos conclusions restent valables pour l'islandais moderne en général. Ni nous-même ni personne ne pourra à l'heure actuelle donner une réponse satisfaisante à cette question ; seules de nouvelles recherches pourront éclaircir ce point. On est aussi en droit de se demander s'il n'aurait pas mieux valu restreindre le domaine de cette recherche et étudier plus en profondeur certains aspects du consonantisme et du vocalisme. A notre avis il fallait avant tout commencer par bien connaître tout le système d'un individu ; et c'est seulement ainsi que l'on peut savoir exactement quels sont les rapports entre les articulations de son système linguistique.

Nous voudrions ici remercier tous ceux qui nous ont aidé et exhorté durant la réalisation de ce travail et tout particulièrement nos deux sujets MM. Ólafur Pétursson et Páll Jensson. Sans leur concours désintéressé et précieux rien n'aurait pu se faire. Nous remercions aussi M. Georges Straka, professeur de linguistique romane, phonéticien, pour avoir bien voulu lire notre manuscrit et pour nous avoir permis de profiter de sa critique constructive ; M. Jean Charier, professeur de linguistique comparée des langues germaniques pour son aide et ses conseils et surtout Mme Péla Simon, professeur de phonétique, directrice de l'Institut de Phonétique de l'Université des Sciences Humaines de Strasbourg, pour sa critique, ses conseils et son aide inestimable tout au long de la réalisation de ce travail.

Nous exprimons également notre sincère gratitude à la Société de Linguistique de Paris pour avoir bien voulu accepter de publier ce travail dans sa Collection linguistique.

Première section :

ETUDES ET RECHERCHES SUR LA PHONETIQUE ISLANDAISE

INTRODUCTION

1.0. Les études sur la phonétique islandaise constituent déjà une tradition illustre.

Il semble utile au début de ce travail d'évoquer cette tradition pour rappeler ce qui a été fait et les résultats obtenus jusqu'à présent. Certes, il est inévitable qu'on répète des jugements et des notions connus, surtout après les excellentes revues générales du professeur Sveinn Bergsveinsson (1), du professeur Hreinn Benediktsson (2) et d'A. S. Liberman (3), mais notre entreprise sera justifiée par le fait que nos matériaux sont analysés par de nouvelles méthodes qui obligeront à faire une révision générale de tout ce qui a été dit dans le domaine de la phonétique islandaise.

Il va de soi que nous ne considérons que les études principales. En particulier, nous ne mentionnerons pas les nombreuses références à la phonétique islandaise dans les divers manuels de phonétique générale et dans les manuels d'islandais dont les références sont généralement de seconde main et souvent d'une valeur assez réduite. Nous ne mentionnerons pas non plus les travaux qui traitent le sujet uniquement d'un point de vue historique puisque ce n'est pas le propos de notre étude.

Nous avons divisé la matière en trois chapitres : phonétique, dialectologie et phonologie.

Cette division a l'avantage de faire clairement ressortir l'évolution à l'intérieur de chaque domaine, mais elle a le désavantage de devoir répéter les noms des chercheurs, le même chercheur ayant souvent fait entendre sa voix dans plus d'un domaine. Néanmoins nous pensons que la vue de l'ensemble est le point essentiel et c'est la raison pour laquelle nous avons opté pour ce mode de présentation.

---

(1) Sveinn Bergsveinsson : Isländische Phonetik, *Phonetica*, V, 1960, pp. 42-64.

(2) Hreinn Benediktsson : Icelandic Dialectology : Methods and Results, ÍT, III, 1961, pp. 72-113.

(3) A. S. Liberman : Izučenie islandskoj fonetiki I (bibliografičeskij obzor), SSB, XIV, 1969, pp. 55-88 et II SSB, XVII, 1972, pp. 181-213.

I. - PHONÉTIQUE

1.1. Dans la première moitié du XIIe siècle un ouvrage très important a été composé en Islande. Il s'agit du *Premier Traité de Grammaire* (4) de la *Snorra-Edda,* conservé dans le *Codex Wormianus* AM 242 fol.

Œuvre d'un anonyme, composé entre 1130-1140 (5), l'auteur part de l'alphabet latin — pas des runes — pour son analyse dont le but est la réforme de cet alphabet pour le rendre apte à exprimer les sons de la langue islandaise. A cette fin il propose de nouveaux signes pour les sons ne pouvant être désignés par les lettres de l'alphabet latin. Pour justifier son entreprise l'auteur entreprend une analyse rigoureuse des sons de la langue. Dans cette analyse il se révèle comme un phonéticien et phonologue de premier rang. Il sépare les consonnes des voyelles en constatant que celles-là ne peuvent pas former des syllabes à elles seules, mais que les voyelles peuvent exister soit seules soit avec les consonnes. Aux voyelles *a, e, i, o* de l'alphabet latin il ajoute les quatre suivantes : *ǫ, ę, ø, y*. Il les définit comme des voyelles mixtes : « Le *ǫ* a le demi-cercle (lykkio) de *a,* mais le cercle du *o,* parce qu'il est un mélange des sons des deux, prononcé avec la bouche plus fermée que le *a,* mais plus ouverte que le *o.* Le *ę* s'écrit avec le demi-cercle du *a,* mais il a toute la forme du *e,* parce qu'il est un mélange des deux, prononcé avec la bouche moins ouverte que le *a,* mais plus ouverte que le *e.* Le *ø* est un mélange des sons du *e* et du *o,* prononcé avec la bouche moins ouverte que le *e* et plus ouverte que le *o.* Le *y* est formé par les sons du *i* et du *u,* transformés en un son, prononcé avec la bouche moins ouverte que le *i* et plus ouverte que le *u* et pour cette raison il s'écrit avec le premier trait du *u* majuscule ... » (6)

---

(4) Sur cet ouvrage voir p. ex. : Finnur Jónsson et Verner Dahlerup : Islands Grammatiske Litteratur i Middelalderen I : Den Første og Anden Grammatiske Afhandling i Snorres-Edda, København, 1884-86, XXXII + 98 p. Anne Holtsmark : En islandsk scholasticus fra det 12. århundre, Oslo, 1936, 121 p. Einar Haugen : First Grammatical Treatise : The Earliest Germanic Phonology, *Language,* XXVI, Monograph 25, 1950, 64 p.

(5) Sur la date de composition voir F. Jónsson, ouvr. cité p. V. A. Holtsmark, ouvr. cité pp. 13-17 et discussion pp. 107-112.

(6) F. Jónsson et V. Dahlerup, ouvr. cité pp. 22-23. Sveinn Bergsveinsson : Isländische Phonetik, p. 44 où ce même passage se trouve traduit.

Même si l'auteur se trompe quant au degré d'ouverture de la bouche, il a raison quant au timbre des voyelles nouvelles (7).

Ensuite il constate que chaque voyelle peut être nasalisée et comme signe distinctif de la nasalité il propose un point au-dessus de la voyelle. Il obtient ainsi dix-huit voyelles :

a, a', ǫ, ǫ', ę, ę', ı, i, o, o', ø, ø', u, u', y, y', e, ė.

Ensuite il double encore le nombre des voyelles en indiquant que chacune peut être longue ou brève. Pour distinguer les longues des brèves il utilise l'accent aigu pour les voyelles longues et obtient ainsi 36 voyelles pour lesquelles il indique des paires d'oppositions minimales comme les phonologues du XXe siècle, par exemple : *far* est un bateau, *fár* une espèce de pénurie ; *ramr* est un homme fort, *rámr* est celui qui a la voix rauque ; *ǫl* est une boisson, *ól* est une corde, etc.

Quant aux consonnes l'auteur discute leur nature et il les analyse. Son analyse du [ŋ] est remarquable pour l'époque et avec les moyens dont il disposait :

« Le *n* qui est placé juste avant le *g* dans la même syllabe se prononce moins nasalisé que d'autres *n* et plus dans la gorge, parce qu'il est contaminé par la consonne *g*. J'en fais maintenant l'union de deux amis et je fais une lettre des deux à laquelle je donne le nom *eng* et je l'écris de cette façon : ŋ ».

L'auteur constate ensuite qu'une consonne double et une consonne simple s'opposent, ce qu'il montre par des paires minimales. Il propose d'écrire les consonnes doubles par des lettres majuscules « pour gagner de la place sur le parchemin », par exemple : *u-be, uBe, sęcr, sekcr,* etc. : « *u-be* sont les noms de deux lettres de l'alphabet, mais *uBe* est un nom propre d'homme, *sęcr* est un proscrit, *sekcr* est un sac », etc. A la fin de son travail l'auteur s'excuse de ce que son travail reste imparfait, mais il pense qu'on peut s'en servir jusqu'à ce qu'on ait trouvé quelque chose de mieux :

« Chaque homme qui désire écrire ou s'informer sur ce qui est écrit en notre langue, que ce soient des écrits sacrés ou des lois ou des généalogies ou n'importe quelle connaissance utile qu'on puisse apprendre ou enseigner par des livres, s'il est assez humble dans son amour du savoir afin de vouloir plutôt gagner une faible lueur plus que n'acquérir rien du tout, jusqu'à ce qu'il y ait la possibilité de quelque chose de plus — qu'il lise alors ce traité avec attention et qu'il l'amende en plusieurs endroits, ce qui sera indispensable, qu'il estime mon effort tout en excusant mon ignorance, qu'il utilise l'alphabet qui a été écrit ici, jusqu'à ce qu'il en ait trouvé un qui lui semble meilleur : a, a', ǫ, ǫ', ę, ę', e, ė, ı, i, o, o', ø, ø', u, u', y, y', b, B, c, K, d, D, f, F, g, G, g', h, l, L, m, M, n, N, p, P, r, R, ʃ, S, t, T, x, þ ».

(7) Comp. Hreinn Benediktsson : The Vowel System of Icelandic : A Survey of its History, *Word,* XV, 1959, p. 283.

Malgré des passages remarquables le *Premier Traité de Grammaire* est loin d'être un ouvrage parfait. Néanmoins c'est un témoignage unique pour son temps et des linguistes de grande autorité n'ont pas hésité à qualifier son auteur comme un « précurseur en avance presque de mille ans sur son temps » (8) ou comme le premier phonologue de notre ère (9).

Sa valeur pour la linguistique moderne est peut-être la mieux exprimée par Einar Haugen dans le passage suivant :

La description du premier grammairien « is less distinguished for its phonetic information than for its analysis of phonemic relationships. We cannot know the precise shades of his sounds, but we do know their relative position in the structure of Icelandic phonology » (10).

1.2. La *Snorra-Edda* contient trois autres *Traités de Grammaire* chronologiquement postérieurs au *Premier Traité de Grammaire.* Leur valeur est beaucoup moindre que celle du *Premier Traité de Grammaire.* Néanmoins ce sont des œuvres remarquables comme monuments historiques et témoins de l'époque où elles furent écrites (11).

1.3. Le reste de la littérature grammaticale islandaise au moyen âge et jusqu'au XIXe siècle apporte peu de faits phonétiques. L'ouvrage le plus remarquable de cette littérature, la *Grammatica Islandica* de Jón Magnússon (décédé en 1738) consacre très peu de place à la phonétique. Cependant quelques-unes de ses observations, notamment sur le *nn, ll* et le *þ,* montrent que son auteur n'était pas entièrement dupe de la graphie (12).

---

(8) G. Mounin : Histoire de la linguistique des origines au XXe siècle, Paris, 1967, p. 106.

(9) Parmi la copieuse bibliographie traitant du Premier Traité on peut citer les études suivantes :

1. Magnus Olsen : Den förste grammatiske avhandling, ANF, LIII, 1937, pp. 109-146. Une tentative de situer ce traité dans son cadre historique (« å få verket innpasset i en bestemt historisk ramme », p. 146) tout en étant conscient qu'une telle tentative pourrait être sans succès.
2. Sveinn Bergsveinsson : Wie alt ist die phonologische Opposition in sprachwissenschaftlicher Anwendung ? *Archiv für vergl. Phon.,* VI, 1942, pp. 59-64. Ibid. : Isländische Phonetik, *Phonetica,* V, 1960, p. 45.
3. Hreinn Benediktsson : The Vowel System of Icelandic : A Survey of its History, *Word,* XV, 1959, pp. 282-312. Ibid. : The Earliest Germanic Phonology, *Lingua,* X, 1961, pp. 237-254.
4. Voir l'opinion de Björn M. Ólsen dans : Den Tredje og Fjærde Grammatiske Afhandling i Snorres-Edda, København, 1884-86, pp. XXVIII-XXIX.

(10) First Grammatical Treatise, p. 31.

(11) Pour le deuxième traité voir l'édition de F. Jónsson et V. Dahlerup. Pour le troisième et le quatrième traités : Björn M. Ólsen : Islands Grammatiske Litteratur i Middelalderen II : Den Tredje og Fjærde Grammatiske Afhandling i Snorres-Edda, København, 1884-86, LXXXII + 342 p. G. Mounin Histoire de la linguistique..., p. 109.

(12) Sur la littérature grammaticale islandaise au moyen âge : Finnur Jónsson : Den Islandske Grammatiks Historie til o.(mkring) 1800, København, 1933, 139 p. Dans cette étude la grammaire de Jón Magnússon est publiée dans sa totalité.

Du XVIIIe siècle l'humaniste Eggert Ólafsson nous a aussi laissé quelques remarques de phonétique, mais moins que l'on aurait souhaité, puisqu'il s'occupait surtout de l'orthographe dans ses écrits sur ces sujets ([13]).

1.4. Le premier à faire une description systématique de la langue islandaise fut le célèbre linguiste danois Rasmus Kristian Rask. En 1811 il édite son ouvrage *Vejledning* ([14]) qui marque un tournant dans toutes les études sur l'islandais jusqu'à cette date. En 1818 il devait publier une nouvelle édition suédoise de cet ouvrage ([15]) et la même année un travail où il étudie l'origine de la langue islandaise et la compare avec plusieurs autres langues ([16]). Pour lui l'islandais était la langue-mère des autres langues scandinaves ([17]) ce qui explique en partie son enthousiasme pour l'islandais. Rask parle toujours des lettres et non pas des sons. En lisant ses ouvrages on s'aperçoit cependant qu'il a dû avoir une très fine oreille phonétique, mais il ne s'était pas dégagé des notions traditionnelles ([18]).

Comme on pouvait s'y attendre il compare les sons de l'islandais avec ceux du danois, mais dans *Undersøgelse* (pp. 72-73) il établit déjà la relation entre faible/forte :

g ——— k	d ——— t
b ——— p	ð ——— þ
v ——— f	

et de même pour les voyelles « étroites » (grönn sérhljóð) et « larges » (breið sérhljóð) :

a ——— á, æ	y ——— ý
o ——— ó	i ——— í
u ——— ú	e ——— ei
	ø ——— au (= öi)

(13) Comp. Árni Böðvarsson : Þáttur um málfræðistörf Eggerts Ólafssonar, *Skírnir*, CXXV, 1951, pp. 156-172. Árni Böðvarsson : Viðhorf Íslendinga til móðurmálsins fyrr og síðar, publié dans *Þættir um íslenzkt mál eftir nokkra íslenzka málfræðinga*, Reykjavík, 1964, pp. 194-196.

(14) Rasmus Kristian Rask : Vejledning til det Islandske eller gamle Nordiske Sprog, København, 1811.

(15) Erasmus Christian Rask : Anvisning till Isländskan eller Nordiska Fornspråket, Stockholm, 1818.

(16) Rasmus Kristian Rask : Undersøgelse om det gamle nordiske eller islandske Sprogs Oprindelse, København, 1818.

(17) « Men at Dansken hører til en anden Sprogklasse der er sideordnet den germanske, at den kan kaldes Søster til Svensken og disse tillige med Færøisk og Norsk nedstamme fra Modersproget Islandsk, er saa indlydende, at det ikke trænger til vidtløftige Beviser », *Vejledning*, p. XVII.

(18) Comp. : « Til at kjende et Sprogs Beskaffenhed er det ikke saa ubetydelygt, som det kunde synes, at kjende den rette Udtale ; den udgjør ligesom Sprogets ydre Form, og hvorvel man uden denne Kundskab kan bringe det vidt i at forstaa Forfatterne, saa vil man dog aldrig føle deres egentlige Aand. Indtrykket bliver koldt, fjærnt og ligesom fremmed for os. Men er den vigtig til at nyde Forfatterne, da er den aldeles uundværelig til at udlede Ordene i Sproget eller udfinde deres sande Oprindelse ; man bedrages ellers alle Øjeblikke af falske ligheder, som skuffe Øjet, naar Øret ikke kommer til Hjælp », *Undersøgelse*, p. 71.

Il indique que ces deux catégories de voyelles se distinguent par la qualité et non par la quantité. Rask fut le premier à percevoir la nasalisation non-phonologique des voyelles islandaises (19). Non seulement Rask a jeté les bases de l'étude scientifique de notre langue, mais il se préoccupait aussi beaucoup pour la culture islandaise. En 1814 il publia le dictionnaire de Björn Halldórsson et dans la même année, semble-t-il, il a commencé la traduction et l'adaptation de *Jean de France* par le poète Holberg pour ouvrir les yeux des Islandais à la beauté et à la valeur de leur culture en ridiculisant ceux qui imitaient le danois (20). En 1816 il fut un des fondateurs de la *Société Islandaise des Belles Lettres* (Hið Íslenzka Bókmenntafélag) (21).

1.5. Konráð Gíslason traite quelquefois de faits phonétiques, mais son ouvrage sur l'ancien islandais (22) est en réalité une étude paléographique des différentes formes d'écriture trouvées dans les manuscrits islandais. Comme Rask, lorsqu'il parle de phonétique, il se réfère toujours aux lettres et pas aux sons. Il pense que les voyelles *a, u, i* sont des voyelles originales dans toutes les langues gothiques (= germaniques) (23). Malgré quelques conceptions curieuses on peut trouver dans ses écrits des remarques intéressantes sur des faits phonétiques.

1.6. En 1891 Paul Passy a publié un ouvrage sur la langue islandaise (24). Cet ouvrage apporte peu de faits phonétiques. En 1898 il publia dans le *Maître Phonétique* un texte islandais en transcription phonétique (25).

1.7. H. Buergel Goodwin a fait la première tentative pour une présentation de l'ensemble du système phonétique de l'islandais (26). Malheureusement cette analyse ne mérite qu'une approbation mitigée, malgré les bonnes intentions de son auteur.

---

(19) « Framför *n* och *m* uttalas alla vokaler och diftonger med nasalljud ; t. e. heimr *verld,* raun *ron,* á-nni *ân* i dat. ; á-na i acc. sing., *kû-nni* kon i dat., kû-na i acc. sing., ám *âar* och ánum *âarne* i dat. pl., kûm *kor,* kûnum *korna* i samma staᵉllning... », Anvisning, p. 32.

(20) Steingrímur J. Þorsteinsson : Upphaf leikritunar á Íslandi, Reykjavík, 1943, pp. 43-45.

(21) Stefán Einarsson : Íslenzk bókmenntasaga 874-1960, p. 264. Sur la contribution de Rask à la formation de l'orthographe islandaise, voir : Jón Aðalsteinn Jónsson : Ágrip af sögu íslenzkrar stafsetningar, ÍT, I, 1959, pp. 77-79. — Voir aussi l'anthologie de Rask publiée à Stockholm en 1819 : Sýnishorn af fornum og nýjum norrænum ritum í sundurlausri og samfastri ræðu, comme témoignage de son intérêt culturel.

(22) Konráð Gíslason : Um Frum-Parta Íslenzkrar Túngu í Fornöld, Kaupmannahöfn, 1846, CXII + 242 p.

(23) Um Frum-Parta..., p. 13.

(24) Paul Passy : De nordica lingva qvantum in Islandia ab antiqvissimis temporibus mutata sit. Thesim facultati litterarum parisiensi proposuit Paulus Passy, Lutetiæ Parisiorum, MDCCCXCI.

(25) Sur Passy et l'Islande voir : Jón Aðalsteinn Jónsson : Glöggt er gests « eyrað », *Á góðu dægri,* Reykjavík, 1951, pp. 108-115.

(26) H. Buergel Goodwin : Det moderna isländska ljudsystemet, SvLm, 1905, pp. 99-113. Ibid. : Utkast till systematisk framställning av det moderna isländska uttalet, SvLm, 1908, pp. 77-115.

Dans son premier article l'auteur donne une bibliographie assez complète sur le sujet et au début du deuxième article il donne quatre textes dont deux sont aussi en transcription phonétique.

Buergel Goodwin trouve que les voyelles longues de l'islandais sont toutes diphtonguées ([27]), mais pour [i, u] il trouve la diphtongaison trop insignifiante pour la désigner spécialement. Il n'en est pas de même avec les autres, même pas pour le [a] où il trouve des diphtongues évidentes. Ceci n'est guère exact.

La plus surprenante de ses affirmations est cependant celle selon laquelle la vélarisation constituerait un trait aussi caractéristique du système islandais que la palatalisation pour le russe. Il admet aussi une palatalisation, mais il la considère comme moins importante ([28]). Il constate que la projection labiale est en général faible en islandais, mais comme la vélarisation n'est pas indépendante de la labialisation il préfère parler de labio-vélarisation et selon cette conception l'auteur distingue toute une série de consonnes labio-vélaires, s'opposant à une série vélaire et à une autre palatale ([29]).

Nous pensons qu'il est exagéré de faire ressortir cette nuance de manière spéciale. D'autre part, quelquefois la classification de l'auteur ne correspond à rien. Il distingue par exemple le gn de *tign* palatal, celui de *logn* vélaire et celui de *ógn* labio-vélaire ([30]). En fait il s'agit dans tous ces cas d'articulations pratiquement identiques et la projection labiale est pratiquement nulle au moment de l'explosion du [*g*]. Non seulement cette distinction de consonnes labio-vélaires est inutile, mais souvent elle est manifestement fausse, comme par exemple quand l'auteur considère que des mots comme *hálfur, hólmur, úlfur* ont une voyelle simple a, o, u suivie d'un l labio-vélaire ([31]) refusant ainsi d'admettre les diphtongues brèves au, ou que les deux premiers mots contiennent sans aucun doute. Son analyse des pp, tt, kk est assez curieuse. Il trouve que l'élément constrictif qui précède l'occlusive est homorgane avec l'occlusive et il transcrit *koppur* [koφpør], *ætt* [aiþt'],, *okkur* [ɔxkør] ([32]), mais dans le tableau ([33]) il semble hésiter et désigne l'élément constrictif par *x* qui pourrait être palatal, vélaire ou labio-vélaire. Dans le commentaire il hésite encore et pense que les deux solutions sont possibles.

Intéressantes sont ses opinions sur les « rena fortes » qu'il trouve dans des mots comme pa*bb*i, ká*p*a, bá*t*ur, E*dd*a et dans les combinaisons sp, st, sk̮, sk, ft, fk̮, fk ([34]).

---

(27) SvLm, 1905, p. 106 et 1908, p. 102.
(28) SvLm, 1905, pp. 106-107.
(29) Comp. les tableaux en SvLm 1908, pp. 92-93.
(30) SvLm, 1908, p. 92.
(31) SvLm, 1905, pp. 107 et 109-110. SvLm, 1908, pp. 92, 102 et 109.
(32) SvLm, 1905, p. 106. La transcription phonétique est simplifiée.
(33) SvLm, 1908, p. 92.
(34) SvLm, 1908, pp. 93 et 95.

Il trouve que le *þ* est toujours aspiré (35) et il désigne cette aspiration comme *þɔ*. Cette opinion n'est guère fondée. L'auteur est trop catégorique quand il pense que le *s* palatalisé peut devenir [ʃ]. Quant à l'élément [ç] qu'il trouve après le *hr-* dans des mots comme *hrísla, hratt,* etc., il doit probablement son existence à un malentendu (36).

Nous ne voulons pas discuter ici toutes les opinions de l'auteur. Cela nous mènerait beaucoup trop loin ; dans de nombreuses questions notre désaccord avec lui est presque total.

Bien que l'auteur veuille présenter un travail valable, le mélange constant des faits historiques avec les faits actuels, les erreurs d'interprétation, la terminologie et la transcription phonétique inutilement compliquées font qu'on ne peut guère, à l'heure actuelle, consulter son travail avec profit. Sa valeur reste donc avant tout historique.

1.8. Le premier aperçu de la phonétique islandaise qui garde encore aujourd'hui sa pleine valeur est celui de Jón Ófeigsson (37). Cet aperçu qui se trouve inséré dans le grand dictionnaire de Sigfús Blöndal était à l'origine seulement conçu pour justifier la transcription phonétique du dictionnaire. Mais en réalité, malgré ses dimensions réduites, il s'agit d'une importante contribution scientifique. La clarté de l'exposition en est un des grands mérites, et surtout, la création d'un alphabet simple et utilisable pour la transcription phonétique, sans complications inutiles et d'une lecture facile (38).

L'aperçu de Jón Ófeigsson comporte les sections suivantes :

I. Les sons de la langue : 1. Voyelles ; 2. Diphtongues ; 3. Consonnes.
II. La sonorité et l'aspiration.
III. L'accent.
IV. La durée.
V. Les signes de transcription.
VI. La prononciation des lettres de l'alphabet.
VII. L'aperçu de la division dialectale.

Intéressantes sont les opinions de Jón Ófeigsson sur la diphtongue [ou] qu'il considère « tvelydsagtig » (p. XV), c'est-à-dire pas tout à fait diphtongue.

Il critique l'opinion de Buergel Goodwin qui avait trouvé que les voyelles longues étaient des diphtongues ; il pense au contraire que ceci est assez rare. Quant aux *pp, tt, ꝁꝁ, kk* Jón Ófeigsson les transcrit comme *hb, hd, hg, hg.* Il considère que le *h* est long dans cette position,

---

(35) SvLm, 1908, pp. 93 et 95.
(36) SvLm, 1908, p. 98.
(37) Jón Ófeigsson : Træk af moderne islandsk Lydlære, publié dans Sigfús Blöndal : Íslenzk-dönsk orðabók, Reykjavík, 1920-1924, pp. XIV-XXVII.
(38) Sur la genèse de cet alphabet, voir la préface de Sigfús Blöndal, Íslenzk-dönsk orðabók, p. IX.

mais contrairement à ce qu'on pourrait espérer il ne le désigne pas comme long, ni demi-long ([39]) sans expliquer pourquoi.

1.9. L'analyse de Kemp Malone ([40]) cherche à rompre les moules traditionnels et précisément pour cela sa tentative ne manque pas d'intérêt. Pour la transcription phonétique il utilise un système analphabétique. Malheureusement la lecture de cet alphabet est presque impossible et si on y ajoute que la terminologie employée par l'auteur est très compliquée et extrêmement personnelle, il en résulte que les résultats du travail de Malone sont presque inaccessibles ([41]). En réalité c'est encore une analyse de la prononciation de Stefán Einarsson, puisque Stefán Einarsson était lui-même le sujet pour cette analyse. De ce fait le travail de Malone ne devrait pas apporter beaucoup de nouveau par rapport aux *Beiträge* ([42]).

1.10. En 1924 Jean Poirot a écrit un bref article sur les nasales islandaises ([43]). Ses matériaux font partie de ceux du *Specimen* (1.11.) et méritent donc un commentaire détaillé. Cet article doit être considéré comme la première contribution de la phonétique expérimentale à l'étude de la prononciation islandaise. Ses principaux résultats sont :

1. Le *h* apparaît toujours comme nasalisé en position initiale.
2. Les voyelles sont nasalisées au contact de consonnes nasales.

Les observations sur le *t* nasal ([44]) paraissent étonnantes à un Islandais. Il semble que Poirot avait espéré trouver une nasale pure dans des mots comme *hreinn* « pur » ; d'où son étonnement quand il y trouve une occlusive alvéodentale inattendue. Sa conclusion du *t* nasal provient probablement des faits suivants :

1. L'occlusive est entièrement sourde.
2. L'occlusive est demi-longue dans cette position.
3. L'occlusive est suivie d'une nasale [*n*] entièrement sourde qu'on peut confondre sur les tracés avec l'explosion de l'occlusive.

La proposition de Poirot d'appeler l'occlusive « explosive pharyngienne ou pharyngo-nasale » est sans fondement. Dans cette combinaison

---

(39) « *h* er kort i Forlyd, men i Reglen (skönt ikke betegnet) langt i Indlyd », Træk..., p. XVIII.

(40) Kemp Malone : The Phonology of Modern Icelandic, Menasha, Wisconsin, 1923, 137 p.

(41) Comp. aussi l'opinion d'Einar Haugen : « I am assured on the best of authority that Kemp Malone's The Phonology of Modern Icelandic (Menasha, Wisc. 1923) is a useful and brilliant work. But a mass of confusing neologisms make his results practically inaccessible », *Acta Linguistica,* II, 1941, p. 99, note. 3.

(42) Pourtant Malone assure : « The analysis as given however, is meant to represent the standard colloquial speech of Southern Iceland, not the speech of a single individual », Phonology, p. 1. — Pour atteindre ce but Stefán Einarsson n'était pas bien choisi comme sujet, car il présente dans sa prononciation tous les traits typiques de l'Est de l'Islande.

(43) Jean Poirot : Sur l'articulation des nasales islandaises, publié dans *Mélanges offerts à M. Charles Andler,* Strasbourg, 1924, pp. 285-290.

(44) Ibid., pp. 289 et 290 a.

homorgane il est normal de ne pas trouver d'explosion. Ce qui est anormal c'est que le [*n*] est dental au lieu d'être alvéolaire. Son explication de l'origine de l'occlusive devrait cependant être correcte. L'occlusive serait due à un retard croissant dans l'abaissement du voile ([45]). L'ancienne prononciation était [n:] et elle s'est même conservée jusqu'à aujourd'hui dans la région d'Öræfi (A.-Skaft.) ([46]).

1.11. Le travail de Stefán Einarsson, *Beiträge* ([47]), est basé en grande partie sur des données expérimentales pour la description de la prononciation islandaise. Il y étudie les sons de la langue islandaise au moyen de la palatographie et de la méthode kymographique, le plus souvent avec des tracés à deux lignes (buccale et nasale). Les enregistrements étaient faits à l'Université de Helsinki en hiver 1924-1925 sous la direction du professeur Dr Franz Äimä.

Les *Beiträge* sont un modèle de travail soigné. L'auteur se montre en général très discret dans ses conclusions. C'est pourquoi l'influence de ce travail a été si grande, parce que ses résultats sont solidement fondés. La plus grande partie du travail est consacrée à l'étude de la durée calculée selon la méthode Heinitz.

Le travail de Stefán Einarsson est surtout utile pour les consonnes. Il arrive à montrer « dass ein und derselbe Konsonant immer länger an erster als an zweiter Stelle der Gruppe ist » ([48]) résolvant ainsi ce vieux problème ([49]). Pour les voyelles il est moins précis, parce que, en effet, la méthode se prêtait moins bien à leur analyse. Si on avait à formuler quelques réserves sur le travail de Stefán Einarsson, ce serait d'avoir été lui-même sujet, ce qui n'est pas souhaitable. D'autre part les mots analysés sont prononcés isolément. De ce fait on peut s'attendre à un résultat quelque peu différent dans un discours suivi.

En 1931 Stefán Einarsson publie le *Specimen* ([50]) qu'on peut considérer comme la continuation des *Beiträge*. Le sujet est le même que celui de Poirot, Ársæll Sigurðsson de Strandarhjáleiga dans Rangárvallasýsla. La méthode d'analyse est la même que dans les *Beiträge*. A notre connaissance le *Specimen* est le seul travail qui traite spécialement la prononciation de l'islandais du Sud. Ensemble ces deux travaux forment une base de comparaison de la prononciation de l'Est et celle du Sud.

En 1945 Stefán Einarsson publie son manuel pour l'enseignement

---

(45) Ibid., p. 290.

(46) Comp. Björn Guðfinnsson : Mállýzkur I, p. 129.

(47) Stefán Einarsson : Beiträge zur Phonetik der isländischen Sprache, Oslo, 1927, 145 p.

(48) Beiträge, p. 45.

(49) Comp. Jón Aðalsteinn Jónsson : Ágrip af sögu íslenzkrar stafsetningar, ÍT, I, 1959, pp. 71-119 ; voir surtout pages 90, 96, 98, 100, 106 et 113.

(50) Stefán Einarsson : A Specimen of Southern Icelandic Speech. A Contribution to Icelandic Phonetics, Oslo, 1931, 39 p.

de l'islandais ([51]). Non seulement il a réussi à faire le meilleur manuel de la langue islandaise qui existe jusqu'à aujourd'hui, mais aussi on y trouve la meilleure description de la prononciation islandaise ([52]). Dans sa description il est à la fois rigoureux et simple de sorte que les pages qu'il consacre à la prononciation ont une grande valeur scientifique. Il en est de même avec le vocabulaire où chaque mot a une transcription phonétique.

Stefán Einarsson peut être qualifié de véritable pionnier dans les études de phonétique descriptive sur l'islandais ([53]).

1.12. Sveinbjörn Sveinbjörnsson avait commencé par la publication de textes en transcription phonétique dans le *Maître Phonétique* en 1894 et 1905. Mais il a continué à travailler dans le domaine de la phonétique avec l'intention de faire une phonétique complète de l'islandais. Une mort prématurée l'a empêché de mener à bien son projet, mais ses notes ont été publiées accompagnées de six brefs textes en transcription phonétique ([54]).

Le travail de Sveinbjörn Sveinbjörnsson est soigné, bien systématisé et très riche en exemples. Il utilise pour la transcription phonétique en partie le système analphabétique de Jespersen et en partie sa propre transcription. Il est souvent assez original dans son travail. Il distingue par exemple toute une série de voyelles rétroflexes devant *rl, rn, rs* et les consonnes *t, d, n, s, r, l* seraient rétroflexes dans les mêmes combinaisons. Pour lui, également, toutes les voyelles longues sont plus ou moins diphtonguées et il considnère l'aspiration toujours comme une voyelle assourdie. Ainsi il transcrit :

hýtt [iiit.] « fouetté », p. p. neutre de *hýða* « fouetter ».

L'aspiration des consonnes aspirées est traitée de la même manière :

kýrnar [ciirdn̥ar] « les vaches », nom. pl. avec art. défini de *kýr* « vache ».

Le raisonnement de Sveinbjörn Sveinbjörnsson est ainsi logique à l'extrême. Seulement une telle logique risque de fausser la réalité et ceci en est un exemple éloquent.

Pour pratiquement chaque consonne il distingue une variante vélaire et une autre palatale. La description articulatoire donnée pour chaque articulation est généralement très détaillée, mais en dépit d'une volonté évidente d'être précis ces descriptions restent vagues. L'auteur essaie d'y remédier en comparant avec d'autres langues.

---

(51) Stefán Einarsson : Icelandic, Grammar, Texts, Glossary, Baltimore, 1945 (5e éd. 1967), XXXVII + 502 pp.

(52) Icelandic. Part I. Pronunciation, pp. 1-31.

(53) Sur les travaux de Stefán Einarsson, voir p. ex :
George S. Lane dans *Language*, XXII, 1946, pp. 249-259.
Jón Ófeigsson dans *Skírnir*, CII, 1928, pp. 237-238.
Sveinn Bergsveinsson dans *Phonetica*, V, 1960, pp. 53-54.

(54) Sveinbjörn Sveinbjörnsson : Icelandic Phonetics, *Acta Jutlandica*, V, Supplementum, Aarhus, 1933, 96 p.

En somme, malgré ses limites, le travail de Sveinbjörn Sveinbjörnsson mérite d'être lu.

1.13. Le travail de Bruno Kress ([55]) unit une interprétation quelquefois un peu hasardée à un grand effort de synthèse. Pour chaque son il fournit une description articulatoire, souvent assez précise, mais étant donné qu'il ne s'appuie pas sur des données expérimentales ses descriptions pèchent quelquefois par excès de précision. Pour chaque son il y a une riche collection d'exemples pour toutes les positions où le son en question peut se trouver.

A la fin de son travail il ajoute deux brefs chapitres sur l'accent et la division dialectale.

Si le travail de Bruno Kress est à regarder dans l'ensemble comme un effort positif, cela ne signifie pas que toutes ses théories soient également acceptables. Nous aurons l'occasion d'y revenir au cours de notre étude.

Une continuation de l'étude descriptive de Bruno Kress est parue en 1938, avec un texte en transcription phonétique, en orthographe normale et une traduction allemande, ainsi qu'un bref commentaire et notes critiques. Elle n'apporte cependant rien de nouveau ([56]).

On peut en dire de même de son dernier ouvrage ([57]). Le chapitre sur la phonétique de l'islandais (pp. 10-44) ne contient presque aucun élément nouveau ([58]).

1.14. L'ouvrage principal de Sveinn Bergsveinsson ([59]) est une étude de la phonétique de la phrase en islandais, mais il est en même temps pensé comme une contribution à l'étude comparative des langues ce qui explique en partie son plan.

Travaillant selon les principes de la phonométrie l'auteur commence par prendre position sur la phonétique en général pour justifier, semble-t-il, sa propre méthode de travail. L'attaque qu'il lance à ce propos contre la phonétique expérimentale ([60]) est absolument injustifiée. On pourra certes être d'accord que chaque méthode expérimentale a ses avantages et ses défauts, mais il ne faut pas oublier non plus que c'est seulement par la voie de l'expérimentation que certains faits ont pu être observés. Quant au reproche que la phonétique expérimentale considère le côté linguistique de son objet d'étude comme secondaire, il est inutile de s'y arrêter. S'il est certain que des abus ont été commis dans ce sens, il n'est pas moins certain que les phonéticiens de

(55) Bruno Kress : Die Laute des modernen Isländischen, Berlin, 1937, X+182 p.
(56) Bruno Kress : Phonetische Platte des Isländischen, Berlin, 1938, 32 p.
(57) Bruno Kress : Laut- und Formenlehre des Isländischen, Halle, 1963, 252 p.
(58) Sur Bruno Kress voir p. ex. : Gunnar Leijström dans ANF, LIV, 1938, pp. 363-366. Stefán Einarsson dans MLN, LIV, 1939, pp. 150-152. Peter H. Salus dans *Orbis,* XIV, 1965, pp. 406-409.
(59) Sveinn Bergsveinsson : Grundfragen der isländischen Satzphonetik, Kopenhagen-Berlin, 1941, 210 p.
(60) Grundfragen, pp. 11-13.

valeur ont toujours été très conscients qu'ils étaient avant tout des linguistes ([61]).

L'attaque contre la phonologie est tout aussi surprenante ([62]). André Martinet signalait déjà dans son compte rendu ([63]) à propos de la critique de la notion de pertinence qu'il semblait que l'auteur n'ait pas « parfaitement saisi toute la portée de certaines démarches phonologiques » ([64]). A juste titre André Martinet signale que la phonologie n'est pas limitée au mot ; elle peut aussi être appliquée à l'étude de la phrase.

La base du travail est formée par deux textes qui sont travaillés selon les méthodes de la phonométrie. Les textes sont présentés en deux transcriptions : « Normative Lautschrift (Lautklassen) » et « Phonometrische Lautschrift (Lautqualitäten) ». En outre il y a l'orthographe normale et une traduction allemande. Il y aurait quelques remarques à faire sur la transcription. Les voyelles nasales que l'auteur transcrit dans les combinaisons de nasale + constrictive ne sont pas des voyelles nasales, mais des voyelles nasalisées. Si on veut désigner la nasalisation en islandais spécialement, il faut indiquer toute voyelle au contact d'une nasale comme nasalisée. L'abondance d'une voyelle transcrite [ə] semble aussi étonnante, mais il est difficile d'en juger quand on ne peut pas écouter l'enregistrement.

Extrêmement intéressants sont les chapitres sur l'accent, sur l'intonation et sur la quantité en islandais. C'est là la contribution la plus importante du travail et en même temps l'étude la plus complète qui existe sur ces sujets.

Quant à l'accent l'auteur distingue quatre degrés ([65]) ce qui à première vue semble beaucoup. L'auteur souligne la difficulté quant à ces distinctions ([66]). Il est vrai que l'accent de la phrase présente plus de problèmes que l'accent du mot. Malgré cette importante contribution ce problème est loin d'être résolu en islandais, comme ne l'est non plus la nature phonétique de l'accent de notre langue ([67]).

L'étude sur l'intonation est aussi pleine d'intérêt ; il s'agit là d'un problème pour la solution duquel il faut encore beaucoup de recherches.

---

(61) Voir p. ex. : Maurice Grammont, Traité de phonétique, Paris, 1965, p. 15. Bertil Malmberg, La phonétique, Paris, 1968, p. 98. Laurent Santerre : La place de la phonétique expérimentale dans la linguistique, TIPhS, II, 1969-70, pp. 108-111.

(62) Grundfragen, pp. 13-20.

(63) BSL, 1942-1945, tome 42, pp. 36-39.

(64) Ibid., p. 38.

(65) Grundfragen, p. 183.

(66) Grundfragen, p. 184.

(67) Voir aussi d'autres contributions de Sveinn Bergsveinsson sur le problème de l'accent : Die Wortbetonung im Isländischen, *Phonetica,* X, 1963, pp. 213-221. Áherzla á neitunarforskeytinu ó- í lýsingarorðum og lýsingarháttum, ÍT, VI, 1965, pp. 71-81. Die Vokaldehnung in isländischen Fremdwörtern, *Phonetica,* I, 1957, pp. 129-145.

Quant à la quantité il apparaît que ce n'est pas la durée en tant que telle qui est le facteur principal de la perception subjective de la quantité en islandais, mais c'est la manière dont les voyelles et les consonnes forment leur union (68). Les voyelles brèves forment une *succession ferme* avec la consonne (fester Anschluss) et les voyelles longues une *succession lâche* (loser Anschluss) (69). Il est possible qu'on ne puisse pas exclure le facteur de la succession, mais l'auteur n'a pas réussi à prouver son importance. Le fait que la voyelle brève ne soit pas prolongeable et la voyelle longue l'étant n'en est pas une preuve. Il est tout aussi probable qu'une différence d'intensité entre les deux catégories de voyelles reste d'une grande importance ce que l'auteur semble entrevoir (70). Le rôle de l'accent est aussi certain (71).

Le travail de Sveinn Bergsveinsson est dans l'ensemble d'un grand intérêt. C'est le seul ouvrage qui traite de la phonétique de la phrase de notre langue, mais comme tout ouvrage de pionnier il a soulevé beaucoup plus de problèmes qu'il ne lui a été possible de résoudre (72).

1.15. Bien que la contribution de Björn Guðfinnsson (73) soit surtout importante dans le domaine de la dialectologie, sa contribution à la phonétique générale ne doit pas être passée sous silence. Son ouvrage principal, *Mállýzkur I,* est précédé d'un excellent aperçu de phonétique islandaise qui montre les qualités de son auteur comme observateur.

Un autre mérite qu'on n'a pas estimé suffisamment jusqu'ici c'est que Björn Guðfinnsson a créé une terminologie islandaise de la phonétique. Il est probable qu'il faudrait y apporter quelques retouches, mais en général les termes sont bien choisis et correspondent à ce qu'ils doivent désigner. C'est pourquoi le travail de Björn Guðfinnsson devra être pris comme point de départ d'une future étude de phonétique générale et islandaise écrite dans notre langue.

1.16. Les études les plus récentes sur la phonétique islandaise, dont nous avons eu connaissance, sont celles d'A. S. Liberman. Nous avons déjà signalé son excellente revue générale (note n° 3), la meilleure et la plus complète qui existe sur la phonétique de l'islandais

(68) Grundfragen, p. 113.

(69) Grundfragen, pp. 108-109.

(70) « Zwar sind die akzentuierten Kürzen länger als die unakzentuierten, es lässt sich aber vermuten, dass bei sehr starker Ausatmungs- und Artikulationsenergie die undehnbaren Vokale vermöge ihres festen Anschlusses schneller als sonst in den Konsonanten übergehen werden ». Grundfragen, p. 109.

(71) Grundfragen, p. 103.

(72) Sur les Grundfragen voir p. ex. : E. Fischer-Jørgensen et L. L. Hammerich dans NTTS, VI, 1942, pp. 1-20. Pour les idées et quelques prémisses théoriques de Sveinn Bergsveinsson, voir ses articles en NTTS, V, 1941, pp. 93-104 et NTTS, VI, 1942, pp. 62-72. Voir aussi le jugement de Stefán Einarsson dans *Skírnir,* CXXII, 1948, pp. 220-222.

(73) Björn Guðfinnsson : Mállýzkur I, Reykjavík, 1946, 260 p.

moderne. En plus A. S. Liberman a travaillé sur le problème de la préaspiration ([74]), qu'il examine à partir d'un point de vue nouveau.

Après avoir examiné les hypothèses avancées jusqu'ici pour expliquer la préaspiration il aboutit aux conclusions suivantes :

1. La préaspiration est réalisée dans la forme de différentes spirantes qui ne peuvent pas être considérées comme des réalisations d'un phonème consonantique unique.
2. La préaspiration peut être forte ou faible.
3. La préaspiration est avant tout une interruption dans l'articulation de la voyelle précédente, c'est-à-dire, la préaspiration semble faire partie de la voyelle ou se superposer à elle ([75]).

Ces trois points, selon Liberman, parlent contre les tentatives de considérer la préaspiration comme phonème consonantique. Après avoir ensuite soumis ces trois points à un examen détaillé et rigoureux A. S. Liberman conclut à l'insuffisance des descriptions existantes qui ont toutes en commun de ne pas considérer la relation entre la préaspiration et l'accent dynamique ([76]). Il développe ensuite les idées de Kemp Malone et de Stefán Einarsson, idées qui avaient jusqu'ici passé inaperçues, concernant la relation entre préaspiration et accent et il arrive à la conclusion qu'en considérant la préaspiration comme accent on résout toutes les principales contradictions de la préaspiration dans la langue moderne. La préaspiration serait un accent à souffle (« pridyxatel'nyj akŝent », littéralement « accent aspiré », p. 120) ([77]) et en fin de compte la préaspiration islandaise et le coup de glotte danois ne seraient que des manifestations différentes d'un seul et même phénomène, l'accent dynamique ([78]). Il conclut ensuite que le terme « préaspiration » n'est pas approprié pour désigner ce phénomène et il propose de le remplacer par le terme *hljóðrof*, la désignation islandaise du coup de glotte ([79]).

Il va sans dire que les points de vue de Liberman du problème de la préaspiration apportent une nouvelle perspective. Il fallait examiner le problème de la préaspiration de ce point de vue, mais nous ne voulons pas cacher le fait que quelques points nous semblent obscurs dans le brillant exposé de Liberman. Ceux qui s'intéressent à ce problème attendront avec impatience une nouvelle contribution de sa part.

---

(74) A. S. Liberman : Preaspiraŝija v islandskom jazyke, SSB, XIV, 1969, pp. 106-122.

(75) Ibid., p. 113.

(76) Ibid., p. 118.

(77) Voir aussi : A. S. Liberman : Germanskie ępentezy v svete slogovoj abŝentuaŝii, PNJa, Tula, 1970, pp. 194-205.

(78) Il est possible que les points de vue de Liberman soient influencés par les résultats de G. S. Klyĉkov : K tipologii fononogiĉeskix sistem (islandskij konsonantism i skandinavskie tony, dans le livre *Strukturno-tipologiĉeskoe opisanie sovremennyx germanskix jazykov*, Moscou, 1966, pp. 290-321. — A nos yeux les résultats de Klyĉkov ne semblent guère suffisamment fondés.

(79) Preaspiraŝija, p. 121.

II. DIALECTOLOGIE

2.0. Notre étude n'est pas dialectologique au sens propre du mot [80], mais il est indispensable de rappeler les principales étapes de cette discipline qui a apporté tellement de faits à la phonétique générale de la langue que tout travail sur la phonétique islandaise semble inconcevable sans avoir recours aux travaux de dialectologie.

La dialectologie islandaise est une discipline jeune [81]. Cette naissance tardive s'explique par le fait que la langue islandaise est remarquablement unifiée dans la prononciation et surtout dans la syntaxe et cela jusqu'au point qu'on a nié toute existence de dialectes en Islande [82].

Néanmoins on a toujours noté des différences, surtout lexicales [83], entre les diverses régions du pays, différences qu'on note encore aujourd'hui malgré le nivellement qui s'opère partout du fait que la radio et la télévision arrivent désormais jusque dans les fermes les plus isolées. Si l'on veut pouvoir relever pour la linguistique ce qui reste encore de différences de prononciation et de différences lexicales il faut agir très vite [84]. Nous pensons en particulier au phénomène appelé « flámæli » dont la comparaison avec la prononciation dite générale se révélerait d'un intérêt particulier [85]. Ce phénomène, comme d'autres

(80) Dans un certain sens si, puisque notre sujet principal appartient à une variante bien définie de la langue islandaise.

(81) Hreinn Benediktsson : Icelandic Dialectology, ÍT, III, 1961, pp. 72-73. — Un des premiers exposés sur des différences dialectales en Islande se trouve chez Halldór Hermannsson : Modern Icelandic, *Islandica,* vol. XII, New York, 1919, pp. 50-51.

(82) Comp. p. ex. Hans Kuhn : Die sprachliche Einheit Islands, *Zeitschrift für Mundartforschung,* XI, 1935, pp. 21-39, lequel constate que « die sprachlichen Unterschiede — (sont) — derart gering, dass es falsch wäre, darauf das Wort Mundarten anzuwenden », p. 24.

(83) H. Benediktsson, ouvr. cité, pp. 74-77 et 95-99. — Voir aussi : Jón Helgason : Om ordet « guð » i isländskan, ANF, XL, 1929, pp. 441-451. Jón Aðalsteinn Jónsson : Lítil athugun á skaftfellskum mállýzkuatriðum, *Afmæliskveðja til Próf. Alexanders Jóhannessonar,* Reykjavík, 1953, pp. 139-150. Helgi Guðmundsson : Fuglsheitið jaðrakan, *Afmælisrit Jóns Helgasonar,* Reykjavík, 1969, pp. 364-386.

(84) Voir : Jakob Benediktsson : Det islandske ordbogsarbejde ved Islands universitet, NS, 1966-1967, pp. 11-24 où ces problèmes sont aussi évoqués.

(85) Nous pensons bien entendu à la comparaison de radiographies des deux prononciations.

d'ailleurs, sera probablement irrémédiablement perdu dans une vingtaine d'années si les choses continuent comme aujourd'hui.

Etant donné que les Islandais étaient peu conscients des différences internes de leur langue il n'est pas étonnant que ce soient les étrangers qui ont attiré l'attention sur ces faits.

2.1. En 1910 Marius Hægstad posait la question de l'existence de dialectes en Islande ([86]). Sa réponse est affirmative et il signale à ce propos quelques changements de l'ancienne langue à la moderne. Mais en outre il signale des différences entre les diverses régions ([87]) comme par exemple la prononciation de *b, d, g* intervocaliques dans le Sud contre *p, t, k* dans le Nord ; la monophtongue *a* devant [ŋ] dans l'Ouest contre *au* dans les autres régions. Il conclut que ces différences et d'autres qu'il mentionne constituent de vraies différences dialectales ([88]).

2.2. En 1924 Marius Kristensen donne une liste de traits dialectaux ([89]). Il reconnaît cependant que les contrastes régionaux sont insignifiants et pour expliquer ce fait il avance deux raisons :

1. Le pays a été colonisé très tard et dans les pays récemment colonisés les différences dialectales se manifestent tardivement.
2. La richesse de la littérature que tout le peuple lisait a contribué à conserver l'unité de la langue.

Même si ces deux raisons sont valables jusqu'à un certain degré, l'aperçu de Kristensen est assez incomplet, ce qui s'explique, parce qu'il ne procédait pas par observation directe. Ainsi admet-il la curieuse analyse de Buergel Goodwin des *pp, tt, kk,* mais il reconnaît qu'aucun Islandais n'a admis cette analyse, ce qui n'empêche pas qu'il la considère correcte, du moins pour certaines zones géographiques ([90]).

2.3. Le premier à présenter un aperçu systématique sur les dialectes islandais fut Jón Ófeigsson ([91]). Malgré sa concision cet aperçu est assez complet et la division dialectale qu'il établit n'a pas été modifiée dans les grandes lignes par des recherches ultérieures. La division dialectale de Jón Ófeigsson est la suivante :

1. *Sunnlenska* (= la langue du Sud).
   Caractéristiques :
   a) p, t, k > b, d, g en position intervocalique :
   taka [tʰa:*g*a] « prendre », *láta* [lau:*d*a] « laisser », *tapa* [tʰa:*b*a] « perdre ».

---

(86) Marius Hægstad : Er der bygdemaal paa Island ? *Kringsjaa,* XVIII, 1910, pp. 41-43.
(87) « Men der er ogso avbrigde eller ulikskap i maalvegen millom dei ymse landsluter », ibid., p. 41.
(88) Ibid., p. 42.
(89) Marius Kristensen : Oplysninger om islandske dialektforskelle, dans *Festskrift tillägnad Hugo Pipping,* Helsingfors, 1924, pp. 295-302.
(90) Ibid., p. 298.
(91) Dans Sigfús Blöndal, Íslenzk-dönsk orðabók, pp. XXVI-XXVII.

b) l, m, n devant p, t, k passent à [*l, m, n*] et les occlusives orales perdent leur aspiration :
hjálpa [çau*l*ba] « aider », *heimta* [hɛi*m*da] « exiger », *henti* [hɛ*n*dI] « (il) lança », passé de *henda* « lancer ».
En fin de mot l'aspiration peut se maintenir :
hjálp [çau*l*p^h] « aide ».

c) ðk se prononce þk à l'intérieur et à la fin de mot :
blíðka [bliþ*g*a] « rassurer », *traðk* [t^{h}raþk^h] « bruit de pas ».

d) hv- se prononce comme [x$^{(w)}$] :
hvalur [x$^{(w)}$a:lYr] « baleine ».

e) -fg-, -gð- se prononcent comme [vð, γð] à l'intérieur de mot :
hafði [havðI] « (il) eut », passé de *hafa* « avoir », *sagði* [saγðI] «(il) dit », passé de *segja* « dire ». En finale de mot le ð perd sa sonorité.

Tous ces traits ne sont pas répartis également, mais en général on peut dire que ce dialecte se parle de Hornafjörður dans tout le Sud, l'Ouest et le Nord-Ouest jusqu'à Skagafjörður.

2. *Vestfirska* (= la langue de Vestfirðir).
Caractéristiques :

a) a, ö devant ng, nk se maintiennent :
langur [laŋ*g*Yr] « long », *söngur* [söŋ*g*Yr] « chant ».
Dans d'autres régions il y a [au, öi] dans cette position.

b) ð après r, g, f peut devenir d :
garður [*g*ar*d*Yr] « jardin ».

3. *Norðlenska* (= la langue du Nord).
Caractéristiques :

a) p, t, k se maintiennent aspirés en position intervocalique.

b) m, n devant p, t, k conservent leur sonorité. Le l conserve sa sonorité devant p, k, mais il la perd en général devant t.

c) Le ð reste sonore devant k.

d) hv- se prononce comme k^{h}v- :
hvalur [k^{h}va:lYr] « baleine ».

e) -fð-, -gð- se prononcent comme bð, gð.

Ce dialecte se parle dans Skagafjarðar-, Eyjafjarðar- et Þingeyjarsýslur.

4. *Austfirska* (= la langue d'Austfirðir).
Caractéristiques :

Point (a) commun avec le Nord, points (b-e) communs avec le Sud. En outre :

f) Une voyelle longue devant *j* ne diphtongue pas, mais conserve sa qualité longue :
bogi [bɔ:jI] « arc ».

g) La préaspiration est plus fréquente qu'ailleurs dans les mots composés :
laklega [lah*g*lɛγa] « lentement ».

Ce dialecte se parle dans Múlasýslur, de Vopnafjörður jusqu'à Hornafjörður.

5. *Hornfirska* (= la langue de Hornafjörður).
Ce dialecte se caractérise par la conservation de l'ancienne prononciation *rn, rl*. Dans le reste du pays la prononciation est [r*d*n] ou [*d*n], [r*d*l] ou [*d*l] : *stjarna* [s*d*jarna] « étoile » *Karl* [k^{h}arl] « Charles ».

6. *Suðurnesjamál* (= la langue des des péninsules du Sud).
C'est le phénomène appelé *flámæli* ou *hljóðvilla* (voir 2.5.).

2.4. Les premières recherches dialectales systématiques sont l'œuvre de Stefán Einarsson ([92]). En 1930 il a parcouru sa région natale, *Breiðdalur,* et plus ou moins toute la région de l'Est (Austfirðir) pour localiser les limites dialectales. Les résultats de ces recherches sont très remarquables, en particulier le fait qu'il constate la propagation de la langue du Sud (sunnlenzka), surtout dans la jeune génération, ce qu'il attribue à une influence toujours croissante de la capitale, Reykjavík ([93]).

Stefán Einarsson arrive à déterminer la limite dialectale entre le Sud et l'Est et à montrer que l'explication de cette limite est à chercher dans la répartition des zones commerciales imposée au pays par le commerce monopolisé (1602-1854) pendant la période de la colonisation danoise ([94]). Cette conclusion semble évidente. Bien que le commerce monopolisé ait été supprimé en 1854, les anciennes limites des zones commerciales ont persisté en fait jusqu'en 1895, ce qui explique qu'en 1930 Stefán Einarsson ait été capable d'en trouver encore des traces.

Les principaux traits phonétiques dont il étudie la distribution géographique sont :

1. [*b, d, g*] du Sud vs. [p^{h}, t^{h}, k^{h}] du Nord.
2. [*þ, l, m, n*] + p, t, k [*b, d, g*] sourdes du Sud vs. sonores [ð, l, m, n + p^{h}, t^{h}, k^{h}] du Nord.
3. [rn, rl] et monophtongue suivie de [jI] du Sud et du Sud-Est vs. [r*d*n, r*d*l] et diphtongue suivie de [jI] du Nord.
4. hv-, [vð, ɣð] du Sud-Est vs. kv-, [*b*ð, *g*ð] du Nord.
5. Le changement i > e [I: > ɛ:], u > ö [Y: > ö:].

2.5. Le plus grand effort entrepris jusqu'ici pour l'investigation de la prononciation islandaise fut celui de Björn Guðfinnsson, professeur à l'Université d'Islande, Reykjavík.

---

(92) Les plus importants articles de Stefán Einarsson sur ces questions sont :
1. On Some Points of Icelandic Dialectal Prononciation, APhSc, III, 1928, pp. 264-279.
2. Um mál á Fljótsdalshéraði og Austjörðum 1930, *Skírnir,* CVI, 1932, pp. 33-54.
3. Icelandic Dialect Studies I. Austfirðir, JEGP, XXXI, 1932, pp. 537-572.

(93) Um mál..., p. 40 ; Icelandic Dialect Studies..., p. 557-558.

(94) Um mál..., pp. 44-47 ; Icelandic Dialect Studies..., pp. 557-558.

L'impulsion qui à l'origine poussa vers cette investigation fut le souci de soigner la prononciation et d'adopter une prononciation harmonisée, officielle. Le professeur Björn Guðfinnsson a alors exprimé son opinion selon laquelle il faudrait d'abord connaître la prononciation dans le pays (95). Son point de vue fut admis et on le chargea de procéder à une investigation systématique de la prononciation. Les premiers résultats de ces recherches qui s'étendent à presque toutes les communes du pays avec un nombre total d'environ 10.000 sujets (96) furent publiés en 1946 dans un volume portant le titre *Mállýzkur I* (97).

En 1947 il publia un autre ouvrage consacré au problème de l'harmonisation de la prononciation (98), mais à cause de sa mort prématurée il ne devait pas pouvoir finir l'investigation qu'il avait commencée. Récemment on a publié les matériaux inédits, de sorte qu'on est en mesure d'apprécier justement ce grand effort (99).

Si on a beaucoup discuté les propositions de Björn Guðfinnsson concernant l'harmonisation de la prononciation (100), il n'y a personne qui conteste la grande valeur de ses recherches dialectales, même si les méthodes employées ne sont pas restées à l'abri de la critique (101).

Les principaux traits phonétiques étudiés par Björn Guðfinnsson sont les suivants :

1. *Harðmæli* vs. *linmæli* (prononciation dure vs. prononciation molle) (102), c'est-à-dire, la conservation des occlusives aspirées en position intervocalique ou leur transformation en occlusives non-aspirées. Le changement existe aussi en fin de mot, mais moins régulièrement :
   tapa « perdre » [tʰa:pʰa] vs. [tʰa:*ba*]
   láta « laisser » [lau:tʰa] vs. [lau:*da*]
   aka « conduire » [a:kʰa vs. a:*ga*]
   sækja « aller chercher » [sai:cʰa] vs. [sai:*ga*]
   La zone de harðmæli va de Héraðsvötn (Skagafjörður) jusqu'à Sandvíkurheiði (Vopnafjörður).

---

(95) Mállýzkur I, pp. 81-84.

(96) Sur le nombre et la répartition géographique des sujets, voir : Mállýzkur I, pp. 90-99.

(97) Björn Guðfinnsson : Mállýzkur I, Reykjavík, 1946, 260 p.

(98) Björn Guðfinnsson : Breytingar á framburði og stafsetningu, Reykjavík, 1947, 71 p.

(99) Björn Guðfinnsson: Um íslenzkan framburð: Mállýzkur II. Ólafur M. Ólafsson og Óskar Ó. Halldórsson unnu úr gögnum höfundar og bjuggu til prentunar. *Studia Islandica 23*, Reykjavík, 1964, 214 p.

(100) Comp. ses propositions dans Breytingar, pp. 57-66.

(101) Hreinn Benediktsson Icelandic Dialectology, pp. 79-82 et 112-113. — Björn Guðfinnsson a décrit lui-même comment il a procédé dans ses recherches ; comp. Mállýzkur I, pp. 100-150. Comp. aussi le compte rendu de Stefán Einarsson dans *Morgunblaðið*, le 4 mars 1947, pp. 7-8. Ce que les critiques ne semblent pas avoir observé c'est que quelques-unes des idées de Björn Guðfinnsson se trouvent déjà chez Jakob Jóh. Smári : Um framburð, *Landið*, II, 1917, pp. 101, 106 et 112.

(102) Mállýzkur I, pp. 155-243 et Breytingar, pp. 16-19.

La zone de *linmæli* va de Berufjörður jusqu'à Hrútafjörður. Des deux côtés (Hrútafjörður-Skagafjörður et Vopnafjörður-Berufjörður) il y a des zones mixtes.

2. *ð, l, m, n* sonores vs. sourdes devant *p, t, k* :
maðkur « ver » [maðk^{h}Yr] vs. [maþ*g*Yr]
stelpa « jeune fille » [s*d*ɛlp^{h}a] vs. [s*d*ɛl*b*a]
menntun « éducation » [mɛnt^{h}Yn] vs. [mɛn*d*Yn]
lampi « lampe » [lamp^{h}I] vs. [lam*b*I].
La prononciation sonore est conservée dans Eyjafjarðarsýsla et dans Þingeyjarssýsla. Skagafjörður et l'Est ont une prononciation mixte. Le Sud, l'Ouest et le Nord-Ouest ont la prononciation sourde ([103]).

3. La distinction entre *hv-*, *kv-* :
hvalir « baleines » [x$^{(w)}$a:lIr] vs. [k^{h}va:lIr]
kvalir « douleurs » [k^{h}va:lIr] vs. [k^{h}va:lIr].
La distinction persiste dans le Sud-Est, de Þjórsá jusqu'à Reyðarfjörður. Des deux côtés il y a des zones mixtes. Aujourd'hui la prononciation *kv-* est probablement plus répandue qu'en 1946-1947 et même prédominante dans tout le pays ([104]).

4. Monophtongue devant [ŋ] :
langur « long » [laŋ*g*Yr] vs. [lauŋ*g*Yr].
La monophtongue persiste dans l'Ouest, dans Dalasýsla et dans Vestfirðir. Dans le reste du pays la diphtongue est la seule prononciation ([105]).

5. La prononciation des groupes *-rl, -rn* comme [rl, rn] ou [(r)*d*l, (r)*d*n] :
varla « guère » [varla] vs. [va(r)*d*la]
stjarna « étoile » [s*d*jarna] vs. [s*d*ja(r)*d*na].
La prononciation [rl, rn] existe dans Austur-Skaftafellssýsla et jusqu'à Reyðarfjörður. La prononciation avec *d* (avec ou sans le *r*) prédomine ou est exclusive dans le reste du pays ([106]).

6. Monophtongue devant *j* :
bagi « ennui, perte » [*b*a:jI] vs. [*b*aijI].

---

(103) Mállýzkur II, pp. 16-43. Breytingar, pp. 19-20. Sur le problème du groupe *lt* voir : Stefán Einarsson : On some points, pp. 264-269 et Beiträge, pp. 36 et 51.

(104) Mállýzkur II, pp. 44-61. Breytingar, pp. 20-22. Björn Guðfinnsson : Þáttur úr íslenzkum mállýzkurannsóknum. Hv-framburður - kv-framburður, *Menntamál,* XXIII, 1950, pp. 170-180. Ibid. : An Icelandic Dialect Feature : The Pronunciation of hv-- and kv-, *Philologica,* Baltimore, 1949, pp. 354-361. Sur l'aspect historique : Stefán Einarsson : Some Icelandic Words with hv- and kv-, APhSc, VII, 1932, pp. 226-248. Gunnar Karlsson : Um aldur og uppruna kv-framburðar, ÍT, VI, 1965, pp. 20-37. Le changement a son origine dans Vestfirðir et il est probable qu'il y a eu une autre zone de *kv* dans Suður-Þingeyjarsýsla au XVIIIe siècle.

(105) Mállýzkur II, pp. 118-133. Breytingar, pp. 27-28.

(106) Mállýzkur II, p. 69-80. Breytingar, pp. 23-24.

La prononciation avec monophtongue existe dans Skaftafellssýslur et jusqu'à Reyðarfjörður. La diphtongue persiste dans le reste du pays ([107]).

7. Le changement [I: > ɛ:], [Y: > ö:].

Ce changement porte généralement le nom de *flámæli* ou *hljóðvilla* (= « erreur de son », en face de *réttmæli* « langue correcte ») ([108]). Son importance phonétique et phonologique est très grande, parce qu'il annule l'opposition /I - ɛ/ et /Y - ö/ de manière que des mots comme *liti* « couleurs » (acc. pl.) et *leti* « paresse » deviennent homophones. L'enseignement a combattu systématiquement le *flámæli* et ce phénomène devrait être en franc recul. C'est en effet la seule variante de prononciation qui n'est pas admise comme langue correcte.

Le changement affecte en général seulement la voyelle longue :

sigur « victoire » [sI:γYr > sɛ:γYr]
flugur « mouches » » [flY:γYr > flö:γYr].

Selon Stefán Einarsson ([109]) le changement existe seulement pour la voyelle longue, mais Björn Guðfinnsson affirme que le changement existe aussi pour la voyelle brève ([110]). Pour la voyelle brève il est cependant beaucoup plus rare. Björn Guðfinnsson distingue non seulement [I: > ɛ:] [Y: > ö:], mais aussi une série de sons intermédiaires plus ouverts [I: > *I*:, Y: > Y:, ɛ: > ɛ:, ö: > ö:] ainsi que des diphtongues. Le phénomène est donc très complexe et il serait d'un grand intérêt de pouvoir l'examiner à la lumière de la radiocinématographie.

Le *flámæli* se trouve dans trois régions géographiquement séparées :

1. Dans l'Est : De Langanes jusqu'à Hofshreppur dans Skaftafellssýsla.
2. Dans le Sud-Ouest : Dans Gullbringu- et Kjósarsýsla et dans Borgafjarðarsýsla.
3. Dans le Nord-Ouest : Dans Húnavatnssýsla.

Dans le reste du pays la distinction prédomine ([111]).

---

(107) Mállýzkur II, pp. 134-143. Breytingar, pp. 29-30.
(108) Mállýzkur II, pp. 81-117. Breytingar, pp. 24-27.
(109) Hljóðvillur og kennarar, *Skírnir*, CVIII, 1934, p. 152. On some Points..., pp. 275-277.
(110) Mállýzkur I, pp. 56-57 et 113. Mállýzkur II, p. 82 et les tableaux pp. 83, 84, 85, 86, 91, 97 et 107. Björn Guðfinnsson donne quelques exemples de voyelles inaccentuées affectées par le *flámæli* ce qui à notre avis est inadmissible. Il faut traiter séparément les voyelles accentuées et les inaccentuées.
(111) Stefán Einarsson (*Skírnir*, 1932, p. 54) pense que le flámæli a surgi indépendamment dans le Sud et dans l'Est. — Sur les travaux de Björn Guðfinnsson, voir : Stefán Einarsson dans *Skírnir*, CXXII, 1948, pp. 219-220 (compte rendu de Breytingar) ; Sveinn Bergsveinsson dans *Phonetica*, V, 1960, p. 58 ; Hreinn Benediktsson dans ÍT, III, pp. 79-86 et 112-113.

2.6. Hreinn Benediktsson n'a pas fait de recherches dialectales, mais il est l'auteur d'une excellente synthèse où il a réuni tout ce qui a été fait dans ce domaine en Islande [112]. Quiconque voudra se renseigner sur cette discipline en Islande devra commencer par la lecture de cette synthèse.

Nous n'allons pas exposer le plan de travail de Hreinn Benediktsson, mais évoquer brièvement sa discussion sur le concept de dialecte. Hreinn Benediktsson rappelle que la réponse à la question de savoir, si des dialectes existent en Islande est en partie une affaire de terminologie et en partie une affaire de définition. Personne ne conteste qu'il existe certaines différences dont la distribution géographique est limitée (pp. 73-74). En reprenant la discussion (pp. 107-112) l'auteur arrive à la conclusion qu'il est plus juste d'utiliser le terme *variante* (angl. *variety*) pour désigner ces particularités et cela pour les deux raisons suivantes :

1. La prédominance des aires mixtes qui ne permettent pas du tout de parler d'aires pures.
2. Toutes les formes de la langue parlée — hormis le *flámæli* — jouissent de la même réputation sociale et sont considérées comme langue correcte.

Nous sommes pleinement d'accord avec ces conclusions et dans ce travail nous utiliserons le mot *variante* ou *variante de langue.* Quant à la valeur phonologique de ces différences Hreinn Benediktsson signale justement qu'elle est minime. Par ce fait il veut expliquer la résistance des Islandais à reconnaître que dans leur langue il existe des différences régionales.

(112) Hreinn Benediktsson : Icelandic Dialectology : Methods and Results, ÍT, III, 1961-62, pp. 72-113. — D'autres synthèses sur ce sujet :
1. M. I. Steblin-Kamenskij : Dialektal'nye različija v islandskom jazyke, VJa, V, 1960, pp. 61-67.
2. Karl-Hampus Dahlstedt : Íslenzk mállýzkulandafræði, *Skírnir,* CXXXII, 1958, pp. 29-63.
3. Jón Aðalsteinn Jónsson : Íslenzkar mállýzkur, dans le livre *Þættir um íslenzkt mál eftir nokkra íslenzka málfræðinga,* Reykjavík, 1964, pp. 65-87.

III. PHONOLOGIE

3.0. Il nous a également semblé indispensable de mentionner les principaux travaux sur la phonologie de l'islandais moderne. Bien que la présente étude ne soit pas phonologique, il est utile de mentionner ces travaux, parce que leurs auteurs s'appuient bien entendu sur les faits phonétiques connus et en outre on peut quelquefois y trouver des opinions ou interprétations intéressantes de tel ou tel phénomène phonétique.

3.1. En 1949 Stefán Einarsson a publié une étude dans laquelle il étudie divers phénomènes conditionnés par le système (113), tels que la quantité vocalique qui peut s'abréger dans les mots composés par analogie avec les mots simples, etc.

Il veut expliquer le changement de *p, t, k* intervocaliques en *b, d, g* en islandais du Sud comme conséquence du fait que l'opposition entre ces deux paires d'occlusives, qui existe à l'initiale, est inexistante en position intervocalique. Ainsi aucun facteur d'opposition ancré dans le système n'intervient pour arrêter le glissement graduel des occlusives aspirées vers les non-aspirées. Son résultat se résume en trois points :

1. Le système empêche les changements phonétiques.
2. Le manque d'oppositions phonologiques favorise les changements phonétiques sans en être la cause.
3. Les oppositions dans le système peuvent se durcir jusqu'à causer des changements phonétiques. Le système serait ici la cause des changements phonétiques (114).

3.2. Kemp Malone est le premier à faire une tentative d'interprétation phonologique du système phonétique de l'islandais (115). Comme dans son étude sur la phonétique islandaise (1.9.) Kemp Malone est ici très personnel dans sa méthode et dans sa terminologie. Son interprétation de la quantité est originale. Il crée un phonème de quantité qui peut se combiner soit avec une voyelle soit avec une consonne :

men /me:n/ « collier » vs. *menn* /men:/ « hommes ».

---

(113) Stefán Einarsson : Um kerfisbundnar hljóðbreytingar í íslenzku, *Studia Islandica* 10, 1949, 27 p.

(114) Ibid., p. 27.

(115) Kemp Malone : The Phonemes of Modern Icelandic, publié dans *Studies in Heroic Legend and in Current Speech,* Copenhagen, 1959, pp. 268-282.

Kemp Malone a modifié ce point de vue dans une contribution plus récente où il considère la quantité comme un trait de la syllabe ([116]).

Cette première analyse phonologique de l'islandais moderne a eu le grand mérite de stimuler les études sur ce sujet, but que l'auteur s'est proposé ([117]).

Les critiques n'ont pas manqué et Kemp Malone a dû reprendre la plume pour se défendre ([118]). Il défend vigoureusement sa position quant à la place de la symétrie dans l'analyse phonologique et il propose encore un nouveau système des voyelles islandaises, réunissant cette fois-ci en un seul système les voyelles et les diphtongues, mais comme d'autres systèmes phonologiques des voyelles islandaises proposés jusqu'ici, le nouveau système de Malone est un système de pure spéculation et assez éloigné de la réalité phonétique ([119]).

3.3. Árni Böðvarsson a écrit un bref article sur l'aspect phonologique des occlusives ([120]). Rappelant les origines historiques de la division *palatale - vélaire* il montre que dans la langue moderne les palatales sont devenues des phonèmes, mais un certain nombre d'emprunts ne se conforment pas aux règles de distribution de ces phonèmes ce qui montre qu'ils sont sentis comme éléments étrangers dans la langue, par exemple :

> [*g*æi:I] et non pas *[*g*ai:I] « copain »
> okei [ou:kʰɛi] et non pas [*ou:k̫ʰɛi].

3.4 Einar Haugen a consacré d'importants travaux à la phonologie islandaise. Dans une première contribution ([121]) il étudie le problème de l'aspect phonologique des occlusives, qui sont toutes des sourdes dans la langue moderne. Néanmoins les Islandais sont le plus souvent capables de dire où l'on doit avoir un *p* ou un *b*, mais il reste à savoir comment cette distinction est faite. La conclusion de l'auteur s'exprime dans le passage suivant :

« Icelandic *p, t, k* are kept apart from *b, d, g* by the manner in which they are joined to neighboring voiced sounds. The latter join directly with frequent overlapping of voicing, while the former are separated either at the end or the beginning (but not at both) by an

---

(116) Kemp Malone : Long and Short in Icelandic Phonemics, *Language,* XXIX, 1953, pp. 61-62.

(117) The Phonemes, p. 268.

(118) Kemp Malone : On Symmetry, in Phonemic Analysis, *Language,* XXXVIII, 1962, pp. 142-146.

(119) Sur Kemp Malone ; voir : Sveinn Bergsveinsson dans *Phonetica,* V, 1960, pp. 59-60. Einar Haugen dans *Language,* XXXIV, 1958, p. 55. A. A. Hill dans *Language,* XXXVI, 1960, pp. 246-249. M. I. Steblin-Kamenskij dans SL, XIV, 1960, pp. 35-46 et dans VJa, 1964, pp. 45-52.

(120) Árni Böðvarsson : Sitthvað um lokhljóð, publié dans *Afmæliskveðja til Alexanders Jóhannessonar,* Reykjavík, 1953, pp. 1-8.

(121) Einar Haugen : On the Consonant Pattern of Modern Icelandic, *Acta Linguistica,* II, 1941, pp. 98-107.

interval of voicelessness. There are of course other differences, but only this one is invariable » ([122]).

Dans une contribution postérieure l'auteur envisage sous cet aspect tout le système phonétique de l'islandais ([123]). Il s'agit là de discuter les possibilités de l'analyse phonologique du système phonétique de l'islandais, après quoi l'auteur prend position.

Ses décisions sont souvent contraires à la réalité phonétique, par exemple quand il analyse [c] comme /k + j/ ([124]), [i, u] comme /ij, uw/, [ŋ] comme /ng/, etc., mais il faut reconnaître que l'auteur est conséquent et en tenant compte des faits distributionnels il arrive à construire un système remarquablement cohérent.

Récemment Einar Haugen a repris le problème de l'interprétation phonologique du système des voyelles islandaises ([125]).

Il maintient son analyse des [i, u] et met les diphtongues [ɔi, üi] sur le même plan que les autres diphtongues, ce qui lui permet d'obtenir un système d'une symétrie parfaite.

3.5. Hreinn Benediktsson a étudié les étapes successives du développement du système vocalique de la langue islandaise ([126]).

Il commence son analyse par les renseignements du *Premier Traité de Grammaire* et il la poursuit jusqu'à la langue moderne. Il analyse les voyelles dans leurs traits distinctifs, ce qui lui permet d'établir une certaine cohérence dans l'évolution des diverses étapes. Ses conclusions concernant le rôle des traits distinctifs devront certainement être retenues.

Le problème de quelques changments analogiques a été évoqué dans un autre article ([127]).

Il constate que la chute du [-γ-] dans des mots comme *lágur* « bas » serait due à une analogie avec les adjectifs comme *blár* « bleu » qui n'ont pas de [-γ-] dans leur flexion. La chute du [-j-] au subjonctif des verbes comme *fljúga* « voler » serait due à un changement analogique par contamination avec des verbes comme *búa* « habiter », qui n'ont pas de [-j-], mais pas à une dissimilation de deux *j* comme Stefán Einarsson avait pensé ([128]).

---

(122) Ibid., p. 103.

(123) Einar Haugen : The Phonemics of Modern Icelandic, *Language*, XXXIV, 1958, pp. 55-88.

(124) L'auteur semble maintenant considérer les palatales comme des phonèmes uniques : Einar Haugen : The Language History of Scandinavia : A Profile of Problems, NLML, Reykjavík, 1970, pp. 62-63.

(125) Einar Haugen : On Diagramming Vowel Systems, PFICPS, pp. 648-654.

(126) Hreinn Benediktsson : The Vowel System of Icelandic : A Survey of its History, Word, XV, 1959, pp. 282-312. Ibid. : Aspects of Historical Phonology, NLML, Reykjavík, 1970, pp. 87-142.

(127) Hreinn Benediktsson : Nokkur dæmi um áhrifsbreytingar í íslenzku, ÍT, I, 1959, pp. 55-70.

(128) Stefán Einarsson : Ein tegund hljóðfirringar í íslenzku vorra daga, dans *Festskrift til Finnur Jónsson*, København, 1928, pp. 395-398.

Ainsi il aborde d'autres problèmes comme par exemple *-r*, *-rr* en finale de mot, etc.

Le problème de l'interprétation phonologique de la quantité en islandais que Kemp Malcne et Einar Haugen avaient résolu chacun à sa manière a fait l'objet d'une nouvelle analyse de la part de Hreinn Benediktsson ([129]).

Dans cette analyse il indique la nécessité d'avoir recours à des critères morphologiques pour résoudre ce problème. Il semble qu'il soit clair que la différence entre des paires comme *man* (fém.) « esclave » / *mann* « homme » (acc. sing.) réside dans la consonne qui suit la voyelle et la meilleure solution phonologique est alors de considérer la consonne longue comme deux consonnes identiques, ce qui curieusement coïncide avec l'orthographe de la langue.

Quant à l'accent il indique que la distribution *accent principal - accent secondaire* peut avoir une fonction démarcative, mais il faut aussi faire attention aux facteurs rythmiques de la phrase. Le déplacement de l'accent principal, au contraire, peut produire des changements de signification (par exemple : *,úl'fana* (acc. pl.) / *,úl'fanna* (gén. pl.) « les loups »), rétablissant ainsi des oppositions phonologiques supprimées dans la langue. Cet accent que l'auteur appelle *accent morphologique* est donc en mesure d'acquérir une valeur phonologique qui fait défaut à l'accent normal du fait de sa place fixe — pour l'accent principal à peu d'exceptions près — sur la première syllabe du mot.

3.6. M. I. Steblin-Kamenskij, auteur de nombreuses études dans le domaine de la linguistique scandinave, a fait une tentative pour l'interprétation phonologique du système vocalique de l'islandais ([130]). Constatant le fait assez curieux qu'on est en général d'accord sur l'ancien système de la langue ([131]), il se demande pourquoi de profondes différences existent en ce qui concerne la langue moderne.

Critiquant les analyses de Kemp Malone, d'Einar Haugen et de Hreinn Benediktsson il maintient qu'il faut partir d'une nouvelle base non-historique. Cette base est évidemment la neutralisation des voyelles « étroites » [I, ɛ, Y, ö, ɔ, a] et des voyelles « larges » [i, ei, u, öi, ou, au, ai] devant [ŋ] et [j], neutralisation qui va toujours en faveur des voyelles « larges ». Par ce fait il est évident que les diphtongues ne sont pas deux phonèmes groupés (*phoneme clusters*), mais des phonèmes uniques.

En outre le mouvement vers la diphtongue est caractéristique pour toutes les voyelles de l'islandais (p. 45). Ainsi il conclut que :

---

(129) Hreinn Benediktsson : The Non-Uniqueness of Phonemic Solutions : Quantity and Stress in Icelandic, *Phonetica*, X, 1963, pp. 133-149.

(130) M. I. Steblin-Kamenskij : The Vowel System of Modern Icelandic, SL, XIV, 1960, pp. 35-46.

(131) Comp. son étude : A Contribution to the History of the Old Icelandic Vowel-System, *Philologica Pragensia*, I, 1958, pp. 76-80.

> « the socalled « monophthongs » and « diphthongs » constitute a single system in Icelandic » (p. 45)

où les variations de la hauteur de la langue et la direction dans laquelle ces variations se produisent jouent un rôle important.

Quant aux diphtongues [ɔi, üi] elles ne peuvent pas être mises sur le même plan que les autres diphtongues, parce qu'elles existent seulement comme longues devant la consonne [j].

Ainsi le système de Steblin-Kamenskij restera asymétrique, mais :

> « Since it is generally admitted that phonemic systems change, it must likewise be admitted that they cannot be always equally symmetric » (p. 46).

Ce serait le cas de l'islandais moderne.

La vive discussion dont a fait l'objet le système phonologique des voyelles islandaises a donné à Steblin-Kamenskij l'occasion d'une nouvelle mise au point ([132]).

Il souligne de nouveau la nécessité de tenir compte des faits phonétiques et phonologiques et de ne pas déformer la réalité linguistique au profit du système. C'est ainsi que les diphtongues [ɔi, üi, ui, Ii] sont à considérer comme allophones des voyelles [ɔ, Y, u, I] avec lesquelles elles alternent devant *j* uniquement ce qui montre suffisamment qu'elles ne sont pas sur le même plan que les autres diphtongues. De même les voyelles [I, Y] alternent avec les monophtongues [i, u], mais non pas avec des diphtongues. Brièvement résumée sa conclusion semble être que cette exigence d'une symétrie obligatoire dans les solutions phonologiques n'est qu'une illusion dérivant de la règle célèbre : « La langue est un système ».

Steblin-Kamenskij s'est aussi occupé des problèmes du consonantisme islandais dans une perspective diachronique.

Tout d'abord il faut signaler son étude sur les transformations du consonantisme islandais ([133]). Il y traite surtout du problème des consonnes occlusives et sa conclusion essentielle est que ces changements ne s'expliquent pas uniquement comme changements phonétiques. Il faut, selon lui, tenir compte de l'interdépendance de facteurs phonétiques et phonologiques.

Son étude sur le problème de l'origine des nasales et liquides sourdes de l'islandais moderne est le modèle de solution phonologique donnée à un problème qui à première vue est un problème purement phonétique ([134]).

---

(132) M. I. Steblin-Kamenskij : O simmetrii v fonologičeskix rešenijax i ix needinstvennosti, VJa, 1964, pp. 45-52.

(133) M. I. Steblin-Kamenskij : Islandskoe peredviženie soglasnyx, SSB, II, 1957, pp. 205-221.

(134) M. I. Steblin-Kamenskij : Vozniknovenie šumnyx korreljatov, nosovyx i plavnyx soglasnyx fonem v islandskom, dans le livre *Očerki po diaxroničeskoj fonologii skandinavskix jazykov*, Leningrad, 1966, pp. 108-114.

Deuxième section :

MATERIAUX LINGUISTIQUES, SUJETS ET METHODES EXPERIMENTALES

IV. LA PRÉSENTE ÉTUDE

4.0 Le but de la présente étude est une description articulatoire du système phonétique de l'islandais moderne.

La variante de langue parlée dans le Sud du pays sera l'objet d'une analyse particulière, sans toutefois qu'on néglige complètement les autres variantes de la langue parlée. La langue du Sud (*sunnlenzka*) est la variante de langue de loin la plus répandue. Selon Jón Ófeigsson ([135]) elle est parlée par les 70-75 % de la population.

Stefán Einarsson constatait déjà dans ses recherches dialectales la progression incessante de cette variante (2.4.). Björn Guðfinnsson la constatait aussi, à Reykjavík surtout, où il y a cependant des personnes venues de toutes les régions du pays ([136]). Nous croyons qu'il ne serait pas hasardeux d'affirmer que les chiffres sont aujourd'hui encore plus en faveur de cette variante. Ainsi du point de vue numérique *sunnlenzka* constitue-t-elle certainement la base de ce qu'on peut nommer l'islandais commun. Il est donc bien évident qu'il y a un intérêt particulier à l'étudier en profondeur.

Une telle étude pourrait, en effet, si elle ne pèche pas par un excès de généralisation, être un miroir assez fidèle de la langue courante moderne de la génération d'après-guerre et en même temps de la langue courante en général.

Nous ne pénétrons pas dans un terrain en friche. De ce qui précède on aura pu se rendre compte que de bonnes descriptions existent de la prononciation islandaise, mais d'une part il n'y en a aucune qui soit spécialement orientée vers l'étude de la variante de langue parlée dans le Sud du pays ([137]), et d'autre part les nouvelles techniques dont dispose la phonétique expérimentale moderne obligeront un jour à faire une révision totale de tout ce que l'on sait déjà ou croit savoir.

Nous nous sommes servis de trois méthodes expérimentales :

1. La radiocinématographie par laquelle nous étudions les positions des organes articulatoires.

---

(135) Træk, p. XXVII.

(136) Mállýzkur I, pp. 160-161. Björn Guðfinnsson constate qu'à Reykjavík la prononciation *b, d, g* des occlusives intervocaliques était d'environ 91,95 %, mais la prononciation *p, t, k* aspirée seulement de 0,68 %. La prononciation mixte était de 7,77 % et il conclut — la conclusion s'imposait — que ceci montre clairement la tendance vers le *linmæli*.

(137) Voir cependant le *Specimen* de Stefán Einarsson (1.11.).

2. La méthode oscillographique par laquelle nous étudions principalement la sonorité et l'aspiration.
3. La palatographie qui complète la radiocinématographie.

Les méthodes et la façon dont nous avons procédé sont décrites dans le chapitre V.

4.1. *Matériaux linguistiques.*

Texte des radiofilms

Les principes selon lesquels le texte des radiofilms a été établi ont été les suivants :

1. Pour les consonnes :

Pour chaque consonne nous avons cherché une position de base entre deux voyelles *a*. C'est la position la plus neutre possible et la position à partir de laquelle les autres positions sont étudiées. La consonne en question doit se trouver au début de mot, c'est-à-dire, en syllabe accentuée ou si elle n'existe pas dans cette position, alors en position entre deux *a* après l'accent. Pour quelques consonnes comme le [ŋ] il faut évidemment chercher d'autres positions, parce que le [ŋ] n'existe dans aucune de ces positions.

En plus de la position de base nous avons essayé d'introduire dans le texte le plus possible de positions pour chaque consonne.

2. Pour les voyelles :

Pour les voyelles il aurait été préférable de trouver une position de base entre deux consonnes labiales, mais il n'a pas été possible de trouver cette position pour toutes les voyelles longues et brèves. Nous avons alors pris la suite : consonne labiale /p, p^h + voyelle + t, ht/. Il est sûr que la position n'est pas exactement la même pour la voyelle longue et la voyelle brève, mais elle est aussi semblable que possible.

Nous avons absolument rejeté l'idée de créer des logatones. Pour les diphtongues nous avons la position de base, telle que nous venons de la définir, uniquement pour la diphtongue longue. Malheureusement les exemples de diphtongues brèves sont peu nombreux dans les phrases filmées.

TEXTE

Film I (63)

1. Bátana bar að baujunni í bylnum ([138]).
2. Pétur krabbar á dósina ([139]).
3. Ber er hver að baki, nema sér bróður eigi.
4. Sláðu blettinn með bílnum.
5. Mikill afli hafði borizt að landi.
6. Köttur er í bóli bjarnar.

(138) Cette phrase a été filmée, mais il est impossible de la délimiter pour des raisons techniques de la mise au point.

(139) Pour cette phrase le voile du palais est invisible.

7. Höfnum ei góðu boði.
8. Sambönd áorka oft miklu.
9. Alla daga er tausins vænzt.
10. Kól Gauk í gaddaskónum ?
11. Nú togar Gústi í dragann.
12. Hittu djáknann á dimmum degi.
13. Loginn dvínar.
14. Sveinn og Dísa gá að kúnni.
15. Geir er varla búinn enn.
16. Barnið kom heim í dögun.
17. Ég braut dúkinn um keyrið.
18. Nýja gatan er þröng.
19. Þú getur sagað spýtuna.
20. Vagninn haggast ekki.
21. Hann er gramur og kýrin gömul.
22. Í gilinu er grjótið gott.

Film II (64)

1. Hér er gnótt huggenda.
2. Sögnin að dá beygðist veikt.
3. Bögglarnir eru þungir.
4. Brúna kakan er gómsæt (140).
5. Hakkaðu kjötið af kindinni.
6. Leikendurnir sóttu sækjendurna.
7. Mikið var klappað fyrir kusu.
8. Margur er knár, þótt hann sé smár.
9. Hér er kröpp beygja.
10. Faxið flaksast.
11. Læknaeklan er slæm.
12. Hvaðan kemur gæsin ?
13. Þeir skemmdu pokann.
14. Viltu rétta parið hingað.
15. Taktu pappann með upp.
16. Það voru dæmalaus kaup.
17. Páll og Gísli eru með spennu, plástur og pinna.
18. Hjálpaðu stelpunni með stelkinn.
19. Ekki duga prettir, heldur púl.
20. Viltu taka tak á trénu.
21. Klær kattarins eru hvassar.
22. Nautið stangaði bundna kálfinn.
23. Sæktu strangann út.
24. Tjáðu þig betur með pennanum.
25. Ég tek töluna í tíma.
26. Gunnar tók tvær tunnur.

---

(140) Cette phrase a été lue : *Brún kaka er gómsæt* avec un accent sur *brún* et un autre sur *kaka*.

Film III (65)

1. Sjá hana fara (141).
2. Jón skaffar fíl.
3. Finndu frakkann.
4. Felldu föngin fjögur.
5. Fáðu fundinum Fúsa.
6. Forin fældi fólkið.
7. För í Fnjóskadal.
8. Við bláa hafið.
9. Þeir hlaupa í hríð.
10. Hljóta hjálp að launum.
11. Lömbin hafa jarmað.
12. Hey ézt úr jötu.
13. Júði selur joð.
14. Jæja, já, dorgaðu.
15. Hið langa land.
16. Þau ala Alla (142).
17. Leifur lemur ljónið.
18. Linu lungun morkna.
19. Loft lætur límið þorna.
20. Munda man mæta vel.
21. Amma deyðir mýs.
22. Mátaðu múlinn á Mósa.
23. Mölur metur ei mél.
24. Náðu í meiri lauk.
25. Lundinn lónar léttilega.
26. Mýsla nagar hnot.
27. Anna anar í dansinn.
28. Netið nægir í nótt.
29. Nytin notast vel.
30. Númi náði nöfinni.
31. Þið nutuð vínsins.
32. Hún neitar.

Film IV (66)

1. Það marrar bara.
2. Rok reif nótina.
3. Rúna rauf rásina.
4. Við runnum.
5. Rödd risans ræður.
6. Þau hafa sannað.
7. Refurinn syndir sunnar.
8. Póstur og sími.

---

(141) La délimination de cette phrase s'est avérée impossible pour des raisons techniques de la mise au point.
(142) Cette phrase a été lue : *Þau ala alla* [atla].

9. Sámur sofnar seinna.
10. Saumaðu sútað skinn.
11. Þetta var vont.
12. Vélin þótti góð.
13. Þá er vá framundan.
14. Þær vöknuðu.
15. Þunga þakið féll.
16. Aþena er þín borg.
17. Þinn hundur er þögull.
18. Allir þustu að þér.
19. Með pata.
20. Með patta.
21. Hjá Betu.
22. Hjá Bettu.
23. Hvern bita.
24. Hver bytta.
25. Hann bítur.
26. Hún býttar.
27. Að pota.
28. Tíu pottar.
29. Ein púta.
30. Sex pútta.
31. Þrír putar.
32. Fimm puttar.
33. Frá pötum.
34. Á pöttum.
35. Sjö bátar.
36. Að bæta.
37. Að bauka.
38. Til bóta.
39. Að beita.

4.1.1. *Les lacunes des radiofilms.*

La position de base telle qu'elle vient d'être définie manque pour les articulations suivantes :

1. Consonnes : [p, f, r, c^h, c, ç, k^h].
2. Voyelles : [Öī] et les diphtongues brèves.

Pour ces articulations nous sommes obligé de nous servir d'autres positions. Chaque cas sera expliqué à part quand ces articulations seront étudiées.

Le manque de position de base pour [p, f, r] est dû aux facteurs techniques intervenus pendant la réalisation des films et dus à l'opérateur. Le manque de position de base pour la consonne [k^h] est dû à une erreur que le sujet a fait dans la lecture (note n° 140). Une autre erreur que le sujet a faite dans la lecture du mot Alla, lu comme *alla* [atla] a fait que le [l:] n'existe pas (note 142).

Il va de soi que chaque articulation est plus ou moins bien représentée sur les films, mais en général nous pouvons dire que les principales positions pour les articulations islandaises ont été filmées.

L'articulation la mieux représentée est le *þ* pour lequel on trouve presque toutes les positions existantes et les articulations les moins représentées sont les palatales [cʰ, c, ç] pour lesquelles plusieurs positions, dont celle de base, font défaut. Pour combler ces lacunes il aurait fallu réaliser un cinquième film, ce qui ne nous a pas été possible.

Ces quelques lacunes sont certes fâcheuses, mais nous ne croyons pas qu'elles puissent compromettre l'ensemble des résultats de la présente étude. Elles pourront être aisément comblées dans des études futures sur la phonétique de notre langue.

4.2.1. *Les phrases filmées à l'oscillographe.*

1. Þau banka á hliðið.
2. Þau hentu hnífnum.
3. Þau hrynda áfram.
4. Sveinn veiddi tófuna.
5. Hann heldur hnappinum.
6. Lömbin éta sápuna.
7. Öndin gætti unganna.
8. Pallurinn er kaldur.
9. Kvöldin endast ekki.
10. Sveinn stendur einn.
11. Dollan skellur í gólfið.
12. Láttu rakkann fara.
13. Aldan skellur á ströndina.
14. Trappan endar í helli.
15. Sigga er seinn keppinautur.
16. Dallurinn lekur illa.
17. Steinn lenti í hnakkann.
18. Hreinn skall á bakkann.
19. Krakkar hlupu með kolluna.
20. Grænn álfur birtist.
21. Tappaðu á flöskuna.
22. Hættu að kinka kolli.
23. Skolli er brúnn á litinn.
24. Höllin er kaldari.
25. Hreppurinn stendur uppi.
26. Mátturinn bagar alla.
27. Grænn ás er eftir.
28. Rollan datt í keldu.
29. Ágúst skellur í mjöllina.
30. Þau dá dátana.
31. Nýja gatan endar.
32. Stóra sátan veltur.
33. Þau gæta bátanna.
34. Bæði heita góðu.

35. Við hötum fötuna.
36. Alla daga bætist við.
37. Árni getur ekið.
38. Þau mætast ætíð.
39. Við ýtum sætinu.
40. Ása hatar ópin.
41. Bláa kápan upplitast.
42. Græna sápan gulnar.
43. Hér er hæpið að rápa.
44. Ekki dugði að æpa.
45. Þau glápa á reitinn.
46. Þau reyna að bæta spottann.
47. Skolli slæpist í bænum.
48. Þau létu glæpast.
49. Í gulu götin vex grænt.
50. Þau labba hrópandi.
51. Í slíkum hópum er harka.
52. Það gaztu bókað.
53. Brúna kakan er góð.
54. Þeir móka í rakanum.
55. Þeir maka laukana.
56. Bílar aka líka beggja megin.
57. Þau tóku bátinn.
58. Þeir móka í bólinu.
59. Bankinn sakar engann.
60. Þau taka gulu kökuna.

4.3.1. *Les palatogrammes.*

Les consonnes suivantes, soulignées dans les mots où elles figurent, ont été photographiées pour les palatogrammes :

1. *k*om	6. *t*ama	11. ma*rr*a	16. a*l*a
2. *s*ama	7. *þ*a(ð)	12. ba*r*a	17. ha*kk*a
3. *k*af	8. ha*tt*a	13. A*nn*a	18. Ma*gg*a
4. ba*ð*a	9. ma*ss*a	14. a*n*a	19. pa*dd*a
5. *n*am	10. ma*s*a	15. A*ll*a	20. pa*t*a.

4.2. *Les sujets.*

Sujet I :

Ólafur Pétursson (Ó.P.) nous a servi de sujet principal pour la présente étude. Les matériaux linguistiques déjà énumérés sont tous fournis par lui.

Né le 20 mai 1943 à Reykjavík il y a vécu jusqu'à l'âge de onze ans (1954), puis dans la région d'Árnessýsla. Sa mère est née à Haganesvík, Fljótum (Skagafjörður) et son père à Siglufjörður. Leur domicile est actuellement Austurkot, Sandvíkurhreppi, Árnessýslu.

Ólafur Pétursson est titulaire du baccalauréat (section : mathématiques) depuis 1963. A partir de 1965 il entreprit des études de chimie à la Eidgenössische Technische Hochschule (ETH), Zürich, Suisse. En dehors de sa langue maternelle il connaît les langues étrangères suivantes : Langues scandinaves, anglais, allemand.

Quant aux particularités de la prononciation de son milieu linguistique on peut signaler que ses parents sont tous les deux du Nord de l'Islande, de la zone de harðmæli (2.5.).

Ainsi les parents prononcent toujours *kv-* (< hv-). Le père prononce régulièrement *sagði* [săkðI], *hafði* [hăpðI] « il dit, il eut » et non pas [γð, vð] (2.3.).

La prononciation des *p, t, k* intervocaliques comme aspirées n'est cependant pas très dominante. La prononciation sourde de *l, n, m, ð* devant *p, t, k* est exclusive.

Il n'est donc pas étonnant si l'on peut occasionnellement trouver quelques caractères nordiques dans la prononciation du sujet I, mais il peut quand même être caractérisé comme parlant la langue typique du Sud du pays.

Dans sa prononciation sont prédominants : *linmæli, kv-* exclusif, *-(r)dn-, -(r)dl-, diphtongue + j, diphtongue + ŋ,* et pas de *flámæli.*

Peut-être aurait-il été possible de trouver des sujets encore plus typiques, mais il ne faut pas oublier que tout sujet présente un certain nombre de caractères individuels. Néanmoins la prononciation de notre sujet peut être qualifiée de *lýtalaus framburður* « prononciation sans fautes » dans le sens que Stefán Einarsson a défini ce concept (143).

Sujet II :

Notre deuxième sujet est Páll Jensson (P.J.). Il est né le 3 octobre 1947 à Reyðarfjörður (S.-Múlasýsla), mais à partir de 1966 il habite à Reykjavík. Sa mère est de Kjalarnes (Kjósarsýsla) et son père est de Suðurnes (Gullbringusýsla). Leur domicile est à Reykjavík.

Páll Jensson est titulaire du baccalauréat (section : mathématiques) et depuis 1966 il poursuit des études d'ingénieur à l'Université d'Islande, Reykjavík. En dehors de sa langue maternelle il connaît les langues scandinaves, l'anglais et le français.

Comme les dates biographiques l'indiquent, notre deuxième sujet est né dans l'Est de l'Islande. Bien que vivant actuellement à Reykjavík et malgré le fait que ses parents sont tous les deux de régions où la prononciation non-aspirée des occlusives intervocaliques est presque exclusive (144), sa prononciation est avant tout celle de l'Est du pays.

(143) Stefán Einarsson : Fagurt mál. Nokkrar hugleiðingar, *Skírnir*, CVIII, 1934, p. 134.

(144) Quand Björn Guðfinnsson a examiné la prononciation de Gullbringusýsla et de Kjósarsýsla il a constaté une prédominance totale de *linmæli.* Comp. Mállýzkur I, pp. 163-165.

Ainsi les occlusives intervocaliques sont habituellement aussi fortement aspirées que dans la position initiale ([145]) et en conséquence on ne peut pas les comparer avec celles du sujet I.

De notre deuxième sujet nous avons uniquement des enregistrements oscillographiques. Les phrases sont les mêmes que pour le sujet I. Les phrases 31-47 ont été enregistrées avec l'oscillographe cathodique (5.2.), et les phrases 1, 2, 3, 4, 5, 7, 9, 10, 12, 14, 15, 17, 18, 19, 21, 25, 26, 28, 50 et 50 ont été enregistrées avec un oscillographe ultraviolet, marque « Southern Instruments » avec une vitesse de déroulement de 250 mm/sec.

Bien que les données des sujets I et II ne soient pas comparables quant aux occlusives intervocaliques, elles le sont en plusieurs points et cette comparaison est de nature à éclaircir quelques questions litigieuses de la phonétique islandaise.

(145) Quand Björn Guðfinnsson a examiné la prononciation de Reyðarfjörður il a constaté une prédominance de prononciation mixte. Comp. Mállýzkur I, p. 197 tableau.

V. LES APPAREILS ET LA MÉTHODE D'ANALYSE

5.0. Le méthode radiocinématographique et la méthode de radiographie statique se sont révélées comme deux précieux moyens auxiliaires de la phonétique articulatoire ([146]).

De ces deux méthodes la radiocinématographie est nettement supérieure, parce qu'elle permet l'observation des articulations dans des phrases réelles et normales sans qu'il soit nécessaire de les prolonger artificiellement. L'invention de l'amplificateur de brillance a permis de réduire au minimum la dose des rayons X administrés au sujet et de supprimer l'emploi des moyens de contraste. De ce fait le temps d'exposition a pu être prolongé sans danger pour le sujet. Ainsi la possibilité a été donnée de pouvoir disposer d'un nombre suffisant d'articulations pour chaque sujet pour pouvoir étudier le rapport interne des articulations dans le système articulatoire individuel, ou par comparaison dans celui de plusieurs individus ([147]).

5.1. *La réalisation des radiofilms.*

Les radiofilms formant la base de la présente étude portent les numéros 63, 64, 65 et 66 de la filmothèque de l'Institut de Phonétique de l'Université de Strasbourg.

Ils ont été réalisés le 12 janvier 1968 à l'Hôpital Civil de Strasbourg sous la direction du Dr Pierre Bloch.

Les pellicules sont Kodak tri-X négatives et inversibles, 16 mm et chacune de 30,5 mètres de longueur. Elles sont utilisables dans la zone de l'ultraviolet. Chaque image a une hauteur de 8 mm et une largeur de 16 mm de sorte qu'il y a environ 3.750 images sur chaque film.

---

(146) Pour l'histoire des méthodes radiographique et radiocinématographique et leur utilisation en phonétique, voir : Péla Simon : Les consonnes françaises, Paris, 1967, pp. 9-35 et pp. 56-67 ; on y trouve une bibliographie complète sur le sujet jusqu'en 1961. Voir aussi : Péla Simon : Films radiologiques et les aspects génétiques des sons du langage, *Orbis,* X, 1961, pp. 47-68. Voir aussi la très intéressante discussion des problèmes de la radiocinématographie dans : Joseph S. Perkell : Physiology of Speech Production : Results and Implications of a Quantitative Cineradiographic Study, 1969, pp. 3-12. Pour les rayons X, voir : Louis Rouget : Les rayons X, Paris, 1968, 128 p.

(147) La comparaison des données de plusieurs individus est pourtant très difficile. Comp. : J. R. L. Bernard : A Cine-X-Ray Study of Some Sounds of Australian English, *Phonetica,* XXI, 1970, p. 139.

La caméra est électrique, marque Arriflex, équipée pour la prise de vue en continu. Elle peut filmer de 8 à 64 images par seconde. Pour les films de la présente étude elle tournait à la vitesse de 50 images par seconde, c'est-à-dire qu'elle prenait une image tous les deux centièmes de seconde (2/100).

La caméra était au contact d'un amplificateur de brillance de 22 cm de diamètre. Le sujet est assis entre la source des rayons X, qui se trouve à sa droite, et la caméra qui se trouve en face de la source à sa gauche. Sa tête est fixée par une crâniostat de sorte qu'aucun changement dans la position de la tête n'est intervenu pendant la réalisation des quatre films ; ce qui est extrêmement important quand on veut comparer les images entre elles ; on assure ainsi des points de repère fixes sans lesquels la comparaison deviendrait beaucoup plus difficile et même impossible ([148]).

L'installation permettait au sujet d'entendre clairement ce qu'il prononçait. Ainsi aucun danger de déformation des articulations par blocage du canal auditif n'est à craindre.

Le champ de l'amplificateur de brillance de 22 cm est suffisamment grand pour que tout le profil des organes de la parole puisse y être introduit. Aussi n'a-t-il pas été nécessaire d'effectuer un double centrage selon le lieu d'articulation des consonnes ([149]). Ceci est un avantage qui augmente la précision des films et en facilite la comparaison.

La prononciation de toutes les phrases est normale comme dans une conversation ou une lecture courante. Aucun moyen de contraste n'a été employé de sorte que les articulations ne doivent subir de modification par rapport aux articulations naturelles.

5.1.1. Pendant que le sujet prononçait nous avons pu contrôler l'opération sur un écran de télévision introduit dans le circuit ce qui a permis de nous assurer que tout se déroulait normalement. Les phrases ont été enregistrées simultanément sur une bande magnétique (vitesse 19) ce qui permet de contrôler auditivement tout ce qui a été dit : le débit, les accents, les hésitations et d'autres facteurs qui pourraient y intervenir. Ceci est très important et facilite grandement le travail de délimitation qui sans contrôle auditif deviendrait beaucoup plus difficile et même impossible dans de nombreux cas. Malheureusement il y a un bruit de fond assez intense dû au fonctionnement de la caméra. Ce bruit n'a pas pu être évité ; l'enregistrement est cependant utilisable pour une étude acoustique limitée ([150]).

---

(148) Comp. Subtelny, D. et Subtelny, J. D. : Roentgenographic Techniques and Phonetic Research, PFICPS, p. 130.

(149) Péla Simon : Les consonnes françaises, p. 45.

(150) H. M. Truby : Synchronized Cineradiography and Visual acoustic analysis, PFICPS, p. 130. Péla Simon : A propos de la désarticulation de la consonne palatale ŋ dans la prononciation du français d'aujourd'hui dans *Phonétique et Linguistique Romanes, Mélanges offerts à M. Georges Straka,* tome 1, Lyon-Strasbourg, 1970, p. 68, note n° 3 et les sonagrammes, pp. 96-98.

Après chaque phrase le sujet a fait un court arrêt qui permet ensuite de séparer les phrases sur le film et éliminer les pauses. Ceci explique que toutes les 3.750 images de chaque film ne représentent pas des articulations, et que le film a moins d'images utilisables qu'on ne pourrait s'y attendre à première vue ([151]).

En outre des quatre films un cliché standard de radiographie du sujet sur le plan sagittal médian a été réalisé pour pouvoir disposer d'un moyen de référence lors de l'exécution des dessins.

5.1.2. *L'analyse d'un radiofilm.*

Après la réalisation du radiofilm le premier problème est celui de son analyse, à savoir sa délimination. Pour la délimitation nous nous sommes servi d'un projecteur spécial, marque Bell & Howell ([152]).

Après avoir écouté plusieurs fois la bande magnétique, nous avons regardé le film en projection au ralenti pour nous rendre compte de la succession des articulations et de leur enchaînement. Il est nécessaire de s'habituer à la lecture du radiofilm ce qui demande un minimum de temps et d'effort concentré sans lequel il est en vain de vouloir tenter son analyse. Une fois cette préparation achevée on peut commencer la délimitation proprement dite, des phrases d'une part et des articulations d'autre part.

Comme début d'articulation nous avons retenu :

1. Pour les occlusives : Le moment où les organes produisant l'occlusion entrent en contact. Leur durée sera calculée tout le temps où les organes restent en contact. La première image après le relâchement du contact revient donc à la voyelle ou au passage à l'articulation subséquente.
2. La combinaison *nasale* + *orale* présente un cas particulier. Dans ces cas la consonne nasale est calculée dès que le voile se détache de la paroi rhino-pharyngale — ou inversement, si la nasale précède, la consonne orale commence dès que le voile adhère à la paroi rhino-pharyngale.
3. Pour les constrictives médianes leur début est fixé à partir du moment où le canal de constriction devient le plus réduit.
4. Pour les constrictives latérales [l, *l*] le moment où la pointe de la langue touche les alvéoles jusqu'à ce qu'elle s'en sépare.
5. Pour les vibrantes [r, *r*] nous avons utilisé les mêmes critères que pour les latérales jusqu'à l'infléchissement de la pointe. Si une vibrante est au contact d'une voyelle non-accentuée il est parfois impossible de séparer les deux.

---

(151) Ceci est particulièrement sensible avec le film IV où les phrases sont courtes et les pauses donc nombreuses. Comparé aux autres films la perte d'images est particulièrement sensible.

(152) Pour la description de cet appareil, voir : Péla Simon : Les consonnes françaises, pp. 46-47 et les photographies dans les pp. 289, 292 et 293.

6. Quant à la consonne *h* sa délimitation est impossible sur le radiofilm, mais les mouvements du voile permettent quelquefois de deviner sa présence.
7. Pour la voyelle nous avons retenu le moment de l'articulation où la distance entre le dos de la langue et la voûte palatine est la plus grande.
8. Pour délimiter une diphtongue nous ne pouvons pas utiliser les mêmes critères que pour une voyelle, les diphtongues étant une suite de mouvement dès le début jusqu'à la fin. Leur réalisation devra donc être définie comme l'espace de temps dans lequel leur mouvement caractéristique s'accomplit et leur début comme le début de ce même mouvement.

5.1.3. *La reproduction des images.*

Pour la reproduction nous avons réduit les clichés d'environ 50 % par rapport aux proportions naturelles du sujet, les points de repère étant la pointe des incisives supérieures et la dernière molaire.

L'image est projetée sur une feuille de papier bien blanche ce qui fait ressortir mieux les contrastes. Sur cette feuille on superpose une autre en papier calque sur laquelle on dessine les contours. La possibilité de revenir à volonté en arrière peut faire apparaître des détails qui pourraient aisément échapper à un déroulement normal en avant ([153]).

D'autres facteurs extérieurs, tels que l'obscurité de la salle, sont aussi d'une importance primordiale.

La reproduction photographique des images semble exclue pour cette sorte de travail. En outre une telle reproduction rendrait impossible la superposition des images, ce qui enlève pratiquement tout intérêt à cette technique ([154]).

Les dessins originaux ont été faits au crayon et puis reproduits à l'encre de chine. Les critères selon lesquels les dessins ont été faits sont les suivants :

1. Pour les consonnes occlusives : La superposition de toutes les images dès que les organes entrent en contact jusqu'à la rupture de l'occlusion.
2. Pour les consonnes constrictives : La superposition de toutes les images à partir du moment où le canal de constriction a acquis sa forme la plus réduite jusqu'au début du passage à la voyelle ou à la consonne subséquente.
3. Pour les voyelles : La superposition de toutes les images où la distance maximale entre le dos de la langue et la voûte palatine reste à peu près constante.
4. Pour les diphtongues : La superposition de toutes les images pendant lesquelles leur mouvement caractéristique s'accomplit.

---

(153) Truby, art. cité., p. 266.
(154) Péla Simon : Les consonnes françaises, p. 46, note n° 10.

Des cas spéciaux ne se conformant pas à ces règles générales seront expliqués individuellement. Les images superposées sont toujours successives.

5.1.4. *L'exactitude des mesures.*

Nous avons essayé de voir avec quel degré d'exactitude nous pouvions mesurer sur nos dessins. Le résultat de nos vérifications est que nous pouvons affirmer qu'il est possible d'effectuer des mesures avec une exactitude de 0,5 mm, mais pas plus avec les moyens dont nous avons pu disposer. Ainsi il arrive fréquemment que les variations dans la position des organes sont si minimes d'une image à l'autre que force nous a été de superposer plusieurs images sur une même image, parce que nous n'arrivions pas à reproduire des images successives différentes.

5.1.5. *Les mesures prises sur les dessins.*

Un axe horizontal, axe X, est pensé toucher les incisives supérieures et sur cet axe un axe vertical, axe Y, traverse les incisives supérieures. Un angle de 90° se forme entre les deux axes. Ces deux axes, X et Y, nous servent de lignes auxiliaires pour les mesures. Nous mesurons en lignes droites, parallèles aux axes, toujours quand cela est possible. Quand il n'est pas possible de mesurer en lignes droites les mesures se font sur les lignes des croquis.

Les mesures sont les suivantes (comp. schéma n° 1) :

1. Distance verticale entre les lèvres.
2. Le degré de projection labiale pour les articulations labiales et labialisées mesuré à partir des incisives inférieures.
3. La distance entre les incisives inférieures et supérieures (l'angle des maxillaires) mesurée à partir d'une ligne droite horizontale touchant la pointe des incisives supérieures (axe X).
4. La distance des incisives à la pointe de la langue.
5. L'aperture : le diamètre du canal de constriction à son point de resserrement maximum pour les voyelles et les constrictives.
6. Le passage linguo-pharyngal : La distance entre le dos de la langue et la paroi pharyngale.
7. L'étendue de l'occlusion rhino-pharyngale.
8. Les distances, soit en avant (8 a) soit en arrière de la limite palato-vélaire (8 b).
9. La largeur du contact entre les organes produisant l'occlusion (pour les consonnes occlusives).
10. La distance entre le voile du palais et la paroi rhino-pharyngale au point de son resserrement maximum (pour les articulations nasales et nasalisées).
11. La distance entre le dos de la langue et la luette au point de son resserrement maximum.

Dans les tableaux récapitulatifs dans la section de l'analyse les mesures figurent sous les chiffres que nous venons d'indiquer.

Schéma n° 1

Exemple des mesures prises sur les dessins avec les lignes auxiliaires X et Y.

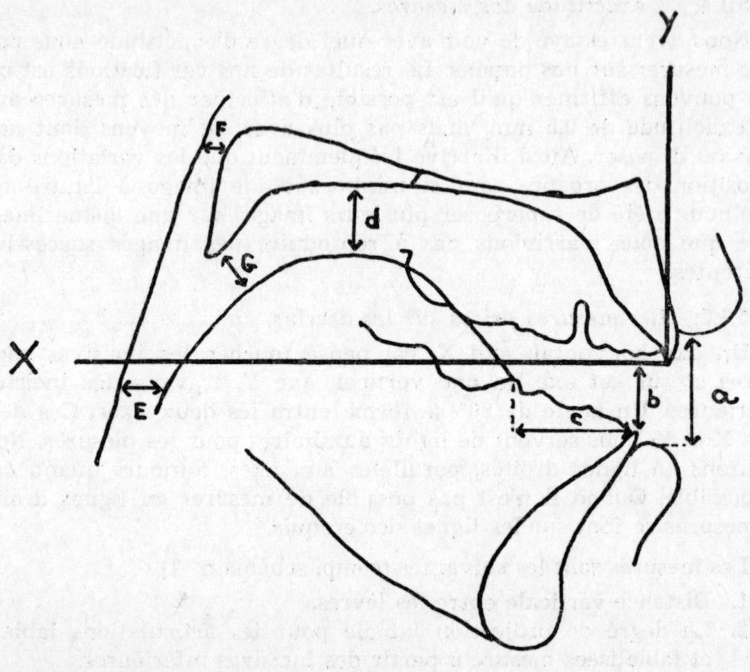

a) Distance verticale entre les lèvres.
b) Distance entre les incisives inférieures et supérieures (l'angle des maxillaires).
c) Distance *incisives inférieures - pointe de la langue.*
d) Distance *dos de la langue - voûte palatine.*
e) Distance *dos de la langue - paroi pharyngale.*
f) Distance *voile - paroi rhino-pharyngale.*
g) Distance *dos de la langue - luette.*

5.2. *La méthode oscillographique.*

L'oscillographe que nous avons utilisé principalement est un oscillographe cathodique, marque *« Ribet-Desjardins », type 243 a* ([155]). Il peut fonctionner avec quatre voies simultanément, mais on peut aussi utiliser une, deux ou trois voies à volonté.

Pour notre étude nous avons procédé de la façon suivante : Le réglage du déplacement vertical des spots est tel qu'il n'y a pas d'inter-

(155) Sur les principes et l'utilisation de l'oscillographe cathodique, voir p. ex. : R. Rateau : L'oscillographe cathodique et ses applications, Paris, 1968, 128 p. G. Straka et P. Burgstahler : Etude du rythme à l'aide de l'oscillographe cathodique combiné avec le sonomètre, TLL, I, 1963, pp. 125-133.

férence. Nos sujets utilisent une embouchure avec micro. Un deuxième micro capte les vibrations au niveau du larynx et un troisième capte les vibrations au niveau du nez transmises par l'intermédiaire d'une olive fixée sur un tube en caoutchouc.

Quand les sujets parlent les spots traduisent sur l'écran de l'oscillographe les vibrations sonores au moyen de déplacements verticaux. Les variations de pression d'air, captées dans l'embouchure, sont transmises par l'intermédiaire d'un flexible sur un cristal de quartz ([156]). Ces variations sont appliquées suivant « l'axe mécanique » du quartz. Celui-ci a comme propriété de faire apparaître le long de son « axe électrique » une différence de potentiel proportionnelle à la constante qu'on lui soumet. Cette différence de potentiel est captée, puis amplifiée par un « amplificateur de charges électrostatiques » (*Kistler,* modèle 568) pour être utilisable à l'oscillographe cathodique.

Devant l'écran de l'oscillographe on place une caméra à mouvement continu, spécialement adaptée, marque TELEC, type 6278, dont les vitesses de déroulement du film vont de 20 cm à 6 mètres par seconde. Les spots se déplacent toujours verticalement, mais on connaît la vitesse du déroulement du film qui pour notre étude était de 200 mm/sec.

Les déplacements des spots se traduisent par quatre lignes sur le film :

LM : *larynx-micro* : vibrations laryngiennes.

NM : *nez-micro* : les vibrations captées à la sortie de la cavité nasale.

BA : *bouche-air* : renseignements sur la pression et l'emploi de l'air phonatoire.

BM : *bouche-micro* : les vibrations captées à la sortie de la cavité buccale.

Le film est gradué tous les centièmes de seconde de sorte qu'on peut mesurer avec précision jusqu'à 1/100 sec. et avec une assez grande précision jusqu'à 1/200 sec.

5.2.1. Les avantages de la méthode oscillographique sur la méthode kymographique sont évidents. Deux faits sont spécialement à retenir :

1. La courbe de réponse est visualisée immédiatement sans le moindre retard.
2. La gradation temporelle sur le film est réglée mécaniquement, ce qui garantit la précision des mesures temporelles.

Le plus grand inconvénient est que les nasales sourdes ne sont en général pas visibles sur la ligne NM, ce qui rend très difficile leur analyse.

(156) Sur la propriété du quartz soumis à des pressions, voir p. ex. : P. Biquard : Les ultrasons, Paris, 1963, pp. 37-49.

5.2.2. *La délimitation des oscillogrammes.*

Pour la délimitation des oscillogrammes nous avons employé les critères suivants :

1. *Voyelles :*

Nous avons marqué le début des voyelles au moment où les vibrations commencent sur la ligne BM jusqu'à leur fin sur cette même ligne.

D'habitude les vibrations sonores commencent aussi en même temps sur les lignes LM et BA. Si la voyelle est nasalisée il y a aussi des vibrations nasales sur la ligne NM, qui se prolongent jusqu'à la consonne si la consonne suit (ou si la consonne précède, elles viennent de la consonne). Si la voyelle est au contact d'une constrictive sonore, la délimitation peut souvent être délicate. Habituellement il y a cependant un très net changement dans l'amplitude des vibrations. Ce changement est visible simultanément sur les lignes LM et BM et il doit correspondre au début ou à la fin de la consonne sonore, dont l'amplitude diminue par rapport à la voyelle.

Il arrive que la délimination demeure impossible entre une consonne et une voyelle. Ceci est notamment le cas de *j + voyelle.* Si deux voyelles sont en hiatus, il en est de même. Il est également impossible de distinguer les deux segments qui constituent une diphtongue.

2. *Consonnes occlusives :*

Pour les consonnes occlusives nous avons considéré simultanément les lignes BA et BM. Le début de l'occlusion a été marqué par la fin des vibrations sur BM, combiné avec la chute de la ligne BA indiquant la pression, c'est-à-dire au retour de la ligne BA à son niveau d'indifférence.

Si l'explosion est sonore, les vibrations commencent au moment même de l'explosion. Dans ce cas l'explosion sera comptée avec la voyelle. Si l'explosion est sourde, les vibrations commencent seulement après l'explosion. Dans ce cas elle sera calculée avec la consonne. Si l'explosion est aspirée nous comptons comme aspiration l'intervalle qui va du début de l'explosion (ligne BA) jusqu'au début des vibrations sonores. Dans ce cas l'explosion est toujours sourde.

Si la consonne occlusive se trouve au début de phrase on ne peut habituellement pas délimiter son début, mais la qualité de l'explosion est toujours visible. S'il y a une rencontre de consonne *nasale + orale,* c'est la ligne NM (et LM) qui marque le début ou la fin de la consonne orale. Si la consonne nasale est sourde, il n'est habituellement pas possible de la délimiter et nous additionnons les deux consonnes. Le cas où la consonne nasale sourde ou assourdie se trouve en finale absolue (de mot ou de phrase) constitue une exception. Là on peut généralement la délimiter par l'explosion sur la ligne BA.

3. *Des constrictives sourdes :*

Nous les délimitons dès que la ligne BA commence à monter et jusqu'à la voyelle, c'est-à-dire, jusqu'au début des vibrations sonores. S'il y a une rencontre entre deux constrictives sourdes ou entre une constrictive + occlusive, seule la ligne BA montre par les variations de pression où la limite doit être posée. Si une constrictive sourde se trouve en position finale, nous calculons sa durée jusqu'au moment où la ligne BA a atteint sa position d'indifférence.

4. *Les constrictives sonores :*

Nous les délimitons dès le début des vibrations sonores sur les lignes BM, BA et LM qui commencent en même temps. Désonorisées en finale absolue nous les calculons jusqu'à la position d'indifférence de la ligne BA.

5. Nous délimitons les r, *r* dès le début des battements sur la ligne BA. Il est parfois difficile de décider exactement la fin du *r*, mais nous calculons jusqu'au dernier battement sur BA.

5.3. *La palatographie.*

Les palatogrammes ont été obtenus avec la méthode suivante : « Grâce à un jeu de quatre miroirs, dont l'un est introduit dans la bouche au-dessous du palais (inclinaison environ 45°) et les trois autres projettent la lumière dans la cavité buccale, on photographie avec l'appareil « Foca » muni du téléobjectif, d'une lentille supplémentaire et d'un parasoleil, et fixé en face du miroir introduit dans la bouche, la trace laissée sur le palais, après l'articulation, par la langue badigeonnée avec un mélange de chocolat en poudre et de charbon végétal dissous dans l'eau » ([157]).

5.4. *La notation phonétique.*

Dans les chapitres I-III nous avons respecté la notation phonétique habituellement employée pour l'islandais ([158]).

Dans notre analyse nous avons, au contraire, cru nécessaire d'introduire quelques modifications qui nous ont semblé indispensables à la lumière des résultats de notre analyse. Ces modifications ont été faites dans un double but :

1. Pour rendre la notation phonétique plus conséquente et plus cohérente.
2. Pour rendre la notation phonétique plus en accord avec la réalité phonétique telle qu'elle apparaît dans les documents analysées dans la présente étude.

Dans le tableau qui suit nous donnons nos signes de transcription, un exemple de l'orthographe la plus courante, ainsi que les signes de la notation habituelle quand celle-ci est différente :

---

(157) S. Pop : Instituts de Phonétique et Archives phonographiques, p. 175. — La citation est prise d'après J. D. Gendron : Tendances phonétiques du français parlé au Canada, p. 9.

(158) Voir au sujet de la notation phonétique habituellement employée pour l'islandais : Björn Guðfinnsson : Mállýzkur I, pp. 58-63 et Stefán Einarsson : Icelandic, pp. 1-11 et le tableau p. 2.

Tableau n° 1. La notation phonétique

Signe de transcription	Orthographe	Exemple	Notation habituelle
[i]	í	b*í*tur	
[I]	i	b*i*ta	
[e]	e	B*e*ta	[ɛ]
[Y]	u	p*u*tar	
[ö]	ö	p*ö*tum	
[u]	ú	p*ú*ta	
[o]	o	p*o*ta	[ɔ]
[a]	a	p*a*ta	
[ei]	ei	b*ei*ta	[ɛi]
[öi]	au	b*au*ka	[öy, öi]
[ai]	æ	b*æ*ta	
[au]	á	b*á*ta	
[ou]	ó	b*ó*ta	
[oi]	o+gi	b*o*gi	[ɔi]
[p^h]	p	*p*ata	
[p]	b	*b*ata	
[m]	m	*m*á	
[*m*]	m	he*m*pa	
[m_v]	m+f	*um*fram	
[f]	f	*f*ara	
[v]	v	*v*ar	
[t^h]	t	*t*aka	
[t]	d	*d*aga	
[þ]	þ	*þ*á	
[ð]	ð	ba*ð*a	
[n]	n	*n*á	
[l]	l	*l*á	
[*l*]	l	ha*l*tur	
[r]	r	*r*enna	
[*r*]	r	ha*r*ka	
[s]	s	*s*á	
[n_z]	n+s	ha*ns*	
[*n*]	n	he*n*ti	

Tableau n° 1. La notation phonétique (suite)

Signe de transcription	Orthographe	Exemple	Notation habituelle
[cʰ]	k, kj	*k*et	[k̯ʰ] [k_jʰ]
[c]	g, gj	*g*ef	
[ɲ]	n	e*n*ginn	
[*ɲ*]	n	ha*n*ki	
[ç]	hj	*hj*á	
[j]	j	*j*á	
[kʰ]	k	*k*oma	
[k]	g	*g*ola	
[x]	k	hra*k*ti	
[ɣ]	g	sa*g*a	
[ŋ]	n	e*n*ga	
[*ŋ*]	n	Svei*n*ka	
["]	aucune	(coup de glotte)	
[h]	h ou	*h*ús	
	p, t, k	ke*pp*a, ba*kk*a	[ʰp:] [ʰk:]
		ha*tt*a, ba*kk*i	[ʰt:] [ʰk_j:]

D'autres signes :

— au-dessus d'une voyelle indique une voyelle longue : [ī].
◡ au-dessus d'une voyelle indique une voyelle brève : [ĭ].
: après une consonne indique une consonne longue : [s:].
, après une consonne indique une consonne palatalisée : [l,].

Les l m n r b d g sourds sont imprimés en italique entre les crochets et les barres obliques.

Pour des raisons techniques le Y long a été imprimé en italique *Y*, le [ö] long en majuscule [Ö] et le [ö] bref en minuscule.

5.4.1. Les articulations ou les mots provenant des textes des radiofilms sont numérotés avec la notation I, II, III, IV indiquant le numéro de film. Ce numéro est suivi du numéro de phrase sur le film correspondant.

La notation I, II du matériel oscillographique indique le numéro de sujet. Elle est suivie du numéro de phrase de 1 à 60.

La notation des phrases filmées à l'oscillographe : 1, 1 *a*, 1 *b* indique que la phrase dont il s'agit a été prononcée plusieurs fois : 1 1re fois, 1 *a* 2e fois, 1 *b* 3e fois.

Troisième section :

ANALYSE

VI. ANALYSE ARTICULATOIRE DES VOYELLES

6.0. Pour l'analyse articulatoire des voyelles nous suivons le lieu d'articulation dans le sens antéro-postérieur (prépalatum - pharynx). Nous partons de la position de base. A partir de cette position les autres positions seront étudiées. Nous décrivons d'abord la voyelle longue et ensuite la voyelle brève du même type et en dernier lieu nous analyserons quelques exemples de voyelles inaccentuées. Nous établissons ensuite une double comparaison :

1. Comparaison entre des articulations vocaliques du même type dans divers entourages consonantiques.
2. Comparaison entre différentes articulations vocaliques dans le même entourage consonantique.

Dans les deux cas la position par rapport à l'accent restera la même, mais nous pouvons aussi faire la comparaison entre une voyelle accentuée et une voyelle non-accentuée du même type.

Nous définissons comme le point culminant de la voyelle le moment où la distance entre le dos de la langue et la voûte palatine est maximale.

Il s'est révélé nécessaire de décrire en détail toutes les positions vocaliques choisies pour l'étude du vocalisme, d'une part pour déterminer avec précision les zones articulatoires des voyelles et d'autre part pour conserver une certaine unité dans la description des voyelles et celle des diphtongues.

Les tableaux de comparaison devraient aussi contribuer à la clarté de l'exposition.

VOYELLES ANTÉRIEURES NON-LABIALISÉES

6.1. *Voyelle [ī] :*

Le point culminant de la voyelle [ī] dans le mot *bítur* (IV, 25) est illustré par la fig. 1.

La distance verticale entre les lèvres est de 9 mm. L'angle des maxillaires est de 3,5 mm. La pointe de la langue est à 6 mm en arrière des incisives inférieures. Le plus petit passage est de 3,5 mm à 24 mm en avant de la limite palato-vélaire ([159]). Le passage linguo-pharyngal est de 22,5 mm. L'occlusion rhino-pharyngale est de 9,5 mm.

Le mouvement pendant la réalisation de la voyelle est peu important (fig. 1 a). A l'image 2+3+4 la pointe de la langue avance et reste à 3,5 mm en arrière des incisives inférieures et la lèvre inférieure se retire de 2 mm ce qui indique peut-être le début de la préparation du [t] qui suit. La préparation pour le [t] commence à l'image 7 avec la fermeture de l'angle des maxillaires.

La voyelle [ī] est une voyelle palatale, très antérieure, plus exactement prépalatale.

6.1.1. Pour le [ī] de *fíl* (III, 2 ; fig. 2) la distance verticale entre les lèvres est de 9 mm. L'angle des maxillaires est de 2 mm. La pointe de la langue se retire un moment à 8,5 mm en arrière des incisives inférieures, mais elle avance aussitôt et reste à 6,5 mm en arrière des incisives.

Le plus petit passage est de 3 mm à 14 mm en avant de la limite palato-vélaire, ce qui coïncide avec le point le plus haut de la langue ([160]). Le passage linguo-pharyngal est de 22 mm. L'occlusion rhino-pharyngale est de 6 mm.

6.1.2. Pour le [ī] de *mýs* (III, 21 ; fig. 3) la distance verticale entre les lèvres est de 9,5 mm. L'angle des maxillaires est de 1,5 mm. La distance maximale de la pointe de la langue aux incisives inférieures est de 7 mm, mais la pointe avance aussitôt et reste à 5 mm en arrière des incisives jusqu'à l'image 6 où elle atteint la position pour le [s] subséquent. Le diamètre du plus petit passage diminue successivement de 4 à 2 mm à 24 mm en avant de la limite palato-vélaire. Le passage linguo-pharyngal passe de 23 à 22 mm. Le début de la voyelle est nasalisé. Le passage rhino-pharyngal diminue successivement de 5,5-4-3-2 à 0 mm et le voile forme une occlusion sur 5 mm.

---

(159) L'endroit du plus petit passage est en même temps le lieu d'articulation des voyelles : « It should also be observed that the point of articulation of vowels, when defined by the highest point of the tongue, may come far from the place of maximum narrowing, the latter constituting the acoustically relevant basis for a back cavity versus front cavity division ». G. Fant : Acoustic Theory of Speech Production, p. 15. Voir aussi : E. Fischer-Jørgensen : Almen fonetik, København, 1962, p. 48. G. Guth : Contribution à l'étude de la structure acoustique des voyelles du français, TIPhS, I, 1968-1969, p. 103.

(160) Pour le problème de décider et d'utiliser le point le plus haut de la langue dans la description des voyelles, voir Bernard, art. cité, p. 144.

6.1.3. *Comparaison des exemples 1 à 3.*
Tableau n° 2.

Comparaison des données de trois exemples de [ī].

Mesures	1. bítur	2. fíl	3. mýs
1	9	9	9,5
3	3,5	2	1,5
4	6	6,5	5
5	3,5	3	4-3-2
8 a	24	14	24
6	22,5	22	23-22
7	9,5	6	5

Comme le tableau l'indique les différences entre ces trois réalisations de [ī] sont relativement minimes. Le [ī] de *bítur* est le plus ouvert et donc probablement le plus énergique. L'angle des maxillaires est le plus grand, ainsi que l'aperture — les deux points qui distinguent une voyelle énergique d'une voyelle faible ([161]). Ces différences s'expliquent facilement si l'on regarde les phrases. *Fíl* et *mýs* portent un accent faible en fin de phrase, tandis que *bítur* est le seul mot accentué dans sa phrase.

Les variations du lieu d'articulation dans une zone de 10 mm sont considérables. On peut pourtant affirmer que la voyelle [ī] a tendance à être articulée uniquement comme prépalatale.

Le [ī] de *mýs* se différencie essentiellement des autres exemples du fait que son début est nasalisé.

6.2. *Voyelle [ĭ] :*

Le point culminant de la voyelle [ĭ] dans le mot *býttar* (IV, 26) est illustré par la fig. 4. La distance verticale entre les lèvres est de 8 mm. L'angle des maxillaires est de 2,5 mm. La pointe de la langue est à 4 mm en arrière des incisives inférieures. Le diamètre du plus petit passage est de 3 mm à 23 mm en avant de la limite palato-vélaire, sous le prépalatum. Le passage linguo-pharyngal est de 23 mm. L'occlusion rhino-pharyngale est de 6,5 mm.

Le mouvement à l'intérieur de la voyelle (fig. 4 a) est minime. A l'image 6 la fermeture commence pour le [t] et la pointe de la langue avance de 2 mm.

La voyelle [ĭ] est une voyelle palatale, plus exactement prépalatale.

6.2.1. Pour le [ĭ] de *Gísli* (II, 17 ; fig. 5) la distance verticale entre les lèvres est de 8 mm. L'angle des maxillaires est de 1 mm. La pointe de la langue est à 5 mm en arrière des incisives inférieures. Le dia-

(161) « ... sous l'effet du renforcement de l'énergie articulatoire, la consonne se ferme et la voyelle s'ouvre. Inversement, sous l'effet de l'affaiblissement de l'énergie articulatoire, la consonne s'ouvre et la voyelle se ferme ». G. Straka : La division des sons du langage en voyelles et consonnes peut-elle être justifiée ?, TLL, I, 1963, p. 35.

mètre du plus petit passage est de 3 mm à 25 mm en avant de la limite palato-vélaire. Le passage linguo-pharyngal est de 21 mm. L'occlusion rhino-pharyngale est de 7 mm.

6.2.2. Pour le [ĭ] de *hingað* (II, 14 ; fig. 6) la distance verticale entre les lèvres est de 9 mm. L'angle des maxillaires est de 1,5 mm. La pointe de la langue est à 4 mm en arrière des incisives inférieures. Le diamètre du plus petit passage est de 2,5 mm à 25 mm en avant de la limite palato-vélaire. Le passage linguo-pharyngal est de 20 mm. Le voile n'adhère jamais à la paroi rhino-pharyngale, mais il y a un passage rhino-pharyngal de 3 mm. Au moment où le dos de la langue réalise la fermeture pour le [ŋ] le passage rhino-pharyngal passe à 5 mm. La voyelle est entièrement nasalisée.

6.2.3. *Tableau n° 3.*

Comparaison des données de trois exemples de [ĭ].

Mesures	4. býttar	5. Gísli	6. hingað
1	8	8	9
3	2,5	1	1,5
4	4	5	4
5	3	3	2,5
8 a	23	25	25
6	23	21	20
7	6,5	7	3
			(= passage)

Les différences entre ces trois exemples de [ĭ] sont minimes. Les exemples 5 et 6 sont légèrement plus avancés que l'exemple 4, sans que l'explication de ce fait soit évidente. L'angle des maxillaires est le plus ouvert pour *býttar*. Le degré réduit d'ouverture de l'angle des maxillaires des autres exemples s'explique comme conséquence d'articulations environnantes très fermées. Le [ĭ] de *hingað* est entièrement nasalisé.

La voyelle [ĭ] est dans ces cas une voyelle prépalatale.

6.3. *Voyelle [Ī] :*

Le point culminant de la voyelle [Ī] dans le mot *bita* (IV, 23) est illustré par la fig. 7.

La distance verticale entre les lèvres est de 9 mm. L'angle des maxillaires est de 3 mm. La pointe de la langue est à 7 mm en arrière des incisives inférieures. Le diamètre du plus petit passage est de 4 mm à 6 mm en avant de la limite palato-vélaire. Le passage linguo-pharyngal est de 20 à 21 mm. L'occlusion rhino-pharyngale est de 5 mm.

Le mouvement pendant la réalisation de la voyelle est assez important (fig 7 a). Les lèvres se retirent de 1 mm à l'image 2 et la pointe se retire de 1 mm et reste à 8 mm en arrière des incisives inférieures jusqu'à l'image 5 où elle avance et reste à 6 mm en arrière des incisives et à l'image 6 à 5 mm en arrière des incisives. A l'image 6 le dos de la langue commence à s'abaisser pour préparer le [t] qui suit. Le mouvement se propage d'avant en arrière de sorte qu'à l'image 7 l'aperture devient de 7 mm et le passage linguo-pharyngal de 18 mm.

La voyelle [Ī] est une voyelle palatale.

6.3.1. Pour le [Ī] de *risans* (IV, 5 ; fig. 8) la distance verticale entre les lèvres est de 8 mm. L'angle des maxillaires est de 3 mm. La pointe de la langue est à 7 mm en arrière des incisives inférieures. L'aperture est de 4 mm à 6 mm en avant de la limite palato-vélaire. Le passage linguo-pharyngal est de 17 mm, mais passe bientôt à 19 mm. L'occlusion rhino-pharyngale est de 5 mm.

La préparation pour le [s] subséquent commence à l'image 2. La langue s'abaisse de 1 mm à l'endroit du plus petit passage et la pointe avance de 2 mm restant à 5 mm en arrière des incisives inférieures. La fermeture de l'angle des maxillaires commence à l'image 4.

6.3.2. Pour le [Ī] de *hið* (III, 15 ; fig. 9) la distance verticale entre les lèvres est de 7 mm, mais elle passe bientôt à 9 mm. L'angle des maxillaires est de 3,5 mm. La pointe de la langue est à 7 mm en arrière des incisives inférieures, mais elle recule à 8 mm. Le diamètre du plus petit passage est de 4,5 mm à 7 mm en avant la limite palato-vélaire. Le passage linguo-pharyngal est de 21 mm. Il y a un passage rhino-pharyngal de 1,5 mm, puis une occlusion de 6,5 mm.

A l'image 4 la langue s'abaisse de 1 mm à l'endroit du plus petit passage et la pointe avance de 4 mm restant à 4 mm en arrière des incisives inférieures. A l'image 5 elle avance encore de 2 mm et l'angle des maxillaires se ferme de 1 mm dans l'étape finale pour la préparation du [ð].

6.3.3. *Tableau n° 4.*

Comparaison des données de trois exemples de [Ī].

Mesures	7. bita	8. risans	9. hið
1	9	8	7-9
3	3	3	3,5
4	7	7	7-8
5	4	4	4,5
8 a	6	6	7
6	20-21	17-19	21
7	5	5	6,5

Les différences entre ces trois exemples de [Ī] sont relativement minimes. Elles s'expliquent comme conséquence de différents degrés d'accent : Le [Ī] de *hið* porte un accent fort au début de phrase. Aussi est-il le plus ouvert comme on pouvait s'y attendre.

6.4. *Voyelle [Ĭ] :*

Le point culminant de la voyelle [Ĭ] dans le mot *bytta* (IV, 24) est illustré par la fig. 10.

La distance verticale entre les lèvres est de 10 mm. L'angle des maxillaires est de 2,5 mm. La pointe de la langue est à 7 mm en arrière des incisives inférieures. Le diamètre du plus petit passage est de 4 mm à 7 mm en avant la limite palato-vélaire. Le passage linguo-pharyngal est de 21 mm. L'occlusion rhino-pharyngale est de 4 mm.

Le mouvement pendant la réalisation de la voyelle est minime (fig. 10 a). A l'image 2 la pointe se retire à 8 mm en arrière des incisives inférieures. A l'image 3+4 le passage linguo-pharyngal diminue et passe à 20 mm. La fermeture de l'angle des maxillaires commence à l'image 5 et à l'image 6 le dos de la langue s'abaisse de 1 mm à l'endroit du plus petit passage. C'est le début de la préparation pour le [t] subséquent.

La voyelle [Ĭ] est une voyelle palatale.

6.4.1. Pour le [Ĭ] de *pinna* (II, 17 ; fig. 11) la distance verticale entre les lèvres est de 6 mm, mais elle atteindra bientôt 9 mm. L'angle des maxillaires est de 4,5 mm. La pointe de la langue est à 5,5 mm en arrière des incisives inférieures. Le diamètre du plus petit passage est de 6 mm à 10 mm en avant de la limite palato-vélaire. L'anticipation du [n:] subséquent se manifeste déjà à l'image 3 dans l'avancement de la pointe de 1 mm. Le passage linguo-pharyngal est de 20 mm. L'occlusion rhino-pharyngale est de 6 mm, mais à l'image 4 le voile se sépare de la paroi rhino-pharyngale et il se forme un passage rhino-pharyngal de 2 mm de diamètre. La fin de la voyelle est donc nasalisée.

A l'image 4 l'angle des maxillaires se ferme de 1 mm pour préparer le [n:] subséquent et à l'image 5 le [n:] est déjà formé.

6.4.2. *Tableau n° 5.*

Comparaison des données de deux exemples de [Ĭ].

Mesures	10. bytta	11. pinna
1	10	6-9
3	2,5	4,5
4	7	5,5
5	4	6
8 a	7	10
6	21	20
7	4	6

Pour le [Ĭ] de *pinna* l'angle des maxillaires et l'aperture sont plus grands. L'avancement de l'endroit du plus petit passage et de la pointe de la langue sont aussi considérables par rapport à celui de *bytta*, ce qui est probablement dû à une anticipation pour le [n:].

6.5. *Voyelle [I].*

La voyelle [I] peut prendre des formes très variées dans les positions inaccentuées et devenir très différente de ce qu'on peut observer dans les syllabes accentuées. Les exemples de [I] étant nombreux dans les textes filmés nous avons dû faire un choix rigoureux. A titre d'exemple seront donnés ici trois exemples parmi les plus intéressants.

6.5.1. Le [I] de *léttilega* (III, 25 ; fig. 12) dure une seule image sur le film. Placé entre deux consonnes alvéolaires et entre deux accents, principal et secondaire, il se trouve dans la position la plus faible possible.

La distance verticale entre les lèvres est de 9 mm. L'angle des maxillaires est de 1,5 mm. La pointe de la langue n'est pas infléchie, mais tendue en direction des alvéoles à 3,5 mm en arrière des incisives inférieures formant un canal de 2,5 mm entre elle et les alvéoles. La plus brève distance à la voûte palatine est de 5 mm à 10 mm en avant de la limite palato-vélaire. Le passage linguo-pharyngal est de 20 mm. L'occlusion rhino-pharyngale est de 5 mm.

6.5.2. Pour le [I] de *við* (IV, 4 ; fig. 13) la distance verticale entre les lèvres est de 7 mm. L'angle des maxillaires est de 1 mm. La pointe de la langue est à 8 mm en arrière des incisives inférieures, mais elle avance bientôt de 1 mm et puis de 4 mm pour préparer le [ð] subséquent (image 3). Le diamètre du plus petit passage est de 4,5 mm à 5 mm en avant de la limite palato-vélaire. Le passage linguo-pharyngal est de 20 mm. L'occlusion rhino-pharyngale est de 5 mm.

6.5.3. Pour le [I] de *lömbin* (III, 11 ; fig. 14) la distance verticale entre les lèvres passe progressivement de 3-6 à 9 mm. L'angle des maxillaires est de 2,5 mm. La pointe de la langue se retire progressivement de 7-8 à 10 mm en arrière des incisives inférieures. Le diamètre du plus petit passage se retrécit progressivement de 8-7 à 5 mm à 6 mm en avant de la limite palato-vélaire.

Le passage linguo-pharyngal passe progressivement de 19-20 à 21 mm. L'occlusion rhino-pharyngale est de 3 à 1 mm (?), mais à l'image 4, qui marque le début du [n], il y a un passage rhino-pharyngal de 3 mm. Cette voyelle est uniquement mouvement et le mouvement affecte toutes les parties de la langue.

6.5.4. *Tableau n° 6.*

Comparaison des données de trois exemples de [I].

Mesures	12. léttilega	13. við	14. lömbin
1	9	7	3-6-9
3	1,5	1	2,5
4	pointe relevée	8-7-4	7-8-10
5	5	4,5	8-7-5
8 a	10	5	6
6	20	20	19-20-21
7	5	5	3-1 ?

Comme le tableau l'indique il n'y a aucun facteur qui soit tout à fait le même pour ces trois réalisations de [I]. Le tableau apporte la preuve que le [I] manque de stabilité articulatoire et qu'il est fortement modifié par les articulations environnantes. L'angle des maxillaires est toujours réduit. L'exemple 14 est le seul où une voyelle au contact d'une consonne nasale dans nos films n'est pas nasalisée. Il est difficile d'assurer si à la fin de la voyelle il y a un passage rhino-pharyngal ou non.

6.6. *Voyelle [ē].*

Le point culminant de la voyelle [ē] dans le mot *Betu* (IV, 21) est illustré par la fig. 15.

La distance verticale entre les lèvres est de 11 mm. L'angle des maxillaires est de 5 mm. La pointe de la langue est à 7,5 mm en arrière des incisives inférieures. Le diamètre du plus petit passage est de 5,5 mm à 5 mm en avant de la limite palato-vélaire. Le passage linguo-pharyngal est de 20 mm. L'occlusion rhino-pharyngale est de 7 mm.

Le mouvement pendant la réalisation de la voyelle est minime (fig. 15 a). Les lèvres continuent à se retirer jusqu'à atteindre un écartement de 13 mm. Le passage linguo-pharyngal devient 18 mm à l'image 3, ce qui est en relation avec l'anticipation pour le [t] et à l'image 4 il se produit la fermeture de l'angle des maxillaires de 1 mm et un avancement de la pointe de la langue de 2 mm. Le dos de la langue s'abaisse de 1,5 mm à l'endroit du plus petit passage. C'est la préparation pour le [t] subséquent.

La voyelle [ē] est une voyelle palatale. C'est un *e moyen,* ni ouvert ni fermé.

6.6.1. Pour le [ē] de *vel* (III, 20 ; fig. 16) la distance verticale entre les lèvres est de 9 mm, mais l'écartement labial devient de 10 mm et puis de 12 mm. L'angle des maxillaires est de 2,5 mm et puis de 3,5 mm à l'image 2. La pointe de la langue se retire successivement de 7-8-9 à 10 mm en arrière des incisives inférieures. Le plus petit passage est de 6 mm à 6 mm en avant de la limite palato-vélaire. Le passage linguo-pharyngal est de 18 mm. L'occlusion rhino-pharyngale est de 4 mm.

A l'image 6 le dos de la langue s'abaisse de 1 mm pour préparer le [l] subséquent.

6.6.2. Pour le [ē] de *selur* (III, 13 ; fig. 17) la distance verticale entre les lèvres est de 11 mm. L'angle des maxillaires est de 3,5 mm. La pointe de la langue est à 6,5 mm en arrière des incisives inférieures ; elle se retire de 1 mm pour avancer à l'image 4 de 3 mm pour préparer le [l] subséquent. Le plus petit passage est de 5 mm à 7 mm en avant de la limite palato-vélaire. Au moment où la préparation pour le [l] subséquent commence le passage passe à 7 mm, puis à 8,5 mm. Le passage linguo-pharyngal est de 17 mm. L'occlusion rhino-pharyngale est de 6 mm.

6.6.3. Pour le [ē] de *metur* (III, 23 ; fig. 18) la distance verticale entre les lèvres est de 13 mm. L'angle des maxillaires est de 6 mm. La pointe de la langue se retire successivement de 7-8 à 9,5 mm en arrière des incisives inférieures. L'aperture est de 6 mm à 5 mm en avant de la limite palato-vélaire, mais à l'image 3+4 elle diminue de 1 mm. Le passage linguo-pharyngal est de 19 mm, mais il devient de 18 mm à l'image 3+4. Au début le voile ne forme pas d'occlusion, mais à l'image 3+4 il forme une occlusion sur 3 mm. Le début de la voyelle est donc nasalisé.

A l'image 5 la préparation pour le [t] subséquent commence. L'angle des maxillaires se ferme de 1 mm, la pointe de la langue avance de 6 mm, le dos de la langue s'abaisse de 2 mm à l'endroit du plus petit passage et le passage linguo-pharyngal devient de 15 mm.

6.6.4. Pour le [ē] de *lemur* (III, 17 ; fig. 19) la distance verticale entre les lèvres est de 15 mm. L'angle des maxillaires est de 6 mm. La pointe de la langue est à 7 mm en arrière des incisives inférieures, mais elle se retire de 1 mm à l'image 3. Le plus petit passage est de 5,5 mm à 7 mm en avant de la limite palato-vélaire. Le passage linguo-pharyngal est de 18 mm, mais il passe à 19 mm à l'image 3. L'occlusion rhino-pharyngale est de 9 mm, mais à l'image 3 le voile se détache de la paroi rhino-pharyngale et le passage rhino-pharyngal augmente de 0,5 à 2 mm. La fin de la voyelle est nasalisée.

A l'image 4 la préparation pour le [m] subséquent commence. Le voile s'est détaché de la paroi rhino-pharyngale, l'angle des maxillaires diminue de 1 mm et la lèvre inférieure monte de 1 mm aux images 3 et 4.

6.6.5. *Tableau n° 7.*

Comparaison des données de cinq exemples de [ē].

Mesures	15. Betu	16. vel	17. selur	18. metur	19. lemur
1	11-13	9-10-12	11	13	15
3	5	2,5-3,5	3,5	6	6
4	7,5	7-9-10	6,5-7,5	7-9,5	7-8
5	5,5	6	5-7	6	5,5
8 a	5	6	7	5	7
6	20	18	17	19-18	18-19
7	7	4	6	3	9

Les données de ce tableau indiquent que les variations de la voyelle [ē] sont considérables, plus importantes que pour les autres voyelles en syllabe accentuée étudiées jusqu'à présent. Le [ē] est quant à l'aperture un *e moyen* plutôt ouvert. Comparé au [I] il est à la fois plus ouvert et plus postérieur, mais il demeure une voyelle nettement palatale.

6.7. *Voyelle [ĕ].*

Le point culminant de la voyelle [ĕ] dans le mot *Bettu* (IV, 22) est illustré par la fig. 20.

La distance verticale entre les lèvres est de 10 mm. L'angle des maxillaires est de 5 mm. La pointe de la langue est à 7,5 mm en arrière des incisives inférieures. Le plus petit passage est de 7 mm à 4 mm en avant de la limite palato-vélaire. Le passage linguo-pharyngal est de 17 mm. L'occlusion rhino-pharyngale est de 2 mm.

Le mouvement à l'intérieur de la voyelle est minime (fig. 20 a). Les lèvres se retirent de 2 mm à l'image 2. A l'image 3 le voile qui formait une très faible occlusion rhino-pharyngale commence à s'abaisser. Le passage rhino-pharyngal passe de 1 à 3 mm, et en même temps le dos de la langue monte.

La voyelle [ĕ] est une voyelle palatale, un *e moyen* plutôt ouvert.

6.7.1. Pour le [ĕ] de *pennanum* (II, 24 ; fig. 21) la distance verticale entre les lèvres est de 10 mm. L'angle des maxillaires est de 5 mm. La pointe de la langue est à 11 mm en arrière des incisives inférieures. Le plus petit passage est de 10 mm à 5 mm en avant de la limite palato-vélaire. Le passage linguo-pharyngal est de 17 mm. L'occlusion rhino-pharyngale est de 8 mm.

Aux images 2+3 le dos de la langue monte de 1,5 mm. A l'image 4 le voile se détache de la paroi rhino-pharingale, l'angle des maxillaires se ferme de 1 mm et la pointe de la langue monte en direction des alvéoles. C'est la préparation pour le [n:] subséquent. La fin de la voyelle est nasalisée.

6.7.2. Pour le [ĕ] de *ekki* (II, 19 ; fig. 22) la distance verticale entre les lèvres est de 15 mm. L'angle des maxillaires est de 7 mm. La pointe de la langue est à 8 mm en arrière des incisives inférieures, mais à l'image 2 elle se retire de 1 mm. Le plus petit passage est de 10 mm à 5 mm en avant de la limite palato-vélaire. Le passage linguo-pharyngal est de 17 mm. L'occlusion rhino-pharyngale est de 10 mm.

La préparation pour le [c] subséquent commence à l'image 3. L'angle des maxillaires et les lèvres se ferment brusquement de 2 mm et le dos de la langue monte très rapidement (images non-reproduites) à partir de là pour produire l'occlusion du [c].

6.7.3. *Tableau n° 8.*

Comparaison des données de trois exemples de [ĕ].

Mesures	20. Bettu	21. pennanum	22. ekki
1	10-12	10	15
3	5	5	7
4	7,5	11	8-9
5	7	10	10
8 a	4	5	5
6	17	17	17
7	2	8	10

Comme les données de ce tableau l'indiquent les trois réalisations de [ĕ] sont très semblables. L'avancement de l'endroit du plus petit passage pour les exemples 21 et 22 s'explique par l'influence de l'entourage ([n] alvéolaire et [c] palatal).

VOYELLES ANTÉRIEURES LABIALISÉES (162)

6.8. *Voyelle [Y].*

Le point culminant de la voyelle [Y] dans le mot *putar* (IV, 31) est illustré par la fig. 23.

La distance verticale entre les lèvres est de 4 mm. La projection labiale est de 8 mm. L'angle des maxillaires est de 2 mm. La pointe de la langue est à 11,5 mm en arrière des incisives inférieures. Le diamètre du plus petit passage est de 8 mm à 3 mm en avant de la limite palato-vélaire. Le passage linguo-pharyngal est de 16 mm. L'occlusion rhino-pharyngale est de 8 mm.

Le mouvement pendant la réalisation de la voyelle est minime (fig. 23 a). A l'image 2 la pointe de la langue avance de 1,5 mm et elle reste là jusqu'à la préparation pour le [t] subséquent. A l'image 5+6 l'angle des maxillaires se ferme de 1 mm et à l'image 7 la pointe de la langue avance de nouveau de 5 mm pour préparer le [t] subséquent.

La voyelle [Y] est une voyelle palatale, très rapprochée de la zone vélaire.

6.8.1. Pour le [Y] de *nutuð* (III, 31 ; fig. 24) la distance verticale entre les lèvres est de 4 mm. La projection labiale est de 10 mm. L'angle des maxillaires est de 2 mm. La voyelle est entièrement mouvement : la pointe de la langue se retire successivement de 5,5-7 à 8,5 mm en arrière des incisives inférieures. Le mouvement affecte en égale mesure toutes les parties de la langue. Le plus petit passage passe de 9,5-10,5 à 11,5 mm à 8 mm en avant de la limite palato-vélaire. Le passage

---

(162) Nous n'allons pas discuter ici le problème de savoir si une voyelle [ü] existe en islandais moderne dans des mots du type *tuginn, huginn,* etc. Qu'il suffise de citer les opinions des phonéticiens sur ce point :

Ceux qui pensent que [ü] existe sont : Valtýr Guðmundsson, Islandsk Grammatik, p. 4. Hreinn Benediktsson, ÍT, I, 1959, note 16. Stefán Einarsson, Icelandic, p. 8.

Ceux qui pensent que [ü] existe comme deuxième segment de la diphtongue [öü] sont : Jón Ófeigsson, Træk, p. XV. Bruno Kress, Die Laute, p. 31. Björn Guðfinnsson, Mállýzkur, I, p. 60. Stefán Einarsson, Beiträge, p. 20, opinion que ce dernier a modifiée plus tard, comp. aussi ibid. dans ANF, XLII, p. 282.

Ceux qui pensent que [ü] n'existe pas sont : Sveinbjörn Sveinbjörnsson, Icelandic Phonetics, p. 13. Einar Haugen, *Language,* XXXIV, 1958, p. 66.

linguo-pharyngal est de 18 mm. Au début il y a un passage rhino-pharyngal, mais bientôt il se produit une occlusion rhino-pharyngale sur 6 mm. Le début de la voyelle est donc nasalisé. A l'image 4 c'est déjà le début du [t].

6.8.2. Pour le [Y] de *kusu* (II, 7 ; fig. 25) la distance verticale entre les lèvres est de 3 mm. La projection labiale est de 8 mm. L'angle des maxillaires est de 1,5 mm. La pointe de la langue est à 11 mm en arrière des incisives inférieures, mais elle avance progressivement jusqu'à 9 mm en arrière des incisives. Le plus petit passage est de 4, puis de 5 mm à 6 mm en avant de la limite palato-vélaire, mais par anticipation au [s] subséquent il se déplace à 10 mm en avant de la limite palato-vélaire. Le passage linguo-pharyngal est de 18 mm. L'occlusion rhino-pharyngale est de 6 mm.

6.8.3. *Tableau n° 9.*

Comparaison des données de trois exemples de [Y].

Mesures	23. putar	24. nutuð	25. kusu
1	4	4	3
2	8	10	8
3	2	2	1,5
4	11,5	5,5-8,5	11-9
5	8	9,5-11,5	4-5
8 a	3	8	6-10
6	16	18	18
7	8	6	6

Comme on peut le voir par les chiffres réunis dans ce tableau le degré de variation pour la voyelle [Y] est beaucoup plus grand que pour les voyelles étudiées jusqu'à présent. L'entourage modifie sensiblement l'aperture. L'endroit du plus petit passage varie dans les limites de 7 mm, ce qui est beaucoup. Le [Y] de *nutuð* se trouve entre deux consonnes alvéodentales. Il n'atteint jamais une position et une stabilité comparable à celle de *putar*. Il en est de même avec celui de *kusu*. Par anticipation au [s] subséquent l'endroit du plus petit passage se déplace de 4 mm sur trois images.

Il nous semble que les consonnes alvéodentales [t, s] exercent une influence abrégeante sur la voyelle précédente, ce qui expliquerait ces variations.

Les facteurs constants sont l'ouverture labiale et la projection labiale. L'angle des maxillaires est assez stable, ainsi que le passage linguo-pharyngal.

6.9. *Voyelle [Y].*

Le point culminant de la voyelle [Y] dans le mot *puttar* (IV, 32) est illustré par la fig. 26.

La distance verticale entre les lèvres est de 5 mm. La projection labiale est de 10 mm. L'angle des maxillaires est de 3,5 mm. La pointe de la langue est à 13 mm en arrière des incisives inférieures. Le plus petit passage est de 9,5 mm à 1,5 mm en avant de la limite palato-vélaire. Le passage linguo-pharyngal est de 17 mm. L'occlusion rhino-pharyngale est de 9 mm.

Le mouvement pendant la réalisation de la voyelle est minime (fig. 26 a). Le dos de la langue monte de 1 mm à l'image 2. A l'image 4 l'angle des maxillaires se ferme de 1 mm. C'est le début de la préparation du [t] subséquent, préparation qui continue à l'image 5.

La voyelle [Y] est une voyelle palatale, mais très rapprochée de la zone vélaire.

6.9.1. Pour le [Y] de *lundinn* (III, 25 ; fig. 27) la distance verticale entre les lèvres est de 5 mm. La projection labiale est de 9 mm. L'angle des maxillaires est de 3 mm. La pointe de la langue est à 8 mm en arrière des incisives inférieures, mais elle avance bientôt à 7, puis à 1 mm. Le plus petit passage est de 11 mm à 8 mm en avant de la limite palato-vélaire. Le passage linguo-pharyngal est de 18 mm. L'occlusion rhino-pharyngale est de 2 mm, mais à l'image 3 le voile se détache de la paroi et le passage rhino-pharyngal atteindra 6 mm. La fin de la voyelle est donc nasalisée.

La préparation du [n] subséquent commence à l'image 3 avec la fermeture de l'angle des maxillaires de 1 mm. A l'image 4 c'est déjà la consonne [n].

6.9.2. Pour le [Y] de *runnum* (IV, 4 ; fig. 28) la distance verticale entre les lèvres est de 5 mm. La projection labiale est de 9 mm. L'angle des maxillaires est 1,8 mm, sans atteindre 2 mm. La pointe de la langue n'est pas infléchie. Elle ne s'abaisse jamais, mais simplement se retire de 6 à 11 mm, pour aussitôt avancer de nouveau de 1, puis de 4 mm. La voyelle est entièrement mouvement : Le plus petit passage est au début de 7 mm à la limite palato-vélaire elle-même, mais il devient bientôt de 8 à 4 mm en avant de la limite palato-vélaire. Le passage linguo-pharyngal est 15 à 17 mm. L'occlusion rhino-pharyngale est de 7 mm au début, mais il se forme bientôt un passage rhino-pharyngal de 0,5 mm, puis de 3 mm, par un mouvement simultané du voile et du bourrelet de Passavant. La fin de la voyelle est donc nasalisée.

A l'image 6 c'est déjà la consonne [n:].

6.9.3. Pour le [Y] de *sunnar* (IV, 7 ; fig. 29) la distance verticale entre les lèvres est de 4 mm, puis elle passe à 5 mm. La projection labiale passe de 6 à 9 mm. L'angle des maxillaires est de 1 mm, mais il passe à 2 mm. La pointe de la langue est à 8 mm en arrière des incisives inférieures. La voyelle est entièrement mouvement, mais le mouvement est limité à la partie centrale de la langue et la partie postérieure. Le plus petit passage passe de 7 à 9 mm à 8 mm en avant de la limite palato-vélaire, mais il se déplace jusqu'à 4 mm en avant de la limite. Le passage linguo-pharyngal est de 13 mm. L'occlusion rhino-pharyngale est de 10 mm, mais il se forme bientôt un passage rhino-pharyngal de 3, puis de 5 mm, par un mouvement simultané du voile et du bourrelet de Passavant.

A l'image 3 c'est déjà la consonne [n:].

6.9.4. *Tableau n° 10.*

Comparaison des données de quatre exemples de [Y].

Mesures	26. puttar	27. lundinn	28. runnum	29. sunnar
1	5	5	5	4-5
2	10	9	9	6-9
3	3,5	3	1,8	1-2
4	13	8-1	pointe rel.	8
5	9,5	11	7-8	7-9
8 a	1,5	8	0-4	8-4
6	17	18	15-17	13
7	9	2	7	10

La comparaison entre ces quatre exemples de [Y] indique que la variation de la voyelle [Y] est considérable. Seul le [Y] de *puttar* atteint une stabilité relative. Pour ces exemples l'endroit du plus petit passage varie dans les limites de 8 mm, ce qui est considérable. La voyelle [Y] est fortement influencée par les articulations environnantes.

La voyelle [Y] reste, malgré ces variations une voyelle palatale.

6.10. *Voyelle [Y].*

La voyelle [Y] peut prendre des formes assez variées dans les syllabes inaccentuées et elle peut même devenir assez différente de ce qu'on peut observer dans les syllabes accentuées.

Les exemples de [Y] dans les syllabes inaccentuées étant nombreux dans les films nous avons choisi trois exemples caractéristiques pour la variabilité de cette voyelle.

6.10.1. Pour le [Y] de *mátaðu* (III, 22 ; fig. 30) la distance verticale entre les lèvres est de 3 mm. La projection labiale est de 10 mm. L'angle des maxillaires est de 1,5 mm. La pointe de la langue se retire progressivement de 3-5-8 à 10 mm en arrière des incisives inférieures. Le plus petit passage est de 10 mm à 3 mm en avant de la limite palato-vélaire, mais il passe à 11 mm. Le passage linguo-pharyngal est de 16 mm. Il n'y a pas d'occlusion rhino-pharyngale, mais un passage de 2, puis de 5 mm. La voyelle est entièrement mouvement, mais le mouvement affecte surtout la partie antérieure de la langue et les lèvres. A l'image 4 c'est déjà le [m] subséquent.

6.10.2. Pour le [Y] de *nutuð* (III, 31 ; fig. 31) la distance verticale entre les lèvres est de 3 mm. La projection labiale est de 7 mm, mais elle diminue jusqu'à 5 mm. L'angle des maxillaires est de 0,5 mm. La pointe de la langue se retire progressivement de 2 à 4 mm en arrière des incisives inférieures, puis elle avance de nouveau de 4 mm pour préparer le [ð] subséquent.

Le plus petit passage est de 10 mm à 3 mm en avant de la limite palato-vélaire. Le passage linguo-pharyngal est de 15 mm. L'occlusion rhino-pharyngale est de 1 mm.

6.10.3. Pour le [Y] de *viltu* (II, 20 ; fig. 32) la distance verticale entre les lèvres est de 4,5 à 5 mm. La projection labiale est de 7 mm. L'angle des maxillaires est de 2 mm. La pointe de la langue se retire successivement de 3-5 à 7 mm en arrière des incisives inférieures. Le plus petit passage passe successivement de 9-10 à 11,5 mm à 6 mm en avant de la limite palato-vélaire. Le passage linguo-pharyngal est de 17 mm. L'occlusion rhino-pharyngale est de 4 mm, mais le voile se détache de la paroi un moment pour ensuite adhérer de nouveau.

A l'image 4 c'est déjà le début de la consonne [t^h] subséquente.

6.10.4. *Tableau n° 11.*

Comparaison des données de trois exemples de [Y].

Mesures	30. mátaðu	31. nutuð	32. viltu
1	3	3	4,5-5
2	10	7	7
3	1,5	0,5	2
4	3-8-10	2-4	3-7
5	10-11	10	9-11,5
8 a	3	3	6
6	16	15	17
7	pass. 2-5	1	4

Comme ces chiffres l'indiquent l'ouverture labiale et l'angle des maxillaires sont réduits pour la voyelle inaccentuée, mais au contraire le plus petit passage (distance dos de la langue - voûte palatine) est sensiblement identique à celui des voyelles accentuées. L'endroit du plus petit passage est le même que pour la voyelle longue.

6.11. *Voyelle [Ö].*

Le point culminant de la voyelle [Ö] dans le mot *pötum* (IV, 33) est illustré par la fig 33.

La distance verticale entre les lèvres est de 6 mm. La projection labiale est de 11 mm. L'angle des maxillaires est de 4 mm. La pointe de la langue est à 13,5 mm en arrière des incisives inférieures. Le plus petit passage est de 10 mm à 1 mm en avant de la limite palato-vélaire. Le passage linguo-pharyngal est de 12 mm. L'occlusion rhino-pharyngale est de 4 mm.

Le mouvement pendant la réalisation de la voyelle est minime (fig. 33 a). Les lèvres continuent à se retirer de 4 à 6 mm et en même temps la projection labiale augmente de 1 mm. Au moment où la préparation pour le [t] subséquent commence, l'angle des maxillaires se ferme de 1 mm et le dos de la langue monte de 1,5 mm. La pointe avance de 1 mm.

La voyelle [Ö] est une voyelle palatale, très centrale. Elle s'articule juste avant la limite des zones palatale et vélaire.

6.11.1. Pour le [Ö] de *för* (III, 7 ; fig. 34) la distance verticale entre les lèvres passe successivement de 4 à 6 mm. La projection labiale est de 7 mm. L'angle des maxillaires est de 4 mm. La pointe de la langue se retire successivement de 13-15 à 18 mm en arrière des incisives inférieures, mais au moment où la préparation pour le [r] subséquent commence elle avance brusquement de 10 mm. Le plus petit passage passe successivement de 9-10 à 11 mm en reculant vers l'arrière de 5 à 3 mm en avant de la limite palato-vélaire. Le passage linguo-pharyngal est de 14 à 15 mm. L'occlusion rhino-pharyngale est de 7 mm.

6.11.2. Pour le [Ö] de *þögull* (IV, 17 ; fig. 35) la distance verticale entre les lèvres est de 5,5 mm, mais elle passe à 7 mm. La projection labiale est de 9 mm. L'angle des maxillaires est de 4 mm. La pointe de la langue se retire successivement de 12 à 13,5 mm en arrière des incisives inférieures. Le plus petit passage est de 10 mm à 4 mm en avant de la limite palato-vélaire. Le passage linguo-pharyngal est de 12 mm. L'occlusion rhino-pharyngale est de 7 mm.

Au moment où la préparation pour le [γ] commence le dos de la langue monte brusquement de 3 mm et l'endroit du plus petit passage se déplace à 3 mm en arrière de la limite palato-vélaire. Le plus petit passage est alors de 6 mm. Il est difficile de savoir si cette phase du mouvement doit revenir à la voyelle.

6.11.3. *Tableau n° 12.*

Comparaison des données de trois exemples de [Ö].

Mesures	33. pötum	34. för	35. þögull
1	6	4-6	5,5-7
2	11	7	9
3	4	4	4
4	13,5	13-18	12-13,5
5	10	9-11	10
8 a	1	5-3	4
6	12	14-15	12
7	4	7	7

Il ressort de ce tableau que les différences entre ces trois exemples de [Ö] sont relativement peu importantes malgré le fait que l'entourage est assez différent. Il est pourtant à noter que le mouvement pour l'exemple 34 est très important, sans que l'explication de ce fait soit évidente. Il n'est pas exclu qu'on puisse l'attribuer à l'influence du [r] subséquent.

Comparé à la voyelle [Y] le [Ö] est plus ouvert et plus postérieur, mais la projection labiale est généralement plus faible pour ce dernier.

6.12. *Voyelle [ö].*

Le point culminant de la voyelle [ö] dans le mot *pöttum* (IV, 34) est illustré par la fig. 36.

La distance verticale entre les lèvres est de 8 mm. La projection labiale est de 8 mm. L'angle des maxillaires est de 6,5 mm. La pointe de la langue est à 14,5 mm en arrière des incisives inférieures. Le plus petit passage est de 10,5 mm à la limite palato-vélaire elle-même. Le passage linguo-pharyngal est de 11 mm. L'occlusion rhino-pharyngale est de 5 mm.

Le mouvement pendant la réalisation de la voyelle est minime (fig 36 a). A l'image 3 l'angle des maxillaires se ferme de 1 mm et à l'image 4 le dos de la langue monte de 1 mm. La préparation du [t] subséquent commence.

La voyelle [ö] est articulée à la limite palato-vélaire, mais elle a pourtant tendance à être articulée comme une voyelle palatale.

6.12.1. Pour le [ö] de *lömbin* (III, 11 ; fig 37) la distance verticale entre les lèvres est de 8 mm. La projection labiale est de 8 mm. L'angle des maxillaires est de 8 mm. La pointe de la langue est à 10 mm en arrière des incisives inférieures. Le plus petit passage est de 12 mm à 7 mm en avant de la limite palato-vélaire. Le passage linguo-pharyngal est de 10 mm. L'occlusion rhino-pharyngale est de 4 mm.

A l'image 2 le voile commence à se détacher de la paroi et le passage rhino-pharyngal devient successivement de 2 et 4 mm. A l'image 3 la préparation du [m] subséquent commence. L'angle des maxillaires se ferme de 1 mm et la lèvre inférieure monte brusquement de 2,5 mm.

6.12.2. Pour le [ö] de *bögglarnir* (II, 3 ; fig. 38) la distance verticale entre les lèvres passe de 7 à 8 mm. La projection labiale est de 5 mm. L'angle des maxillaires est de 6 mm. La pointe de la langue est à 16, puis à 18 mm en arrière des incisives inférieures. Le plus petit passage est de 10 mm à 3 mm en avant de la limite palato-vélaire. Le passage linguo-pharyngal est de 11 mm. L'occlusion rhino-pharyngale est de 5 mm.

A l'image 3 la préparation du [k] subséquent commence. Le dos de la langue monte brusquement de 2,5 mm en se déplaçant dans la zone vélaire.

6.12.3. *Tableau n° 13.*

Comparaison des données de trois exemples de [ö].

Mesures	36. pöttum	37. lömbin	38. bögglarnir
1	8	8	7-8
2	8	8	5
3	6,5	8	6
4	14,5	10	16-18
5	10,5	12	10
8 a	0	7	3
6	11	10	11
7	5	4	5

Il est notable que l'endroit du plus petit passage varie dans les limites de 7 mm, ce qui est considérable. L'exemple 37 est le plus ouvert, ce qui est à expliquer comme conséquence d'un accent initial de phrase.

VOYELLES POSTÉRIEURES LABIALISÉES

6.13. *Voyelle [ū].*

Le point culminant de la voyelle [ū] dans le mot *púta* (IV, 29) est illustré par la fig. 39.

La distance verticale entre les lèvres est de 4 mm. La projection labiale est de 10 mm. L'angle des maxillaires est de 3,5 mm. La pointe de la langue est à 21 mm en arrière des incisives inférieures. Le plus petit passage est de 4 mm à 7 mm en arrière de la limite palato-vélaire. Le passage linguo-pharyngal est de 12 mm. L'occlusion rhino-pharyngale est de 6 mm.

Le mouvement pendant la réalisation de la voyelle est peu important (fig. 39 a). A l'image 3 la pointe de la langue avance de 1 mm. A l'image 4+5 le dos de la langue recule plus en arrière en direction de la luette, mais à l'image suivante il retourne à sa position antérieure. A l'image 7 la préparation du [t] commence. Les lèvres et l'angle des maxillaires se ferment de 1,5 mm et la pointe de la langue avance de 2 mm.

La voyelle [ū] est une voyelle vélaire.

6.13.1. Pour le [ū] de *Fúsa* (III, 5 ; fig. 40) la distance verticale entre les lèvres est de 3 mm. La projection labiale est de 8 mm. L'angle des maxillaires est de 1 mm. La pointe de la langue est à 19 mm en arrière des incisives inférieures. Le plus petit passage est de 2,5 mm à 6 mm en arrière de la limite palato-vélaire. Le passage linguo-pharyngal est de 12 mm. L'occlusion rhino-pharyngale est de 7 mm.

A l'image 2 la pointe avance de 1 mm, et à l'image 3 elle avance de nouveau de 5 mm. C'est la préparation du [s] subséquent.

6.13.2. Pour le [ū] de *sútað* (IV, 10 ; fig. 41) la distance verticale entre les lèvres est de 1 mm. La projection labiale est de 10 mm. L'angle des maxillaires n'atteint pas 0,5 mm. La pointe de la langue est à 16 mm en arrière des incisives inférieures. Le plus petit passage est de 4 mm à 7 mm en arrière de la limite palato-vélaire. Le passage linguo-pharyngal est de 12 mm. L'occlusion rhino-pharyngale est de 8 mm.

6.13.3. Pour le [ū] de *Rúna* (IV, 3 ; fig. 42) la distance verticale entre les lèvres est de 2 mm. La projection labiale est de 10 mm, mais elle augmente légèrement à l'image 3. L'angle des maxillaires est de 1,5 mm. La pointe de la langue est à 18 mm en arrière des incisives inférieures. Le plus petit passage est de 2,5 mm à 7 mm en arrière de la limite palato-vélaire. L'occlusion rhino-pharyngale est au début de 8 mm, mais le voile se sépare bientôt de la paroi et le passage rhino-pharyngal devient successivement de 0,5 à 4 mm par un mouvement simultané du voile et du bourrelet de Passavant.

La préparation du [n] subséquent commence à l'image 2. La pointe de la langue avance de 1 mm et à l'image 5, en même temps que le voile s'abaisse, de nouveau de 1 mm.

6.13.4. Pour le [ū] de *púl* (II, 19 ; fig. 43) la distance verticale entre les lèvres est de 3 mm. La projection labiale est de 9 mm. L'angle des maxillaires est de 3 mm. La pointe de la langue est à 21 mm en arrière des incisives inférieures. Le plus petit passage est de 3,5 mm à 7 mm en arrière de la limite palato-vélaire. Le passage linguo-pharyngal est de 12 mm. L'occlusion rhino-pharyngale est de 8 mm.

A l'image 3 le dos de la langue recule de 1 mm en arrière. A l'image 4 la pointe de la langue avance de 1 mm et à l'image 5 le dos de la langue retourne à la position antérieure.

A l'image 6 la préparation du [l] commence. La pointe de la langue avance brusquement de 3 mm.

6.13.5. *Tableau n° 14.*

Comparaison des données de cinq exemples de [ū].

Mesures	39. púta	40. Fúsa	41. sútað	42. Rúna	43. púl
1	4	3	1	2	3
2	10	8	10	10	9
3	3,5	1	— de 0,5	1,5	3
4	21	19	16	18	21
5	4	2,5	4	2,5	3,5
8 b	7	6	7	7	7
6	12	12	12	12	12
7	6	7	8	8	8

Comme le tableau l'indique la voyelle [ū] est une articulation très stable que l'entourage ne modifie que dans des proportions relativement minimes. C'est cela surtout qui frappe quand on compare la voyelle [ū] aux voyelles [Y, ö].

6.14. *Voyelle [ŭ].*

Le point culminant de la voyelle [ŭ] dans le mot *pútta* (IV, 30) est illustré par la fig. 44.

La distance verticale entre les lèvres est de 5 mm. La projection labiale est de 10 mm. L'angle des maxillaires est de 3 mm. La pointe de la langue est à 20 mm en arrière des incisives inférieures. Le plus petit passage est de 3 mm à 4 mm en arrière de la limite palato-vélaire. Le passage linguo-pharyngal est de 13 mm. L'occlusion rhino-pharyngale est de 6 mm.

Le mouvement pendant la réalisation de la voyelle est peu important (fig. 44 a). A l'image 3+4 le dos de la langue recule en arrière et la pointe avance de 1 mm. L'angle des maxillaires et l'ouverture labiale diminuent de 1 mm. A l'image 5 l'angle des maxillaires se ferme encore de 1 mm. C'est le premier pas vers la préparation de la consonne [t] subséquente.

La voyelle [ŭ] est une voyelle vélaire.

6.14.1. *Tableau n° 15.*

Résumé des données d'un exemple de [ŭ].

Mesures	44. pútta
1	5
2	10
3	3
4	20
5	3
8 b	4
6	13
7	6

6.15. *Voyelle [ō].*

Le point culminant de la voyelle [ō] dans le mot *pota* (IV, 27) est illustré par la fig. 45.

La distance verticale entre les lèvres est de 6 mm. La projection labiale est de 10 mm. L'angle des maxillaires est de 6 mm. La pointe de la langue est à 22 mm en arrière des incisives inférieures. Le plus petit passage est de 4 mm à 10 mm en arrière de la limite palato-vélaire. Le passage linguo-pharyngal est de 11 mm. L'occlusion rhino-pharyngale est de 6 mm.

Le mouvement pendant la réalisation de la voyelle est peu important (fig. 45 a). La pointe de la langue continue de se retirer de 20 à 22 mm en arrière des incisives inférieures. L'angle des maxillaires s'ouvre de 1 mm. A l'image 5 le plus petit passage devient de 5,5 mm et la pointe avance de 2 mm. C'est la préparation du [t] subséquent.

La voyelle [ō] est une voyelle vélaire.

6.15.1. Pour le [ō] de *pokann* (II, 13 ; fig. 46) la distance verticale entre les lèvres passe de 5 à 8 mm. La projection labiale est de 8 mm. L'angle des maxillaires est de 5 mm, mais il passe à 7 mm. La pointe de la langue se retire à 20, puis à 21 mm en arrière des incisives inférieures. Le plus petit passage est de 5 mm à 9 mm en arrière de la limite palato-vélaire. Le passage linguo-pharyngal est de 10 mm. L'occlusion rhino-pharyngale est de 11 mm.

6.15.2. Pour le [ō] de *rok* (IV, 2 ; fig. 47) la distance verticale entre les lèvres est de 3 mm, mais elle passe à 9 mm. La projection labiale est de 6 mm, très faible. L'angle des maxillaires passe de 3 à 5 mm. La pointe de la langue se retire successivement de 19-20 à 21 mm en arrière des incisives inférieures. Le plus petit passage est de 5,5, puis de 6,5 et 7,5 mm à 5 mm en arrière de la limite palato-vélaire. Le passage linguo-pharyngal est de 10 mm. L'occlusion rhino-pharyngale est de 4 mm.

6.15.3. Pour le [ō] de *joð* (III, 13 ; fig. 48) la distance verticale entre les lèvres passe de 5 à 7 mm. La projection labiale est de 7 mm. L'angle des maxillaires est de 3 mm. La pointe de la langue se retire successivement de 18 à 19 mm en arrière des incisives inférieures. La voyelle est entièrement mouvement et le mouvement affecte la partie centrale de la langue et la pointe. Le plus petit passage varie largement d'une image à l'autre passant de 3-6 à 7 mm, mais son endroit est invariable à 3 mm en arrière de la limite palato-vélaire. Le passage lignuo-pharyngal est de 10 mm. L'occlusion rhino-pharyngale est de 10 mm.

A l'image 5 la pointe avance brusquement pour préparer le [ð] subséquent.

6.15.4. Pour le [ō] de *voru* (II, 16 ; fig. 49) la distance verticale entre les lèvres est de 4 mm. La projection labiale est de 7 mm. L'angle des maxillaires est de 3,5 mm. La pointe de la langue est à 20 mm en arrière des incisives inférieures, mais elle avance de 2 et puis de 4 mm quand la préparation du [r] subséquent commence.

La voyelle est entièrement mouvement et le mouvement affecte également toutes les parties de la langue. Le plus petit passage passe de 5 à 6 mm à 10 mm en arrière de la limite palato-vélaire. Le passage linguo-pharyngal est de 12 à 10 mm. L'occlusion rhino-pharyngale est de 8 mm.

A l'image 4 la préparation du [r] subséquent commence. Le dos de la langue s'abaisse brusquement et la pointe de la langue avance de 4 mm.

6.15.5. *Tableau n° 16.*

Comparaison des données de cinq exemples de [ō].

Mesures	45. pota	46. pokann	47. rok	48. joð	49. voru
1	6	5-8	3-9	5-7	4
2	10	8	6	7	7
3	6	5-7	3-5	3	3,5
4	22	20-21	19-21	18-19	20-14
5	4	5	5,5-7,5	3-7	5-6
8 b	10	9	5	3	10-4
6	11	10	10	10	12-10
7	6	11	4	10	8

Les données du tableau indiquent un très grand degré de variation de la voyelle [ō] selon l'entourage. Le [ō] de *pota* atteint la plus grande stabilité.

Pour la voyelle [ō] on retrouve une instabilité analogue à celle observée pour les voyelles [Y, ö], mais [ō] est relativement plus postérieur et nous n'avons pas vu d'exemples où il avancerait jusqu'à la limite palato-vélaire. Le mouvement est extrêmement important pour les exemples 48 et 49. Aucune explication ne semble pouvoir être donnée de ce mouvement. Peut-être la présence des consonnes alvéolaires [ð, r] peut-elle l'expliquer partiellement.

La projection labiale est en général plus faible pour [ō] que pour d'autres voyelles labialisées, ce qui ne veut pas dire que le [ō] ne puisse pas être prononcé avec une forte projection labiale.

6.16. *Voyelle [ŏ].*

Le point culminant de la voyelle [ŏ] dans le mot *pottar* (IV, 28) est illustré par la fig. 50.

La distance verticale entre les lèvres est de 6 mm. La projection labiale est de 10 mm. L'angle des maxillaires est de 8 mm. La pointe de la langue est à 22 mm en arrière des incisives inférieures. Le plus petit passage est de 6 mm à 8 mm en arrière de la limite palato-vélaire. Le passage linguo-pharyngal est de 10 mm. L'occlusion rhino-pharyngale est de 4 mm.

Le mouvement pendant la réalisation de la voyelle est minime (fig. 50 a). A l'image 2+3+4 la pointe de la langue se retire de 1 mm. A l'image 5 le dos de la langue s'abaisse de 1 mm à l'endroit du plus petit passage et la pointe de la langue avance de 6 mm.

C'est le début de la préparation du [t] subséquent.

La voyelle [ŏ] est une voyelle vélaire.

6.16.1. Pour le [ŏ] de *morkna* (III, 18 ; fig. 51) la distance verticale entre les lèvres est de 5 mm. La projection labiale est de 8 mm. L'angle des maxillaires est de 5,5 mm, mais il passe à 6,5 mm. La pointe de la langue est à 20 mm en arrière des incisives inférieures et elle continue de se retirer jusqu'à 22 mm.

Le plus petit passage est de 6 mm à 8 mm en arrière de la limite palato-vélaire. Le passage linguo-pharyngal est de 9 mm. Au début il y a un passage rhino-pharyngal de 3 mm, mais le voile forme bientôt une occlusion sur 10 mm. Le début de la voyelle est donc nasalisé.

A l'image 4 la pointe de la langue avance de 6 mm pour préparer le [*r*] subséquent.

6.16.2. Pour le [ŏ] de *loft* (III, 19 ; fig. 52) la distance verticale entre les lèvres atteint à un moment 7 mm, mais elle passse bientôt à 6 mm. La projection labiale est de 7 mm, mais la lèvre inférieure tend à s'approcher des incisives supérieures en prévision du [f] subséquent. L'angle des maxillaires est de 8 mm, mais il passe à 6 mm, lorsque la préparation pour le [f] commence. La pointe de la langue est à 10 mm en arrière des incisives inférieures. Sa position avancée s'explique par une anticipation du [t] qui suit la consonne [f]. Le plus petit passage est de 9 mm à 10 mm en arrière de la limite palato-vélaire. Le passage linguo-pharyngal est de 8 mm. L'occlusion rhino-pharyngale est de 4 mm.

6.16.3. *Tableau n° 17.*

Comparaison des données de trois exemples de [ŏ].

Mesures	50. pottar	51. morkna	52. loft
1	6	5	7-6
2	10	8	7
3	8	5,5-6,5	8-6
4	22	20-22	10
5	6	6	9
8 b	8	8	10
6	10	9	8
7	4	10	4

Les données du tableau indiquent une stabilité relativement plus grande que pour la voyelle longue [ō]. La plus grande aperture pour l'exemple 52 peut être la conséquence d'un très fort accent initial de phrase.

VOYELLES POSTÉRIEURES NON-LABIALISÉES

6.17. *Voyelle [ā].*

Le point culminant de la voyelle [ā] dans le mot *pata* (IV, 19) est illustré par la fig. 53.

La distance verticale entre les lèvres est de 15 mm. L'angle des maxillaires est de 8,5 mm. La pointe de la langue est à 17 mm en arrière des incisives inférieures. La distance du dos de la langue à la voûte palatine est de 9 mm. Le plus petit passage, qui coïncide avec le passage linguo-pharyngal, est de 6 mm à 24 mm en arrière de la limite palato-vélaire. Il y a un passage rhino-pharyngal de 3,5 mm.

Le mouvement pendant la réalisation de la voyelle est minime (fig. 53 a). Le voile continue à s'abaisser et le passage rhino-pharyngal atteint 4,5 mm. A l'image 5 l'angle des maxillaires se ferme de 1 mm et la pointe de la langue avance de 2,5 mm. C'est le début de la préparation du [t] subséquent.

La voyelle [ā] est une voyelle pharyngale.

6.17.1. Pour le [ā] de *nagar* (III, 26 ; fig. 54) la distance verticale entre les lèvres est de 14 mm. L'angle des maxillaires est de 6 mm. La pointe de la langue est à 11 mm en arrière des incisives inférieures. La distance du dos de la langue à la voûte palatine passe successivement de 10,5-9-8 à 7 mm. Le passage linguo-pharyngal est de 11 mm à 20 mm en arrière de la limite palato-vélaire. Le passage rhino-pharyngal est de 3,5 mm, mais à l'image 4 il passe à 1,5 mm.

La voyelle est entièrement mouvement, mais le mouvement affecte uniquement la partie centrale de la langue.

6.17.2. Pour le [ā] de *bara* (IV, 1 ; fig. 55) la distance verticale entre les lèvres est de 12 mm. L'angle des maxillaires est de 7 mm ; il atteint à un moment 8 mm pour revenir à 6 mm, lorsque la préparation du [r] subséquent commence.

La pointe de la langue est à 12 mm en arrière des incisives inférieures, mais elle avance de 2 mm à l'image 2+3. La distance du dos de la langue à la voûte palatine est de 8,5 mm. Le passage linguo-pharyngal est de 9 mm à 21,5 mm en arrière de la limite palato-vélaire. Le passage rhino-pharyngal est de 3 mm.

6.17.3. Pour le [ā] de *kaka* (II, 4 ; fig. 56) la distance verticale entre les lèvres est de 12 mm. L'angle des maxillaires est de 6,5 mm. La pointe de la langue est à 14 mm en arrière des incisives inférieures et elle continue de se retirer jusqu'à 16 mm. La distance du dos de la langue à la voûte palatine est de 9,5 mm. Le passage linguo-pharyngal est de 11,5 mm à 18 mm en arrière de la limite palato-vélaire. Au début il y a une occlusion rhino-pharyngale de 7 mm, mais au cours de l'articulation de la voyelle le voile s'abaisse et le passage rhino-pharyngal devient de 3 mm par un mouvement simultané du voile et du bourrelet de Passavant.

6.17.4 Pour le [ā] de *Aþena* (IV, 16 ; fig. 57) la distance verticale entre les lèvres est de 16,5 mm. L'angle des maxillaires est de 11 mm. La pointe de la langue est à 12, puis à 14 mm en arrière des incisives inférieures. La distance du dos de la langue à la voûte palatine est de 11 mm. Le passage linguo-pharyngal est de 7 mm à 22,5 mm en arrière de la limite palato-vélaire. Le passage rhino-pharyngal passe de 3 mm à 0,5 mm.

A l'image 6 l'angle des maxillaires et les lèvres se ferment de 1 mm. C'est le début de la préparation du [þ] subséquent.

6.17.5. *Tableau n° 18.*

Comparaison des données de cinq exemples de [ā].

	53.	54.	55.	56.	57.
Mesures	pata	nagar	bara	kaka	Aþena
1	15	14	12	12	16,5
3	8,5	7-8-6	7-8-6	6,5	11
4	17	11	12	14-16	12-14
5	9	10,5-7	8,5	9,5-11,5	11
6	6	11	9	11,5	7
8 b	24	20	21,5	18	22,5
10	3,5	3,5-1,5	3	0,5-3	3-0,5

Comme les données de ce tableau l'indiquent le degré de variation de la voyelle [ā] est considérable, mais le plus frappant est le fait que nous avons toujours observé pour la voyelle [ā] un passage rhino-pharyngal plus ou moins grand. Cependant le [ā] n'est pas à considérer comme une voyelle nasale, parce que le passage rhino-pharyngal subsiste dans n'importe quel entourage et non seulement au contact de consonnes nasales. On doit plutôt considérer ce passage rhino-pharyngal comme une conséquence du mode articulatoire de la voyelle [ā] qui en tant que la plus ouverte des voyelles, a aussi la plus faible contraction du voile ([163]).

---

(163) L. P. Croatto et C. Croatto-Martinolli : Physiopathologie du voile du palais, FPh, XI, 1959, pp. 136-142. Dans ce travail sont rapportés les résultats des expériences de Passavant, de Schmidt et de Czermak sur les mouvements du voile et sur le degré d'ouverture requis pour que la nasalité devienne perceptible. Bernard, art. cité, p. 148. Perkell, ouvr. cité, pp. 52-54.

Plus une voyelle est ouverte, plus facilement elle peut être nasalisée (164). Ce passage rhino-pharyngal contribue sans doute à donner à la voyelle [ā] son timbre clair et de cette manière la voyelle [ā] est la seule voyelle à utiliser régulièrement toutes les cavités de résonance.

6.18. *Voyelle [ă].*

Le point culminant de la voyelle [ă] dans le mot *patta* (IV, 20) est illustré par la fig. 58.

La distance verticale entre les lèvres est de 10 mm. L'angle des maxillaires est de 7 mm. La pointe de la langue est à 18 mm en arrière des incisives inférieures. La distance du dos de la langue à la voûte palatine est de 9,5 mm. Le passage linguo-pharyngal, qui coïncide avec le plus petit passage, est de 7,5 mm à 22 mm en arrière de la limite palato-vélaire. L'occlusion rhino-pharyngale est de 3 mm.

Le mouvement pendant la réalisation de la voyelle est considérable (fig. 58 a). A l'image 2 le voile commence à s'abaisser et le passage rhino-pharyngal atteint 3 mm. A l'image 3+4 la pointe de la langue avance de 1,5 mm et à l'image 5 l'angle des maxillaires et les lèvres se ferment de 1 mm. La pointe avance de nouveau de 3 mm. C'est le début de la préparation de la consonne [t] subséquente.

La voyelle [ă] est une voyelle pharyngale.

6.18.1. Pour le [ă] de *pappann* (II, 15 ; fig. 59) la distance verticale entre les lèvres est de 13 mm. L'angle des maxillaires est de 6,5 mm. La pointe de la langue est à 15 mm en arrière des incisives inférieures, mais elle avance de 2 mm à l'image 4 et de nouveau à l'image 5. La distance du dos de la langue à la voûte palatine est de 9 mm. Le passage linguo-pharyngal est de 10 mm à 20 mm en arrière de la limite palato-vélaire. Le passage rhino-pharyngal passe de 0,5 mm à 3 mm.

La préparation du [p] subséquent commence à l'image 5 avec la fermeture de l'angle des maxillaires et des lèvres de 1 mm.

6.18.2. Pour le [ă] de *marrar* (IV, 1 ; fig. 60) la distance verticale entre les lèvres est de 14 mm. L'angle des maxillaires est de 7 mm. La pointe de la langue est à 14 mm en arrière des incisives inférieures. La distance du dos de la langue à la voûte palatine est de 10 mm. Le passage linguo-pharyngal est de 7 mm à 22 mm en arrière de la limite palato-vélaire. Le passage rhino-pharyngal passe de 3 à 1,5 mm et le voile forme une occlusion sur 5 mm. A l'image 4 la préparation du [r:] subséquent commence. L'angle des maxillaires se ferme de 1,5 mm. La pointe de la langue avance de 2 mm et le voile adhère à la paroi rhino-pharyngale.

6.18.3. Pour le [ă] de *hakkaðu* (II, 5 ; fig. 61) la distance verticale entre les lèvres est de 17 mm. L'angle des maxillaires est de 11,5 mm. La pointe de la langue est à 13 mm en arrière des incisives inférieures.

---

(164) G. Straka : Remarques sur les voyelles nasales, leur origine et leur évolution en français, RLR, XIX, 1955, pp. 245-274.

La distance du dos de la langue à la voûte palatine est de 11 mm. Le passage linguo-pharyngal est de 5 mm à 24 mm en arrière de la limite palato-vélaire. L'occlusion rhino-pharyngale est de 12 mm, mais le voile s'abaissera plus tard avant la fermeture du [k] subséquent.

A chaque image il y a un léger mouvement, mais ce mouvement est insignifiant.

6.18.4. Pour le [ă] de *skaffar* (III, 2 ; fig. 62) la distance verticale entre les lèvres est de 12 mm. L'angle des maxillaires est de 4,5 mm. La pointe de la langue est à 11 mm en arrière des incisives inférieures. La distance du dos de la langue à la voûte palatine est de 6,5 mm. Le passage linguo-pharyngal est de 12 mm à 14 mm en arrière de la limite palato-vélaire. L'occlusion rhino-pharyngale est de 3 mm. A l'image 2 la pointe de la langue avance de 2 mm et la lèvre inférieure monte de 2,5 mm. A l'image 3 l'angle des maxillaires se ferme de 1 mm et la lèvre inférieure monte de nouveau de 4 mm pour préparer le [f:] subséquent.

6.18.5 *Tableau n° 19.*

Comparaison des données de cinq exemples de [ă].

Mesures	58. patta	59. pappann	60. marrar	61. hakkaðu	62. skaffar
1	10	13	14	17	12
3	7	6,5	7	11,5	4,5
4	18	15-11	14	13	11
5	9,5	9	10	11	6,5
6	7,5	10	7	5	12
8 b	22	20	22	24	16
7	3	pass. 0,5-3	5	12	3

Les données de ce tableau indiquent un degré de variation considérable pour la voyelle [ă], mais la plupart de ces variations s'expliquent par l'entourage phonétique différent.

Pour la voyelle [ă] nous avons observé une hésitation quant au comportement du voile du palais. Pour les exemples suivants il y a un passage rhino-pharyngal qui ne peut ni être attribué à une nasalisation ni au voisinage de la consonne [h] :

*a*fli (I, 5)
*a*lla (I, 9)
v*a*rla (I, 15)
sk*a*ffar (III, 2) (images non-reproduites)
j*a*rmað (III, 11)
*a*lla (III, 16).

Pour les exemples suivants il y a une occlusion rhino-pharyngale :

bj*a*rnar (I, 6)
g*a*ddaskónum (I, 10)
f*a*xið fl*a*ksast (II, 10)
*a*llir (IV, 18).

6.19. *Voyelle [a].*

Dans les syllabes inaccentuées la voyelle [a] peut prendre des formes très diverses. Elle est fortement modifiée par l'entourage, jusqu'à un tel degré qu'elle peut même devenir méconnaissable par rapport aux positions qu'elle prend habituellement en syllabe accentuée. A titre d'illustration nous analyserons ici quatre exemples de la voyelle [a] en syllabe inaccentuée.

6.19.1. Pour le [a] de *skaffar* (III, 2 ; fig. 63) la distance verticale entre les lèvres est de 6 mm, mais elle passe à 7 mm. L'angle des maxillaires est de 3 mm. La pointe de la langue est à 14 mm, puis à 15 mm en arrière des incisives inférieures. La distance du dos de la langue à la voûte palatine est de 10 mm. Le passage linguo-pharyngal est de 10 mm à 20 mm en arrière de la limite palato-vélaire. L'occlusion rhino-pharyngale est de 7 mm.

A l'image 4 la pointe de la langue monte pour préparer le [r] subséquent, mais elle ne touche pas encore les alvéoles.

6.19.2. Pour le [a] de *marrar* (IV, 1 ; fig. 64) la distance verticale entre les lèvres est de 9 mm. L'angle des maxillaires est de 2,5 mm. La pointe de la langue n'est pas infléchie au début, mais à l'image 2 elle s'infléchit à 8 mm en arrière des incisives inférieures. La distance du dos de la langue à la voûte palatine est de 8 mm, puis de 7,5 mm. Le passage linguo-pharyngal est de 11 mm à 19 mm en arrière de la limite palato-vélaire. Le passage rhino-pharyngal est de 1,5 mm.

6.19.3. Pour le [a] de *nagar* (III, 26 ; fig. 65) la distance verticale entre les lèvres est de 11,5 mm. L'angle des maxillaires est de 4 mm. La pointe de la langue est à 14 mm en arrière des incisives inférieures, mais elle avance de 1 mm à l'image 2. La distance du dos de la langue à la voûte palatine passe de 7 à 9 mm. La voyelle est uniquement mouvement, mais le mouvement affecte seulement la partie centrale de la langue. Le passage linguo-pharyngal est de 13 mm à 15 mm en arrière de la limite palato-vélaire. L'occlusion rhino-pharyngale est de 7 mm.

Le [r] subséquent commence déjà à l'image 3.

6.19.4. Pour le [a] de *flaksast* (II, 10 ; fig. 66) la distance verticale entre les lèvres est de 9 mm. L'angle des maxillaires est de 1 mm. La pointe de la langue conserve pratiquement la position requise pour la consonne [s] et elle se trouve seulement à 6,5 mm en arrière des incisives inférieures. La distance du dos de la langue à la voûte palatine est de 7 mm. Le passage linguo-pharyngal est de 11 mm à 17 mm en arrière de la limite palato-vélaire. L'occlusion rhino-pharyngale est de 4 mm.

A l'image 4 l'angle des maxillaires se ferme totalement. C'est le début de la consonne [s] subséquente. En même temps le voile commence à s'abaisser pour anticiper la pause qui suit cette syllabe.

6.19.5 *Tableau n° 20.*

Comparaison des données de quatre exemples de [a].

Mesures	63. skaffar	64. marrar	65. nagar	66. flaksast
1	6-7	9	11,5	9
3	3	2,5	4	1
4	14-15	8	14-13	6,5
5	10	8-7,5	7-9	4
6	10	11	13	7
8 b	20	19	15	11
7	7	pass. 1,5	7	17

Les données de ce tableau indiquent que pour le [a] inaccentué l'angle des maxillaires est beaucoup plus réduit que pour la voyelle accentuée, ce qui probablement est une conséquence d'une énergie articulatoire plutôt réduite en syllabe inaccentuée.

L'exemple 66 est l'exemple le plus fermé que nous ayons observé pour la voyelle *a.* Ce qui est cependant notable c'est que la distance du dos de la langue à la voûte palatine est souvent identique ou voisine de celle des voyelles accentuées [ā] et [ă].

Nous avons quatre fois observé pour la voyelle [a] un passage rhino-pharyngal qui ne s'explique pas par nasalisation ni par le voisinage de la consonne [h] :

að (I, 14)
að (IV, 36)
að (IV, 37)
marr*a*r (IV, 1).

Il est évident que les exemples 63 à 66 posent le problème de la définition de leur lieu d'articulation. Quelquefois il semble que la cavité buccale forme un seul tube d'un diamètre peu variable sur toute son étendue, mais pour d'autres exemples le passage linguo-pharyngal est plus grand que la distance du dos de la langue à la voûte palatine.

VII. LE SYSTÈME DES VOYELLES DE L'ISLANDAIS MODERNE

7.1. *Description des voyelles de l'islandais moderne.*

Le premier à présenter une description complète des voyelles de l'islandais moderne fut H. Buergel Goodwin dans ses deux articles en 1905 et en 1908 ([165]). Il décrit les voyelles islandaises selon le système Bell-Sweet. Son analyse minutieuse aboutit à un système qu'on pourrait présenter sous la forme du trapèze ci-dessous :

Schéma n° 2.

Le système vocalique de l'islandais d'après H. Buergel Goodwin.

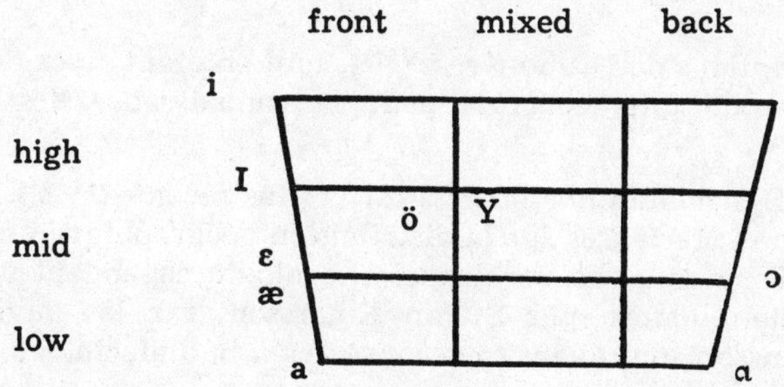

([166])

Ce système fut admis par Jón Ófeigsson ([167]), lequel y introduit de légères modifications qui tendent surtout à le simplifier.

Sveinbjörn Sveinbjörnsson ([168]) accepte pratiquement le système de Buergel Goodwin, tout en postulant une série de voyelles rétroflexes.

Stefán Einarsson a essayé de fonder sa description des voyelles islandaises sur des données objectives fournies par des mesures effectuées sur des palatogrammes. Malheureusement cette méthode ne per-

---

(165) SvLm, 1905, pp. 99-113 et SvLm, 1908, pp. 77-115.

(166) Pour éviter les difficultés de reproduction nous utilisons pour ce schéma, non pas les signes de transcription donnés par Buergel Goodwin, mais ceux généralement employés dans les travaux de phonétique islandaise. Nous omettons aussi les variantes qui, selon l'auteur, n'existent que dans des entourages déterminés ou dans des diphtongues. Voir SvLm, 1908, p. 102.

(167) Træk, pp. XIV-XV.

(168) Icelandic Phonetics, pp. 7-10.

mettant que l'observation des voyelles antérieures, le résultat de l'analyse demeure de ce fait, incomplet ([169]).

Plus tard Stefán Einarsson devait réunir dans une description très soignée tout ce que l'on connaissait sur les voyelles islandaises ([170]) et à cette occasion il présente le schéma suivant :

Schéma n° 3.

Le système vocalique de l'islandais d'après Stefán Einarsson.

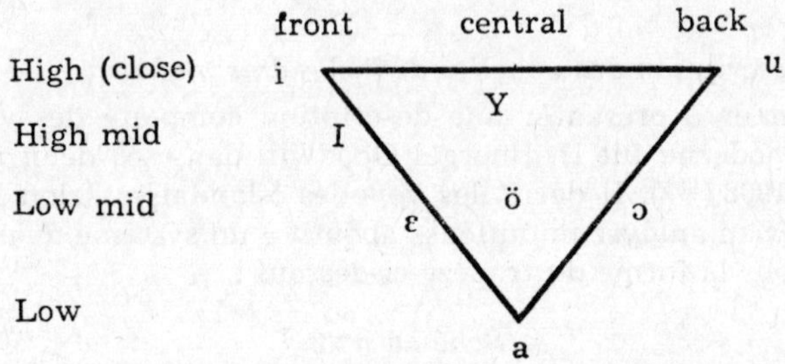

Il servira ensuite de base à plusieurs descriptions des voyelles de l'islandais.

Les descriptions de Bruno Kress ([171]), tout en étant assez détaillées, apportent peu de faits concrets pour la connaissance des voyelles islandaises ([172]).

Celle de Björn Guðfinnsson ([173]) est la plus récente ([174]). En dehors des observations précieuses sur la distribution géographique de certains phénomènes concernant le vocalisme, elle ajoute cependant assez peu à la description donnée par Stefán Einarsson, car les ouvrages de Björn Guðfinnsson sont avant tout consacrés à la dialectologie.

Il faudrait également signaler les analyses phonologiques du système vocalique de l'islandais moderne (comp. chapitre III). Ces analyses offrent souvent de très intéressants essais d'explication, mais un manque de connaissances phonétiques réelles en accentue l'insuffisance.

---

(169) Beiträge, pp. 19-23.

(170) Icelandic, pp. 1-11.

(171) Die Laute, pp. 17-64 et Laut- und Formenlehre, pp. 11-17.

(172) Comp. l'âpre critique de Peter H. Salus : Concerning Icelandic Vocalism, *Orbis*, XIV, 1965, pp. 406-409.

(173) Mállýzkur I, pp. 55-72 et Mállýzkur II, pp. 81-143, 171-178, 180-199 passim. Breytingar, pp. 24-30.

(174) Árni Böðvarsson, Hljóðfræði, pp. 33-49, donne aussi une description des voyelles islandaises, mais sa description s'appuie en grande partie sur les ouvrages de Björn Guðfinnsson. Dans le chapitre *fonetika* dans le livre *Islandsko-russkij slovar'*, Moscou, 1962, pp. 963, il accepte le schéma de Stefán Einarsson.

7.2. *Le système vocalique de l'islandais à partir de l'analyse radiocinématographique.*

L'analyse des positions articulatoires des voyelles, entreprise dans le chapitre VI, permet d'aboutir à un nouveau système des voyelles islandaises. Nous prenons comme base les positions vocaliques dans les mots qui ont formé la position de base (4.1.).

Les données des positions vocaliques de base sont réunies dans le tableau suivant :

7.3. *Le système des voyelles simples du sujet I.*

Comme le tableau 21 l'indique les voyelles simples de notre sujet I se groupent dans trois séries selon le lieu d'articulation :

— Une première série prépalatale groupant les voyelles [i].
— Une deuxième série palatale groupant les voyelles [I, e, Y, ö].
— Une troisième série vélo-pharyngale groupant les voyelles [u, o, a].

Les voyelles antérieures :

Chez notre sujet les voyelles [i] sont toujours très antérieures, le plus souvent nettement prépalatales.

Les voyelles [I], au contraire, tendent vers le centre de la cavité buccale tout en restant antérieures et palatales. Le degré d'ouverture est pratiquement le même que celui de [i] au niveau des lèvres, de l'angle des maxillaires et de la distance du dos de la langue à la voûte palatine. La différence entre [i] et [I] n'est donc pas une différence d'aperture (175). Elle réside avant tout dans le fait suivant : Le recul du lieu d'articulation pour [I] implique aussi que la pointe de la langue recule plus en arrière par rapport aux incisives inférieures. De ce fait il se dégage pour [I] une plus grande cavité en avant de l'endroit du plus grand rétrécissement. On peut donc dire que par rapport à [i], [I] est une voyelle centrale.

Par rapport à [I] les voyelles [e] sont plus postérieures et plus ouvertes. Le [e] islandais peut être caractérisé comme un [e] moyen, plutôt ouvert.

Les voyelles [Y] sont plus ouvertes que [e] et plus postérieures.

Les voyelles [ö] sont plus ouvertes que [Y] et plus postérieures. Le [ö] est très proche de la limite palato-vélaire et l'exemple de la voyelle brève s'articule à la limite elle-même.

Les voyelles postérieures :

Les voyelles [u] sont nettement vélaires, mais le [u] est aussi la voyelle postérieure la plus avancée.

Les voyelles [o] sont plus postérieures que [u] et aussi plus ouvertes, surtout au niveau de l'angle des maxillaires et des lèvres.

---

(175) L'affirmation de Bruno Kress, die Laute, p. 20 : « [*i*] ist ein offenes [i] » est donc infirmée. En aucun cas on ne pourra dire que le [*I*] est un [*i*] ouvert.

Tableau n° 21.

Regroupement des données des voyelles dans les mots formant la position de base.

	Distance verticale entre les lèvres	Projection labiale	L'angle des maxillaires	Distance pointe-incisives inférieures	Diamètre du plus petit passage	L'endroit du plus petit passage en avant de la limite pal.-vélaire	Passage linguo-pharyngal	Occlusion rhino-pharyngale
ī	9		3,5	6	3,5	24	22,5	9,5
ĭ	8		2,5	4	3	23	23	6,5
I	9		3	7,5	4	6	21	5
Ĭ	10		2,5	7	4	7	21	4
ē	11		5	7,5	5,5	5	20	7
ĕ	10		5	7,5	7	4	17	2
Y	4	8	2	11,5	8	3	16	8
Y	5	10	3,5	13	9,5	1,5	17	9
Ö	6	11	4	13,5	10	1	12	4
ö	8	8	6,5	14,5	10,5	0	11	5
						en arrière de la limite		
ū	4	10	3,5	21	4	7	12	6
ŭ	5	10	3	20	3	4	13	6
ō	6	10	6	22	4	10	11	6
ŏ	6	10	8	22	6	8	10	4
ā	15		8,5	17	6	24	6	passage 3,5
ă	10		7	18	7,5	22	7,5	occlusion 3

Le diamètre du plus petit passage est cependant assez variable et il se rapproche souvent de celui de [u]. Le [o] est presque toujours nettement vélaire, mais nous avons vu des exemples où le [o] est à la limite de pouvoir être considéré comme pharyngal (fig. 52). On peut caractériser le [o] islandais comme un [o] moyen.

Les voyelles [a] sont les plus postérieures du système de notre sujet. Elles sont toujours nettement pharyngales en syllabe accentuée. La voyelle longue a toujours été réalisée avec un passage rhino-pharyngal, souvent considérable, mais assez variable, tandis que pour la voyelle brève il y a une occlusion rhino-pharyngale dans la plupart des cas.

Le système vocalique de notre sujet peut donc être schématisé de la façon suivante :

Nous retenons quatre lieux d'articulation :

1. Pour [i] le prépalatum.
2. Pour [I, e, Y, ö] le palais dur.
3. Pour [u, o] le palais mou ou le voile.
4. Pour [a] le pharynx.

Schéma n° 4.

Le système vocalique de l'islandais d'après l'analyse des radiofilms.

<table>
<tr><th>Aperture</th><th>Pré-palatale</th><th colspan="2">Palatales</th><th>Vélaires</th><th>Pharyngale</th></tr>
<tr><td>1</td><td>i</td><td>I</td><td></td><td>u</td><td></td></tr>
<tr><td>2</td><td></td><td>e</td><td></td><td rowspan="2">o</td><td></td></tr>
<tr><td>3</td><td></td><td></td><td>Y</td><td></td></tr>
<tr><td>4</td><td></td><td></td><td>ö</td><td></td><td>a</td></tr>
<tr><td></td><td colspan="2">Non-labialisées</td><td colspan="2">Labialisées</td><td>Non-labialisée</td></tr>
</table>

Classification d'après :

1. Le lieu d'articulation défini comme le plus petit passage.
2. L'aperture définie comme la plus brève distance du dos de la langue au point le plus proche de la voûte palatine.
3. La participation des lèvres.

L'aperture des voyelles :

Si l'on considère l'aperture comme la distance du dos de la langue au point le plus proche de la voûte palatine on obtient quatre degrés d'aperture.

Au premier degré appartiennent les voyelles [i, I, u] ; au deuxième [e] et [o] qui peut aussi être assez proche du degré 3 ; au troisième [Y], et au quatrième degré les voyelles [ö] et [a].

Il faut cependant noter qu'au niveau des lèvres et de l'angle des maxillaires, l'ouverture est nettement plus grande pour [a] que pour [ö] et que la configuration de la cavité buccale n'est à aucun point — sauf l'aperture — semblable pour les deux voyelles.

Le système de notre sujet tel qu'il apparaît dans le schéma n° 4 et dans le diagramme du schéma n° 5 s'éloigne donc assez du schéma traditionnellement admis de Stefán Einarsson ([176]). En effet, aucune voyelle ne se trouve à la place que Stefán Einarsson lui assigne et les rapports entre les diverses voyelles sont tout à fait différents ([177]).

Schéma n° 5.

Les rapports entre les voyelles islandaises d'après l'analyse des radiofilms.

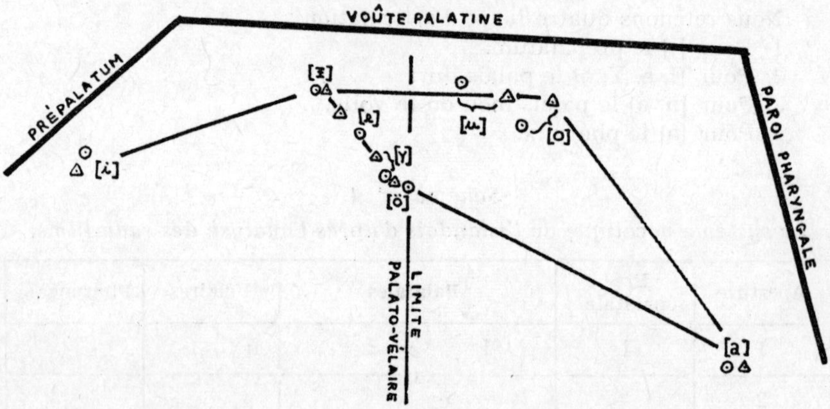

△ voyelle longue

⊙ voyelle brève

(176) Il faut cependant noter que nous ne faisons que confirmer ce que Stefán Einarsson a constaté lui-même et que son schéma dans Icelandic, p. 10, est en évidente contradiction avec ce qu'il a constaté et écrit dans Beiträge, p. 22. Il donne les chiffres suivants pris sur des palatogrammes :

bi:b	15 mm	bib:	15,3 mm
bI:b	17,5 mm	bIb:	22,1 mm
bɛ:b	25,8 mm	bɛb:	29 mm
bY:b	24,3 mm ; 26,5 mm	bYb:	31,6 mm
ba:b	33,7 mm	bab :	33,7 mm

et il écrit : « Diese Reihen lassen erkennen, 3) dass die Zungenhebung in der Reihenfolge i, I, ɛ, Y, a ständig abnimmt. Die ungerundeten Vokale I, ɛ haben somit eine beträchtliche höhere Zungenlage als die gerundeten Y, ö und werden ausserdem weiter vorn im Munde gebildet ». Sauf pour *i, I* cela est tout à fait en accord avec nos constatations.

(177) Il est juste de souligner que Stefán Einarsson était pleinement conscient des limites de ses observations sur les voyelles. Comp. Beiträge, pp. 19 et 93 où il dit que malgré les mesures effectuées sur les palatogrammes « ist die Höhe der Zungenstellung im Isländischen noch nicht objectiv sicher festgestellt worden ». Comp. aussi des affirmations analogues chez Björn Guðfinnsson, Mállýzkur I, p. 55.

7..4. *Les différences articulatoires entre une voyelle longue et une voyelle brève.*

Le problème de savoir s'il y avait des différences articulatoires entre les voyelles longues et brèves du même type en islandais a déjà retenu l'attention d'autres chercheurs, mais Stefán Einarsson est le seul qui ait essayé de le résoudre à l'aide de données expérimentales. Il a prononcé la « même » voyelle longue et brève dans le « même » entourage pour obtenir avec le palais artificiel un palatogramme de la voyelle. Cette méthode se limitait aux voyelles antérieures, les voyelles postérieures ne laissant pas de marque sur le palais artificiel.

Stefán Einarsson a résumé sa conclusion dans une phrase, à savoir « que la voyelle longue est, toutes choses égales par ailleurs, formée considérablement plus fermée que la voyelle brève » ([178]).

Nos résultats ne confirment cette conclusion que dans une certaine mesure. Nous constatons en ce qui concerne le degré d'aperture :

1. Pour les voyelles d'aperture minima [i, I, u] notre sujet ne réalise pas de différences d'aperture entre la voyelle longue et brève, la voyelle brève pouvant même être plus fermée que la voyelle longue.
2. Pour les voyelles d'aperture moyenne et maxima [e, Y, ö, o] la voyelle brève est plus ouverte, souvent considérablement plus ouverte que la voyelle longue.
3. La situation de la voyelle [a] n'est pas tout à fait claire. Il semble que le [ă] bref ait une forte tendance à être plus fermé que le [ā] long si l'on considère l'ouverture de l'angle des maxillaires et des lèvres, mais la distance du dos de la langue à la voûte palatine est presque identique pour le [ā] long et le [ă] bref.

A priori aucune explication ne semble pouvoir être donnée de ce comportement différent des voyelles d'aperture minima brèves d'une part et des voyelles d'aperture moyenne et maxima d'autre part par rapport aux longues correspondantes.

On pourrait penser que les voyelles brèves d'aperture minima ont besoin d'un degré de fermeture considérable, pour que leur timbre caractéristique soit bien réalisé, alors que pour les autres voyelles ceci ne serait pas le cas. Constater un fait est une chose, l'interpréter en est une autre.

Georges Straka s'est penché sur le problème des différences articulatoires de voyelles longues et brèves dans les langues qui connaissent l'opposition de timbre et dans celles qui ne la connaissent pas ([179]).

---

(178) « ... dass der lange Vokal ceteris paribus beträchtlich geschlossener gebildet wird als der kurze Vokal », Beiträge, p. 22.

(179) Durée et timbre vocaliques, *Zeitschrift für Phonetik und allgemeine Sprachwissenschaft,* XII, 1959, pp. 276-300.

L'islandais serait à classer parmi ces dernières. Pour elles, G. Straka, en s'appuyant surtout sur les données du tchèque, constate que les voyelles brèves d'aperture moyenne et minima s'ouvrent par rapport aux longues qui leur correspondent, tandis que le [ă] bref serait plus fermé que le [ā] long. A la suite de ces observations il énonce la loi suivante :

« Dans les langues où il n'y a pas de différence fonctionnelle de timbre fermé et ouvert (où les voyelles sont moyennes), les voyelles longues sont toujours plus fermées que les mêmes voyelles brèves et inversement les voyelles brèves sont plus ouvertes que les mêmes voyelles longues, à l'exception toutefois de la voyelle *a* où l'inverse se produit » ([180]).

On peut facilement constater que le système de notre sujet ne se conforme pas entièrement à cette règle en ce qui concerne les voyelles d'aperture minima et en ce qui concerne la voyelle *a* seulement partiellement, si l'on considère l'ouverture de l'angle des maxillaires.

Georges Straka suggère que la tendance à fermer les voyelles brèves ouvertes et à ouvrir les voyelles brèves fermées, laquelle apparaît au milieu de l'échelle des apertures, reflète un renversement de tendances physiologiques. Pour la formation des voyelles fermées il y aurait intervention de certains muscles élévateurs en plus des muscles abaisseurs, tandis que pour les voyelles ouvertes il y aurait seulement intervention des muscles abaisseurs. L'auteur est revenu sur ce problème plus tard et avec plus de détails ([181]), arrivant à la conclusion qu'il en est effectivement ainsi ([182]). Sans contredire cette conclusion, nos données semblent indiquer que le problème est encore plus complexe. L'exemple de la voyelle *a* (tableaux 18 et 19) et surtout les exemples des voyelles inaccentuées (6.5., 6.10., 6.19.) comparées aux voyelles accentuées du même type montrent que l'ouverture de l'angle des maxillaires et la distance du dos de la langue à la voûte palatine ne vont pas nécessairement de pair ([183]), ce qui semble indiquer que les muscles abaisseurs du maxillaire inférieur et ceux de la langue peuvent ne pas travailler symétriquement et avec le même degré de force. Il nous semble donc qu'on ne puisse pas exclure l'intervention de certains muscles élévateurs dans l'articulation des voyelles ouvertes, même les plus ouvertes ([184]).

---

(180) Ibid., p. 282.

(181) La division des sons du langage en voyelles et consonnes peut-elle être justifiée ? TLL, I, 1963, pp. 17-99.

(182) Ibid., p. 48.

(183) Ce fait a été observé par Perkell, ouvr. cité, pp. 22-24, mais il donne une autre explication : « The role of the mandible in vowels seems to be more related to determining vocal-tract length than to positioning the tongue », p. 24. Cette explication peut compléter la nôtre.

(184) Ces faits ont été observés, mais à notre connaissance jusqu'ici jamais expliqués. Comp. p. ex. C. Brichler-Labaeye : Les voyelles françaises, Paris, 1970, pp. 51 et 82 (pour les voyelles nasales). Voir aussi les observations p. 34, 39, 40 et 57.

S'il est certain « qu'une voyelle longue, étant donné qu'elle dure plus longtemps qu'une voyelle brève, exige davantage de travail articulatoire, et par conséquent, l'effort général de l'ensemble des organes de la parole est pour une voyelle longue plus grand que pour une voyelle brève » ([185]) cela expliquerait fort bien la tendance qu'on observe pour toutes les voyelles brèves islandaises d'être articulées plus vers le centre de la cavité buccale que les voyelles longues qui leur correspondent (schéma n° 5). Cela n'explique cependant pas le degré de fermeture des voyelles brèves d'aperture minima. Quelle que puisse être l'explication de ce fait observé pour les voyelles les plus fermées, qu'il soit une caractéristique individuelle de notre sujet, d'ordre acoustique et articulatoire ou encore un problème d'entourage (qui comme nous l'avons indiqué (4.1.) — n'est pas exactement le même pour la voyelle longue et brève), il reste sans solution pour le moment.

Il ressort néanmoins de l'analyse que chez notre sujet il y a deux systèmes vocaliques en syllabe accentuée, l'un pour les voyelles brèves et l'autre pour les voyelles longues et que ces deux systèmes ne se recouvrent pas exactement.

7.5. *Les voyelles longues islandaises sont-elles des diphtongues ?*

Pour plusieurs chercheurs les voyelles longues islandaises sont des diphtongues ou des voyelles diphtonguées.

Buergel Goodwin ([186]) trouve que toutes les voyelles longues sont diphtonguées et il considère que la fin de la voyelle diphtonguée est plus fermée que le début. Jón Ófeigsson ([187]) connaît des exemples de voyelles longues diphtonguées, mais il pense que ceci n'est pas un phénomène courant. Stefán Einarsson ([188]) connaît aussi des exemples de voyelles longues diphtonguées.

Pour Sveinbjörn Sveinbjörnsson ([189]) toutes les voyelles longues sont diphtonguées. C'est aussi l'avis de Bruno Kress ([190]), lequel pense cependant que cette diphtongaison est trop insignifiante pour la désigner spécialement. Il ne connaît pas d'exemples de [ī] et [ū] diphtongués. Björn Guðfinnsson ([191]) dit qu'on peut noter un glissement (« skrið ») dans la prononciation des voyelles longues, sans que pour autant on puisse dire qu'il s'agisse de véritables diphtongues.

D'après nos documents, il semble sûr que les voyelles longues de notre sujet ne sont pas des diphtongues. Il est vrai que nous avons pu observer des exemples de voyelles longues où il y a un mouvement particulièrement intense et où une même position ne se répète jamais d'une image à l'autre (fig. 24. 28, 49, 54). Cependant un même type de

(185) *Zeitschrift für Phonetik,* XII, 1959, p. 283.
(186) Comp. les articles cités.
(187) Træk, p. XV.
(188) Beiträge, p. 23.
(189) Icelandic Phonetics, p. 8 et passim.
(190) Die Laute, pp. 49-50.
(191) Mállýzkur I, p. 56, note 2 et Mállýzkur II, p. 82.

mouvement organique est beaucoup plus fréquent pendant la réalisation des voyelles brèves (comp. p. ex. fig. 29. 30), et plus encore pendant l'articulation des voyelles inaccentuées (6.5., 6.10., 6.19.).

Il faut noter qu'aucun phonéticien ne parle de diphtongaison des voyelles brèves en islandais moderne. Il faut donc conclure que ce mouvement n'a rien à voir avec celui d'une diphtongue, mais qu'il obéit à des facteurs encore inexpliqués. Le mouvement organique pendant la réalisation des diphtongues de notre sujet est radicalement différent de ce mouvement observé pour quelques voyelles ; pour les diphtongues il est très régulier, alors qu'il l'est beaucoup moins dans le cas des voyelles, comme il ne se fait pas pour toutes les voyelles dans une direction déterminée.

7.6. *Les voyelles au contact de consonnes nasales : la nasalisation des voyelles.*

Le premier à observer la nasalisation des voyelles islandaises au contact de consonnes nasales semble avoir été le célèbre linguiste danois Rasmus Kristian Rask (1.4. et note n° 19). Il note que toute voyelle est nasalisée devant *m* et *n*.

Kemp Malone a observé la nasalisation sur une large échelle ([192]). Il note que toute voyelle suivie de consonne nasale ou placée entre deux consonnes nasales est nasalisée, mais si la voyelle est placée entre deux consonnes nasales appartenant à des mots différents, elle ne serait pas nasalisée. On ne voit pas clairement quelle est l'opinion de Malone, lorsque la consonne nasale précède la voyelle.

Dans ses travaux Stefán Einarsson ([193]) constate aussi la nasalisation des voyelles au contact de consonnes nasales. Comparant ensuite la nasalisation de ses propres voyelles et de celles d'Ársæll Sigurðsson (dans *Specimen*), il constate que les voyelles d'Ársæll Sigurðsson sont plus nasalisées que les siennes. Stefán Einarsson note aussi que plus ses propres voyelles sont fermées plus elles sont nasalisées. Ceci est évidemment inadmissible et indique que Stefán Einarsson confond nasalisation et vibrations crâniennes. Discutant ensuite de la nature de la nasalisation en islandais, Stefán Einarsson constate qu'elle n'est pas la même que celle des voyelles françaises ([194]) et il conclut que la nasa-

(192) Phonology, pp. 130-132.

(193) Beiträge, pp. 30-32 ; Specimen, pp. 8-12.

(194) On se demande toutefois s'il s'agit de la nasalité des voyelles nasales françaises. S'il est ainsi, il est évident que Stefán Einarsson est sorti du problème ; le français en effet n'a pas seulement des voyelles nasales, mais aussi des voyelles nasalisées qui ne se confondent nullement avec les voyelles nasales. Voir p. ex. :

P. Delattre : The Physiological Interpretation of Sound Spectrograms, *Publications of the Modern Language Association of America*, LXVI, 1951, pp. 864-875.

G. Straka : Système des voyelles du français moderne, *Bulletin de la Fac. des Lettres de Strasbourg*, XXVIII, 1950, pp. 172-179, 220-233, 275-284, 368-371.

C. Brichler-Labaeye : Les voyelles françaises, pp. 66-82.

lisation islandaise doit être « une nasalité sans résonance nasale » ([195]), bien qu'on puisse percevoir une sorte de résonance nasale en se bouchant les oreilles.

Jean Poirot ([196]) et Sveinn Bergsveinsson ([197]) limitent leur discussion à la position de *voyelle brève + consonne nasale + constrictive*. L'opinion de Sveinn Bergsveinsson est que dans cette combinaison la consonne nasale disparaît et que la voyelle reste comme voyelle nasale prolongée. Selon ce point de vue, il y aurait un allongement compensatoire pour compenser la perte de la consonne nasale. Selon Poirot la consonne nasale a perdu la moitié de sa durée, mais elle existe toujours.

Bruno Kress ([198]) parle aussi de nasalisation, mais il lui accorde une valeur réduite. Björn Guðfinnsson ([199]) ne semble pas avoir observé la nasalisation dans ses recherches dialectales. Ses observations se limitent à trois mots et encore là il y a une confusion entre nasalisation et consonne nasale sans occlusion buccale.

En analysant les radiofilms, nous avons pu constater que dans la prononciation de notre sujet est nasalisée toute voyelle au contact de consonne nasale. Si la consonne nasale précède la voyelle, c'est le début de la voyelle qui est nasalisé. Si la consonne nasale suit la voyelle, c'est la fin de la voyelle qui est nasalisée. Généralement, c'est uniquement le début ou la fin qui sont nasalisés. Il arrive aussi que la voyelle soit entièrement nasalisée, surtout si elle est inaccentuée et placée entre deux consonnes nasales, mais elle peut aussi être entièrement nasalisée en syllabe finale suivie de consonne nasale ou même précédée de consonne nasale. Nous avons aussi pu observer des voyelles brèves accentuées suivies de consonne nasale qui sont entièrement nasalisées (type : l*a*nd « pays », d*a*nsinn « la danse », etc.).

D'autre part la voyelle [ā] longue est toujours prononcée avec une ouverture rhino-pharyngale et [ă] bref aussi quelquefois. En ce qui concerne l'islandais, aucun phonéticien ne l'a signalé.

La nasalisation des voyelles est donc en islandais beaucoup plus générale que l'on n'aurait cru. Il est cependant exagéré de parler de voyelles nasales en islandais ([200]) ; il n'y a que des voyelles nasalisées.

---

(195) « Nasalness devoid of nasal resonance », Specimen, p. 12.

(196) Sur l'articulation des nasales islandaises, dans *Mélanges offerts à M. Charles Andler*, Strasbourg, 1924, pp. 285-290.

(197) Nasal + Engelaut bzw. Liquida im Isländischen, *Archiv für vergl. Phonetik*, II, 1938, pp. 30-40. Voir aussi Grundfragen, passim.

(198) Die Laute, pp. 59-60.

(199) Mállýzkur I, p. 122 ; Mállýzkur II, pp. 193-194.

(200) Comp. aussi la critique du point de vue de Sveinn Bergsveinsson par Stefán Einarsson : Nasal + Spirant or Liquid in Icelandic, JEGP, XXXIX, 1940, pp. 462-464. Voir aussi le compte rendu des Grundfragen par E. Fischer-Jørgensen et L. L. Hammerich dans NTTS, VI, 1942, pp. 1-20 (pour cette question surtout page 8), et récemment : A. S. Liberman : Fonema ili razliĉitel'nyj priznak ? dans le livre *Fonetika, fonologija, grammatika*, Moscou, 1971, pp. 143-150.

Même si la nasalisation n'est pas perceptible en tant que telle, il ne faut pas exclure qu'elle puisse dans certains cas contribuer à l'impression auditive. Nous pensons surtout au cas des consonnes nasales sourdes. Ces cas sont peu nombreux sur nos films, mais dans tous les cas, le passage rhino-pharyngal est considérable durant l'articulation de la voyelle. Il faut évidemment de plus amples recherches pour examiner la valeur de cette hypothèse, mais si elle se vérifiait, il est évident, que la nasalisation contribuerait à la perception de la consonne, la voyelle étant toujours perçue comme non-nasalisée.

7.7. *Y a-t-il des voyelles rétroflexes en islandais ?*

Sveinbjörn Sveinbjörnsson est le seul chercheur qui suppose l'existence d'une catégorie de voyelles rétroflexes en islandais. D'après lui ces voyelles rétroflexes se trouvent devant *rn, rl, rs* orthographiques, phonétiquement [(r)t*n*, (r)t*l*, *rs*] ([201]). Les consonnes seraient aussi rétroflexes dans ces combinaisons.

Il y a sûrement une certaine part de vérité dans cette idée de Sveinbjörn Sveinbjörnsson. Nous avons observé et analysé des exemples où pendant l'articulation de la voyelle la pointe de la langue ne s'infléchit pas, mais s'abaisse légèrement tout en restant très tendue (comp. fig. 12, 28, 64, 66). Cependant nous n'avons jamais observé que la pointe de la langue prenne une véritable position rétroflexe. Elle est dirigée vers le bas, tendue et sans s'infléchir. Dans notre matériel ces exemples sont limités aux voyelles brèves et aux voyelles inaccentuées et uniquement quand elles sont placées entre deux consonnes alvéodentales ou alvéolaires, mais il ne s'ensuit aucunement que cela soit toujours le cas. L'articulation de la voyelle peut aussi être tout à fait normale dans cet entourage (comp. fig. 27, 29). Il n'est pas possible de prédire si dans un entourage donné de consonnes alvéodentales et alvéolaires la pointe de la langue s'infléchira ou non. L'influence acoustique de la position de la pointe dans ces exemples semble également nulle. Il nous semble donc inutile de désigner cette nuance spécialement. Elle est liée à une position et s'il fallait la désigner spécialement, il faudrait aussi avoir un signe spécial pour chaque position.

7.8. *Les zones articulatoires des voyelles. Zones de dispersion.*

Au cours de notre analyse nous avons pu remarquer que le lieu d'articulation défini comme le plus petit passage ne se trouvait pas toujours au même endroit pour la même voyelle. Au contraire, l'endroit du plus petit passage est variable comme les tableaux du chapitre VI l'indiquent clairement. Deux facteurs semblent principalement responsables de ces variations :

1. L'entourage consonantique.
2. Le degré d'aperture (y compris celui du maxillaire) qui peut être lié au problème de l'énergie articulatoire.

---

(201) Icelandic Phonetics, pp. 7-40 passim.

En tenant compte des ces variations pour chaque voyelle nous avons dessiné les zones articulatoires réelles des voyelles longues et brèves. Chaque zone doit en principe indiquer la zone à l'intérieur de laquelle le lieu d'articulation de chaque voyelle peut se trouver.

Comme l'extension de chaque zone est limitée, il est évident que ces variations sont limitées, elles aussi. Il est de même évident que le lieu d'articulation ne représente pas un point fixe et immuable. Au contraire, il est très variable et il n'y aurait guère de sens d'étudier les rapports entre les diverses voyelles que dans le même entourage et sous les mêmes conditions d'accent.

Il est également possible que le lieu d'articulation varie à l'intérieur d'une même articulation vocalique sur des images successives. Dans ce cas les facteurs auxquels les variations sont dues sont inconnus. Nous avons remarqué ces dernières variations seulement dans des entourages de consonnes alvéodentales [s, n, r] subséquentes et il est par conséquent possible qu'on puisse les expliquer, en partie au moins, par l'influence de la consonne subséquente.

Ces variations affectent dans nos matériaux seulement les voyelles labialisées.

Les exemples sont les suivants :

	Direction du mouvement d'arrière en avant	Direction du mouvement d'avant en arrière
— Tableau n° 9 : exemple 25 Y dans kusu	10←6	
— Tableau n° 10 : exemple 28 Y dans runnum	4←0	
— Tableau n° 10 : exemple 29 Y dans sunnar		8→4
— Tableau n° 12 : exemple 34 Ö dans för		5→4→3
— Tableau n° 16 : exemple 49 ō dans voru	4←10	

Ce qui est à remarquer c'est que la direction du mouvement n'est pas fixée, du moins pas pour les voyelles antérieures. Dans les exemples 28 et 29 il s'agit de la voyelle [Y] suivie de [n:] et pourtant la direction du mouvement est opposée. Pour les voyelles postérieures nous avons un seul exemple de sorte que nous ne savons pas, si la direction du mouvement est variable pour elles aussi.

Il est à remarquer que ces voyelles sont toutes du degré 3 ou 4 de l'aperture. Y aurait-il une relation entre le degré d'aperture et la facilité de variation de la voyelle ? Nous ne savons pas la réponse à cette question, mais le problème mériterait être repris.

Les zones articulatoires des voyelles longues.

Le schéma n° 6 indique les zones articulatoires des voyelles longues.

La voyelle [ī] est articulée dans une longue et mince zone sous le prépalatum à partir de la région post-alvéolaire jusqu'au point le plus haut du palais dur. Le [ī] est donc presque toujours prépalatal.

La zone de la voyelle [I] est très petite sous le palais dur. Dans la pratique on peut dire que cette voyelle s'articule à un point précis.

Plus bas se trouve la zone de la voyelle [ē]. Elle est plus grande que celle de [I], mais il n'y a pas d'interférence entre les deux zones. En revanche il y a interférence entre celles de [ē] et de [Y].

La zone de la voyelle [Y] est très grande. Elle est plus basse et plus avancée que celle de [ē] qu'elle recouvre partiellement.

La zone de [Ö] est plus basse et moins grande que celle de [Y]. Il n'y a pas d'interférence entre ces deux zones.

La zone de [ū] est très petite et sans interférence avec aucune autre zone.

La zone de [ō] est assez irrégulière. Elle va plus en arrière que celle de [ū] et elle est aussi plus avancée.

La zone de [ā] se trouve dans le pharynx. Sa délimination est problématique. C'est la seule voyelle qui n'ait pratiquement pas de variation sur le plan vertical à cet endroit.

Les zones articulatoires des voyelles brèves.

Les zones des voyelles brèves illustrées par le schéma n° 7 sont essentiellement parallèles à celles des voyelles longues. On y retrouve les mêmes tendances.

Les voyelles [Y] et [ö] ont les zones les plus grandes et il y a une interférence entre celles de [ĕ] et [Y]. On doit pourtant noter une extension moindre des zones de [ĭ] et [ŏ] que pour celles de [ī] et [ō].

Sur le schéma n° 7 nous avons mis les zones des voyelles inaccentuées. On y voit confirmé ce que nous avons dit concernant l'aperture des voyelles inaccentuées ; la voyelle inaccentuée est d'ordinaire aussi ouverte ou plus ouverte que la voyelle accentuée qui lui correspond, mais le degré d'ouverture de l'angle des maxillaires est plus réduit que pour celle-ci.

Il est à noter qu'il y a une interférence entre la zone de [Y] inaccentué et celle de [ö] et que théoriquement une interférence entre la zone de [I] inaccentué et celles de [Y] et [ĕ] est dans les limites du possible.

Nous n'avons pas pu délimiter la zone de la voyelle [a] inaccentuée, cette voyelle posant souvent un problème particulier d'analyse (6.19.).

Le lieu d'articulation de la voyelle dans les mots formant la position de base, marqué par Δ ○ respectivement pour la voyelle longue et brève, se trouve, contre toute attente, dans la plupart des cas dans la position la plus reculée enregistrée pour la voyelle en question. Les seules exceptions concernent les voyelles [ĭ, Y, ŏ]. On se serait attendu que précisément dans ce cas la voyelle ait une position avancée, étant donné que la consonne alvéodentale [t] subséquente devrait l'attirer vers l'avant. Or, cette expectation n'est confirmée que pour les voyelles [ĭ, ŏ] et partiellement pour [Y]. Cette anomalie reste sans explication.

Que signifie le concept de zone articulatoire ?

En étudiant les variations des voyelles dans divers entourages et sous diverses conditions d'accent nous avons pu construire les espaces propres à chaque voyelle, que nous avons nommés zones articulatoires de la voyelle en question. Ce concept est une création de notre part et nous n'avons pas trouvé dans la littérature phonétique à notre disposition rien qui lui correspondât. On est donc contraint de se poser la question de la signification de ce concept.

A nos yeux l'existence de la zone articulatoire met en évidence le caractère relatif du concept de lieu d'articulation. Ce dernier n'est pas un point défini une fois pour toutes, mais un point qui varie en fonction de facteurs tels que l'entourage et l'aperture et peut-être d'autres encore, mais dont les limites de variation sont néanmoins fixes. Ce qui surprend peut-être le plus est le fait qu'il peut y avoir — et qu'il y a quelquefois effectivement — un recouvrement des positions de voyelles différentes. Ces voyelles ne se confondent pourtant pas, car il ne s'ensuit pas nécessairement que la configuration des cavités soit identique. Mais malgré tout il y a là une source d'instabilité et il nous semble possible qu'on puisse éventuellement y trouver une des causes des changements phonétiques, bien que pas nécessairement une cause unique.

Que dire par exemple d'une changement comme le *flámæli* de l'islandais moderne ? Il vaudrait la peine d'examiner s'il ne peut pas s'expliquer, partiellement au moins, par des facteurs d'instabilité analogues à ceux que nous avons pu observer.

Le résultat de l'analyse acoustique des voyelles est souvent exprimé par les valeurs de F_1 et F_2, avec celles de F_1 *en ordonnée* et de F_2 *en abscisse*. On découvre alors que le domaine de fréquence peut être très grand pour une voyelle et qu'il peut y avoir sur le plan acoustique un recouvrement entre les domaines de diverses voyelles ([202]). Serait-il possible de penser qu'au domaine de fréquence sur le plan acoustique correspondrait notre zone sur le plan articulatoire ?

A nos yeux cela n'est pas impossible, mais à l'heure actuelle nous pouvons seulement le présenter comme une hypothèse.

---

(202) Comp. p. ex. G. E. Peterson et H. L. Barney : Control Methods Used in a Study of the Vowels, *J. acoust. Soc. Amer.*, XXIV, 1952, n° 2, pp. 182-183. — Réimpression dans Lehiste (éd.) : Readings in Acoustic Phonetics, Cambridge (Mass.) et London, England, 1967, pp. 118-127.

Schéma n° 6.

Zones articulatoires des voyelles longues d'après l'analyse des radiofilms.

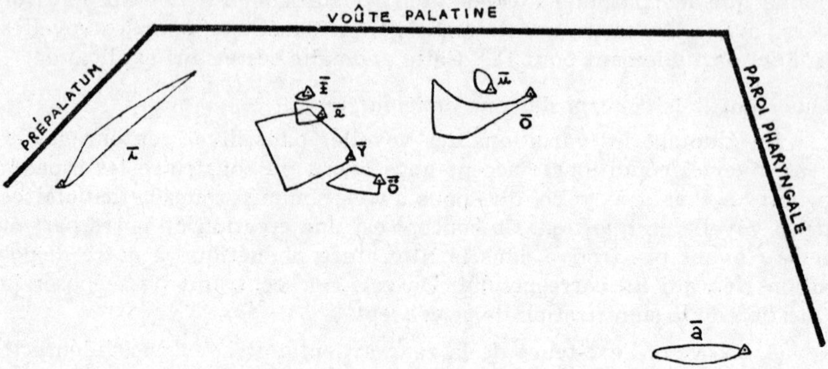

Schéma n° 7.

Zones articulatoires des voyelles brèves d'après l'analyse des radiofilms.

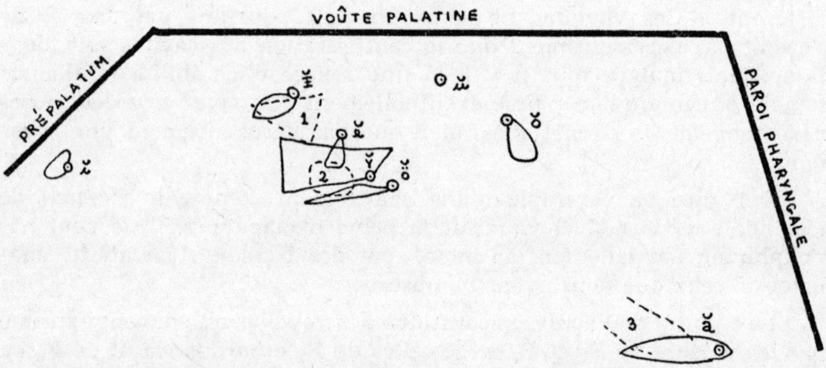

Zones marquées par la ligne hachée :

1. Zone articulatoire de la voyelle [I] inaccentuée.
2. Zone articulatoire de la voyelle [Y] inaccentuée.
3. Zone articulatoire de la voyelle [a] inaccentuée. (La zone est incomplète).

7.9. *La durée des voyelles.*

Dans le matériel oscillographique du sujet I nous avons calculé la durée des voyelles accentuées. Nous donnons ici les chiffres moyens en cs. Le chiffre entre les parenthèses indique le nombre d'exemples :

ī	(6)	22,91	ĭ	(4)	11,12
I	(6)	22,25	Ĭ	(4)	12,37
ē	(6)	23,83	ĕ	(24)	11,6
Y	(4)	23,12	Y	(4)	11,75
Ö	(5)	19,90	ö	(7)	10,92
ō	pas d'exemples		ŏ	(6)	13,50
ū	(1)	26,0	ŭ	(2)	10,35
ā	(15)	24,06	ă	(22)	12,7

Pour les voyelles longues on obtient une moyenne des moyennes 23,15 cs., mais si on exclut le [ū] qui est représenté par un seul exemple anormalement long on obtient 22,68 cs. Pour les voyelles brèves la moyenne des moyennes est 11,78 cs. La voyelle longue est ainsi, en moyenne, le double de la voyelle brève.

Nos chiffres sont pratiquement les mêmes que ceux que Stefán Einarsson avait obtenus avec un matériel beaucoup plus étendu. Pour les voyelles longues il obtenait 22,3 cs. et pour les voyelles brèves 11,8 cs. (203).

Sveinn Bergsveinsson a obtenu des chiffres indiquant que la différence entre voyelle longue et voyelle brève est beaucoup moindre. Pour les voyelles longues il obtenait 12,850 et pour les voyelles brèves 9,263 (204). Ce résultat n'est cependant pas comparable au nôtre et à celui de Stefán Einarsson, parce que Sveinn Bergsveinsson a en réalité calculé comme longues un grand nombre de voyelles brèves devant *nasale + constrictive* (205).

---

(203) Beiträge, p. 92.

(204) Grundfragen, p. 103.

(205) Comp. la critique de L. L. Hammerich dans NTTS, VI, 1942, p. 8.

VIII. ANALYSE ARTICULATOIRE DES DIPHTONGUES

8.0. Les diphtongues posent un problème spécial du fait qu'à la différence des voyelles pour lesquelles on pouvait le plus souvent observer une certaine stabilité de la phase centrale, les diphtongues sont du mouvement continu. Ce mouvement de la diphtongue est variable selon la diphtongue dont il s'agit et selon qu'il s'agit d'une diphtongue longue ou brève de même type. Ce que nous analysons ici ce sont les limites extrêmes et les stades intermédiaires de ce mouvement caractéristique.

Pour les diphtongues il ne faut pas parler de lieu d'articulation : nous parlerons de *ligne articulatoire*. La ligne articulatoire est définie comme la ligne le long de laquelle le plus petit passage se déplace pendant l'accomplissement du mouvement caractéristique de la diphtongue en question et les limites de la ligne articulatoire comme les limites de ce mouvement. Comme pour les voyelles nous comparerons ensuite entre elles les diverses positions analysées de la même diphtongue, mais nous ne pouvons pas comparer une diphtongue longue et brève de même type dans le « même » entourage consonantique. Il nous manque cette position pour la diphtongue brève (4.1.). Néanmoins les diphtongues brèves qui seront analysées ici donneront une idée de ces articulations si caractéristiques de la langue islandaise moderne.

8.0.1. *Définition de la diphtongue.*

Avant de commencer notre analyse il est nécessaire que nous posions la question de la définition de la diphtongue. Dans une étude articulatoire nous ne pouvons pas nous contenter d'une définition acoustique ([206]).

Le problème de la définition de la diphtongue ne se poserait évidemment pas, si nous n'avions pas eu de nombreux exemples de voyelles (comp. fig. 24, 48, 49, etc.) qui, elles aussi, sont faites de mouvement continu. Il s'agit de voir quelle est la différence entre une diphtongue et une voyelle qui n'atteint pas une position stable.

---

(206) La définition de Grammont que la diphtongue constitue « une voyelle unique qui change de timbre au cours de son émission et qui est articulée avec une seule tension décroissante » (Traité de phonétique, p. 109) est une définition acoustique. De même celle de Malmberg, La phonétique, p. 44. — L'opinion de Grammont sur la tension musculaire a été durement critiquée par G. Straka (TLL, I, 1963, pp. 31-33), lequel montre que la théorie de la tension musculaire appartient à un domaine où rien ne peut être prouvé.

Le mouvement de la diphtongue, face à celui des voyelles, est caractérisé par sa régularité : il va toujours dans une même direction. La direction du mouvement est variable selon la diphtongue dont il s'agit, mais il y a toujours la tendance vers une direction déterminée. Pour une voyelle qui est entièrement mouvement il s'agit le plus souvent de différences d'aperture, donc uniquement d'une différence sur le plan vertical (fig. 24, 30, 31, 48, 49, 54). En tout cas il n'y a aucune direction préférentielle de ce mouvement qui dépend de l'entourage et d'autres facteurs inconnus (7.8.).

Nous définissons la diphtongue comme un son vocalique pendant l'émission duquel la langue exécute un mouvement dans une direction déterminée, toujours la même pour les diphtongues de même type. Ainsi pour une diphtongue [ei] ou [ai] la direction du mouvement sera toujours la même pour toutes les diphtongues [ei] ou [ai].

Les diphtongues à deuxième segment -i.

8.1. *Diphtongue [ēī].*

Les limites du mouvement caractéristique de la diphtongue [ēī] dans le mot *beita* (IV, 39) sont illustrées par la fig. 67.

La distance verticale entre les lèvres est de 13 mm. L'angle des maxillaires est de 6 mm. La pointe de la langue est à 8 mm en arrière des incisives inférieures au début, mais à 6 mm en arrière des incisives à la fin du mouvement caractéristique. La distance du dos de la langue à la voûte palatine est de 4 mm au début, mais de 2 mm à la fin de la ligne articulatoire. La ligne articulatoire commence à 6 mm en avant de la limite palato-vélaire et finit à 12 mm en avant de la limite. Le passage linguo-pharyngal est de 20 mm. L'occlusion rhino-pharyngale est de 6 mm.

Le début de la diphtongue [ēī] est un peu plus fermé que la voyelle [ē] (6.7.), mais la fin atteint tout à fait la position de la voyelle [ī] (6.1.), bien que ce ne soit pas la position la plus avancée de celle-ci.

Le mouvement des autres organes articulatoires est le suivant (fig. 67 a) : A l'image 2 la lèvre inférieure se retire de 1 mm. A l'image 5 l'angle des maxillaires se ferme de 1,5 mm et la lèvre inférieure monte brusquement de 4 mm, tandis que la lèvre supérieure se retire de 2 mm. A l'image 6 la préparation pour le [t] subséquent commence. La pointe de la langue avance de 4 mm et reste à seulement 3 mm en arrière des incisives inférieures. La diphtongue [ēī] est sous tous les aspects une diphtongue palatale.

8.1.1. Pour le [ēī] de *reif* (IV, 2 ; fig. 68) la distance verticale entre les lèvres est de 13 mm, mais elle diminue de 1 mm à l'image 3 et puis de nouveau à l'image 4. L'angle des maxillaires est de 5 mm, mais il se réduit à 4 mm à l'image 4. La pointe de la langue est à 7 mm en arrière des incisives inférieures, mais à l'image 2 elle avance de 1 mm et à l'image 4 de nouveau de 1,5 mm. La distance du dos de la langue à la voûte palatine est de 3,5 mm au début de la ligne articulatoire et de 2,5 mm à sa fin. La ligne articulatoire commence à 6 mm en avant de la limite palato-vélaire et elle finit à 9,5 mm en avant de la limite palato-vélaire. Le début de la diphtongue est donc considérablement plus fermé que la voyelle [ē] et la fin plus ouverte que la voyelle [ī]. Le passage linguo-pharyngal est de 18 mm. L'occlusion rhino-pharyngale est de 6 mm.

A l'image 5 la lèvre inférieure monte brusquement de 3,5 mm. C'est la préparation du [v] subséquent.

8.1.2. Pour le [ēī] de *neitar* (III, 32 ; fig. 69) la distance verticale entre les lèvres est de 13 mm. L'angle des maxillaires est de 5,5 mm. La pointe de la langue est à 9 mm en arrière des incisives inférieures, mais elle avance de 0,5 mm et puis de 1 mm sur les images 2 et 3. La distance du dos de la langue à la voûte palatine est de 6 mm au début de la ligne articulatoire et de 4 mm à sa fin. La ligne articulatoire commence à 7 mm en avant de la limite palato-vélaire et elle finit à 10,5 mm en avant de la limite. Le passage linguo-pharyngal passe de 18 à 20 mm. Au début il y a un passage rhino-pharyngal de 3 mm, mais à l'image 3 le voile forme une occlusion sur 5 mm. Le début de la diphtongue est donc nasalisé.

La préparation du [t] subséquent commence à l'image 4. L'angle des maxillaires se ferme de 1 mm et les lèvres également. La pointe de la langue avance de 2 mm.

Dans cet exemple la diphtongue part de la position de la voyelle [ē], mais elle n'atteint pas celle de [ī].

8.1.3. Pour le [ēī] de *deyðir* (III, 21 ; fig. 70) la distance verticale entre les lèvres est de 13 mm. L'angle des maxillaires est de 5,5 mm. La pointe de la langue est à 8 mm en arrière des incisives inférieures, mais elle avance de 2 mm sur les images 2 et 3.

La distance du dos de la langue à la voûte palatine est de 6 mm au début de la ligne articulatoire et de 3,5 mm à sa fin. La ligne articulatoire commence à 7 mm en avant de la limite palato-vélaire et elle finit à 10 mm en avant de la limite. Le passage linguo-pharyngal passe de 17 à 19 mm. L'occlusion rhino-pharyngale est de 4,5 mm. A l'image 3 l'angle des maxillaires et les lèvres se ferment de 1 mm. C'est le début de la préparation du [ð] subséquent, préparation qui se poursuit à l'image 4 avec un avancement de la pointe de 1 mm.

Dans cet exemple la diphtongue part de la position de la voyelle [ē], mais sans atteindre celle de la voyelle [ī].

8.1.4. *Tableau n° 22.*

Comparaison des données de quatre exemples de [ēī].

Mesures	67. beita	68. reif	69. neitar	70. deyðir
1	13	13-11	13	13
3	6	5-4	5,5	5,5
4	8-6	7-4,5	9-7,5	8-6
5	4-2	3,5-2,5	6-4	6-3,5
8 a	6-12	6-9,5	7-10,5	7-10
6	20	18	18-20	17-19
7	6	6	5	4,5

Les différences entre ces quatre exemples ne sont pas très grandes. Il ressort du tableau que la diphtongue [ēī] peut partir de la position de la voyelle [ē] ou d'une position légèrement plus fermée (fig. 67 et 68), mais sa fin atteint rarement celle de la voyelle [ī], bien que cela soit possible.

8.2. *Diphtongue [ĕĭ].*

Lorsque le mouvement caractéristique de la diphtongue [ĕĭ] de *beygðist* (II, 2 ; fig. 71) commence (image 2), la distance verticale entre les lèvres est de 10 mm. L'angle des maxillaires est de 4,5 mm. La pointe de la langue est à 9 mm en arrière des incisives inférieures, mais elle se retire de 1 mm à l'image 3 et puis de 0,5 mm à l'image 4. La distance du dos de la langue à la voûte palatine est de 9,5 mm au début de la ligne articulatoire et de 5 mm à sa fin. La ligne articulatoire commence à 7 mm en avant de la limite palato-vélaire et finit à 9 mm en avant de la limite. Le passage linguo-pharyngal est de 17 mm, mais il passe à 19 mm. L'occlusion rhino-pharyngale est de 4 mm. A l'image 5 le dos de la langue monte de 1,5 mm et le mouvement change de direction allant vers la région vélaire pour préparer le [γ] subséquent.

8.2.1. *Tableau n° 23.*

Résumé des données d'un exemple de [ĕĭ].

Mesures	71. beygðist
1	10
3	4,5
4	9-10,5
5	9,5-5
8 a	7-9
6	17-19
7	4

Le point de départ de la diphtongue [ĕĭ] est la voyelle [ĕ] (6.8.) très avancée. Le début de la ligne articulatoire de la diphtongue est plus avancé, légèrement plus que la voyelle [ĕ], mais le degré d'aperture est presque le même. La diphtongue [ĕĭ] est proche de la position de la voyelle [ĭ] à la fin de sa ligne articulatoire, mais elle n'atteint pas la fermeture de celle-ci.

On peut considérer que la diphtongue [ĕĭ] est formée par l'union de deux voyelles brèves [ĕ] et [ĭ].

8.3. *Diphtongue [Öĭ].*

Les limites du mouvement caractéristique de la diphtongue [Öĭ] dans le mot *bauka* (IV, 37) sont illustrées par la fig. 72.

La distance verticale entre les lèvres est de 6 mm. La projection labiale est de 6 mm, très faible. L'angle des maxillaires est de 7 mm au début du mouvement caractéristique, mais de 3 mm à sa fin. La pointe de la langue est à 11 mm en arrière des incisives inférieures au début du mouvement caractéristique, mais à 7 mm en arrière des incisives à sa fin. La distance du dos de la langue à la voûte palatine est de 9 mm au début de la ligne articulatoire, mais de 3,5 mm à sa fin. La ligne articulatoire commence à 3 mm en avant de la limite palato-vélaire et elle finit à 7 mm en avant de la limite. Le passage linguo-pharyngal passe de 14 à 19 mm. L'occlusion rhino-pharyngale est de 5 mm.

Le point de départ de la diphtongue [Öĭ] est la voyelle [Ö], mais sa fin n'atteint pas la position de la voyelle [ĭ]. La diphtongue conserve la labialisation pendant toute son articulation.

8.3.1. Pour le [Öĭ] de *kaup* (II, 16 ; fig. 73) la distance verticale entre les lèvres est de 8 mm. La projection labiale est de 8 mm. L'angle des maxillaires est de 4 mm au début du mouvement caractéristique, mais de 1 mm à sa fin. La pointe de la langue est à 13 mm en arrière des incisives inférieures au début du mouvement caractéristique, mais à 9 mm en arrière des incisives à sa fin. La distance du dos de la langue à la voûte palatine est de 8 mm tout le temps. La ligne articulatoire commence à 2 mm en avant de la limite palato-vélaire et elle finit à 9 mm en avant de la limite. Le passage linguo-pharyngal passe de 18 à 22 mm. L'occlusion rhino-pharyngale est de 7 mm.

A l'image 5 et 6 les lèvres se ferment brusquement de 4 mm. C'est la préparation du [p^h] subséquent. La diphtongue commence dans cet exemple plus fermée que la voyelle [Ö], mais elle est très loin d'atteindre la position de la voyelle [ĭ]. Il est à remarquer que le mouvement de cet exemple est uniquement horizontal, mais habituellement le mouvement des diphtongues se fait simultanément dans les plans horizontal et vertical.

8.3.2. Pour le [Öĭ] de *launum* (III, 10 ; fig. 74) la distance verticale entre les lèvres est de 5 mm. La projection labiale est de 7 mm. L'angle des maxillaires est de 4,5 mm au début du mouvement caractéristique, mais de 3 mm à sa fin. La pointe de la langue est à 9 mm en arrière des incisives inférieures au début du mouvement caractéristique, mais à 7,5 mm à sa fin. La distance du dos de la langue à la voûte palatine est de 5 mm au début de la ligne articulatoire et aussi à la fin. La ligne articulatoire commence à 6,5 mm en avant de la limite palato-vélaire et elle finit à 11 mm en avant de la limite. Le passage linguo-pharyngal passe de 18 à 20 mm. L'occlusion rhino-pharyngale est de 6,5 mm, mais à l'image 3 le voile commence à s'abaisser pour préparer le [n] subséquent. La fin de la diphtongue est donc nasalisée.

Dans cet exemple le début de la diphtongue [Öī] est considérablement plus fermé et plus antérieur que celui de la voyelle [Ö], mais elle est loin d'atteindre la position de la voyelle [ī]. Le mouvement se fait uniquement sur le plan horizontal.

8.3.3. *Tableau n° 24.*

Comparaison des données de trois exemples de [Öī].

Mesures	72. bauka	73. kaup	74. launum
1	6	8	5
2	6	8	7
3	7-3	4-1	4,5-3
4	11-7	13-9	9-7,5
5	9-3,5	8	5
8 a	3-7	2-9	6,5-11
6	17-19	18-22	18-20
7	4	7	6,5

Comme les données du tableau l'indiquent la diphtongue [Öī] est un peu plus fermée au début que la voyelle [Ö], mais sa fin n'atteint pas la position de la voyelle [ī], sauf devant [j]. Le mouvement peut être sur les plans horizontal et vertical ou sur le plan horizontal uniquement. La labialisation persiste pendant toute l'articulation de la diphtongue.

8.4. *Diphtongue [öĭ].*

Pour le [öĭ] de *föngin* (III, 4 ; fig. 75) la distance verticale entre les lèvres est de 6 mm au début du mouvement caractéristique, mais de 4,5 mm à sa fin. La projection labiale est de 10 mm. L'angle des maxillaires est de 4,5 mm au début du mouvement caractéristique, mais de 3 mm à sa fin. La distance du dos de la langue à la voûte palatine est de 8 mm au début de la ligne articulatoire, mais de 5,5 mm à sa fin. La ligne articulatoire commence à 2 mm en avant de la limite palato-vélaire et elle finit à 10 mm en avant de la limite. Le passage linguo-pharyngal passe de 17 à 19 mm. L'occlusion rhino-pharyngale est de 6,5 mm au début, mais à l'image 4 le voile commence à s'abaisser pour préparer le [ɲ] subséquent. La fin de la diphtongue est donc nasalisée.

La diphtongue [öĭ] commence considérablement plus fermée que la voyelle [ö] et sa fin n'atteint pas la position de la voyelle [ĭ].

8.4.1. *Tableau n° 25.*

Résumé des dondnées d'un exemple de [öĭ].

Mesures	75. föngin
1	6-4,5
2	10
3	4,5-3
4	8-6
5	8-5,5
8 a	2-10
6	17-19
7	6,5

La diphtongue [öĭ] est probablement à considérer comme l'union de deux voyelles brèves [ö] et [ĭ], mais il est évident qu'il faut examiner plus d'exemples pour voir de façon claire la relation entre ces articulations. Occasionnellement la diphtongue [öĭ] peut être remplacée par la voyelle [Y] dans la langue parlée: austur « Est (direction) » [öĭstYr > YstYr].

8.5. *Diphtongue [ōĭ].*

Pour la diphtongue [ōĭ] dans le mot *loginn (I,* 13 ; fig. 76) la distance verticale entre les lèvres est de 10 mm au début du mouvement caractéristique, mais de 7,5 mm à sa fin. La projection labiale est de 9 mm au début, mais à la fin du mouvement caractéristique elle est pratiquement nulle quant à la lèvre inférieure, tandis que la lèvre supérieure conserve encore un faible degré de labialisation. L'angle des maxillaires est de 5 mm au début du mouvement caractéristique, mais de 2 mm à sa fin. La pointe de la langue est à 14 mm en arrière des incisives inférieures au début du mouvement caractéristique, mais à 5 mm en arrière des incisives à sa fin. La distance du dos de la langue à la voûte palatine est 7,5 mm au début de la ligne articulatoire, mais de 3 mm à sa fin. La ligne articulatoire commence à 8 mm en arrière de la limite palato-vélaire et elle finit à 13 mm en avant de la limite. Le passage linguo-pharyngal passe de 7 à 21 mm. L'occlusion rhino-pharyngale est de 3 mm, mais à l'image 4 on note une diminution de la tension du voile et l'ouverture d'un très réduit passage rhino-pharyngal.

8.5.1. *Tableau n° 26.*

Résumé des données d'un exemple de [ōĭ].

Mesures	76. loginn
1	10-7,5
2	9-0
3	5-2
4	14-5
5	7,5-3

8 b	8
8 a	13
6	7-21
7	3

Le point de départ de la ligne articulatoire de la diphtongue [ōī] est la voyelle [ō], très ouverte, et la fin de la ligne articulatoire atteint tout à fait la position de la voyelle [ī]. Ce fait était prévisible, étant donné que la diphtongue [ōī] existe uniquement devant la consonne [j].

8.6. *Diphtongue [āī].*

Les limites du mouvement caractéristique de la diphtongue [āī] dans le mot *bœta* (IV, 36) sont illustrées par la fig. 77.

La distance verticale entre les lèvres est de 10 mm au début, elle atteint un maximum de 12 mm, mais à la fin du mouvement caractéristique elle est de 6 mm. L'angle des maxillaires est de 7 mm au début du mouvement caractéristique, mais de 3,5 mm à sa fin. La distance du dos de la langue à la voûte palatine est de 8 mm au début de la ligne articulatoire, mais de 4 mm à sa fin. La ligne articulatoire commence à 20 mm en arrière de la limite palato-vélaire et elle finit à 3 mm en avant de la limite. Le passage linguo-pharyngal passe de 8 à 17 mm. L'occlusion rhino-pharyngale est de 4 mm au début, mais le voile s'abaisse légèrement pendant la phase la plus ouverte de la diphtongue et à l'image 5 il forme de nouveau une occlusion rhino-pharyngale. Le passage rhino-pharyngal ne dépasse pas 1 mm.

Le point de départ de la diphtongue [āī] est la voyelle [ā], mais son début est légèrement plus fermé que cette voyelle. La fin de la diphtongue est loin d'atteindre la position de la voyelle [ī].

8.6.1. Pour le [āī] de *þœr* (IV,, 14 ; fig. 78) la distance verticale entre les lèvres est de 13 mm. L'angle des maxillaires est de 6 mm. La pointe de la langue est à 13 mm en arrière des incisives inférieures, mais à la fin du mouvement caractéristique elle se trouve à 7 mm en arrière des incisives inférieures. La distance du dos de la langue à la voûte palatine est de 9,5 mm au début de la ligne articulatoire, mais de 6 mm à sa fin. La ligne articulatoire commence à 19 mm en arrière de la limite palato-vélaire et elle finit à 11 mm en avant de la limite. Le passage linguo-pharyngal passe de 10 à 18 mm. L'occlusion rhino-pharyngale est de 3,5 mm. La diphtongue est légèrement plus fermée au début que la voyelle [ā], mais sa fin n'atteint pas la position de la voyelle [ī].

8.6.2. *Tableau n°27.*

Comparaison des données de deux exemples de [āī].

Mesures	77. bæta	78. þær
1	10-6	13
2	7-3,5	6

3	16-8	13-7
4	8-4	9,5-6
8 b	20	19
8 a	3	11
6	8-17	10-18
7	4	3,5

Les données du tableau indiquent que la diphtongue [āī] part d'une position légèrement plus fermée que celle de la voyelle [ā], mais sa fin n'atteint probablement jamais la position de la voyelle [ī], excepté devant [j].

Pour l'exemple 77 nous avons observé un passage rhino-pharyngal au moment de l'aperture maxima. Nous avons aussi observé un passage analogue et dans les mêmes conditions pour les exemples suivants :

gœsin (II, 12) ; *klœr* (II, 21) ; *jœja* (III, 14) ; *rœður* (IV, 5). Habituellement il y a cependant une occlusion rhino-pharyngale durant toute la durée de la diphtongue [āī].

8.7. *Diphtongue [ăĭ].*

Pour le [ăĭ] de *fœldi* (III, 6 ; fig. 79) la distance verticale entre les lèvres est de 11 mm au moment de l'écartement maximum. L'angle des maxillaires est de 2 mm, atteint un maximum de 3 mm, mais retourne à sa position. La pointe de la langue est à 19 mm en arrière des incisives inférieures, mais à 16 mm en arrière des incisives à la fin du mouvement caractéristique. La distance du dos de la langue à la voûte palatine est de 9 mm au début de la ligne articulatoire, mais de 7,5 mm à sa fin.

La ligne articulatoire commence à 2 mm en arrière de la limite palato-vélaire et elle finit à la limite elle-même. Le début de la diphtongue est ainsi très semblable à quelques exemples de la voyelle [a] inaccentuée.

Le passage linguo-pharyngal passe de 13 à 15 mm. L'occlusion rhino-pharyngale est de 5 mm.

8.7.1. *Tableau n° 28.*

Résumé des données d'un exemple de [ăĭ].

Mesures	79. fældi
1	11
2	2
3	19-16
4	9-7,5
8 b	2
8 a	0
6	13-15
7	5

Le point de départ pour cet exemple de la diphtongue [ăĭ] est semblable à quelques exemples de la voyelle [a] inaccentuée. La fin de la diphtongue est loin d'atteindre la position de la voyelle [ĭ].

Pour la diphtongue [ăĭ] nous avons observé un passage rhino-pharyngal pour un exemple : *lœknaeklan* (II, 11). Ce fait s'explique peut-être comme conséquence de la consonne [h] subséquente dans cet exemple.

La diphtongue [ăĭ] peut souvent être remplacée par la voyelle [ă], très ouverte, dans la langue parlée, surtout dans le verbe *œtla* « avoir l'intention de » : [ăĭhtla > ăhtla].

Les diphtongues à deuxième segment -u.

8.8. *Diphtongue [āū].*

Les limites du mouvement caractéristique de la diphtongue [āū] dans le mot *bátar* (IV, 35) sont illustrées par la fig. 80.

La distance verticale entre les lèvres est de 10 mm au début du mouvement caractéristique, mais de 4 mm à sa fin. La fin de la diphtongue est labialisée, la projection labiale étant de 7 mm. L'angle des maxillaires est de 6,5 mm au début du mouvement caractéristique, mais de 3,5 mm à sa fin. La pointe de la langue est à 17 mm en arrière des incisives inférieures au début du mouvement caractéristique, mais à 21,5 mm en arrière des incisives à sa fin. La distance du dos de la langue à la voûte palatine est de 10,5 mm au début de la ligne articulatoire, mais de 5 mm à sa fin. La ligne articulatoire commence à 22 mm en arrière de la limite palato-vélaire et elle s'arrête à 9 mm en arrière de la limite. Le passage linguo-pharyngal passe de 9 à 8 mm. Le voile ne forme pas d'occlusion rhino-pharyngale avant l'image 5. L'occlusion rhino-pharyngale devient alors de 5 mm. Le passage rhino-pharyngal ne dépasse pas 1 mm.

Le point de départ de la diphtongue [āū] est la voyelle [ā], mais sa fin n'atteint pas la position de la voyelle [ū].

8.8.1. Pour le [āū] de *vá* (IV, 13 ; fig. 81) la distance verticale entre les lèvres est de 12 mm au début du mouvement caractéristique, mais de 5 mm à sa fin. La projection labiale est de 8,5 mm. L'angle des maxillaires est de 8 mm au début du mouvement caractéristique, mais de 6,5 mm à sa fin. La pointe de la langue est à 15 mm en arrière des incisives inférieures au début du mouvement caractéristique, mais à 20 mm en arrière des incisives à sa fin. La distance du dos de la langue à la voûte palatine est de 9 mm au début de la ligne articulatoire, mais de 5 mm à sa fin. La ligne articulatoire commence à 21 mm en arrière de la limite palato-vélaire et elle finit à 11 mm en arrière de la limite. Le passage linguo-pharyngal est de 7 mm. Au début de la diphtongue il subsiste un passage rhino-pharyngal, mais à l'image 4 le voile forme une occlusion sur 6 mm. La diphtongue commence avec le même degré d'aperture que la voyelle [ā], mais sa fin n'atteint pas tout à fait le degré de fermeture de la voyelle [ū], bien que la ligne articulatoire s'étende plus en arrière que cette voyelle.

8.8.2. Pour le [āū] de *mátaðu* (III, 22 ; fig. 82) la distance verticale entre les lèvres est de 12 mm au début du mouvement caractéristique, mais de 4 mm à sa fin. La projection labiale est de 9 mm. L'angle des maxillaires est de 7,5 mm au début du mouvement caractéristique, mais de 3 mm à sa fin. La pointe de la langue est à 18 mm en arrière des incisives inférieures ; elle recule à 19 mm au moment du reculement maximum. La distance du dos de la langue à la voûte palatine est de 11,5 mm au début de la ligne articulatoire, mais de 4 mm à sa fin. La ligne articulatoire commence à 19 mm en arrière de la limite palato-vélaire et elle s'arrête à 7 mm en arrière de la limite. Le passage linguo-pharyngal passe de 11 à 7 mm. Au début du mouvement caractéristique il y a un passage rhino-pharyngal de 4 mm, mais à l'image 3 le voile forme une occlusion de 4 mm. Le début de la diphtongue est donc nasalisé.

La diphtongue commence avec le même degré d'aperture que la voyelle [ā] et sa fin atteint pratiquement la position de la voyelle [ū].

8.8.3. *Tableau n° 29.*

Comparaison des données de trois exemples de [āū].

Mesures	80. bátar	81. vá	82. mátaðu
1	10-4	12-5	12-4
2	7	8,5	9
3	6,5-3,5	8-6,5	7,5-33
4	17-21,5	15-20	18-19
5	10,5-5	9-5	11,5-4
8 b	22-9	21-11	19-7
6	9-8	7	11-7
7	5	6	4

Comme ces exemples le montrent la diphtongue [āū] part habituellement du même degré d'aperture que la voyelle [ā], mais sa fin est rarement aussi fermée que la voyelle [ū]. La ligne articulatoire de la diphtongue peut cependant s'étendre plus en arrière que la voyelle [ū], ce qui s'explique par le fait que la diphtongue est plus ouverte. Hormis les cas de nasalisation et en dehors des exemples analysés ici nous avons observé un passage rhino-pharyngal pendant la phase la plus ouverte de la diphtongue pour les exemples suivants :

fáðu (III, 5), *já* (III, 14), *rásina* (IV, 3).

Le passage rhino-pharyngal est pour la diphtongue [āū] pourtant toujours plus réduit que pour la voyelle [ā].

8.9. *Diphtongue [ăŭ].*

Pour le [ăŭ] de *Páll* (II, 17 ; fig. 83) la distance verticale entre les lèvres est de 11 mm au début du mouvement caractéristique, mais de

6 mm à sa fin. La projection labiale est très faible et elle atteint à peine 6 mm. L'angle des maxillaires est de 5,5 mm, mais il passe à 6,5 mm au moment de l'ouverture maxima. La pointe de la langue est à 18 mm en arrière des incisives inférieures au début du mouvement caractéristique, mais à 20 mm en arrière des incisives à sa fin. La distance du dos de la langue à la voûte palatine est de 10,5 mm au début de la ligne articulatoire et de 10 mm à sa fin. La ligne articulatoire commence à 14 mm en arrière de la limite palato-vélaire et elle finit à 5 mm en arrière de la limite ((?) comp. 8.9.2.). Le passage linguo-pharyngal passe de 13 à 8 mm. L'occlusion rhino-pharyngale est de 5 mm.

A l'image 6 l'angle des maxillaires se ferme brusquement de 2 mm et la pointe de la langue avance de 10 mm. C'est la préparation pour le [t] subséquent.

Le point de départ de la diphtongue [ăŭ] est la voyelle [ă], mais sa fin est loin d'atteindre la position de la voyelle [ŭ].

8.9.1. Pour le [ăŭ] de *djáknann* (I, 12 ; fig. 84) la distance verticale entre les lèvres est de 12,5 mm au début du mouvement caractéristique, mais de 10 mm à sa fin. La projection labiale est de 9 mm. L'angle des maxillaires est de 6 mm. La pointe de la langue est à 14 mm en arrière des incisives inférieures au début du mouvement caractéristique, mais à 18 mm en arrière des incisives à sa fin. La distance du dos de la langue à la voûte palatine est de 6 mm au début de la ligne articulatoire, mais de 3,5 mm à sa fin. La ligne articulatoire commence à 20 mm en arrière de la limite palato-vélaire et elle finit à 6 mm en arrière de la limite. Le passage linguo-pharyngal passe de 10 à 18 mm. L'occlusion rhino-pharyngale est de 4 mm, mais à l'image 7 le voile commence à s'abaisser, peut-être à cause de la consonne [h] subséquente (comp. 10.37.2.).

Cet exemple de [ăŭ] commence plus fermé que la voyelle [ă], mais la fin atteint pratiquement la position de la voyelle [ŭ].

8.9.2. *Tableau n°30.*

Comparaison des données de deux exemples de [ăŭ].

Mesures	83. Páll	84. djáknann
1	11-6	12,5-10
2	6	9
3	5,5	6
4	18-20	14-18
5	10,5-10	6-3,5
8 b	14-5 ?	20-6
6	13-8	10-8
7	5	4

Les données du tableau indiquent que pour l'exemple 83 les variations sont extrêmement réduites. De ce fait il devient problématique de déterminer la ligne articulatoire de cet exemple. Il est évident que les valeurs absolues mesurées (14-5 mm) n'ont pas la même valeur relative que dans les cas où elles sont accompagnées de variations simultanées sur le plan vertical (comp. tableau n° 29).

L'exemple 83 est une illustration du fait que le problème de l'articulation des diphtongues brèves en islandais est à reprendre (ainsi que les problèmes annexes, acoustiques et perceptuels), nos matériaux n'ayant fait qu'indiquer les véritables problèmes.

8.10. *Diphtongue [ōū].*

Les limites du mouvement caractéristique de la diphtongue [ōū] dans le mot *bóta* (IV, 38) sont illustrées par la fig. 85.

La distance verticale entre les lèvres est de 7 mm au début du mouvement caractéristique, mais de 4 mm à sa fin. La projection labiale est de 9 mm. L'angle des maxillaires est de 6 mm au début du mouvement caractéristique, mais de 2 mm à sa fin. La pointe de la langue est à 23 mm en arrière des incisives inférieures. La distance du dos de la langue à la voûte palatine est de 7 mm au début de la ligne articulatoire, mais de 4 mm à sa fin. La ligne articulatoire commence à 11 mm en arrière de la limite palato-vélaire et elle finit à 8 mm en arrière de la limite. Le passage linguo-pharyngal est de 10 mm. L'occlusion rhino-pharyngale est de 3 mm.

Le point de départ de la diphtongue [ōū] est la voyelle [ō] et sa fin atteint pratiquement la position de la voyelle [ū].

8.10.1. Pour le [ōū] de *Mósa* (III, 22 ; fig. 86) la distance verticale entre les lèvres est de 5 mm au début du mouvement caractéristique, mais de 3 mm à sa fin. La projection labiale est de 9 mm. L'angle des maxillaires est de 7,5 mm au début du mouvement caractéristique, mais de 4,5 mm à sa fin. La pointe de la langue est à 21 mm en arrière des incisives inférieures au début du mouvement caractéristique, mais à 17 mm en arrière à sa fin. La distance du dos de la langue à la voûte palatine est de 5 mm au début de la ligne articulatoire, mais de 3 mm à sa fin. La ligne articulatoire commence à 10 mm en arrière de la limite palato-vélaire et elle finit à 5 mm en arrière de la limite. Le passage linguo-pharyngal est de 11,5 mm. Le passage rhino-pharyngal est de 4 mm au début, mais à l'image 5 le voile forme une occlusion sur 8 mm. Le début de la diphtongue est donc nasalisé.

La diphtongue [ōū] commence dans cet exemple à partir de la position de la voyelle [ō] et sa fin atteint celle de la voyelle [ū].

8.10.2. *Tableau n° 31.*

Comparaison des données de deux exemples de [ōū].

Mesures	85. bóta	86. Mósa
1	7-4	5-3
2	9	9
3	6-2	7,5-4,5
4	23	21-17
5	7-4	5-3
8 b	11-8	10-5
6	10	11,5
7	3	8

Les données du tableau n'indiquent pas de grandes différences entre ces deux exemples de [ōū]. L'exemple 86 est plus fermé et son début est nasalisé au contact de la consonne nasale [m]. Un trait caractéristique pour les exemples que nous avons pu examiner de la diphtongue [ōū] est l'absence de variations du passage linguo-pharyngal et en général une grande stabilité de la cavité pharyngale. Comparé à d'autres diphtongues ce trait constitue un caractère particulier de la diphtongue [ōū].

8.11. *Diphtongue [ŏŭ].*

Pour le [ŏŭ] de *póstur* (IV, 8 ; fig. 87) la distance verticale entre les lèvres est de 7 mm. La projection labiale est de 12 mm. L'angle des maxillaires est de 4,5 mm au début du mouvement caractéristique, mais de 0,5 mm à sa fin. La pointe de la langue est à 19 mm en arrière des incisives inférieures au début du mouvement caractéristique, mais à 9 mm en arrière des incisives à sa fin. La distance du dos de la langue à la voûte palatine est de 6 mm au début de la ligne articulatoire, mais de 3,5 mm à sa fin. La ligne articulatoire commence à 8 mm en arrière de la limite palato-vélaire et elle finit à la limite elle-même. Le passage linguo-pharyngal passe de 10 à 11 mm. L'occlusion rhino-pharyngale est de 9 mm.

8.11.1. *Tableau n° 32.*

Résumé des données d'un exemple de [ŏŭ].

Mesures	87. póstur
1	7
2	12
3	4,5-0,5
4	19-9
5	6-3,5
8 b	8-0
6	10-11
7	9

Le point de départ de la diphtongue [ŏŭ] est la voyelle [ŏ] et sa fin atteint et même dépasse la position de la voyelle [ŭ].

N'ayant que peu d'exemples de [ŏŭ] sur nos films, les données dont nous disposons pour l'étude de cette diphtongue demeurent de ce fait assez incomplètes.

IX. LE SYSTÈME DES DIPHTONGUES DE L'ISLANDAIS MODERNE

9.0. L'analyse des diphtongues dans le chapitre VIII permet d'établir le système des diphtongues de l'islandais moderne et d'en examiner la relation avec le système des voyelles. Nous examinerons les principales opinions émises sur les diphtongues islandaises et ensuite les questions qui concernent l'ensemble des diphtongues. Pour les diphtongues au contact de consonnes nasales nous renvoyons à ce qui a été dit à propos des voyelles dans les mêmes entourages (7.6.).

9.1. *Les diphtongues islandaises.*

Toutes les diphtongues islandaises ont une caractéristique commune : elles sont toutes décroissantes, c'est-à-dire leur mouvement part d'un élément plus ouvert pour arriver à un élément plus fermé. Nous parlons évidemment ici de la langue correcte, *réttmæli.* Dans le *flámæli* il y a des diphtongues croissantes [Ie, Yö] et des diphtongues dont les segments sont d'un timbre instable, *hvarflandi tvíhljóð* (207) (aperture non constante ?).

Le deuxième segment des diphtongues du *réttmæli* est [i] ou [u]. Certains chercheurs (208) pensent aussi que [y] pourrait être le deuxième segment de diphtongue, mais nous pensons qu'il est plus juste de considérer le deuxième segment des diphtongues [Öī, öī] comme [i] : Un [i] labialisé n'est pas nécessairemnt un [y] (209).

Le premier segment de la diphtongue peut être n'importe quelle voyelle autre que [i, u]. La diphtongue [Iī] (210) qui serait formée de deux voyelles ayant le même degré d'aperture est cependant rare. A sa place on trouve le plus souvent la voyelle [ī].

Jón Ófeigsson (211) distingue en outre des diphtongues que nous avons distinguées les diphtongues [ui] et [uy] dans des mots comme

---

(207) Mállýzkur I, p. 64 et Mállýzkur II, p. 82.

(208) Jón Ófeigsson, Træk, p. XV ; Stefán Einarsson, Beiträge, pp. 20-21 ; Bruno Kress, Die Laute, pp. 36-37 ; Björn Guðfinnsson, Mállýzkur I, p. 60.

(209) Comp. la place de [i] et [y] dans schéma vocalique français : G. Straka, Album phonétique, p. 60 ; Brichler-Labaeye, ouvr. cité, pp. 253-254.

(210) Comp. Mállýzkur I, p. 63 où les mots *stigi* « escalier » et *flygi* « que je volasse », subj. passé de *fljúga* « voler » sont transcrits avec [Ii] dans la transcription de B. Guðfinnsson.

(211) Træk, p. XV.

múgi « à la foule » dat. sing. de *múgur* « foule, canaille » et *húj* interj. « ouf ». Björn Guðfinnsson affirme connaître la diphtongue [ui] (212), mais la prononciation la plus commune est [mũjI] sans diphtongue. Quant à la diphtongue [uy] il s'agit là certainement d'une erreur d'interprétation.

9.2. *Y a-t-il des diphtongues croissantes dans le réttmæli ?*

Certains chercheurs affirment l'existence d'une diphtongue croissante [ie] en islandais. Ainsi Jón Ófeigsson (213) distingue cette diphtongue pour le groupe orthographique *je* et pour *é*. De même Kemp Malone affirme que le *j* islandais est si vocalique qu'il forme une diphtongue avec la voyelle qui le suit (214). Stefán Einarsson (215) pense qu'il est possible d'interpréter le *j* comme le premier segment d'une diphtongue, mais il ne préfère pas cette interprétation. Björn Guðfinnsson (216) pense que la diphtongue [ie] existe, mais il ne semble pas être très sûr sur ce point.

D'après nos recherches nous pouvons dire que les groupes orthographiques de *j + voyelle* sont une combinaison de consonne et d'une voyelle. Le [j] est une consonne qui n'a rien de vocalique et qui se comporte comme toutes les autres consonnes. Le [j] montre une phase centrale généralement stable et des transitions très rapides comme les autres consonnes. La diphtongue, au contraire, est du mouvement continu, ainsi que notre analyse l'a mis en évidence.

9.3. *Y a-t-il des triphtongues en islandais ?*

Certains chercheurs parlent de triphtongues en islandais. Ainsi Jón Ófeigsson indique *oui, aui, öyi,* mais il avoue qu'elles sont douteuses (217). Kemp Malone parle des triphtongues *aui* et *oui* (218) et évidemment de *j + diphtongue,* parce que d'après lui le *j* est vocalique.

Sveinn Bergsveinsson parle de la triphtongue *auy* dans *mági* « au beau-frère » dat. sing. de *mágur* « beau-frère » (219). Björn Guðfinnsson (220), au contraire, ne croit guère à l'existence de triphtongues en islandais. Tel est aussi notre avis. Il s'agit dans ces cas possibles d'une combinaison de la consonne [j] avec une diphtongue, mais aucunement d'un élément vocalique analysable comme une unité.

9.4. *La relation entre les deux segments de la diphtongue.*

Dans notre analyse nous n'avons pas réussi à séparer les deux

---

(212) Mállýzkur I, p. 65.
(213) Træk, p. XV.
(214) « In general, the Icelandic *j* is so vocalic in its characteristics that it is best interpreted as forming phasals with the vowels which it precedes », Phonology, p. 103.
(215) Beiträge, p. 21.
(216) Mállýzkur I, pp. 64 et 66-67.
(217) Træk, p. XV.
(218) Phonology, p. 113.
(219) Grundfragen, pp. 41-42.
(220) Mállýzkur I, p. 67.

segments qui constituent la diphtongue. Tout ce que nous pouvons faire c'est de constater le mouvement, son point de départ et sa fin. Rien ne nous permet de dire à quel moment le premier segment finit et le deuxième commence. En effet, les deux segments de la diphtongue sont intimement liés et ils s'assimilent l'un à l'autre : ainsi le premier segment commence habituellement un peu plus fermé que la voyelle qui lui correspond et le deuxième segment finit plus ouvert que la voyelle qui lui correspond.

Néanmoins il paraît juste de désigner le deuxième segment des diphtongues comme [i] et [u]. Bien que les positions de ces voyelles ne soient souvent pas atteintes (excepté devant [j]), le mouvement va dans la direction de ces voyelles et non pas dans la direction de [I] et [o]. Quoi qu'il en soit il est cependant évident que toute transcription d'une diphtongue est conventionnelle. La diphtongue passe par une série de stades intermédiaires qui n'apparaissent pas dans la transcription.

9.5. *Le mouvement des diphtongues.*

9.5. Le mouvement de toutes les diphtongues islandaises va dans le sens postéro-antérieur (comp. schéma n° 8).

Le mouvement articulatoire de la diphtongue est essentiellement un mouvement lingual. La langue se meut constamment dans une direction déterminée, propre à chaque diphtongue, pendant son articulation modifiant les cavités de résonance, ce qui produit le changement du timbre qui est perçu par l'oreille. Le mouvement de la langue se fait soit sur le plan horizontal-vertical, ce qui est le plus fréquent, soit sur le plan horizontal uniquement (comp. fig. 73 et 74), mais ce dernier mouvement est beaucoup plus rare. En revanche, nous n'avons jamais vu pour une diphtongue un mouvement uniquement sur le plan vertical, mais pour les voyelles un tel mouvement est assez fréquent.

Les autres organes ne restent pas immobiles. Le maxillaire inférieur se ferme généralement à mesure que le mouvement lingual progresse. Ceci est naturel étant donné que le deuxième segment est toujours plus fermé que le premier. Pour les diphtongues [āū, ăŭ], dont le deuxième segment est labialisé, la labialisation est le plus souvent très faible, ce qui peut être considéré comme une conséquence de l'assimilation que les deux segments subissent entre eux dans la diphtongue. De même pour les diphtongues [Ȫī, ö̆ĭ] dont le premier segment est labialisé, on observe presque toujours qu'une faible labialisation subsiste pendant toute la durée de la diphtongue.

Les mouvements du voile du palais sont moins importants. Pour les diphtongues [āū] et [āī] on peut quelquefois noter que le voile s'abaisse ou relâche sa tension pendant l'articulation du segment le plus ouvert de la diphtongue — comme cela se passe pour la voyelle [ā] de notre sujet — mais hormis les cas de nasalisation, le voile forme une occlusion rhino-pharyngale pendant l'articulation du segment fermé.

Schéma n° 8.

Lignes articulatoires des diphtongues longues.

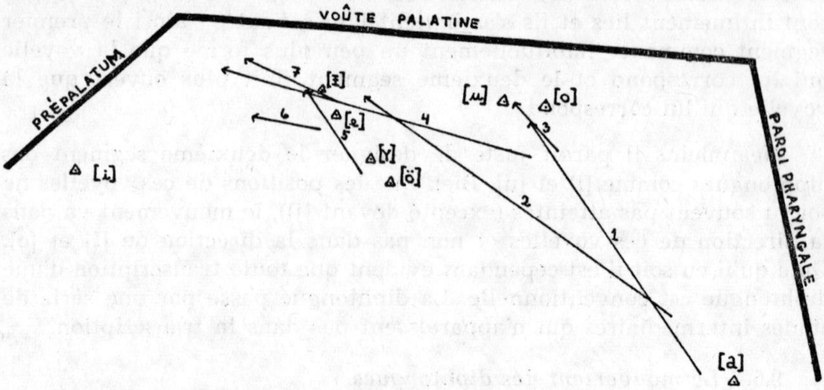

Δ Lieu d'articulation des voyelles longues.

1. Ligne articulatoire de [āū] dans *bátar*.
2. Ligne articulatoire de [āī] dans *bœta*.
3. Ligne articulatoire de [ōū] dans *bóta*.
4. Ligne articulatoire de [ōī] dans *loginn*.
5. Ligne articulatoire de [Ȫī] dans *bauka*.
6. Ligne articulatoire de [Ȫī] dans *launum*.
7. Ligne articulatoire de [ēī] dans *beita*.

9.6. *Diphtongues longues et diphtongues brèves.*

Comme les voyelles les diphtongues peuvent être longues et brèves dans les mêmes conditions, une diphtongue longue et brève alternant souvent dans les différentes formes de flexion du même mot. Pour indiquer la quantité d'une diphtongue nous pouvons donc utiliser le même système que pour les voyelles. Nous supposons par là que la diphtongue est une unité et que le mécanisme de la quantité l'affecte dans sa totalité.

9.6.1. *Les diphtongues longues.*

Les diphtongues longues sont à considérer comme l'union de deux voyelles longues. Sauf pour la diphtongue [ōī], qui est toujours longue (et éventuellement [Īī], comp. 9.1.), une diphtongue brève correspond à chaque diphtongue longue. Le mouvement lingual est en général très important pour les diphtongues longues et devant la consonne [j] la position de la voyelle [ī] est parfaitement atteinte (fig. 76).

9.6.2. *Les diphtongues brèves.*

Comme les voyelles brèves les diphtongues brèves ne sont pas prolongeables et elles sont soumises aux mêmes lois de fonctionnement que les voyelles brèves.

Bien que nous ne disposions que de peu d'exemples de diphtongues brèves, notre analyse semble indiquer que la diphtongue brève est à considérer comme l'union de deux voyelles brèves. Si l'on compare le mouvement des diphtongues brèves à celui des diphtongues longues, il y a une différence frappante : le mouvement des diphtongues brèves est, en effet incroyablement réduit et cela à tel point que pour quelques exemples la délimitation de la ligne articulatoire devient problématique (fig. 83 et 8.9.). Ces faits posent d'autres problèmes d'ordre acoustique et perceptuel qui attendent une étude plus spéciale. Notons pourtant qu'ils ne semblent pas contredire les constatations de Sovijärvi sur la durée des transitions qu'il suppose décisives pour la perception de la diphtongue ([221]).

Il est probable que pour les diphtongues brèves la position des voyelles [i, u] ne soit que rarement atteinte (les diphtongues brèves n'existent pas devant la consonne [j]). Le premier segment commence le plus souvent à partir d'une fermeture un peu plus poussée que celle qui correspond à la voyelle correspondante.

Toutes les diphtongues brèves peuvent devenir des monophtongues. La monophtongaison est particulièrement fréquente pour [ăĭ] devant [t], mais pour les autres diphtongues elle est rare et pour certaines même très rare. Afin de donner un exemple de monophtongaison pour chaque diphtongue nous donnons ici les exemples de Björn Guðfinnsson ([222]). La voyelle résultant de la monophtongaison reste évidemment une voyelle brève :

1. [ăĭ] *sæll* « salut » [sătl < săĭtl].
2. [ĕĭ] *heyrðu* « écoute » impératif de *heyra* [hĕrðY < hĕĭrðY].
3. [öĭ] *austur* « Est (direction) » [YstYr < östYr < öistYr].
4. [ŏŭ] *fólk* « gens » [fŏlk < fŏŭlk].
5. [ăŭ] *hálka* « verglas » [hălka < hăŭlka].

Stefán Einarsson cite en outre la monophtongaison [ĕĭ > Ĭ] : *leistur* « bas » [lĕĭstYr > lĬstYr] ([223]). Si cet exemple est correct il suppose une direction verticale du mouvement, type de mouvement que nous n'avons jamais vu pour une diphtongue.

9.7. *La durée des diphtongues.*

Dans le matériel oscillographique du sujet I nous avons calculé la durée des diphtongues. Nous donnons ici les chiffres moyens en cs. Les chiffres entre les parenthèses indiquent le nombre d'exemples :

[āī]	(13)	25,53	[ăĭ]	(5)	14
[ēī]	(9)	23,88	[ĕĭ]	(11)	13,77
[Ōī]	(18)	25,80	[öĭ]	pas d'exemples	
[āū]	(16)	24,21	[ăŭ]	(8)	14,93
[ōū]	(17)	22,32	[ŏŭ)	(1)	17

(221) Antti Sovijärvi : Der Lautübergang im Lichte von Röntgenfilmen und Spektrogrammen, Helsinki, 1969, pp. 15-16.
(222) Mállýzkur I, p. 66.
(223) Beiträge, p. 21.

La durée moyenne des diphtongues longues est de 24,35 cs., pour les diphtongues brèves (le [ŏŭ] étant exclu) de 13,23 cs. Les diphtongues longues sont donc 1,67 cs. plus longues que les voyelles longues en moyenne et les diphtongues brèves sont en moyenne 1,45 cs. plus longues que les voyelles brèves (comp. 7.9.).

X. ANALYSE ARTICULATOIRE DES CONSONNES

10.0. Pour l'analyse articulatoire des consonnes nous suivrons le lieu d'articulation dans le sens antéro-postérieur, c'est-à-dire, en commençant par conséquent avec l'étude des consonnes bilabiales et nous finirons par celle des vélaires et des laryngales. A l'intérieur de chaque catégorie nous suivrons l'ordre :

consonne aspirée — consonne non-aspirée — consonne nasale
ou
consonne constrictive sourde — consonne constrictive sonore — consonne nasale.

Pour chaque consonne nous décrirons uniquement la position de base (ou la position par laquelle elle est remplacée) d'une manière complète. Les positions de comparaison seront illustrées par des tableaux qui ensuite seront commentés. Nous ferons cependant des exceptions à cette règle, lorsque cela nous semblera nécessaire, mais habituellement le commentaire des tableaux offrira une clarté suffisante. Comme les consonnes de même type ont des traits communs (l'occlusion, la constriction) il suffira d'une description détaillée d'un exemple. Les différences ressortiront suffisamment d'un tableau de comparaison.

Pour chaque consonne nous avons en général dû limiter le choix à trois positions, mais tous les traits essentiels de chaque consonne ressortissent de ces exemples et les commentaires qui en sont faits. Pour la consonne *l* il aurait été intéressant d'incorporer un plus grand nombre d'exemples, mais nous renvoyons à notre étude spécialement consacrée aux problèmes de cette consonne ([224]).

Nous ferons une double comparaison :

1. Comparaison entre des consonnes de même type en différents entourages vocaliques ou consonantiques.
2. Comparaison entre des consonnes différentes dans le même entourage vocalique.

Le point culminant de la consonne est défini comme le moment du resserrement maximum des organes articulatoires, c'est-à-dire, le moment où l'angle des maxillaires est le plus petit et le contact des organes le plus grand, si la consonne est occlusive et le passage le plus étroit si elle est constrictive.

---

(224) TIPhS *3*, 1971, pp. 120-146.

Les consonnes bilabiales

10.1. *Consonne [pʰ].*

Le point culminant de la consonne [pʰ] dans le mot *parið* (II, 14) est illustré par la fig. 88. Le point culminant est atteint trois images après la fermeture des lèvres juste avant la rupture de l'occlusion.

L'occlusion bilabiale est de 5,5 mm sur le plan sagittal médian. L'angle des maxillaires est de 4,5 mm. La pointe de la langue est à 13 mm en arrière des incisives inférieures. La distance du dos de la langue à la voûte palatine est de 9,5 mm. Le passage linguo-pharyngal est de 10 mm. Le voile a une position basse, mais il forme une occlusion rhino-pharyngale de 10 mm.

Le mouvement est important (fig. 88 a). Pendant la fermeture des lèvres la langue tend à prendre la position du [ā] subséquent. Au moment de la rupture de l'occlusion la langue a pratiquement pris la position de la voyelle. La rupture de l'occlusion est brusque et elle se fait simultanément sur toute l'étendue du contact. En même temps l'angle des maxillaires s'ouvre de 1 mm. C'est le moment de l'aspiration (225).

10.1.1. *Tableau n° 33.*

Comparaison des données de trois exemples de [pʰ].

Mesures	88. parið	89. pinna	90. púl
9	5,5	5	4
3	4,5	5,5	1,5
4	13	17-5	7-20
5	9,5	10-9	7-6,5
6	10	13-20	12
7	10	9	7

Commentaire :

Exemple 89 : Pendant l'occlusion bilabiale la langue passe de la position de [o] à celle de [Ĭ], la voyelle subséquente. Le mouvement est très rapide, mais la position de [Ĭ] n'est pas tout à fait atteinte au moment de l'explosion. La rupture de l'occlusion se fait simultanément sur toute l'étendue du contact. L'influence de la voyelle précédente détermine l'ouverture de l'angle des maxillaires.

Exemple 90 : Pendant l'occlusion bilabiale la langue tend à prendre la position du [ū] subséquent, position qui est pratiquement atteinte au moment de la rupture de l'occlusion. La rupture de l'occlusion est brusque se faisant simultanément sur toute l'étendue du contact.

---

(225) Certes la radiocinématographie ne donne pas l'aspiration, mais en écoutant la bande magnétique on l'entend et, d'autre part, elle est nettement visible sur les oscillogrammes (comp. l'annexe). Nous concluons donc que l'aspiration suit immédiatement la rupture de l'occlusion qui est visible sur le film.

10.1.2. Les positions de [p^h] qui viennent d'être analysées illustrent clairement le fait que leur seul facteur commun est l'occlusion bilaliale. Le [p^h] n'a pas d'articulation linguale propre. Pendant l'occlusion bilabiale la langue tend à prendre la position de la voyelle (ou de la consonne) subséquente. Si la voyelle subséquente est labialisée, il y a aussi une projection labiale pendant l'occlusion (fig. 90). La rupture de l'occlusion peut être brusque, comme pour les exemples analysés ici, ou lente, comme nous l'avons observé pour de nombreux exemples sur les films.

10.2. *Consonne [p].*

Le point culminant de la consonne [p] dans le mot *barnið* (I, 16) est illustré par la fig. 91.

L'occlusion bilabiale est de 6 mm sur le plan sagittal médian. L'angle des maxillaires est de 1 mm. La pointe de la langue est à 15 mm en arrière des incisives inférieures. La distance du dos de la langue à la voûte palatine est de 9 mm. Le passage linguo-pharyngal est de 11 mm. L'occlusion rhino-pharyngale est de 3 mm.

Le mouvement est important (fig. 91 a). Le point culminant est atteint trois images après la fermeture bilabiale. La langue prend la position de la voyelle subséquente [ă], et elle l'a parfaitement atteinte au moment de la rupture de l'occlusion. La rupture de l'occlusion est brusque, se faisant simultanément sur toute l'étendue du contact. Au moment de la rupture de l'occlusion l'angle des maxillaires s'ouvre de 1 mm.

10.2.1. *Tableau n° 34.*

Comparaison des données de trois exemples de [p].

Mesures	91. barnið	92. betur	93. borg
9	6	6	8
3	1	2	1,5-3,5
4	15	10-12	4-21
5	9	4,5-8	8,5-6,5
6	11	19	14-11
7	3	8	9

Commentaire :

Exemple 92 : Quand l'occlusion bilabiale se produit, la langue est en train d'abandonner la position du [γ] précédent. On note que le voile relâche sa tension à un moment. La langue continue de s'abaisser et au moment de la rupture de l'occlusion elle est un peu plus basse que la voyelle [ē]. La rupture de l'occlusion se fait simultanément sur toute l'étendue du contact.

Exemple 93 : Quand l'occlusion bilabiale se produit, la langue est en train d'abandonner la position du [n] précédent pour préparer celle du [ŏ] laquelle est pratiquement atteinte au moment de la rupture de l'occlusion. Le voile forme une occlusion rhino-pharyngale à l'image 2, à la fois par son mouvement propre et par une contraction plus forte du bourrelet de Passavant. La projection labiale persiste tout le temps. A mesure que la langue prépare la position du [ŏ] subséquent l'angle des maxillaires s'ouvre. La rupture de l'occlusion est brusque, se faisant simultanément sur toute l'étendue du contact.

10.2.2. Le seul facteur commun à ces exemples de [p] est l'occlusion bilabiale. Le [p] n'a pas d'articulation linguale propre. La langue prépare l'articulation subséquente pendant l'occlusion bilabiale. Si une voyelle labialisée suit le [p], la projection labiale peut subsister pendant toute la durée de l'occlusion (fig. 93), ou pendant une partie seulement de la durée de l'occlusion.

10.3. *Consonne [m].*

Le point culminant de la consonne [m] dans le mot *man* (III, 20) est illustré par la fig. 94).

L'occlusion bilabiale est de 3,5 mm sur le plan sagittal médian. L'angle des maxillaires est de 5,5 mm. La pointe de la langue est à 10 mm en arrière des incisives inférieures. La distance du dos de la langue à la voûte palatine est de 9,5 mm. Le voile est abaissé. La distance entre le postdorsum et la luette est de 5 mm. Le passage linguo-pharyngal est de 11 mm. Le passage rhino-pharyngal est de 6 mm.

Le mouvement est peu important (fig. 94 a). La langue qui conserve la position de la voyelle subséquente [ā] s'abaisse légèrement. Le contact bilabial commence à s'affaiblir dès l'image 2. L'affaiblissement se poursuit des deux côtés. La rupture de l'occlusion est donc très lente. Au moment de la rupture totale, l'angle des maxillaires s'ouvre légèrement et le voile commence à monter.

10.3.1. *Tableau n° 35.*

Comparaison des données de trois exemples de [m].

Mesures	94. man	95. mýs	96. múlinn
9	3,5	4	3
3	5,5	2	1,5
4	10	7	9-20
5	9,5	7-3	10
11	5	10	5
6	11	16-19	16-12
10	6	4-5	5-4

Commentaire :

Exemple 95 : La langue avance pour prendre la position du [ī] pendant l'occlusion bilabiale. La rupture de l'occlusion est lente, allant dans le sens antéro-postérieur. Au moment de la rupture complète la langue a pratiquement pris la position de la voyelle subséquente [ī].

Exemple 96 : Pendant l'occlusion bilabiale la langue passe de la position de [Y] à celle de [ū], laquelle est pratiquement atteinte au moment de la rupture de l'occlusion. La rupture de l'occlusion est brusque. Au moment de la rupture la labialisation augmente et le passage rhino-pharyngal diminue.

10.3.2. La comparaison des données de ces exemples de [m] indique que le [m] n'a pas d'articulation linguale propre. Pendant l'occlusion bilabiale la langue passe de la position de l'articulation précédente à celle de l'articulation subséquente. L'occlusion bilabiale est le plus souvent faible. Au contact d'une voyelle labialisée il peut y avoir une projection labiale (fig. 96). La rupture de l'occlusion est le plus souvent lente et elle peut se poursuivre sur plusieurs images successives, mais il y a aussi des exemples où elle se fait brusquement sur une seule image.

10.4. *Comparaison [p^h], [p] et [m].*

Tableau n° 36.

Comparaison des données des exemples 88, 91 et 94.

Mesures	88. [p^h]	91. [p]	94. [m]
9	5,5	6	3,5
3	4,5	2	5,5
4	13	15	10
5	9,5	9	9,5
6	10	11	11
7	10	3	pass. 6

Il faut noter que la position par rapport à l'accent dans la phrase est la même pour [p^h] et [m] seulement, tandis que [p] porte l'accent initial de phrase.

Si l'on regarde les chiffres de l'occlusion bilabiale, le contact bilabial est le plus grand pour [p] et le plus petit pour [m]. Quant à l'ouverture de l'angle des maxillaires, elle est la plus petite pour [p] et la plus grande pour [m]. D'après l'énergie articulatoire telle qu'elle se reflète sur l'occlusion bilabiale et le resserrement de l'angle des maxillaires les consonnes bilabiales se rangent dans l'ordre suivant de la consonne la plus forte à la consonne la plus faible :

[p] - [p^h] - [m].

On dira certes que la place de [p] dans la phrase n'est pas tout à fait comparable à celle de [p^h] et de [m]. Nous en convenons, mais il ne faut pas à partir de cet argument conclure que notre conclusion est fausse. Le grand nombre d'exemples d'occlusives bilabiales que nous avons observés sur nos films prouve que pour [p] le contact est le plus souvent aussi large que pour [p^h] et l'angle des maxillaires a tendance à être plutôt réduit. Nous parlons ici uniquement de la force de la contraction musculaire, laquelle est plus grande pour [p] que pour [p^h] et [m]. La force expiratoire est cependant plus grande pour [p^h] que pour [p], le [p^h] étant aspiré, mais le [p] ne l'étant pas, ce qui ne signifie cependant pas que [p^h] ait nécessairement une pression intrabuccale plus élevée pendant l'occlusion ([226]). Dans les deux cas [m] est la plus faible des bilabiales ([227]).

Selon Georges Straka les occlusives aspirées sourdes des langues germaniques sont plus faibles que les *b, d, g* sourds qui leur correspondent ([228]). Pour les occlusives bilabiales notre analyse semble le confirmer ([229]).

Comme règle générale on peut remarquer que pour les bilabiales l'angle des maxillaires est plus réduit devant voyelles fermées que devant voyelles ouvertes. Il y a cependant des execptions à cette règle qui s'expliquent, soit par une voyelle précédente ouverte (fig. 89), soit par une énergie articulatoire forte qui ferme la consonne (fig. 91).

Les consonnes labiodentales

10.5. *Consonne [f].*

Le point culminant de la consonne [f] dans le mot *faxið* (II, 10) est illustré par la fig. 97.

La distance verticale entre les lèvres est de 2 mm. La lèvre inférieure est très haute et son bord intérieur touche la pointe des incisives supérieures. La constriction se fait entre la pointe des incisives supérieures et le bord intérieur de la lèvre inférieure. La lèvre supérieure conserve une position passive.

L'angle des maxillaires est de 3 mm. La pointe de la langue est à 10 mm en arrière des incisives inférieures. La distance du dos de la langue à la voûte palatine est de 8 mm. Le passage linguo-pharyngal est de 11 mm. L'occlusion rhino-pharyngale est de 2 mm.

---

(226) Les recherches de Kim (*Phonetica* 21, 1970, p. 111) semblent indiquer qu'il n'y a pas de relation entre la pression sous-glottique et la durée de l'aspiration et que les non-aspirées ont une pression plus élevée pendant l'occlusion que les aspirées. Voir aussi Slis dans *Phonetica 21,* 1970, pp. 198-201.

(227) G. Straka, TLL, I, 1963, pp. 62-64 indique que la force articulatoire et expiratoire peuvent être dissociées.

(228) Respiration et phonation, BFLS 35, 1957, p. 425. Sur l'action des muscles intervenant dans l'articulation des consonnes, voir TLL, I, 1963, pp. 37 et ss.

(229) Pour le danois, une langue qui a des occlusives non-aspirées sourdes comme l'islandais, les mêmes faits ont été observés : E. Fischer-Jørgensen : Acoustic Analysis of Stop Consonants, *Miscellanea Phonetica,* II, 1954, pp. 44-45.

Poul Andersen et Louis Hjelmslev : Fonetik, København, 1967, fig. 15, p. 251 qui montre un palatogramme où le *d* danois a un contact plus large que le *t* de la même langue. Comp. aussi le texte pp. 250-251.

Le mouvement est peu important (fig. 97 a). L'occlusion rhino-pharyngale passe à 9 mm. La langue commence à s'abaisser pour préparer la position du [ă] subséquent. A l'image 8 la lèvre inférieure s'abaisse brusquement de 3 mm et s'éloigne des incisives supérieures. C'est la fin de la consonne [f].

10.5.1. *Tableau n° 37.*

Comparaison des données de trois exemples de [f].

Mesures	97. faxið	98. fíl	99. fólkið
1	2	1	3
3	3	0,5	1,5
4	10	9	7-19
5	8	4	5,5
6	11	15	18-13
7	2	9	8

Commentaire :

Exemple 98 : La lèvre inférieure forme un contact fort avec la pointe des incisives supérieures. L'angle des maxillaires est très réduit à cause de l'influence fermante de la voyelle subséquente [ī]. Au moment où la langue s'éloigne des incisives, la langue est proche de la position de la voyelle subséquente.

Exemple 99 : La lèvre inférieure forme un contact fort avec la pointe des incisives supérieures. La langue se meut de la position de la voyelle [I] précédente pour atteindre celle du premier segment de la diphtongue subséquente [ŏü]. La lèvre supérieure commence à s'arrondir à l'image 2 et elle continue à s'arrondir à l'image 5, mais la lèvre inférieure ne se projette pas en avant avant l'image 6, moment auquel la constriction labiodentale est finie. On note ici que les lèvres ne travaillent pas d'une manière coordonnée. Ceci arrive fréquemment tantôt pour les consonnes labiales, tantôt pour les voyelles labialisées.

10.5.2. Tout comme les occlusives bilabiales la consonne [f] n'a pas d'articulation linguale propre. La langue prépare la voyelle ou la consonne subséquentes pendant la constriction du [f]. L'angle des maxillaires est habituellement assez réduit pour la consonne [f]. Il est important de noter que pour [f] la constriction se fait entre le bord intérieur de la lèvre inférieure et la pointe des incisives supérieures. La lèvre inférieure est donc faiblement rétractée. Elle n'est pas arrondie, sauf entre deux voyelles labialisées ou quand le [f] est suivi de voyelle labialisée, mais alors seulement à la fin de la constriction labiodentale (fig. 99).

10.6. *Consonne [v].*

Le point culminant de la consonne [v] dans le mot *var* (IV, 11) est illustré par la fig. 100.

La distance verticale entre les lèvres est de 4 mm. La lèvre inférieure est assez haute et légèrement reculée en arrière. Son bord intérieur forme un faible contact avec la pointe des incisives supérieures. La lèvre supérieure conserve une position passive.

L'angle des maxillaires est de 3 mm. La pointe de la langue est à 11 mm en arrière des incisives inférieures. La distance du dos de la langue à la voûte palatine est de 7,5 mm. Le passage linguo-pharyngal est de 10 mm. L'occlusion rhino-pharyngale est de 7 mm.

Le mouvement est peu important (fig. 100 a). La langue s'abaisse à l'image 3. A l'image 6 l'angle des maxillaires s'ouvre légèrement. A l'image 7 la lèvre inférieure se retire brusquement. C'est la fin de la consonne [v].

10.6.1. *Tableau n° 38.*

Comparaison des données de deux exemples de [v].

Mesures	100. var	101. voru
1	4	2
3	3	3-4
4	11	2-20
5	7,5	7-2
6	10	19-13
7	7	10

Commentaire :

Exemple 101 : Le contact de la lèvre inférieure avec les incisives supérieures est faible. Les lèvres sont arrondies et à l'image 4 la lèvre supérieure s'arrondit encore plus, mais la position de la lèvre inférieure reste inchangée. La langue passe très vite de la position du [ð] précédent à celle de la voyelle subséquente [ō] et elle a atteint la position de la voyelle à l'image 4. En même temps l'angle des maxillaires s'ouvre légèrement. A l'image 5 la lèvre inférieure s'éloigne des incisives supérieures et s'arrondit. C'est la fin de la consonne [v].

10.6.2. La consonne [v] tout comme les autres consonnes bilabiales et labiodentales n'a pas d'articulation linguale propre. La langue prépare l'articulation subséquente pendant la constriction labiodentale. La constriction se fait entre le bord intérieur de la lèvre inférieure et la pointe des incisives supérieures. Le contact labial avec les incisives est souvent faible et pour quelques exemples de nos films il n'est pas visible sur le plan sagittal médian. Les lèvres ne travaillent pas toujours symétriquement quant au degré de projection labiale, mais sur le plan vertical c'est uniquement la lèvre inférieure qui agit, la lèvre supérieure conservant une position passive. La projection labiale au contact de voyelles labialisées est habituellement faible et elle se produit seulement à la fin de la constriction labiodentale.

10.7. *Tableau n° 39.*

Comparaison des données des exemples 97 et 100.

Mesures	97. [f]	100. [v]
1	2	4
3	3	3
4	10	11
5	8	7,5
6	11	10
7	2	7

Les différences entre [f] et [v] telles qu'elles ressortissent du tableau n° 39 sont absolument minimes. La seule différence remarquable constitue l'écartement labial qui est moindre pour [f] que pour [v], ce qui pourrait attester une plus grande énergie articulatoire pour [f] (plus forte contraction des muscles labiaux).

La différence essentielle entre [f] et [v] est d'une part dans la force du contact de la lèvre inférieure avec les incisives supérieures, laquelle est plus grande pour [f] que pour [v] et d'autre part dans la sonorité, [v] étant sonore et [f] sourd, mais ce dernier facteur échappe à l'examen du film.

10.7.1. Les réalisations de notre sujet de [f] et de [v] devraient illustrer les réalisations les plus courantes de ces consonnes en islandais. Certes tous les chercheurs ne sont pas d'accord sur la réalisation de ces consonnes ([230]), mais on est d'accord qu'il s'agit d'articulations labiodentales.

Il nous semble pourtant intéressant de signaler que Björn Guðfinnsson affirme avoir trouvé des constrictives bilabiales [φ, β] et il cite aussi d'autres chercheurs qui affirment le même fait ([231]). Quoi qu'il en soit il s'agit d'articulations très rares, sur ce point tout le monde est d'accord, et que nous ne connaissons pas personnellement.

10.8. *Consonne [m_v].*

Pour le [m_v] de *fundinum* (III, 5 ; fig. 102) la distance verticale entre les lèvres est de 2 mm. La lèvre inférieure touche avec son bord intérieur les incisives supérieures. L'angle des maxillaires est de 1 mm. La pointe de la langue est à 10, puis à 12 mm en arrière des incisives inférieures. La distance du dos de la langue à la voûte palatine est de 9 mm, puis de 7,5 mm. Le voile est abaissé et la distance entre le postdorsum et la luette est de 7 mm. Le passage linguo-pharyngal est de 14 mm. Le passage rhino-pharyngal passe de 7 à 5 et à 1 mm.

---

(230) Comp. les descriptions suivantes : Jón Ófeigsson : Træk, p. XVII. Kemp Malone : Phonology, pp. 110 et 136. Sveinbjörn Sveinbjörnsson : Icelandic Phonetics, pp. 71-73. Bruno Kress : Die Laute, pp. 74 et 77.

(231) Mállýzkur I, p. 46.

La langue conserve pratiquement la position de la voyelle [Y] précédente, mais on peut observer un début de la préparation du [ū] du mot subséquent (*Fúsa*).

10.8.1. *Tableau n° 40.*

Résumé des données d'un exemple de [m_v].

Mesures	102. fundinum
1	2
3	1
4	10-12
5	9-7,5
11	7
6	14
7	7-5-1

Cet exemple de [m_v] est le seul dans nos films. La seule différence notable par rapport à la consonne [v] est que pour [m_v] le voile est abaissé, tandis que pour [v] le voile est relevé.

L'articulation [m_v] est réalisée régulièrement devant tout [v] ou [f], soit en phonétique syntaxique, soit dans des mots composés.

Les consonnes alvéodentales

10.9. *Consonne [t^h].*

Le point culminant de la consonne [t^h] dans le mot *tak* (II, 20) est illustré par la fig. 103.

La distance verticale entre les lèvres est de 7 mm. L'angle des maxillaires est de 1 mm. La pointe de la langue forme un ferme contact s'étendant des incisives supérieures, qui sont faiblement touchées, jusqu'aux alvéoles. Sur le plan sagittal médian le contact de la pointe est de 3,5 mm, mais évidemment les bords de la langue forment, eux aussi, un contact ferme tout autour de la couronne des dents du maxillaire supérieur, comme cela est bien visible sur les palatogrammes (fig. 103 a).

La distance du dos de la langue à la voûte palatine est de 7,5 mm. Le passage linguo-pharyngal est de 12 mm. L'occlusion rhino-pharyngale est de 6 mm.

Le mouvement est peu important (fig. 103 a). Quelques contractions musculaires de moindre importance modifient légèrement la forme de la langue, qui conserve une forme aussi proche que possible des voyelles *a* environnantes, pendant que la pointe tient le contact aux alvéoles. A l'image 6 l'angle des maxillaires et l'ouverture labiale augmentent. La rupture de l'occlusion se produit à l'image 7. La rupture de l'occlusion est brusque et elle se produit simultanément sur toute l'étendue du contact. La pointe de la langue tombe à 9 mm en arrière des incisives inférieures. C'est le moment de l'aspiration (comp. note 225).

10.9.1. *Tableau n° 41.*

Comparaison des données de trois exemples de [tʰ].

Mesures	103. tak	104. tek	105. tvær
1	7	7	5
3	1	1	0,5
9	3,5	4,5	3
5	7,5	6,5-5	3-9
6	12	17-18	15
7	6	7	5

Commentaire :

Exemple 104 : La langue est relativement haute et elle tend autant que possible à conserver la position des voyelles [e] entre lesquelles le [tʰ] se trouve placé. Le contact alvéolaire est très large, car le [tʰ] porte un accent fort, mais il n'arrive pas jusqu'aux incisives supérieures. La rupture de l'occlusion est lente et elle se poursuit sur deux images.

Exemple 106 : La langue continue à s'abaisser après l'explosion du [kʰ] précédent, mais la pointe forme déjà l'occlusion alvéolaire du [tʰ]. Le contact glisse vers l'avant (image 3), mais il n'atteint pas les incisives. La lèvre inférieure prend la position du [v] subséquent. La rupture de l'occlusion est lente. Elle commence en arrière et elle se poursuit sur deux images. C'est le moment de l'aspiration.

10.9.2. Le trait commun de ces exemples de [tʰ] est l'occlusion apico-alvéolaire. Quelquefois il y a aussi un contact dental, mais rarement pendant toute la durée de l'occlusion (fig. 103). La rupture de l'occlusion est le plus souvent brusque (fig. 103), mais elle peut aussi être lente (fig. 104 et 105), le relâchement du contact alvéolaire se poursuivant alors de préférence dans le sens postéro-antérieur, bien que nous ayons vu aussi une rupture de l'occlusion dans le sens antéro-postérieur.

10.10. *Consonne [t].*

Le point culminant de la consonne [t] dans le mot *daga* (I, 9) est illustré par la fig. 106.

La distance verticale entre les lèvres est de 7 mm. L'angle des maxillaires est de 0 mm. La pointe de la langue touche faiblement le côté intérieur des incisives supérieures et le contact s'étend sur les alvéoles, au total sur 4 mm sur le plan sagittal médian.

La langue, dans son ensemble, est très basse tendant autant que possible à conserver la position des voyelles *a* entre lesquelles la consonne se trouve placée.

La distance du dos de la langue à la voûte palatine est de 9 mm. Le passage linguo-pharyngal est de 7 mm. L'occlusion rhino-pharyngale est de 5 mm.

Le mouvement est minime (fig. 106 a). L'angle des maxillaires est au début de l'occlusion de 2 mm, mais il se ferme totalement à l'image 3. A l'image 6 et 7 il reprend la position de l'image 1 et à l'image 8 il s'ouvre encore de 1 mm. La rupture de l'occlusion se produit brusquement sur toute l'étendue du contact. La pointe de la langue tombe alors à 12 mm en arrière des incisives inférieures.

10.10.1. *Tableau n° 42.*

Comparaison des données de trois exemples de [t].

Mesures	106. daga	107. dansinn	108. Sveinn
1	7	5-7	8,5-7
3	0	1,5	2-0,5
9	4	3-1	5-2,5
5	9	4-10,5	3,5
6	7	19-12	17-15
7	5	4	4

Commentaire :

Exemple 107 : La langue passe de la position du [i] précédent pour prendre la position la plus proche possible de la voyelle [ă] subséquente. On note de légères modifications dans la position des lèvres. A mesure que la langue descend le contact alvéolaire se réduit en arrière. A l'image 8 l'angle des maxillaires s'ouvre légèrement. La rupture de l'occlusion se produit à l'image 9, et en même temps le voile se détache de la paroi rhino-pharyngale formant un passage de 3,5 mm. La voyelle subséquente [ă] sera donc entièrement nasalisée.

Exemple 108 : Le contact alvéolaire avance jusqu'aux incisives supérieures à un moment, mais à l'image 4+5+6 il recule légèrement et l'angle des maxillaires se resserre davantage. On note aussi une modification du postdorsum. Le [t] est sans explosion, parce qu'il est suivi de la consonne homorgane [*n*]. Le voile se détache de la paroi rhino-pharyngale à l'image 7, marquant ainsi la fin du [t] et le début du [*n*].

10.10.2. Le trait commun de ces exemples de [t] est l'occlusion apico-alvéolaire, qui s'étend assez souvent jusqu'aux incisives supérieures (fig. 106). La rupture de l'occlusion est généralement brusque (fig. 106 et 107), mais dans les combinaisons de consonnes homorganes il n'y a pas d'explosion (fig. 108). L'angle des maxillaires est toujours réduit pour la consonne [t].

Les consonnes alvéolaires

10.11. *Consonne [þ].*

Le point culminant de la consonne [þ] dans le mot *þakið* (IV, 15) est illustré par la fig. 109.

La distance verticale entre les lèvres est de 9 mm. L'angle des maxillaires est de 3 mm. La pointe de la langue est infléchie, et elle touche les incisives inférieures en arrière, mais dans l'ensemble le dos de la langue est plat et bas dans la cavité buccale, tendant à se rapprocher de la position des voyelles *a* qui entourent la consonne. La constriction se fait entre le dos de l'apex et les alvéoles où le diamètre du canal de constriction atteint 2,5 mm à un endroit 5 mm en arrière du tranchant des incisives supérieures. La distance du dos de la langue à la voûte palatine est de 8,5 mm. Le passage linguo-pharyngal est de 10 mm, occlusion rhino-pharyngale de 5 mm.

A l'image 6 la pointe de la langue se retire à 5 mm en arrière des incisives inférieures. C'est la fin de la consonne [þ].

Le palatogramme de [þ] montre que les canines sont touchées. Les incisives extérieures sont aussi légèrement touchées. Le courant d'air sort donc par une ouverture large et basse ayant probablement à peu près la forme suivante, si l'on fait une coupe verticale entre le dos de l'apex et le point le plus proche des alvéoles (232) :

Schéma n° 9.

Forme de l'ouverture de la consonne [þ] au niveau des alvéoles.

Alvéoles

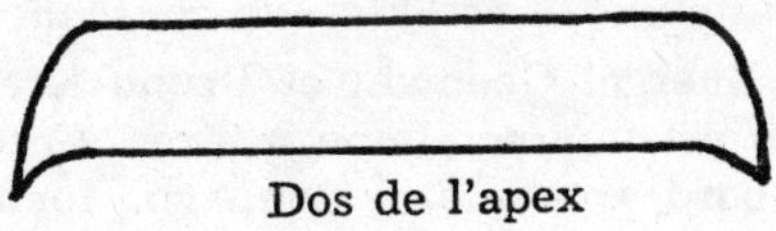

Dos de l'apex

10.11.1. *Tableau n° 43.*

Comparaison des données de trois exemples de [þ].

Mesures	109. þakið	110. þín	111. þröng
1	9	6,5-8,5	6
3	3	2-1	0,5
4	5	4	5
5	3,5	2	2
6	10	18-12,5	12
7	5	4	2

Commentaire :

Exemple 110 : Le canal de constriction est réduit quant à son diamètre. La langue tend à prendre la position de la voyelle [ī] subsé-

(232) La symétrie du dessin provient du fait qu'il est fondé sur une hypothèse de la consonne idéale, mais pas sur l'observation de données objectives, nos méthodes de recherche ne nous ayant pas permis d'examiner en détail la forme de l'ouverture.

quente, laquelle est pratiquement atteinte à l'image 7, au même moment où la pointe de la langue se retire à 5 mm en arrière des incisives inférieures marquant ainsi la fin de la consonne [þ].

Exemple 111 : Le diamètre du canal de constriction est réduit. Le dos de la langue est plat. Le mouvement est minime, seulement de légères modifications au niveau des lèvres et de la langue. A l'image 7 la pointe de la langue monte brusquement pour articuler le [r] subséquent.

10.11.2. La consonne [þ] est une constrictive dorso-alvéolaire. La constriction se fait entre le dos de l'apex et les alvéoles, tandis que la pointe de la langue s'appuie contre les incisives inférieures. Le dos de la langue tend à être plat, même devant les voyelles d'aperture minima (fig. 110). Ce fait constitue sans aucun doute un facteur important dans l'articulation de [þ]. L'ouverture au niveau des alvéoles est large et d'habitude les bords de la langue touchent seulement les canines et les molaires, mais il peut arriver qu'ils touchent faiblement les deux incisives extérieures, mais ils ne touchent jamais les incisives intérieures.

L'angle des maxillaires est toujours plutôt réduit pour la consonne [þ] et le diamètre du canal de constriction montre une grande stabilité. Suivie de voyelles labialisées, la consonne [þ] se labialise facilement.

10.11.3. *La consonne [þ] est-elle une consonne aspirée ?*

R. K. Rask, H. Buergel Goodwin et Bruno Kress (233) considèrent que la consonne [þ] est une consonne aspirée. Cette opinion, surprenante au premier abord, trouve sans doute son fondement dans le fait suivant : En articulant la consonne [þ] avec une énergie considérable on peut noter un échappement abondant de l'air avant que la voyelle ne se fasse entendre. C'est, selon toute vraisemblance, le moment où l'air s'échappe plus abondamment que ces chercheurs appellent aspiration. Mais cette « aspiration » est très différente de celle qui est connue pour les occlusives aspirées.

On sait que les consonnes se ferment sous l'effet du renforcement de l'énergie articulatoire (234). Or, cela signifie qu'une consonne constrictive énergique a une ouverture moindre de l'angle des maxillaires et un diamètre du canal de constriction plus réduit qu'une constrictive non-énergique. A mesure que l'énergie articulatoire augmente et que le diamètre du canal de constriction devient plus réduit, l'impédance offerte à la sortie du courant d'air devient plus haute, de sorte qu'à un moment l'air s'écoule avec une intensité moindre. Au moment où les organes abandonnent la position de rétrécissement il y a comme un barrage qui se rompt : l'air qui s'était accumulé en arrière de l'obstacle

(233) Utkast..., p. 97 ; Vejledning..., p. 10 ; Die Laute..., p. 102 et Laut- und Formenlehre..., p. 18.

(234) Comp. G. Straka, TLL, I, 1963, pp. 35 et ss. et TLL, II, 1964, pp. 17-30, 78-90 et les documents pp. 91-98.

sort abondamment et on entend un souffle avant la voyelle ou la consonne subséquentes. Ce phénomène n'est pas uniquement observable pour la consonne [þ], mais aussi pour d'autres consonnes constrictives ([235]). Il ne constitue donc aucune caractéristique spéciale pour [þ] par rapport aux autres constrictives. Parler de l'aspiration du [þ] islandais et d'une consonne constrictive en général ne repose sur rien d'autre que sur une interprétation erronée des faits.

10.12. *Consonne [ð].*

Le point culminant de la consonne [ð] dans le mot *hvaðan* (II, 12) est illustré par la fig. 112.

La distance verticale entre les lèvres est de 10 mm. L'angle des maxillaires est de 3 mm. La pointe de la langue est relevée et tendue en direction des alvéoles à 6,5 mm en arrière des incisives supérieures (à 4 mm en arrière des incisives inférieures). La constriction se fait entre le dos de la pointe et les alvéoles. Le diamètre du canal de constriction est de 2,5 mm. Le dos de la langue est plat et dans l'ensemble assez proche de la position requise pour les voyelles *a* environnantes. La distance du dos de la langue à la voûte palatine est de 9,5 mm. Le passage linguo-pharyngal est de 14 mm. L'occlusion rhino-pharyngale est de 7 mm.

Le mouvement est minime (fig. 112 a). L'angle des maxillaires se ferme de 1 mm à l'image 2 et le diamètre du canal de construction se rétrécit de 1 mm. A l'image 3 la pointe de la langue s'infléchit à 6 mm en arrière des incisives inférieures marquant ainsi la fin de la consonne [ð].

Le palatogramme de [ð] montre un contact pareil à celui de la consonne [þ]. Les bords de la langue touchent les canines, mais les quatre incisives sont libres de tout contact. L'air s'écoule donc par une large ouverture ayant une forme semblable à celle de la consonne [þ] (comp. schéma n° 9).

10.12.1. *Tableau n° 44.*

Comparaison des données de trois exemples de [ð].

Mesures	112. hvaðan	113. hjálpaðu	114. að pota
1 …………	10	7,5-4	8,5-0
3 …………	3	2-0,5	4-3
4 …………	6,5	7	5
5 …………	2,5	3	2,5
6 …………	14	12	9-12
7 …………	7	6	3

(235) Selon Straka (comp. note 234) il s'agit de « lois physiologiques absolues » qui affectent les consonnes, occlusives et constrictives. Quoi qu'il en soit, nos recherches n'ont fait que confirmer la validité de ces lois pour les articulations islandaises.

Commentaire :

Exemple 113 : Placée entre deux voyelles inaccentuées, cette réalisation de [ð] est très semblable à celle de la consonne [þ]. La constriction se fait entre le dos de la pointe et les alvéoles et il y a une légère labialisation en prévision de la voyelle subséquente [Y].

Exemple 114 : La différence essentielle de cet exemple par rapport aux exemples précédents réside dans la forme de la langue. La constriction se fait entre le tranchant de la pointe et les alvéoles, mais en arrière de la pointe un creux s'est formé dans le dos de la langue. Ce creux s'aplanit à mesure que la préparation pour la consonne subséquente [p^h] devient plus avancée. Il est probable que ce type de [ð] que notre sujet n'a réalisé que dans des contextes phoniques de voyelles ouvertes est à expliquer comme une anticipation par la pointe de la langue de la fermeture de l'angle des maxillaires. Une telle anticipation permet un enchaînement des articulations plus rapide que celui réalisé habituellement pour cette consonne par notre sujet en ce qui concerne le degré de fermeture de l'angle des maxillaires.

10.12.2. D'après l'analyse de nos films la consonne [ð] est une constrictive apico-dorso-alvéolaire sonore. Il est probable, bien que la radiographie ne nous donne pas d'information à ce sujet que la forme de l'ouverture au niveau des alvéoles est semblable à celle que nous avons supposée pour la consonne [þ].

La stabilité du diamètre du canal de constriction est aussi un trait remarquable, étant donné qu'il s'agit de réalisations qui à maints égards sont assez différentes.

10.13. *Consonne [n].*

Le point culminant de la consonne [n] dans le mot *nagar* (III, 26) est illustré par la fig. 115.

La distance verticale entre les lèvres est de 8 mm. L'angle des maxillaires est de 2 mm. La pointe de la langue forme un contact de 1,5 mm sur le plan sagittal médian à 5 mm en arrière des incisives supérieures. Le palatogramme de [n] (fig. 115 a) montre que pour [n] les incisives intérieures ne sont pas touchées, mais uniquement les canines, les incisives extérieures et les alvéoles. Les bords de la langue touchent évidemment aussi toute la couronne des dents du maxillaire supérieur en arrière des alvéoles.

La distance du dos de la langue à la voûte palatine est de 8 mm. Le voile est abaissé et la distance entre le postdorsum et la luette est de 6 mm. Le passage linguo-pharyngal est de 14 mm. Le passage rhino-pharyngal est de 8 mm.

Le mouvement est considérable (fig. 115 a). La fermeture maxima de l'angle des maxillaires est atteinte à l'image 3, mais à l'image 6 l'angle des maxillaires commence à s'ouvrir. On note aussi quelques mouvements au niveau de la langue et du voile. La rupture de l'occlusion est brusque et la pointe de la langue reste à 17 mm en arrière des incisives inférieures.

10.13.1. *Tableau n° 45.*

Comparaison des données de trois exemples de [n].

Mesures	115. nagar	116. nytin	117. nöfinni
1	8	7,5	6-5
3	2	— de 0,5	1,5
4	5	3	4
9	1,5	4	1,5
5	8	6-7	6,5-10
11	6	10	10-12
6	14	19	19-18
7	8	3-6	6-3

Commentaire :

Exemple 116 : L'ouverture de l'angle des maxillaires est réduite à cause de l'accent fort initial de phrase. La langue est relativement haute tendant à se rapprocher autant que possible de la position de la voyelle [I] subséquente. La rupture de l'occlusion est très lente.

Exemple 117 : La langue s'abaisse de la position du [I] précédent pour atteindre celle de la voyelle [Ö] subséquente. Les lèvres sont arrondies. La rupture de l'occlusion est lente et elle se propage dans le sens antéro-postérieur.

10.13.2. Les exemples de [n] qui viennent d'être analysés montrent que la consonne [n] est normalement uniquement alvéolaire. Même dans les positions les plus avancées (fig. 116) la pointe n'arrive pas à toucher les incisives supérieures. La consonne [n] est alvéolaire devant [t] (*finndu,* III, 3). La rupture de l'occlusion est pour [n] dans la plupart des exemples assez lente (fig. 116 et 117), mais elle peut aussi être brusque (fig. 115). Pendant l'occlusion la langue tend autant que possible à prendre la position de la voyelle subséquente. Au contact de voyelles labialisées la consonne [n] se labialise facilement (fig. 117).

10.14. *Consonne [l].*

Le point culminant de la consonne [l] dans le mot *land* (III, 15) est illustré par la fig. 118.

La distance verticale entre les lèvres est de 11 mm. L'angle des maxillaires est de 5,5 mm. Sur le plan sagittal médian la consonne [l] a la forme d'une consonne occlusive. Le contact alvéolaire est formé par le dos de la pointe de la langue. Il commence à 4 mm en arrière du tranchant des incisives supérieures et il s'étend sur 2 mm sur le plan sagittal médian. Le dos de la langue conserve une position basse, mais en aucun cas la langue ne descend en-dessous des gencives des molaires. Le palatogramme de [l] (fig. 118 a) montre cependant que le contact des bords de la langue ne s'étend pas des deux côtés sur toute la couronne des dents du maxillaire supérieur. A gauche (ce qui correspond au côté droit dans la réalité) le contact s'étend jusqu'aux gencives de la dernière molaire lesquelles ne sont pas touchées, tandis que le contact est complet de l'autre côté. C'est donc par cette ouverture latérale au niveau de la dernière molaire que se produit la constriction caractéristique de la consonne [l]. On peut en conclure que les bords de la langue s'abaissent à cet endroit pour permettre le passage de l'air.

La distance du dos de la langue à la voûte palatine est de 8 mm. Le passage linguo-pharyngal est de 10 mm, occlusion rhino-pharyngale de 3 mm.

Le mouvement est important (fig. 118 a). Le postdorsum continue à s'abaisser, mais sans passer en-dessous des gencives des molaires. En même temps la pointe de la langue prend une forme plus mince, peut-être à cause de l'effort articulatoire considérable qu'elle doit fournir. Le voile qui était faiblement contracté à cause des voyelles *a* environnantes commence à s'abaisser à l'image 3. La voyelle [ă] subséquente sera entièrement nasalisée. A l'image 6 la pointe de la langue s'infléchit à 9 mm en arrière des incisives inférieures. C'est la fin de la consonne [l].

10.14.1. *Tableau n° 46.*

Comparaison des données de trois exemples de [l].

Mesures	118. land	119. lungun	120. blettinn
1	11	6	4-10
3	5,5	2,5	2-2,5
4	4	3	7
9	2	2,5	1
5	8	9	6-5
6	10	16-13	15
7	3	4	3

Commentaire :

Exemple 119 : Il subsiste une forte labialisation entre deux voyelles labialisées. Le postdorsum recule en arrière pour se rapprocher autant que possible de la position de la voyelle [ŭ] subséquente. A l'image 6 la pointe de la langue s'infléchit à 9 mm en arrière des incisives inférieures. C'est la fin de la consonne [l] et à la même image le voile commence à s'abaisser. La voyelle subséquente [ŭ] sera entièrement nasalisée.

Exemple 120 : Le lieu d'articulation est assez reculé. La consonne [l] commence au moment même de l'explosion du [p] précédent, et les lèvres continuent à se retirer après l'explosion de ce dernier. La langue est assez haute pour être le plus proche possible de la voyelle subséquente [ĕ]. A l'image 4 la pointe de la langue s'infléchit à 12 mm en arrière des incisives inférieures. C'est la fin de la consonne [l].

10.14.2. Ces exemples de [l] montrent que la zone articulatoire de cette consonne est plus grande que pour d'autres consonnes étudiées jusqu'à présent. La consonne [l] peut être articulée à partir des incisives supérieures (au contact avec la consonne [t]) jusqu'à la limite entre les alvéoles et le prépalatum (fig. 120). La langue peut aussi prendre les formes les plus variables en arrière du lieu d'articulation. L'essentiel est seulement que le passage latéral soit conservé. L'angle des maxillaires peut être très ouvert, même conserver l'ouverture nécessaire pour les voyelles les plus ouvertes. La consonne [l] se labialise facilement au contact de voyelles labialisées.

10.15. *Consonne [l,].*

Devant la consonne [j] (et peut-être devant [c]) la consonne *l* se palatalise sensiblement et devient [l,].

Comparé au [l] le [l,] s'en distingue par le fait que le contact du dos de la pointe est alvéoprépalatale et la langue est très haute pour être le plus proche possible de la consonne [j] subséquente. Pour [l], au contraire, le contact est alvéolaire ou alvéo-dental ([236]).

Nous illustrons la consonne [l,] par un exemple.

10.15.1. *Tableau n° 47.*

Résumé des données d'un exemple de [l,].

Mesures	121. léttilega
1	8-10
3	3-4
4	7-5
9	2,5-6
5	5-2
6	12-18
7	5

Commentaire :

Exemple 121 : La langue est très haute pour rester le plus proche possible de la position de la consonne [j] subséquente. Le contact se fait avec le dos de la pointe à la limite entre les alvéoles et le prépalatum. Quand le contact atteint son maximum (images 4 et 5), il dépasse légèrement cette limite. A l'image 6 la pointe de la langue s'infléchit à 8 mm en arrière des incisives inférieures. C'est le début de la consonne [j].

10.16. *Consonne [l̥] :*

Comme phonème la consonne [*l̥*] existe uniquement devant les occlusives *p, t, k* à l'intérieur de mot ([237]), position dans laquelle le [*l̥*] permet la distinction de paires minimales. Pour le cas discuté de *hl-*, voir 10.40.

Nous illustrons la consonne [*l̥*] par un exemple.

(236) Comp. G. Straka dans TLL, VI, 1968, pp. 281-282.
(237) Comp. notre article dans TIPhS *3*, 1971, p. 126.

10.16.1. *Tableau n° 48.*

Résumé des données d'un exemple de [l].

Mesures	122. stelpunni
1	12-0
3	2-0,5
4	4
9	2
5	6,5
6	16
7	5

Commentaire :

Exemple 122 : La langue conserve une position relativement haute et proche de celle de la voyelle précédente [ĕ]. L'angle des maxillaires se ferme progressivement. A l'image 5 il se produit l'occlusion bilabiale pour la consonne [p] subséquente, ce qui marque aussi la fin de la consonne [*l*].

10.17. *Consonne [r].*

Le [r] de *refurinn* (IV, 7) est illustré par la fig. 123. La distance verticale entre les lèvres est de 5,5 mm. L'angle des maxillaires est de 3 mm. Le lieu d'articulation est alvéolaire à 5 mm en arrière du tranchant des incisives supérieures. La pointe de la langue est très tendue en direction des alvéoles, les touchant fermement, mais sur une étendue réduite (1 mm à peine) sur le plan sagittal médian. A l'image suivante la pointe s'est séparée des alvéoles et, tout en restant très tendue, elle se dirige vers le bas laissant entre elle et les alvéoles une ouverture de 1,5 mm. C'est la phase de l'ouverture qui permet à l'air de s'échapper. Les battements sont produits par un rapide mouvement vertical de la pointe qui ouvre et ferme alternativement au niveau des alvéoles. Le mouvement affecte la pointe uniquement sur 8 mm, le médiodorsum et le postdorsum restant immobiles ou en tout cas n'y participant pas.

La distance du dos de la langue à la voûte palatine est de 9 mm. Le passage linguo-pharyngal est de 14 mm. L'occlusion rhino-pharyngale est de 4 mm.

Le mouvement est évidemment très important (fig. 123 a), la consonne [r] étant par définition une articulation de mouvement, parce qu'elle est formée par vibration de l'organe articulatoire. On compte au total trois battements, mais en même temps le dos de la langue monte pour préparer la position de la voyelle subséquente [ē]. A l'image 8 la pointe s'infléchit à 6 mm en arrière des incisives inférieures. C'est la fin de la consonne [r].

Les palatogrammes de [r] (fig. 123 a et 124) montrent un lieu d'articulation uniquement alvéolaire. Nous avons marqué la zone des battements avec des points, mais les palatogrammes sont assez difficiles d'interpréter, parce que les battements successifs enlèvent la marque faite par le premier contact. On peut voir que le contact latéral subsiste des deux côtés jusqu'aux canines dont une partie est touchée et que les battements sont produits uniquement par un mouvement vibratoire de la pointe.

10.17.1. *Tableau n° 49.*

Comparaison des données de trois exemples de [r].

Mesures	123. refurinn	124. risans	125. dragann
1	5,5	8-9	9
3	3	2	2-3
4	5	7	5
battements ...	3	2	2 ?
5	9	9-4	8
6	14	13	12,5
7	4	4	3

Commentaire :

Exemple 124 : Le lieu d'articulation est assez reculé. La langue tend autant que possible à se rapprocher de la position de la voyelle subséquente [Ī] ; elle y est assez proche quand la pointe s'infléchit en arrière des incisives inférieures à l'image 6 marquant ainsi la fin de la consonne [r].

Exemple 125 : Les battements sont produits par la combinaison de mouvements horizontaux et verticaux. A l'image 2 la pointe de la langue prend une position presque cacuminale. Deux battements sont bien visibles, mais la fin de la consonne [r] pourrait dans cet exemple être constrictive. Pendant l'articulation de la consonne [r] l'angle des maxillaires s'ouvre pour préparer la voyelle [ā] subséquente. A l'image 4 la pointe de la langue s'infléchit à 10 mm en arrière des incisives inférieures. C'est la fin de la consonne [r].

10.17.2. L'analyse de la consonne [r] nous a posé un des problèmes les plus difficiles dans l'examen des radiofilms. Par son mode d'articulation vibratoire la consonne [r] ne représente jamais une position stable. Sur le film radiologique on peut certes apprécier la tension et l'effort articulatoire que doit fournir la pointe, mais ce n'est que rarement qu'on peut suivre les battements. Ils sont le plus souvent trop rapides pour que le film puisse les enregistrer et au lieu de voir la pointe on voit un flou où on ne distingue pas de détails. Les exemples analysés ici sont parmi les plus clairs de nos films et parmi eux l'exemple 123 constitue une exception unique par sa clarté. C'est en réalité le seul exemple où l'on est sûr d'avoir tout vu et apprécié correctement.

Malgré ces problèmes nous sommes en mesure de dire à partir de ces exemples que la consonne [r] est habituellement produite par un mouvement vibratoire vertical de la pointe. Elle peut être produite par un mouvement vibratoire horizontal ou par la combinaison de mouvements horizontaux et verticaux (fig. 125). Ces derniers types de mouvement semblent plus rares. Le nombre de battements semble rarement dépasser trois, mais à cause des difficultés que nous avons eues dans l'analyse de cette consonne, ce chiffre ne peut être considéré que comme provisoire. Il semble qu'en général la consonne [r] est constituée par deux battements, en syllabe inaccentuée par un seul battement. Il est fort possible que le [r] puisse finir comme une constrictive (fig. 125) et que certains sujets réalisent la consonne [r] et la sourde [r̥] comme constrictive. De même un [R] pharyngal (vélaire ? uvulaire ?) existe sporadiquement en islandais ([238]).

Le lieu d'articulation de la consonne [r] varie légèrement selon l'entourage, mais il reste toujours alvéolaire. Comme pour d'autres consonnes la langue prépare dans la mesure du possible l'articulation subséquente pendant l'articulation du [r]. Suivie de voyelles labialisées la consonne [r] se labialise facilement.

10.18. *Consonne [s].*

Le point culminant de la consonne [s] dans le mot *sannað* (IV, 6) est illustré par la fig. 126.

La distance verticale entre les lèvres est de 7 mm. L'angle des maxillaires est de 0 mm, complètement fermé. La pointe de la langue est relevée en direction des alvéoles à 7 mm en arrière des incisives inférieures. Le diamètre du canal de constriction est de 2 mm au lieu d'articulation à 8-9 mm en arrière des incisives supérieures. La distance du dos de la langue à la voûte palatine est de 6 mm. Le passage linguo-pharyngal est de 13,5 mm, occlusion rhino-pharyngale de 4 mm.

Le mouvement est peu important (fig. 126 a). A l'image 6 le dos de la langue commence à s'abaisser et à l'image 7 la pointe de la langue commence à s'éloigner des alvéoles et en même temps l'angle des maxillaires s'ouvre. A l'image 8 la pointe se retire marquant la fin de la consonne [s].

Le palatogramme de [s] montre un contact latéral assez large s'étendant jusqu'aux canines. Au niveau des canines le contact vire sur les alvéoles des deux côtés de façon à laisser un petit passage pour l'écoulement de l'air au niveau des deux incisives intérieures. Le courant d'air sort donc par ce passage étroit, le dos de la langue se creusant en son milieu. Sur ce point, ainsi que sur la forme et les dimensions exactes de ce creux, nous sommes réduit à des hypothèses, nos méthodes de recherche ne nous ayant pas permis de l'examiner en détail.

Sur le plan sagittal médian le dos de la langue a une courbe caractéristique : une partie du médiodorsum est plus basse que le reste du

(238) Comp. Björn Guðfinnsson, Mállýzkur I, p. 51 et Stefán Einarsson, Beiträge, p. 17.

médiodorsum. Il est évident qu'en passant par la ligne « ondulante » créée par le dos de la langue le courant d'air est comprimé graduellement pour être finalement expulsé par la petite ouverture au niveau des alvéoles, formées par une incurvation dans le centre de la langue. Pour sortir de la bouche le courant d'air frôle encore les incisives, de sorte qu'il y a là un second obstacle.

La position de l'apex crée une très petite cavité en avant du lieu d'articulation, tandis qu'en arrière il y a une grande cavité. Cette constitution des cavités, en avant et en arrière du lieu d'articulation, nécessaire à la formation de la consonne [s] en islandais, est certainement une des causes du fait que l'angle des maxillaires est toujours très fermé pour le [s] islandais, même au contact des voyelles les plus ouvertes. Un grand degré de fermeture de l'angle des maxillaires est, en effet, la condition indispensable pour que les cavités caractéristiques de la consonne [s] puissent être formées.

10.18.1. *Tableau n° 50.*

Comparaison des données de trois exemples de [s].

Mesures	126. sannað	127. syndir	128. sunnar
1	7	6-7	5
3	0	0	— de 0,5
4	7	7-6	6,5
5	2	2,5	1,5
6	13,5	16	13
7	4	3	5

Commentaire :

Exemple 127 : L'influence de la voyelle subséquente se fait peu sentir et la langue conserve dans son ensemble la forme caractéristique de la consonne [s]. Seules les lèvres se retirent.

Exemple 128 : La langue est très proche de la position de la voyelle subséquente [Y] Le creux qu'on observe le plus souvent en arrière du lieu d'articulation n'existe pas, mais tout le dos de la langue forme une courbe. La labialisation est considérable. L'angle des maxillaires est très réduit.

10.18.2. La consonne [s] est toujours une constrictive apico-alvéolaire. Le lieu d'articulation ne varie que dans des limites très étroites. L'angle des maxillaires est toujours très réduit, même souvent entièrement fermé. Même les voyelles les plus ouvertes n'ont pratiquement aucune influence sur l'ouverture de l'angle des maxillaires. En effet, l'articulation de la consonne [s] demande un angle des maxillaires très fermé (10.18.) pour constituer les cavités nécessaires à la production des fréquences aiguës qui la caractérisent. Mais l'essentiel dans l'articulation de la consonne [s] devrait être la forme de la langue et la forme de l'ouverture au niveau des alvéoles. Au contact de voyelles labialisées la consonne [s] se labialise facilement (fig. 128).

10.19. *Consonne [s,].*

Devant la consonne [j] le *s* se palatalise sensiblement et devient [s,].

Nous illustrons cette consonne par un exemple.

10.19.1. *Tableau n° 51.*

Résumé des données d'un exemple de [s,].

Mesures	129. sé
1	7
3	— de 0,5
4	6-5,5
5	2
6	16
7	6

Commentaire :

Exemple 129 : Dans l'ensemble le dos de la langue est très haut. La ligne « ondulante » que le dos de la langue forme habituellement pour le [s] de notre sujet n'existe pas. Le lieu d'articulation est plus reculé que pour le [s], en général, et le canal de constriction s'étend légèrement sur la région prépalatale. La pointe de la langue n'est pas infléchie malgré la haute position que la langue occupe dans la cavité buccale. Ce fait nous prouve qu'il s'agit d'un [s,] palatalisé et non pas d'un [ʂ] palatal ou d'un [ʃ] ([239]).

10.20. *Consonne [n_z].*

La consonne *n* placée devant la consonne *s* peut se réaliser sans occlusion buccale. Elle se transforme ainsi en constrictive nasale.

Nous illustrons cette consonne par un exemple.

10.20.1. *Tableau n° 52.*

Résumé des données d'un exemple de [n_z].

Mesures	130. risans
1	7
3	1-0
4	4
5	2
6	14,5
10	7-1

(239) Sur la différence entre les consonnes palatales et palatalisées voir Georges Straka dans TLL, III, 1965, pp. 125-126.

Commentaire :

Exemple 130 : La langue a la position du [s] subséquent. L'angle des maxillaires se ferme pour préparer le [s]. Le passage rhino-pharyngal se rétrécit progressivement. A mesure que la fermeture du passage rhino-pharyngal avance, le [s] se fait entendre, parce que l'air ne pourra alors s'écouler que par la bouche.

10.21. *Comparaison entre [t^h], [t] et [n].*

Tableau n° 53.

Comparaison des données des exemples 103, 106 et 115.

Mesures	103. [t^h]	106. [t]	115. [n]
1	7	7	8
3	1	0	2
9	3,5	4	1,5
5	7,5	9	8
6	12	7	14
7	6	5	pass. 8

Le lieu d'articulation de [n] est considérablement reculé par rapport à celui de [t^h] et de [t] : pour ceux-ci les incisives supérieures sont touchées, mais [n] est articulé à 5 mm en arrière du tranchant des incisives supérieures. Par son lieu d'articulation [n] est uniquement alvéolaire et de ce point de vue il ne correspond pas exactement à [t^h] et à [t]. Quant à d'autres différences on observe :

1. L'écartement labial est le plus grand pour [n].
2. L'angle des maxillaires est le plus réduit pour [t] et il est le plus grand pour [n]. Le [t^h] prend une position intermédiaire.
3. Le contact alvéolaire de la pointe est le plus grand pour [t] et il est le plus petit pour [n]. Le [t^h] prend une position intermédiaire.

Les organes articulatoires sont donc le plus resserrés pour [t] et le moins resserrés pour [n]. On peut en conclure que ces trois articulations se groupent dans l'ordre suivant selon la force de contraction musculaire en partant de la consonne la plus forte à la consonne la plus faible :

[t] - [t^h] - [n].

Cet ordre correspond rigoureusement à l'ordre obtenu pour les consonnes bilabiales (10.4.). La différence est réduite entre [t] et [t^h], mais [n] est beaucoup plus faible que ces deux premiers.

10.22. *Comparaison entre [þ], [ð] et [s].*

Tableau n° 54.

Comparaison des données des exemples 109, 112 et 126.

Mesures	109. [þ]	112. [ð]	126. [s]
1	9	10	7
3	3	3	0
4	0	4	7
Lieu d'art. en arr. inc. sup. ..	5	6,5	8
5	2,5	2,5	2
Dist. à la voûte palatine	8,5	9,5	6
6	10	14	13,5
7	5	6	4

Le lieu d'articulation est habituellement plus reculé pour [ð] que pour [þ]. On peut aussi dire qu'en général l'ouverture de la cavité buccale tend à être plus grande pour [ð] que pour [þ]. La différence essentielle entre ces consonnes réside dans le comportement de la pointe de la langue, laquelle peut être relevée pour [ð], la constriction se faisant soit entre son tranchant, soit entre son dos et les alvéoles. Pour [þ], au contraire, la pointe est toujours abaissée et la constriction se fait entre le dos de l'apex et les alvéoles.

Comparaison entre [þ] et [s].

La différence entre les consonnes [þ] et [s] qui sont toutes les deux des constrictives alvéolaires sourdes ne se situe pas seulement au niveau du lieu d'articulation ; elle se situe en effet sur plusieurs plans :

La première différence importante est que [þ] est articulé avec le dos de l'apex, mais pour [s] l'apex est relevé. Le lieu d'articulation est plus avancé pour [þ] que pour [s]. La forme de la langue est aussi différente pour les deux consonnes ; pour [þ] elle est plate, pour [s] elle prend une forme courbe caractéristique. L'ouverture au niveau des alvéoles est aussi différente : pour [þ] elle est large, pour [s] elle est un canal étroit.

D'autres différences concernent l'ouverture de l'angle des maxillaires et le diamètre du canal de constriction qui est habituellement plus réduit pour [s] que pour [þ].

La longueur du canal de constriction est variable pour [s] selon le contexte phonique ; pour [þ] le canal de constriction est toujours bref. On peut résumer les caractéristiques de ces deux consonnes dans le tableau suivant :

10.22. *Tableau n° 55.*

Résumé des caractéristiques des consonnes [þ] et [s].

	þ	s
1. Lieu d'articulation	alvéolaire avancé	alvéolaire moyen
2. Organe articulatoire	dos de l'apex	apex
3. Ouverture au niveau des alvéoles	large	canal très étroit
4. Forme de la langue (plan sagittal médian)	plate	forme courbe caractéristique
5. Angle des maxillaires	ouverture moyenne	très fermé
6. Constriction	alvéolaire	alvéolaire + peut-être une constriction dentale secondaire
7. Position de l'apex	infléchi touchant les incisives inférieures	relevé en arrière des incisives
8. Diamètre et longueur du canal de constriction	plus large et plus bref que pour [s]	plus étroit que pour [þ] ; longueur variable selon le contexte phonique.

10.22.1. *Diverses opinions sur les consonnes [þ] et [ð].*

Les consonnes [þ] et [ð] islandaises sont décrites comme des constrictives dentales : la pointe de la langue s'appuierait contre les incisives supérieures, soit contre le tranchant, soit en arrière des incisives. Il s'agirait donc d'articulations apico-dentales, [þ] sourd et [ð] sonore (240). Quelques chercheurs affirment cependant que [þ] et [ð] sont interdentales (241), mais ce point de vue n'a pas été généralement admis. Seul H. Buergel Goodwin affirme que [þ] et [ð] sont des apico-alvéolaires et plus postérieures que *t, d* (242).

(240) Rask, Vejledning..., pp. 10-11 ; Jón Ófeigsson, Træk..., p. 17 ; Stefán Einarsson, Beiträge, p. 14 ; Sveinbjörn Sveinbjörnsson, Icelandic Phonetics, pp. 77-78 ; Bruno Kress, Die Laute, pp. 102-108 ; Laut- und Formenlehre, pp. 18 et 31-32 ; Björn Guðfinnsson, Mállýzkur I, pp. 46-47 ; Árni Böðvarsson, Hljóðfræði, pp. 52-53.

(241) Otto Jespersen, Lehrbuch der Phonetik, p. 35 ; Kemp Malone, Phonology, p. 132.

(242) SvLm, 1908, pp. 93 et 97.

Notre sujet ne réalise jamais des *þ* ou *ð* dentaux. Une réalisation dentale de ces consonnes, dont tous les chercheurs parlent sans exception, lui est complètement inconnue. Il s'agit donc d'une réalisation dont aucune mention n'a été faite dans la description de ces consonnes en islandais. Notre sujet réalise ces consonnes d'une manière semblable à celle du [ð] danois (243), mais tout à fait différente des [Θ, ð] anglais (244) ou espagnols (castillans) (245).

Les consonnes palatales

10.23. *Consonne [cʰ].*

Le point culminant de la consonne [cʰ] dans le mot *keyrið* (I, 17) est illustré par la fig. 131.

La distance verticale entre les lèvres est de 3 mm. L'angle des maxillaires est de 0 mm. La pointe de la langue est infléchie à 6 mm en arrière des incisives inférieures. Tout le médiodorsum forme une ferme occlusion commençant en arrière des alvéoles et s'étendant sur toute la région prépalatale, toute la région palatale et dépassant la limite palato-vélaire de 2 mm, soit au total sur 33 mm.

Le passage linguo-pharyngal est de 19 mm, occlusion rhino-pharyngale de 1,5 mm.

Le mouvement est important (fig. 131 a). L'occlusion commence comme prépalatale sur une étendue de 5 mm, mais à l'image 2 elle atteint son étendue complète. Le voile du palais ne forme pas d'occlusion au début à cause du [m] précédent, mais l'occlusion rhino-pharyngale se forme déjà à l'image 2 et à l'image 3 elle s'étend sur 6,5 mm. A l'image 3 la lèvre inférieure se retire et la distance entre les lèvres devient 8 mm. La rupture de l'occlusion commence à l'image 6. Elle commence en arrière et progresse vers l'avant. Le dernier contact est uniquement prépalatal, de 5 mm, exactement comme il a commencé. La rupture est complète à l'image 8 et la pointe de la langue reste à 11 mm en arrière des incisives inférieures. C'est le moment de l'aspiration (comp. note 225).

10.23.1. *Tableau n° 56.*

Comparaison des données de trois exemples de [cʰ].

Mesures	131. keyrið	132. kýrin	133. kindinni
1	3	8-10	7,5
3	4	1	1
4	6	6	8

(243) Otto Jespersen, Modermålets fonetik, p. 90 ; Eli Fischer-Jørgensen, Almen fonetik, pp. 66-67 ; Poul Andersen et Louis Hjelmslev, Fonetik, pp. 302 et 345-346.

(244) D. Jones, Outline, pp. 182-184 ; A. C. Gimson, Introduction, pp. 178-180.

(245) Navarro Tomás, Manual, pp. 93-96 et 99-105 ; Quilis, Fernández, Curso, pp. 94-95.

9	33	30	11-22
6	19	18-20	17
7	1,5	3	6

Commentaire :

Exemple 132 : Le contact commence comme prépalatal avant de s'étendre sur presque tout le palais dur, mais il n'atteint pas tout à fait la limite palato-vélaire. La rupture de l'occlusion commence en arrière, mais durant 5 images successives l'occlusion restera encore comme prépalatale avant la rupture complète. Au moment de la rupture la langue est très proche de la position de la voyelle subséquente [ī].

Exemple 133 : Le contact commence comme palato-vélaire et il roule vers l'avant jusqu'à toucher presque tout le palais haut, mais sans contact prépalatal. La rupture de l'occlusion se produit à l'image 5 simultanément sur toute l'étendue du contact.

10.23.2. La zone de contact de la consonne [c^h] s'étend habituellement sur toute la région prépalatale et sur toute la région palatale et elle peut même dépasser légèrement la limite palato-vélaire en arrière (fig. 131).

L'exemple 133 constitue une exception parmi nos exemples de [c^h]. C'est le seul qui n'a aucun contact prépalatal et c'est le seul où la rupture de l'occlusion se produit simultanément sur toute l'étendue du contact. Si nous le comparons aux autres exemples, il devient visible que son contact correspond à la zone où généralement il se produit la première rupture de l'occlusion, le dernier contact restant toujours prépalatal. La rupture de l'occlusion du [c^h] est presque toujours lente. Elle commence en arrière et elle progresse vers l'avant, mais elle ne va jamais dans le sens inverse. Ce mode de la rupture de l'occlusion devrait être la cause de ce qu'on entend souvent après le [c^h] une espèce de *j* assourdi, bien que, réellement, il n'y ait ni un *j*, ni une autre consonne ou voyelle : Comme le dernier contact est prépalatal, l'air qui s'écoule juste après l'explosion sort à un endroit semblable à l'endroit où le [j] est articulé. L'ouverture étant souvent réduite au début, il s'y produit une constriction secondaire donnant l'impression d'un *j* assourdi. Evidemment cette impression ne se produirait pas, si le contact se relâchait dans le sens antéro-postérieur, commençant dans la région prépalatale et finissant à la limite de la région vélaire, mais alors on n'entendrait plus un [c^h], mais un [k^h]. Le mode de la rupture de l'occlusion du [c^h] est ainsi la condition indispensable pour qu'on puisse le distinguer du [k^h]. Quel que soit le début de l'occlusion c'est indifférent du point de vue auditif. On peut ainsi observer que le contact organique commence indifféremment comme prépalatal (exemples 131 et 132) ou comme palatal près de la limite palato-vélaire (exemple 133), mais la rupture de l'occlusion se fait toujours dans le sens postéro-antérieur.

L'entourage modifie en général très peu la consonne [c^h]. Au contact de voyelles labialisées elle se labialise facilement.

10.24. *Consonne [c].*

Le point culminant de la consonne [c] dans le mot *Geir* (I, 15) est illustré par la fig. 134.

La distance verticale entre les lèvres est de 6,5 mm. L'angle des maxillaires est de 1 mm. La pointe de la langue est infléchie à 3 mm en arrière des incisives inférieures. Tout le médiodorsum forme un ferme contact prépalatal-palatal s'étendant des alvéoles jusqu'à 1 mm en avant de la limite palato-vélaire, soit au total sur une étendue de 35 mm. Le passage linguo-pharyngal est de 19,5 mm, occlusion rhino-pharyngale de 3 mm.

Le mouvement est plutôt réduit (fig. 134 a). On note de légères modifications au niveau des lèvres. La rupture de l'occlusion commence en arrière et elle se propage vers l'avant. Le dernier contact est prépalatal. La rupture de l'occlusion est complète à l'image 7, ce qui marque la fin de la consonne [c].

10.24.1. *Tableau n° 57.*

Comparaison des données de trois exemples de [c].

Mesures	134. Geir	135. Gísli	136. gæsin
1	6,5	6-10	8-10
3	1	1	2-3
4	3	8-7	4
9	35	30	5-35
6	19,5	19-20,5	18,5
7	3	8	4

Commentaire :

Exemple 135 : Le contact s'étend sur toute la région prépalatale, sur la région palatale et à un moment il passe même en arrière de la limite palato-vélaire. La rupture de l'occlusion va dans le sens postéro-antérieur. Le dernier contact est prépalatal. La rupture de l'occlusion est complète à l'image 7, ce qui marque la fin du [c].

Exemple 136 : Le contact commence juste en avant de la limite palato-vélaire, et il s'étend bientôt sur tout le palais dur à partir des alvéoles. La rupture de l'occlusion va dans le sens postéro-antérieur. Le dernier contact est prépalatal. La rupture est complète à l'image 7, ce qui marque la fin du [c].

10.24.2. Le contact organique de la consonne [c] s'étend habituellement à partir des alvéoles jusqu'à la limite palato-vélaire, c'est-à-dire, sur toute la région prépalatale et sur toute la région palatale, mais il dépasse rarement la région vélaire.

Nous avons vu, parmi nos exemples de [c], un seul où le contact est uniquement palatal, analogue à l'exemple 133 de la consonne [c^h]. Aussi la rupture de l'occlusion se produit-elle de la même manière que pour ce dernier exemple ([246]). Mais à part cet exemple unique la rupture de l'occlusion pour la consonne [c] est toujours lente et elle va toujours dans le sens postéro-antérieur. Au moment de la rupture totale on peut quelquefois entendre une espèce de *j* assourdi. Ce fait a la même explication que pour la consonne [c^h] (10.23.2).

Comme c'est le cas pour la consonne [c^h] l'entourage ne modifie que très peu la consonne [c].

10.25. *Consonne [ɲ].*

La consonne [ɲ] dans le mot *þungir* (II, 3), est illustrée par la fig. 137.

La distance verticale entre les lèvres passe de 2,5 à 4 mm, et en même temps la labialisation de la voyelle précédente [ŭ] diminue. L'angle des maxillaires est de 1 mm. La distance de la pointe de la langue aux incisives inférieures passe de 13 à 6 mm. Le début du contact organique est uniquement vélaire, mais le contact roule vers l'avant s'étendant sur la région palatale de manière semblable à ce qu'on peut observer pour quelques réalisations des consonnes [c^h] et [c] (comp. fig. 133). L'étendue maxima du contact est de 23 mm. Le passage linguo-pharyngal passe de 16 à 20 mm. Le passage rhino-pharyngal passe de 7 à 3 mm. A l'image 5 (non-dessinée) le voile ferme le passage rhino-pharyngal marquant ainsi la fin de la consonne [ɲ].

10.25.1. *Tableau n° 58.*

Comparaison des données de deux exemples de [ɲ].

Mesures	137. þungir	138. föngin
1	2,5-4	4
3	1	1,5-0,5
4	13-6	5-4
9	11-23	7-32
6	16-20	19,5
10	7-3	5,5-0

Commentaire :

Exemple 138 : Le contact occlusif, au début palato-vélaire, s'étend très rapidement sur toute la région palatale et prépalatale. Le voile ferme le passage rhino-pharyngal à l'image 6 ce qui marque la fin de la consonne [ɲ].

10.25.2. N'ayant que ces deux exemples de la consonne [ɲ] sur nos films il est difficile de savoir dans quelle mesure il s'agit d'exemples typiques de cette consonne. A partir de ces exemples le contact occlusif de [ɲ] commencerait comme palato-vélaire, tandis que pour [c^h] et [c] il peut aussi commencer comme prépalatal. La consonne [ɲ]

(246) Comp. notre article dans TIPhS *1*, 1968-1969, pp. 4-5 et fig. 4, p. 11.

n'a évidemment jamais une explosion étant donné qu'elle existe uniquement devant les consonnes homorganes [c^h] et [c].

10.26. *Consonne [ç].*

La consonne [ç] dans le mot *hjálp* (III, 10) est illustrée par la fig. 141.

La distance verticale entre les lèvres passe de 9 à 8 mm. L'angle des maxillaires passe de 2 à 1 mm. La pointe de la langue est à 6 mm en arrière des incisives inférieures. La distance du dos de la langue à la voûte palatine est de 3 mm, ce qui est en même temps aussi le diamètre du canal de constriction. A l'image 4 le canal de constriction se rétrécit encore devenant de 2,5 mm dans la région prépalatale. Il semble que le canal de constriction s'étend sur quelque 25 mm, commençant dans la région prépalatale jusqu'à 8 mm en avant de la limite palato-vélaire. Etant donné que la cavité buccale a une forme presque tubulaire il est difficile d'être absolument sûr quant à la longueur du canal de constriction. Le passage linguo-pharyngal est de 19 mm, occlusion rhino-pharyngale de 4 mm.

A l'image 7 la pointe de la langue se retire à 10 mm en arrière des incisives inférieures et en même temps l'angle des maxillaires s'ouvre. C'est la fin de la consonne [ç].

10.26.1. *Tableau n° 59.*

Résumé des données d'un exemple de [ç].

Mesures	141. hjálp
1	9-8
3	2-1
4	6
5	3-2,5
Longueur du canal de constriction ..	25
6	19
7	4

10.27. *Consonne [j].*

Le point culminant de la consonne [j] dans le mot *jarmað* (III, 25) est illustré par la fig. 139.

La distance verticale entre les lèvres est de 8,5 mm. L'angle des maxillaires est de 4 mm. La pointe de la langue est à 6 mm en arrière des incisives inférieures. Le dos de la langue est tendu en direction du palais dur, formant un long canal de constriction allant des alvéoles jusqu'à 8 mm en avant de la limite palato-vélaire, soit au total sur une longueur de 25 mm. Le diamètre du canal de constriction varie entre 3 à 2,5 mm. Le passage linguo-pharyngal est de 4 mm.

Le mouvement est minime (fig. 139 a). On note de légères modifications au niveau des lèvres et de même de la pointe de la langue. A l'image 5 la pointe de la langue se retire et le dos de la langue s'éloigne en même temps de la voûte palatine. L'angle des maxillaires s'ouvre simultanément. C'est la fin de la consonne [j].

10.27.1. *Tableau n° 60.*

Comparaison des données de deux exemples de [j].

Mesures	139. jarmað	140. joð
1	8,5	3,5-2,5
3	4	1
4	6	4-6-8
5	3-2,5	3
Longueur du canal de constriction ..	25	23
6	18,5	19,5-16
7	4	5

Commentaire :

Exemple 140 : Le canal de constriction est très long sous le palais haut et sous le prépalatum. La labialisation de la voyelle subséquente [ō] est déjà atteinte complètement. Le passage à la voyelle subséquente est très rapide.

10.27.2. Les exemples de [j] analysés sur nos films ont montré que le canal de constriction peut être très long, comme c'est le cas pour les exemples analysés ici, mais aussi très bref et d'un diamètre entre 2-5 mm. Il peut être uniquement sous le prépalatum ou le palais haut, mais il est le plus courant qu'il soit simultanément sous le palais haut et sous le prépalatum comme cela est le cas pour les exemples 139 et 140. La nature consonantique du [j] ne fait pas de doute.

En effet :

1. Le [j] se comporte comme les autres consonnes sous l'effet de l'énergie articulatoire : sous l'effet du renforcement de l'énergie articulatoire il se ferme, sous l'effet de l'affaiblissement de l'énergie articulatoire il s'ouvre. Si le [j] était un élément vocalique, il serait le plus ouvert en position accentuée et le plus fermé en position inaccentuée, du moins en ce qui concerne le degré d'ouverture de l'angle des maxillaires.
2. Le passage à la voyelle subséquente est toujours très rapide. Même si le [j] est très bref, le passage à la voyelle subséquente est extrêmement rapide et c'est ce fait qui frappe surtout quand on compare les séquences de *j + voyelle* aux diphtongues. Pour la diphtongue le passage d'un segment à l'autre est toujours graduel, passant par toute une série de stades intermédiaires. Le passage du [j] à la voyelle subséquente est, au contraire,

si rapide que la vitesse de 50 images/sec. ne suffit pas pour enregistrer les stades intermédiaires de ce mouvement, mais uniquement ses limites.

10.27.3. *Comparaison entre la voyelle i et la consonne j.*

Comme les tableaux respectifs l'indiquent (tableaux n°s 2, 3 et 60), la différence entre la voyelle *i* et la consonne *j* est insignifiante quant aux positions organiques. On constate pourtant que dans l'ensemble la langue est généralement plus reculée pour la consonne *j* que pour la voyelle *i*, mais que le degré d'aperture reste le même et que l'angle des maxillaires peut être plus ouvert pour la consonne *j* que pour la voyelle *i*.

La seule différence notable entre *i* et *j* qu'on puisse découvrir sur les radiographies concerne la longueur du canal de constriction qui est sensiblement plus long pour la consonne que pour la voyelle. La même différence entre *i* et *j* a été trouvée en français, mais elle y est moins bien marquée qu'en islandais ([247]).

La différence de la longueur du canal de constriction ne constitue cependant pas la différence fondamentale entre *i* et *j*, car nous avons sur nos films des exemples de *j* où le canal de constriction n'est pas plus long que pour la voyelle *i*. La différence ne résidant ni dans le degré d'aperture ni dans la longueur du canal de constriction, il faudra la chercher ailleurs.

En se penchant sur ce problème, Georges Straka ([248]) a constaté les différences suivantes entre *i* et *j* :

1. Pour la consonne *j* la dépense d'air est plus élevée que pour la voyelle *i*.
2. Pour la consonne *j* il y a moins de travail laryngien que pour la voyelle *i* ; c'est-à-dire, que la voyelle *i* est plus sonore que la consonne *j*.
3. Sous l'effet du renforcement de l'énergie articulatoire la consonne *j* se ferme et la voyelle *i* s'ouvre ; sous l'effet de l'affaiblissement de l'énergie articulatoire la consonne *j* s'ouvre et la voyelle *i* se ferme.

Georges Straka conclut très justement que ceci montre que *j* est une consonne et non pas une « semi-consonne » ni une « semi-voyelle », termes qui sont « à rayer définitivement de la terminologie phonétique et linguistique » ([249]).

Ceci corrobore pleinement nos conclusions, mais le problème n'est pas par là complètement expliqué. La comparaison entre le *j* français et le *j* américain ([250]) a montré qu'en français le *j* est perçu essentielle-

(247) Péla Simon : Les consonnes françaises, p. 252.
(248) A propos de la question des semi-voyelles, ZPSK *17*, 1964, pp. 301-324.
(249) Ibid., p. 311.
(250) Marie-Thérèse Cazanave : Etude acoustique et articulatoire du YOD français et américain, TLL *6*, 1968, pp. 235-265.

ment comme mouvement et que son articulation est énergique, tandis qu'en américain le *j* est perçu comme étant plus stable et son articulation est faible.

Nos radiographies prouvent que le *j* islandais est beaucoup plus semblable au *j* français ([251]) qu'au *j* américain ([252]). Le *j* islandais est articulé légèrement plus en arrière que le *j* français, mais avec un degré d'élévation semblable du dos de la langue.

S'il est permis de conclure de ces faits que le *j* islandais soit perçu d'une manière semblable au *j* français, cela pourrait expliquer les opinions de Kemp Malone (comp. note 214), lequel juge le *j* islandais comme vocalique, parce qu'il juge d'après le *j* de sa langue maternelle.

10.28. *Comparaison entre [c^h] et [c].*

Tableau n° 61.

Comparaison des données des exemples 131 et 134.

Mesures	131. [c^h]	134. [c]
1	3	6,5
3	0	1
4	6	3
6	33	35
7	19	19,5
9	1,5	3

Le contact occlusif est plus grand pour [c] que pour [c^h], mais l'angle des maxillaires du [c] est plus ouvert. Si la force articulatoire d'une consonne se déduit de l'étendue de son contact occlusif ([253]) les consonnes palatales se groupent dans l'ordre suivant allant de la consonne la plus forte à la consonne la plus faible :

[c] - [c^h].

Cet ordre correspondrait à celui que nous avons obtenu pour les labiales et alvéodentales, mais en ce qui concerne les palatales il ne ressort pas d'une façon évidente étant donné que l'entourage n'est pas le même. Supposant néanmoins qu'il soit exact, cela pourrait expliquer pourquoi [c] est articulé légèrement plus en avant que [c^h]. La palatalisation étant un renforcement articulatoire, [c] plus énergique s'articulerait normalement plus en avant ([254]).

Les consonnes palato-vélaires

10.29. *Consonne [k^h].*

Le point culminant de la consonne [k^h] dans le mot *kaka* (II, 4) est illustré par la fig. 142.

---

(251) Péla Simon : Les consonnes françaises, pp. 340-343 (fig. 105-110) et p. 373 (fig. 170).
(252) TLL *6*, 1968, pp. 258-263 (fig. 6-8).
(253) Comp. Georges Straka, TLL *1*, 1963, pp. 37 et suiv.
(254) Comp. Georges Straka, TLL *3*, 1965, pp. 117-167.

La distance verticale entre les lèvres est de 5 mm. L'angle des maxillaires est de 2 mm. La pointe de la langue est à 10 mm en arrière des incisives inférieures. Le dos de la langue forme une occlusion à la limite palato-vélaire. L'occlusion s'étend sur 5,5 mm en avant de la limite palato-vélaire et sur 8,5 mm en arrière de la limite, soit au total sur 14 mm. Le passage linguo-pharyngal est de 16 mm, occlusion rhino-pharyngale de 5 mm.

Le mouvement est considérable (fig. 142 a). Le voile a un retard dans l'occlusion rhino-pharyngale à cause de la consonne [n] précédente. L'angle des maxillaires commence à s'ouvrir à l'image 3 et à l'image 5 il est de 6 mm, une ouverture assez proche de celle de la voyelle subséquente [ā]. La rupture de l'occlusion va dans les deux sens, antéro-postérieur et postéro-antérieur, et elle est très lente, se poursuivant sur cinq images. Elle est complète à l'image 7. C'est le moment de l'aspiration (comp. note 225).

Les palatogrammes de [k^h] montrent que le contact avance jusqu'à l'avant-dernière molaire, ce qui se vérifie par le film radiologique.

10.29.1. *Tableau n° 62.*

Comparaison des données de trois exemples de [k^h].

Mesures	142. kaka	143. hvaðan	144. kusu
1	5	7,5-4	3-4
3	2	2	1
4	10	13	11
9	14	10	9
6	16	15	17
7	5	3	5

Commentaire :

Exemple 143 : Le contact s'étend au début des deux côtés de la limite palato-vélaire, mais à l'image 2 le contact est uniquement vélaire. La lèvre inférieure prend peu à peu la position requise pour la consonne [v] subséquente. A l'image 6 la rupture de l'occlusion se produit simultanément sur toute l'étendue du contact.

Exemple 144 : Le début du contact, palatal par attraction à la voyelle qui précède, s'étend (image 2) sur la région vélaire. Les lèvres ont déjà pris la position arrondie requise pour la voyelle subséquente [Y]. La rupture de l'occlusion est lente et elle va dans le sens postéro-antérieur. Elle est complète à l'image 8.

10.29.2. La consonne [k^h] s'articule à la limite palato-vélaire. Le plus souvent il y a une plus grande partie du contact occlusif qui s'étend sur la région vélaire, mais la consonne [k^h] est rarement ou peut-être jamais uniquement vélaire. L'angle des maxillaires peut être d'une ouverture assez variable, sans que cela affecte notablement l'étendue du contact ou sa forme. Devant voyelles labialisées la consonne [k^h] se labialise facilement (fig. 144). La rupture de l'occlusion peut être brusque (fig 143) ou lente (fig. 144). Lorsqu'elle est lente, elle se défait en général dans le sens postéro-antérieur, bien qu'il soit possible qu'elle se défasse à partir des deux extrêmes simultanément (fig. 142).

10.30. *Consonne [k].*

Le point culminant de la consonne [k] dans le mot *gatan* (I, 18) est illustré par la fig. 145.

La distance verticale entre les lèvres est de 8,5 mm. L'angle des maxillaires est de 4,5 mm. La pointe de la langue est à 15 mm en arrière des incisives inférieures. Le contact occlusif est palato-vélaire et son étendue est de 12 mm. Le palatogramme de [k] (fig. 145 a) montre que le contact avance jusqu'à l'avant-dernière molaire. Ceci est vérifié aussi par le film radiologique. Le passage linguo-pharyngal est de 16 mm, occlusion rhino-pharyngale de 4 mm.

Le mouvement est peu important (fig. 145 a). Le contact occlusif avance légèrement à l'image 3. A l'image 5 l'occlusion se défait d'abord dans la partie arrière, puis dans sa totalité. L'angle des maxillaires s'ouvre de 1 mm. La rupture de l'occlusion est complète à l'image 6, ce qui marque la fin du [k].

10.30.1. *Tableau n° 63.*

Comparaison des données de trois exemples de [k].

Mesures	145. gatan	146. gömul	147. leikendurnir
1	8,5	5	10
3	4,5	1-3	3,5-2,5
4	15	10-11	8-11
9	12	10	10
6	16	18	17
7	4	7	9

Commentaire :

Exemple 146 : Le contact occlusif est palato-vélaire. La labialisation de la voyelle subséquente [Ö] est déjà atteinte. Le voile ferme le passage rhino-pharyngal à l'image 3. Ce retard est dû à l'influence de la consonne [n] qui précède le [k]. La rupture de l'occlusion est lente et elle se réalise par un décollement lingual simultanément des deux côtés.

Exemple 147 : Le contact occlusif est uniquement palatal à partir de la limite palato-vélaire. L'antériorisation du lieu d'articulation, due à l'influence des voyelles environnantes [ēī] et [e], est donc sensible, mais malgré ce degré de palatalisation la surface du contact n'est pas plus grande. La rupture de l'occlusion est brusque, se faisant simultanément sur toute l'étendue du contact occlusif.

10.30.2. La consonne [k] s'articule au niveau de la limite palato-vélaire et en arrière de cette limite. Le contact est cependant plus grand sur la région vélaire, sauf pour l'exemple 147 qui a un contact uniquement palatal. Nous n'avons pas vu un seul exemple de [k] où le contact soit uniquement vélaire. L'angle des maxillaires peut être d'une ouverture assez variable, sans que cela affecte notablement l'étendue ou la forme du contact palato-vélaire. Devant voyelles labialisées la consonne [k] se labialise facilement (fig. 146).

La rupture de l'occlusion peut être brusque se faisant simultanément sur toute l'étendue du contact (fig. 147) ou lente (fig. 145 et 146). Quand la rupture de l'occlusion est lente, elle se fait habituellement dans le sens postéro-antérieur, mais dans de rares cas nous avons pu observer une rupture dans le sens antéro-postérieur.

10.31. *Comparaison entre [kʰ] et [k].*

Tableau n° 64.

Comparaison des données des exemples 142 et 145.

Mesures	142. [kʰ]	145. [k]
1	5	8,5
3	2	4,5
4	10	15
9	14	12
6	16	16
7	5	4

Les données du tableau 64 indiquent que pour l'exemple 142 les organes articulatoires sont plus resserrés : l'angle des maxillaires est plus petit et le contact palato-vélaire plus grand. Ce résultat obtenu pour les consonnes palato-vélaires contredit ainsi celui obtenu pour les bilabiales (10.4.), les alvéodẹntales (10.21.) et probablement aussi celui obtenu pour les palatales (10.28.). Il faut pourtant noter que pour les exemples 142 et 145 l'entourage n'est pas le même ce qui peut influer sur le résultat : l'exemple 145 est en position intervocalique et l'influence ouvrante des voyelles *a* environnantes peut expliquer cette différence. Pour cette raison nous avons comparé d'autres exemples de [kʰ] et [k] qui se trouvaient dans un entourage comparable :

10.31. *Tableau n° 65.*

	L'angle des maxillaires	Contact palato-vélaire
*k*únni (I, 14)	3	12
*k*usu (II, 7)	1	9
Gústi (I, 11)	1	14-17
Gunnar (II, 26)	2-2,5	12-10

Ces exemples montrent que le contact organique est plus grand pour [k] que pour [k^h] dans un entourage comparable. Il est plus difficile d'interpréter les données de l'ouverture de l'angle des maxillaires. Il paraît pourtant probable que les consonnes palato-vélaires se groupent dans l'ordre suivant de la consonne la plus forte à la consonne la plus faible :

[k] - [k^h]

ce qui correspondrait à l'ordre obtenu pour d'autres consonnes occlusives, mais le problème est à reexaminer.

Les consonnes vélaires :

10.32. *Consonne [ŋ].*

Le point culminant de la consonne [ŋ] dans le mot *langa* (III, 15) est illustré par la fig. 148.

La distance verticale entre les lèvres est de 5 mm. Les lèvres conservent un faible degré de projection labiale à cause de la diphtongue [ăŭ] précédente. L'angle des maxillaires est de 5 mm. La pointe de la langue est à 20 mm en arrière des incisives inférieures. Le contact occlusif se forme sous le voile, uniquement vélaire, touchant en avant la limite palato-vélaire. Son étendue est de 21 mm. Le passage linguopharyngal est de 6,5 mm. Le passage rhino-pharyngal est de 5 mm.

Le mouvement est important (fig. 148 a). La langue avance graduellement pour prendre la position requise pour la consonne [k] subséquente. La lèvre inférieure se retire à une position neutre et l'angle des maxillaires se ferme légèrement. Le voile du palais monte en fermant peu à peu le passage rhino-pharyngal, lequel est clos à l'image 6. C'est le début de la consonne subséquente [k].

10.32.1. *Tableau n° 66.*

Comparaison des données de deux exemples de [ŋ].

Mesures	148. langa	149 þröng
1	5	4
3	5	1,5
4	20	6-10
9	21	13
6	6,5	18,5
7	5	9

Commentaire :

Exemple 149 : Cet exemple de [ŋ] est une réalisation isolée parmi nos exemples de [ŋ]. Ce [ŋ] a un contact uniquement palato-vélaire et même assez avancé. Cette position avancée, due à une assimilation au lieu d'articulation de la consonne subséquente [k], est favorisée par la diphtongue [öĭ] précédente. Le voile monte graduellement et ferme le passage rhino-pharyngal à l'image 6. C'est le début de la consonne [k] subséquente.

10.32.2. La consonne [ŋ] a habituellement une occlusion uniquement vélaire, mais étant donné que cette consonne existe presque uniquement devant [kʰ] et [k] il est tout à fait naturel qu'on puisse observer au cours de son articulation une assimilation au lieu d'articulation de la consonne subséquente comme les exemples 148 et 149 l'illustrent parfaitement. Vers sa fin la consonne est ainsi palato-vélaire.

A la différence d'autres consonnes formées par occlusion buccale, on n'observe jamais une rupture de l'occlusion pour la consonne [ŋ]. Ceci est naturel, car entre deux consonnes homorganes il n'y a pas d'explosion.

10.33. *Consonne [x].*

Pour la consonne [x] de *sœktu* (II, 23 ; fig. 150) la distance verticale entre les lèvres est de 11 mm, mais à l'image 2 elle passe à 10,5 mm. L'angle des maxillaires passe de 4 à 1 mm. La pointe de la langue est infléchie à 10 mm en arrière des incisives inférieures, mais à l'image 5+6 elle avance et reste à seulement 6 mm en arrière des incisives inférieures. Le diamètre du canal de constriction est de 2,5 mm à 5 mm en avant de la limite palato-vélaire. Le passage linguo-pharyngal est de 15 mm, occlusion rhino-pharyngale de 7 mm.

A l'image 7 la pointe de la langue forme un faible contact alvéolaire. C'est le début de la consonne [t] subséquente.

10.33.1. *Tableau n° 67.*

Résumé des données d'un exemple de [x].

Mesures	150. sæktu
1	11-10,5
3	4-1
4	10-6
5	2,5
8 a	5
Longueur du canal de constriction ..	3-4
6	15
7	7

10.33.2. Ne disposant que de cet exemple unique de la consonne [x] sur nos films, il est difficile de savoir dans quelle mesure il s'agit d'une réalisation typique de cette consonne. On peut penser qu'il s'agit d'une réalisation avancée (influence de la diphtongue précédente [ăĭ]) et que la réalisation la plus courante est aussi postérieure que celle de la consonne [γ] (10.34.). Ce problème attend pourtant une nouvelle étude.

10.34. *Consonne [γ].*

Le point culminant de la consonne [γ] dans le mot *nagar* (III, 26) est illustré par la fig. 151.

La distance verticale entre les lèvres est de 12 mm. L'angle des maxillaires est de 6 mm. La pointe de la langue est à 16 mm en arrière des incisives inférieures. Le dos de la langue est tendu en direction du palais mou formant un canal de constriction de 2,5 mm de diamètre à 3 mm en arrière de la limite palato-vélaire. La longueur du canal de constriction est de 2,5 mm. Le passage linguo-pharyngal est de 12,5 mm, occlusion rhino-pharyngale de 6 mm.

Le mouvement est insignifiant (fig. 151 a). De légères contractions musculaires modifient quelque peu la forme et les dimensions du canal de constriction ainsi que la position de la pointe de la langue.

A l'image 6 le dos de la langue s'abaisse rapidement. C'est le passage vers la voyelle [a] subséquente.

10.34.1. *Tableau n° 68.*

Comparaison des données de deux exemples de [γ].

Mesures	151. nagar	152 þögull
1	12	6-5
3	6	3-2
4	16	15-12
5	2,5	1,5
8 b	3	0
Longueur du canal de constriction ..	2,5	4
6	12,5	16
7	6	4

Commentaire :

Exemple 152 : Le lieu d'articulation est à la limite palato-vélaire. Les lèvres conservent un certain degré de labialisation à cause des voyelles environnantes, mais elles commencent à relâcher leur tension, probablement par anticipation à la position de repos. A l'image 6 le dos de la langue s'abaisse rapidement. C'est le début du passage à la voyelle subséquente [Y].

10.34.2. La consonne [γ] est articulée juste en arrière de la limite palato-vélaire ou même à la limite (fig. 152), mais rarement en avant de la limite palato-vélaire. L'angle des maxillaires peut être très ouvert et il peut même conserver l'ouverture moyenne pour les voyelles les plus ouvertes, sans que cela affecte ni la forme de la constriction de la consonne [γ] ni l'endroit de la constriction. Entourée de voyelles labialisées la consonne [γ] se labialise (fig. 152).

Les consonnes laryngales

10.35. *Consonne ["].*

L'occlusive laryngale ["] existe en islandais uniquement comme une articulation très sporadique. Elle n'a donc aucune importance particulière dans la langue.

Le coup de glotte s'entend quelquefois devant voyelle brève, si le mot en question est prononcé énergiquement : *asni* [''ăsnI] « bête » et aussi quelquefois pour séparer deux voyelles en hiatus : *áorka* [āū''orka] « achever », mais même dans ces deux cas possibles il est rare. Le coup de glotte ne semble jamais être réalisé devant les voyelles longues islandaises, mais uniquement devant les voyelles brèves.

10.35.1. Le caractère sporadique du coup de glotte en islandais est probablement la raison pour laquelle aucun chercheur n'a jugé bon de se poser des questions au sujet de sa réalisation. Nous ne pouvons pas non plus résoudre ce problème.

Mais peut-être n'est-il pas sans intérêt de citer ici une étude sur le « stød » des dialectes de Jutland ([255]). Dans cette étude K. Ringgaard constate que le courant d'air n'est jamais tout à fait arrêté. A partir de l'analyse de films radiologiques (vitesse 48 images/sec.) il a pu constater que « both the true and the false vocal chords are pressed firmly together and sinus Morgagni is quite obliterated » ([256]).

Les constatations de Ringgaard au sujet des mouvements du diaphragme sont aussi très intéressantes, mais elles valent peut-être pour le danois uniquement ([257]).

Parmi les phonéticiens qui ont parlé du coup de glotte en islandais Kemp Malone ([258]) a affirmé que beaucoup d'Islandais ne l'utilisent jamais. Nous suivons cette opinion et Kemp Malone insiste, comme nous le faisons, sur le caractère sporadique du coup de glotte en islandais. Björn Guðfinnsson ([259]) affirme qu'on peut observer le coup de glotte dans la prononciation des acteurs sur la scène, mais ceci est un problème qui concerne la prononciation au théâtre et nous ne pouvons pas discuter cette question.

10.36 *Consonne [h].*

Pendant la réalisation de la consonne [h] l'articulation buccale est soit celle de la voyelle précédente, soit celle de la voyelle ou de la consonne subséquentes.

Cette consonne, n'ayant pas d'articulation buccale propre, n'a par conséquent pas pu être délimitée dans les radiofilms, mais sa présence

---

(255) K. Ringgaard : The Pronunciation of a Glottal Stop, *Phonetica 8*, 1962, pp. 203-208.

(256) Ibid., p. 206.

(257) *Phonetica 8*, p. 207.

(258) Phonology, p. 103.

(259) Mállýzkur I, pp. 44-45. Voir aussi Stefán Einarsson, Beiträge, p. 13 et Bruno Kress, Die Laute, pp. 58-59.

se manifeste souvent par un abaissement du voile, surtout si la voyelle subséquente est une voyelle brève suivie d'une consonne nasale (ex. *hingað* (fig. 6) ([260]).

Nous avons examiné la consonne [h] dans nos films oscillographiques (comp. les oscillogrammes n°s 1 et 2). La consonne [h] est toujours sourde dans nos matériaux et sa durée moyenne devant voyelle à l'initiale de mot est pour le sujet I 12,1 cs. (15 exemples) et pour le sujet II de 11,5 cs. (6 exemples).

10.36.1. *La consonne [h] dans les groupes orthographiques hl-, hn- et hr.*

On suppose traditionnellement que les groupes orthographiques *hl-, hn- et hr-* sont phonétiquement [*l, n, r*] ([261]). Nous avons examiné ces groupes chez nos deux sujets et nous en donnons quelques exemples dans l'annexe (oscillogrammes n°s 15-17 du sujet I et 1-3 du sujet II).

Les oscillogrammes font apparaître que la consonne [h] est souvent réalisée devant les consonnes [l, n, r], mais qu'elle peut aussi disparaître et alors la réalisation est [*l, n, r*]. Il est surtout intéressant de comparer les diverses réalisations de *hr-*, car pour ce groupe on peut séparer les deux consonnes. L'examen de *hl-* et *hn-* est beaucoup plus difficile, parce que la ligne BA montre la même pression pour les deux consonnes et leur séparation n'est possible que par les lignes LM, NM et BM à base de la sonorité ou la nasalité. Mais même dans ces cas on constate que la transition vers la voyelle subséquente est souvent sonore.

Le tableau suivant réunit les chiffres moyens en cs. pour les groupes *hr-, hl-* et *hn-* de nos sujets :

---

(260) Ceci confirme les observations de Stefán Einarsson (Beiträge, pp. 24 et 30) et de Jean Poirot. Comp. aussi Perkell : Physiology of Speech Production, p. 26 et courbes P dans l'appendix B, pp. 73-97.

(261) Ceux qui affirment qu'il s'agit de [*l n r*] sont : Buergel Goodwin : Utkast..., pp. 92-93 ; Kemp Malone, Phonology, p. 125 ; Bruno Kress, Die Laute, pp. 169-170 et passim, Laut- und Formenlehre, p. 37 ; Sveinn Bergsveinsson, Grundfragen, pp. 39-41 ; Björn Guðfinnsson, Mállýzkur I, pp. 49-50 ; Árni Böðvarsson, Hljóðfræði, p. 82 et passim.

Ceux qui transcrivent [h*l* h*n* h*r*] sont : Jón Ófeigsson, Træk, p. XVII ; Valtýr Guðmundsson, Islandsk Grammatik, p. 12 ; Stefán Einarsson, Beiträge, pp. 16-17 et Icelandic, pp. 15, 17 et passim.

Les transcriptions [hl hn hr] sont employées par : Björn M. Ólsen, Germania 27 (neue Reihe 15), pp. 272-273).

Les transcriptions [*l*l *n*n *r*r] sont employées par : Sveinbjörn Sveinbjörnsson, Icelandic Phonetics, pp. 60, 64 et 68.

Tableau n° 69.

Consonne [h] devant les consonnes l, n, r à l'initiale de mot. Durée moyenne en cs.

SUJET I				
Groupe	**Nombre d'exemples**	**Durée du [h]**	**Durée de la consonne subséquente**	
			partie sourde	**partie sonore**
hr-	3	10,16	3,5	4,5
hl-	3	12	?	3,3
hn-	3	13	?	3,6

SUJET II				
Groupe	**Nombre d'exemples**	**Durée du [h]**	**Durée de la consonne subséquente**	
			partie sourde	**partie sonore**
hr-	3	11,6	4	3,3
hl-	2	11,5	?	5,0
hn-	3	10	?	4,3

10.37. *Le problème de la préaspiration en islandais moderne.*

Les opinions sur la réalisation phonétique de la préaspiration sont assez différentes: Nous allons examiner ces opinions à la lumière de nos données et ensuite nous proposerons une nouvelle solution du problème, solution qui tient compte simultanément des faits phonétiques et de la place à assigner à la préaspiration dans le système des consonnes islandaises.

10.37.1. *Mesure de la durée de la préaspiration.*

En général la délimitation de la préaspiration ne fait pas de difficultés. On peut la délimiter avec une bonne précision sur la ligne BA où elle ressort clairement comme une augmentation rapide du débit d'air (oscillogrammes n°s 18 et 19 du sujet I et 4 et 5 du sujet II). Les résultats de la mesure de la durée de la préaspiration et de la consonne occlusive subséquente sont réunis dans le tableau suivant. Les chiffres indiquent cs.

Tableau n° 70.

Durée de la préaspiration et de la consonne occlusive subséquente.

Consonne subséquente	Mots	SUJET I		SUJET II	
		Préaspiration	Occlusive	Préaspiration	Occlusive
labiale	hnappinum	11/5	11/14	9	14
	trappan	12	11	12	10
	keppinautur	7	10	13	10
	tappaðu	6	18	13	9
	hreppurinn	9	15	12	11
	uppi	6	15	11	12
	upplitast	6,5	13,5	10	10
alvéo-dentale	gætti	12	13	15	12
	láttu	12	13	9	17
	hættu	14	12		
	mátturinn	13	13	11	13
	datt	11	10	11	10
	spottann	11	8	10	10
palatale	ekki (deux fois)	11/12	15/15	15/9	13/8
palato-vélaire	rakkann	13	8	17	7
	hnakkann	11	7,5	16	11
	bakkann	12	7	16	9
	krakkar	11	15	15	8

Si l'on compare la durée de la préaspiration et celle de la consonne occlusive subséquente on note qu'elles sont souvent sensiblement égales. La durée moyenne de la préaspiration pour le sujet I est de 10,3 cs. et pour le sujet II de 12,3 cs. La durée moyenne de la consonne subséquente est de 14,2 cs. pour le sujet I et de 11 cs. pour le sujet II.

L'examen d'exemples concrets montre cependant que la préaspiration peut être plus longue que l'occlusive subséquente, ou inversement que l'occlusive subséquente peut être plus longue que la préaspiration.

En examinant les chiffres des données du sujet I on remarque que la durée de la préaspiration est sensiblement moindre devant l'occlusive labiale que devant les autres occlusives. On peut penser que ce fait est dû à un mouvement de fermeture très rapide du maxillaire inférieur pour l'occlusive labiale — une articulation extrabuccale — ayant pour effet d'abréger la durée de la préaspiration. La rapide élévation du maxillaire est assurée par la contraction de ses forts muscles élévateurs, le masséter, le temporel et le ptérygoïdien interne ([262]). Il faut aussi souligner l'importante participation de l'orbicularis oris pour les labiales. Ce muscle n'intervient pas dans l'articulation des autres consonnes occlusives et jusqu'à un certain degré il peut produire la fermeture labiale indépendamment de l'ouverture de l'angle des maxillaires.

Mais l'examen des données du sujet II semble infirmer cette hypothèse ou au moins sa valeur générale. On constate pourtant chez les deux sujets que la préaspiration est plus longue devant l'occlusive palato-vélaire que devant les autres occlusives. Il est peut-être possible d'en conclure que le mouvement de fermeture est plus lent pour la palato-vélaire que pour les autres occlusives, ce qui assurerait une plus longue durée de la préaspiration ([263]).

10.37.2. *La préaspiration dans le système des articulations islandaises.*

Examinons à la lumière de nos données les principales hypothèses avancées pour l'explication de la préaspiration en islandais moderne.

1. *La préaspiration est une consonne constrictive homorgane de la consonne occlusive qui la suit :*

C'est le point de vue de Buergel Goodwin (1.7.). Il analyse -pp- comme [φp], -tt- comme [çt] ou [þt], -kk- (palatal) comme [çk̦] et -kk- (vélaire) comme [çk] ou [xk]. Selon lui les consonnes préaspirées forment un sous-groupe dans le système consonantique de l'islandais. Ce groupe est nommé par lui « infrikator ». La nature de la constrictive homorgane dépendrait en partie de la consonne occlusive qui la suit et en partie de la voyelle qui la précède.

---

(262) Comp. G. Straka dans TLL *1*, 1963, p. 44. Heffner, General Phonetics, p. 35 ; Davies, Gray's Anatomy, pp. 599-603 ; Romanes, Cunningham's Manual of practical Anatomy, 1968, pp. 90-94.

(263) Comp. pour les aspirées anglaises : Ilse Lehiste et Gordon E. Peterson : Duration of Syllabe Nuclei in English, JASA, *32*, 1960, p. 701.

En examinant les radiofilms il n'a pas été possible de trouver une position organique qui correspondrait à la préaspiration. Ce fait constitue, à nos yeux, la preuve que cette hypothèse doit être écartée définitivement.

2. *La préaspiration est une aspiration inverse de l'occlusive subséquente* (264).

La mesure de la durée de l'aspiration des consonnes aspirées en position initiale donne pour le sujet I une durée moyenne de 5,73 cs. sur 21 exemples et pour le sujet II 5,22 cs. sur 9 exemples.

Dans nos matériaux la durée de l'aspiration ne dépasse jamais 9 cs., mais elle oscille en général autour de 5 cs. Par rapport à la durée de l'occlusion de la consonne occlusive la durée de l'aspiration ne représente qu'exceptionnellement la moitié de l'occlusion, généralement le tiers de l'occlusion ou même moins.

Sur le plan de la durée, qu'on compare d'une part les chiffres moyens d'*aspiration vs. préaspiration* et d'autre part d'*aspiration* + *consonne occlusive vs. préaspiration* + *consonne occlusive* il est évident que la différence de durée est trop grande pour qu'il puisse s'agir du même phénomène qui se présenterait dans un ordre inverse.

Cette conclusion est aussi appuyée par un autre fait. L'examen des clichés radiologiques de syllabes avec préaspiration du sujet I montre que la tension du voile diminue souvent juste avant l'occlusion de l'occlusive subséquente.

Bien que la préaspiration comme telle ne soit pas délimitable sur le radiofilm du fait qu'elle n'a pas d'articulation buccale propre, on peut raisonnablement lui attribuer quelques images juste avant l'enchaînement de l'occlusive subséquente. Il est certain qu'il faut une très grande prudence dans l'interprétation de la faible contraction du voile dans ces cas, car il faut tenir compte des articulations environnantes. Nous avons vu que la contraction du voile pour le sujet I est particulièrement faible pour la voyelle [ā] (6.17.) et que la nasalisation peut persister pendant toute la durée de voyelles au contact de consonnes nasales (7.6.). En écartant ainsi tous les cas où le moindre doute peut subsister il y a encore des cas où, selon notre avis, cet abaissement du voile ne peut être attribué qu'à la préaspiration. Les exemples où l'abaissement du voile a été observé sont les suivants :

hittu djáknann (I, 12), *gott* (I, 22), *gnótt* (II, 1), *sóttu* (II, 6), *hakkaðu* (II, 5) *klappað* (II, 7), *þótt* (II, 8), *læknaeklan* (II, 11 ; abaissement dans le premier cas (*lækn-*), mais pas dans le deuxième (*-ekl-*)), *rétta* (II, 14), *pappann* (II, 15), *ekki prettir* (II, 19), *kattarins* (II, 21), *frakkann* (III, 3), *léttilega* (III, 25), *nótt* (III, 28), *þetta* (IV, 11), *þótti* (IV, 12), *patta* (IV, 20), *Bettu* (IV, 22), *pöttum* (IV, 34).

---

(264) Comp. Kemp Malone, Phonology, pp. 105-106. Stefán Einarsson, Beiträge, pp. 13, 46-49, 58-59 et 124-125. Björn Guðfinnsson, Mállýzkur I, pp. 27-28 et 36-39.

Un tel abaissement n'a jamais été observé par nous pour l'aspiration des consonnes occlusives. Ceci nous amène à conclure que la préaspiration et l'aspiration des occlusives sont des phénomènes physiologiquement différents. La question est désormais, dans notre perspective du problème, de savoir qu'elle est la nature de l'une et de l'autre.

3. *La préaspiration et la consonne [h].*

Auditivement la consonne [h] devant voyelle et la préaspiration se ressemblent beaucoup. Il faut donc examiner si l'on doit approcher les deux segments.

La durée du [h] devant voyelle (10.40.) à l'initiale de mot et celle de la préaspiration sont dans l'ensemble identiques, tandis que la durée de l'aspiration des occlusives est beaucoup plus réduite.

Un abaissement analogue du voile a aussi été observé pour le [h] (comp. 10.36.).Ce fait, combiné avec la durée très semblable du [h] et de la préaspiration, apporte à nos yeux quelque évidence qu'il s'agisse d'un seul et même phénomène, à savoir, la consonne *h* dans deux positions différentes de la syllabe.

En comparant ensuite la durée de la préaspiration et celle de la consonne occlusive subséquente il est évident qu'il ne peut guère s'agir d'une seule articulation. Il est difficilement possible de penser que la durée de l'aspiration d'une consonne aspirée et celle de l'occlusion de cette consonne puissent être égales.

La conclusion qui semble s'imposer c'est qu'en islandais il n'y a pas de consonnes préaspirées, mais qu'il y a la consonne *h* suivie d'une consonne occlusive.

3 a. *L'aspiration des consonnes occlusives et la consonne h.*

Ayant, pensons-nous, apporté la preuve que la préaspiration en islandais s'identifie avec la consonne *h,* nous nous devons maintenant de déterminer la nature physiologique de l'aspiration des occlusives et de la consonne *h.*

Traditionnellement l'aspiration a été définie comme un souffle qui s'entend entre l'explosion de l'occlusive et la voyelle subséquente. La cause physiologique de ce souffle serait que pour l'occlusive aspirée la glotte est ouverte pendant l'occlusion, tandis qu'elle serait fermée pendant l'occlusion d'une occlusive non-aspirée ([265]).

Moins fréquemment l'aspiration est définie comme un intervalle sourd entre l'occlusive et la voyelle subséquente ([266]).

(265) Cette explication se trouve dans un très grand nombre d'ouvrages, p. ex. : B. Malmberg, La phonétique, pp. 47-48 ; Quilis, Fernández, Curso de fonética, p. 83 ; E. Fischer-Jørgensen, Almen fonetik, pp. 22 et 63 ; M. Grammont, Traité de phonétique, p. 108 ; D. Jones, An Outline of English Phonetics, p. 153 ; E. Dieth, Vademekum, p. 237 ; Heffner, General Phonetics, p. 120.

(266) A. C. Gimson, An Introduction to the Pronunciation of English, p. 146.

A ces explications traditionnelles de l'aspiration s'oppose la théorie de F. Falc'hun ([267]), théorie, selon laquelle les consonnes aspirées seraient articulées à glotte fermée. Sans nier la possibilité d'une articulation à glotte ouverte F. Falc'hun affirme qu'elle n'explique pas toutes les particularités de l'aspiration. L'aspiration serait à expliquer, selon lui, par la différence de pression entre l'air pulmonaire et l'air intrabuccal. La pression serait régularisée par un mécanisme valvulaire du larynx, de sorte que si la pression intrabuccale s'élève au-dessus de la pression trachéale, les cordes vocales, agissant comme une valve, ferment le passage. Au moment de l'explosion la pression intrabuccale s'égalise avec la pression atmosphérique et « la phase de décompression de l'air buccal où les cordes vocales ne peuvent pas vibrer est mesurée sur les enregistrements par la durée du souffle sourd : cet air sourd vient uniquement de la cavité buccale » ([268]).

L'aspiration a aussi été définie comme la fonction de l'ouverture de la glotte au moment de l'explosion. C'est-à-dire, une consonne occlusive aspirée ayant un degré *n* d'aspiration doit posséder un degré *n* d'ouverture glottale. Par conséquent aucune occlusive ne sera aspirée si elle a une petite ouverture de la glotte au moment de l'explosion et elle ne pourra être sans aspiration, si au moment de l'explosion elle a une large ouverture glottale ([269]). L'aspiration n'est donc pas une constriction glottale comme c'est l'opinion la plus répandue ([270]), étant donné qu'elle est d'autant plus longue que l'ouverture glottale est plus large. Il ne semble pas qu'il y ait une relation entre la pression sous-glottique et la durée de l'aspiration ([271]) ; bien au contraire, les non-aspirées ont une pression soit beaucoup plus élevée pendant l'occlusion que les aspirées ([272]) soit il n'y a pas de différence entre les aspirées et les non-aspirées en ce qui concerne la pression intrabuccale ([273]).

L'examen de nos tracés de la préaspiration semble indiquer que l'ouverture glottale doit être considérable, alors que cette ouverture glottale serait moindre pour l'aspiration des occlusives. Notre hypothèse est donc que la différence physiologique entre la préaspiration et l'aspiration des occlusives est une différence d'ouverture glottale, ce qui expliquerait la grande différence de durée observée chez nos sujets pour ces deux segments.

---

(267) Le système consonantique du breton, pp. 147-166 ; L'énergie articulatoire des occlusives, *Phonetica 13,* 1965, pp. 31-36.

(268) Le système consonantique du breton, p. 164.

(269) Chin-Wu Kim : A Theory of Aspiration, *Phonetica 21,* 1970, pp. 107-116.

(270) Comp. p. ex. : Gerhart Lindner : Einführung in die experimentelle Phonetik, München 1969, pp. 158 et 199.

(271) Kim, art. cité, p. 111.

(272) Kim, art. cité, p. 112 ; I. H. Slis : Articulatory Measurements on Voiced, Voiceless and Nasal Consonants, *Phonetica 21,* 1970, pp. 198-201.

(273) E. Fischer-Jørgensen : Voicing, Tenseness and Aspiration in Stop Consonants with Special Reference to French and Danish, ARIPUC *3,* 1968, p. 70.

4. *La consonne occlusive préaspirée est longue.*

On suppose traditionnellement que la consonne occlusive précédée de préaspiration est longue en islandais. Cette opinion trouve sans doute son fondement dans l'œuvre de Stefán Einarsson ([274]). Mais à vrai dire ses arguments en faveur de la longueur de ces consonnes sont difficiles à admettre, car :

I. Il n'a pas comparé des occlusives non-aspirées en position intervocalique avec les occlusives préaspirées.
2. Il a calculé ensemble la durée de la préaspiration et celle de l'occlusive.

Un chercheur aussi méticuleux que Stefán Einarsson était bien entendu conscient des limites de ses résultats, et il l'avoue même clairement ([275]), mais il n'a pourtant pas changé d'avis.

Comme notre sujet II n'a pas d'occlusives intervocaliques non-aspirées nous devrons nous limiter à comparer les données du sujet I. Chez ce sujet aucune occlusive ne montre une trace de sonorité dans aucune position et toutes les occlusives non-aspirées peuvent avoir une explosion sourde ou sonore indépendante du contexte phonique.

Tableau n° 71.

Consonnes occlusives intervocaliques non-aspirées et consonnes précédées de préaspiration.

Consonne intervocalique	Nombre d'exemples	Durée moyenne en cs.	Différence de durée minimale et maximale
-p-	13	14,3	12-17
-t-	24	14,7	12-20
-[c]-	1	13	
-k-	23	13,5	9,5-17
Consonne précédée de *h* ou « préaspirée »			
-(h)p-	8	12,2	10-18
-(h)t-	6	11,5	8-13
-(h)[c]-	2	15	15
(h)k-	4	9,4	7,5-15

Les données dont nous disposons sont certes en nombre réduit, mais elles devraient pouvoir montrer des tendances. Elles montrent

(274) Beiträge, pp. 58-59.
(275) Beiträge, p. 59.

d'une façon évidente que chez le sujet I les consonnes occlusives précédées de préaspiration ne sont pas longues ; bien au contraire, elles sont en moyenne plus brèves que les non-aspirées intervocaliques du même sujet.

5. *La préaspiration est la fin assourdie de la voyelle précédente.*

C'est le point de vue de Jón Ófeigsson (276). Ceci supposerait que la voyelle qui précède la préaspiration est une voyelle longue dont la fin est assourdie. Dans cette même étude nous avons prouvé qu'il y a des différences de formation pour les voyelles brèves et longues (chapitres 6 et 7), ce qui à notre avis constitue une preuve que cette opinion ne tient pas.

6. *La préaspiration est un accent dynamique.*

C'est le point de vue d'A.S. Liberman (277). Nos données n'apportent en elles-mêmes rien qui infirmerait ou confirmerait cette théorie. La plus grande difficulté à l'accepter nous semble résider dans le fait qu'on peut arriver à délimiter la préaspiration avec une précision qui n'est pas moindre que celle avec laquelle on délimite n'importe quel autre segment de la chaîne parlée.

Mais cette difficulté n'est peut-être pas inconciliable avec la théorie, car son auteur parle de la préaspiration comme *réalisation d'un accent* (278).

Il n'y a aucun doute que les points de vue de Liberman ont contribué à une meilleure compréhension du problème de la préaspiration, ce qui ne veut pas dire qu'elle explique complètement les faits de la langue moderne.

7. *Les groupes de h + consonne occlusive comparés à quelques autres groupes de deux consonnes.*

Si notre conclusion est juste et la préaspiration pas autre chose que la consonne *h*, il en résulte qu'en islandais moderne il y a les groupes suivants de h + consonnes occlusives :

1. [hp] *kappi* « héros » ; 2. [ht] *hattur* « chapeau » ;
3. [hc] *ekki* « ne ... pas » ; 4. [hk] *bakka* « rive » (acc. sing.).

La comparaison de ces quatres groupes nouveaux avec d'autres groupes de consonnes contribuera à éclaircir le problème. Les mesures de la durée de quelques groupes de consonnes sont réunies dans le tableau suivant.

(276) Træk, p. XVI.

(277) Preaspiraŝija v islandskom jazyke, SSB XIV, 1969, pp. 106-121 et aussi 1.16. de cette étude.

(278) Ibid., p. 120.

Tableau n° 72.

Durée de quelques groupes de consonnes.

Chiffres moyens en cs.

Sujet	Groupe mot type	Nombre d'exemples	Durée de la 1re consonne	Durée de la 2e consonne	Durée minimale et maximale	
					1re consonne	2e consonne
I	[nt] hry*nd*a	10	12,9	10,9	8-17	8-16
II		7	11,1	12,1	7-15	11-13
I	[lt] he*ld*ur	7	14,3	11,3	10-17	8-13
II		3	13	14,6	12-14	11-17
I	[*l*t] ve*lt*ur	1	15	10		
II		1	15	11		
I	[t*n*] Sveinn	8	14,4	10,4	13-16	6-17
II		6	10,1	9,8	7-13	6-13
I		15	16,8	5,8	12-21	4-10
II	[tl] he*ll*i	5	14,6	6	10-19	4-8
			Durée du groupe			
I	[*n*t] he*nt*u	4	24,8			
II		2	26,5			

Si nous comparons la durée moyenne de la préaspiration et de la consonne occlusive subséquente aux chiffres du tableau 72 (Comp. Tableau n° 70 et 10.37.1.) il y a une légère différence de durée entre la préaspiration et les autres consonnes dont nous avons mesuré la durée dans le contexte phonétique devant consonnes occlusives, mais cette différence réduite s'explique par le fait que la consonne *h* est la consonne qui a l'énergie articulatoire la plus réduite de toutes les consonnes et par conséquent sa durée propre est aussi la plus brève.

8. *L'emploi du terme préaspiration.*

Il est maintenant temps de se demander s'il est approprié de continuer d'utiliser le terme « préaspiration ». Nous sommes d'avis que non, car, d'une part, il prête à confusion avec l'aspiration des occlusives en suggérant qu'il s'agit du même phénomène et, d'autre part, son emploi implique deux termes pour un même phénomène, à savoir la consonne *h,* sans nécessité aucune. Le terme *hljóðrof* proposé par A. S. Liberman (279) ne semble pas non plus approprié, car il s'agit selon toute probabilité de l'ouverture de la glotte, non pas de sa fermeture ou de son resserrement. Faute d'une meilleure désignation, nous proposerions de parler simplement de la consonne *h* et exclure complètement les termes « préaspiration » et « consonnes préaspirées » de la phonétique islandaise moderne. En le faisant nous ne nous prononçons cependant pas sur le point de vue historique. Il n'est pas non plus dans notre intention de nier la nécessité de nouvelles recherches sur ce problème, car il en faut certainement pour clarifier des problèmes que nous avons seulement touchés dans cette étude.

10.38. *Le problème des consonnes occlusives de l'islandais moderne.*

La nature phonétique des consonnes occlusives orales islandaises intrigue depuis longtemps les phonéticiens. Cela tient d'une part au fait qu'on s'est souvent placé dans une perspective historique et l'on continue à interpréter les données de la langue moderne, sans critique, selon des connaissances acquises en phonétique historique, et d'autre part — et cela surtout — au manque de données scientifiquement valables sur les occlusives islandaises.

Il semble, et c'est un fait bien établi, qu'en ancien islandais les *p, t, k* aspirés s'opposaient aux *b, d, g* sonores non-aspirés (280). A partir de ces faits on a admis logiquement, semble-t-il, que les *p, t, k* aspirés conservaient le même rapport vis-à-vis des *b, d, g* de la langue moderne.

Pourtant tous les phonéticiens n'ont pas vu les faits d'une manière aussi simpliste. Ainsi Buergel Goodwin arrive à distinguer pas moins

---

(279) Ibid., p. 121.

(280) Comp. M. I. Steblin-Kamenskij : Islandskoe peredviženie soglasnyx, SSB 2, 1957, pp. 209-211.

de sept catégories d'occlusives en islandais moderne (281) et Otto Jespersen affirme qu'il n'y a pas d'occlusives aspirées en islandais ce qui est évidemment une erreur (282).

En 1927 Stefán Einarsson apportait expérimentalement la preuve du caractère sourd des *b, d, g* islandais (283), mais il devait partiellement rectifier ses conclusions en 1931 en constatant l'existance d'occlusives sonores après nasale homorgane dans la prononciation d'Ársæll Sigurðsson (284).

Bruno Kress accepte la division traditionnelle entre *p, t, k* forts et *b, d, g* faibles dans ses ouvrages. Sveinbjörn Sveinbjörnsson ne semble pas se poser la question, mais pourtant on voit à certains endroits de son ouvrage qu'il suit l'opinion traditionnelle (285).

Dans le travail de Björn Guðfinnsson le problème est posé de nouveau (286). Pour lui le problème était très actuel, car il était en train de faire ses admirables recherches dialectales et il lui fallait avoir un critère sûr à partir duquel il aurait pu classer les occlusives. Il opte pour une triple division :

1. Occlusive forte aspirée : *p*anna « poêle ».
2. Occlusive forte non-aspirée : as*k*a « cendres ».
3. Occlusive faible non-aspirée : *b*æla « écraser ».

En outre il distingue des occlusives préaspirées. Ce point de vue semble être celui qui est actuellement admis. On le trouve par exemple dans le manuel d'Árni Böðvarsson (287) et dans les travaux phonologiques de Steblin-Kamenskij (3.6.). Autant que nous le sachions on ne l'a pas contesté.

10.42.1. *Les critères d'utilisation des termes fort et faible en phonétique islandaise.*

Pour Bruno Kress la consonne forte équivaut à la consonne aspirée (288). Par rapport à la consonne non-aspirée la consonne aspirée se caractériserait par une pression intraorale plus grande et par une

---

(281) 1. Occlusives aspirées : *p, t, k* dans *k*affi, *p*allur, *t*ala
2. « Rena fortes » : *p, t, k ; bb, dd, gg* dans strá*k*i, he*gg*, a*k*a, ká*p*a, pa*bb*i, bátur ; et de même les occlusives des groupes *sp, st, sk, ft, fk*.
3. Lenes sourdes : *b, d, g :* a*f*l, skál*d*ið, nál*g*ast.
4. Lenes mi-sourdes : *b, d, g :* *b*olli, *d*agur, *g*anga.
5. Lenes sonores : *b, d, g :* á*b*úð, inn*d*æll, inn*g*angur.
6. Mi-occlusive *k :* *k*emur.
7. « Infrikator » (préaspirées) : *pp, tt, kk :* ko*pp*ur, æ*tt*, o*kk*ur.
Comp. SvLm 1908, pp. 92 et ss.

(282) Lehrbuch der Phonetik, p. 104.

(283) Beiträge, p. 49 et passim.

(284) Specimen, pp. 18 et 20-21.

(285) Icelandic Phonetics, pp. 41-54 passim.

(286) Mállýzkur I, pp. 36-44 et passim.

(287) Hljóðfræði, p. 59.

(288) Die Laute, pp. 131-140 et passim.

différence dans l'explosion : La pression intraorale produirait l'explosion des aspirées, tandis que pour les non-aspirées l'explosion serait produite par l'activité des organes articulatoires. Pour Björn Guðfinnsson la consonne aspirée est forte et sa force est, selon lui, manifestée par une fermeture plus énergique « car le courant d'air exerce une plus grande pression » [sur les organes articulatoires] (289) que pour la consonne non-aspirée. La rupture de l'occlusion de la consonne aspirée serait produite par la pression exercée par le courant d'air sur les organes articulatoires, mais la rupture de l'occlusion de la consonne non-aspirée serait produite par l'activité musculaire.

Pour Árni Böðvarsson l'aspiration est le signe de la force des occlusives aspirées et il définit la consonne occlusive non-aspirée comme une consonne dans la formation de laquelle le courant d'air exerce une faible pression sur les organes articulatoires (290).

On voit donc que pour les phonéticiens qui se sont efforcés de trouver une base objective à la distinction *fort-faible* en islandais moderne l'essentiel est la pression du courant d'air sur les organes réalisant l'occlusion. Le plus grand resserrement des organes articulatoires que, selon eux, on peut observer dans le cas des aspirées et la différence présumée dans la rupture de l'occlusion de ces deux catégories d'occlusives ne sont que des conséquences de cette pression.

En accord avec ce point de vue les phonéticiens islandais nomment les consonnes occlusives aspirées *harðhljóð* « consonnes fortes (ou dures) » et les occlusives non-aspirées *linhljóð* « consonnes faibles ».

Björn Guðfinnsson qui dans ses recherches dialectales s'était efforcé de trouver des dénominations ne faisant pas allusion à une région déterminée, mais cependant en accord avec le phénomène observé, caractérise le parler de ceux qui conservent les consonnes aspirées en position intervocalique et postconsonantique comme *harðmæli* et le parler de ceux qui ne les conservent pas comme *linmæli*.

10.38.2. *La force articulatoire : ses paramètres.*

La difficulté de l'étude de la force articulatoire est double : d'une part, la force articulatoire n'est pas directement observable, mais déduite à partir d'un ensemble de faits, et d'autre part, les paramètres de la force articulatoire peuvent aussi être ceux d'autres traits, notamment de la sonorité et de son contraire, du trait sourd. Il se pose donc un double problème, à savoir celui de la délimination entre force et faiblesse et celui de savoir si l'on peut isoler la force articulatoire après avoir défini ses paramètres et la traiter indépendamment. Il est à

(289) « Við myndun fráblásnu hljóðanna er lokunin kraftmeiri en við myndun hinna hljóðanna, þar eð loftstraumurinn þrýstir á af meira afli. Í samræmi við það virðist opnun fráblásnu hljóðanna verða — að minnsta kosti að nokkru leyti — við sprengingu, en opnun hinna hljóðanna er fólgin í beinni starfsemi hinna hljóðvirku líffæra », Mállýzkur I, p. 39.
(290) Hljóðfræði, p. 58.

priori évident que la distinction entre force et faiblesse ne peut se faire que sur une base relationnelle : une articulation est forte ou faible par rapport à une autre.

L'ensemble des traits généralement mis en rapport avec la force articulatoire sont les suivants :

1. durée,
2. sonorité,
3. pression intraorale,
4. pression organique,
5. aspiration (qui n'est qu'un aspect du « voice onset time »),
6. vitesse des mouvements organiques.

Ces traits ne sont évidemment pas indépendants, mais étroitement liés. Certains parmi eux peuvent être totalement absents, comme par exemple la sonorité pour les occlusives de la présente étude. D'autres sont propres à toutes les articulations, comme la durée et la vitesse des mouvements organiques. Pour extraire la force articulatoire il est donc nécessaire d'opérer avec deux ou trois termes pour chaque trait (+ ·/·), tout en tenant la voie ouverte à des facteurs de compensation. Nous examinerons par la suite quelques opinions concernant la relation de chaque trait avec la force articulatoire et ensuite nous prendrons position sur les problèmes islandais en nous fondant sur les matériaux dont nous disposons dans la présente étude.

10.38.3. *La force articulatoire comme une caractéristique globale d'une langue.*

Dans la littérature phonétique on trouve que certaines langues sont caractérisées globalement comme « tendues » par rapport à d'autres langues qui sont caractérisées comme « lâches » ou « non-tendues » (291). Le français est considéré comme le type de langue tendue, ce qui pour Delattre constitue un de ses « modes phonétiques » (292) par rapport à l'anglais qui est le type de langue non-tendue. Le caractère tendu du français a, selon Delattre, comme conséquence toute une série de traits phonétiques : pas de diphtongues, pas d'affriquées, son rythme particulier, l'allongement de la voyelle accentuée, l'intonation plate et les transitions nettes d'un son à l'autre (293).

Cet emploi des termes force articulatoire ou tension est lié aux problèmes de la base articulatoire, concept imprécis faisant allusion aux caractéristiques globales de chaque langue par rapport à une autre.

En parlant du français, Sĉerba (294) définit la base articulatoire comme « la position caractéristique des organes de la parole » ou plutôt

(291) Yvan Lebrun : On Tension, dans *Hommage à Eric Buyssens*, Bruxelles, 1970, pp. 115-117.
(292) Pierre Delattre : Les modes phonétiques du français, dans *Studies in French and Comparative Phonetics*, 1966, pp. 9-13.
(293) Ibid., pp. 9-10.
(294) Fonetika franŝuzskogo jazyka, Moscou-Leningrad, 1937, p. 71.

« la direction générale des mouvements pour l'articulation des phonèmes consonantiques et vocaliques français ».

Pour Quilis et Fernández ([295]) « se llama base de articulación al conjunto de hábitos articulatorios que dan carácter proprio y que afectan a todas las articulaciones del idioma ».

Beatrice Honikman a étudié ce problème de plusieurs points de vue. Pour elle la base articulatoire — dans sa terminologie « articulatory setting » — est « ... the over-all arrangement and manoeuvring of the speech organs necessary for the facile accomplishment of natural utterance. Broadly, it is the fundamental groundwork which pervades and, to an extent, determines the phonetic character and specific timbre of a language. It is immanent in all that the organs do » ([296]). Elle constate ensuite quelques caractéristiques globales de quelques langues : L'anglais se caractérise par des mouvements spéciaux du maxillaire inférieur, le français et l'allemand par une grande activité labiale, le russe par des lèvres retractées, quelques langues de l'Inde par une position inerte et légèrement séparée des maxillaires, etc. Ceci pour la base articulatoire extérieure, mais il y a aussi une base articulatoire intérieure qui affecte les organes mobiles dans la bouche, c'est-à-dire « the over-all positioning of the internal mobile organs of the mouth for natural utterance » ([297]). De ce point de vue on constate aussi de grandes différences entre le français et l'anglais, différences qui concernent surtout les parties de la langue ([298]). La conclusion finale est que ce concept de base articulatoire est utile pour l'enseignement des langues et qu'il serait souhaitable que d'autres entreprennent des études sur ce problème en vue d'améliorer les techniques de l'enseignement des langues et la compréhension de la langue en général.

Pour Heffner ([299]) le problème de la base articulatoire mériterait une attention beaucoup plus grande qu'il n'a reçue jusqu'à présent. Pour lui, le français est le type de langue tendue, l'allemand se place entre le français et l'anglais, et l'anglais américain est encore plus lâche que l'anglais britannique. Heffner avoue qu'on n'a aucune possibilité de mesurer la base articulatoire. En effet, ce concept vague et imprécis a peu d'intérêt pour notre problème, mais il est cependant nécessaire de séparer cet emploi du terme force articulatoire de l'emploi qui en est généralement fait.

10.38.4. *La force articulatoire comme caractéristique de certaines articulations.*

Dans la discussion qui va suivre nous ne séparerons pas nettement les termes « force articulatoire », « énergie articulatoire » et « tension ».

---

(295) Curso de fonética y fonologia españolas, Madrid, 1969, pp. 33-34.
(296) Articulatory Settings, dans *In Honour of Daniel Jones,* London, 1964, p. 73.
(297) Ibid., p. 74.
(298) Ibid., p. 81 pour le résumé des résultats.
(299) General Phonetics, 1969, pp. 98-99.

On n'observe pas une nette distinction dans l'emploi de ces termes chez les auteurs, excepté chez G. Straka pour qui « tension » est une notion statique et « énergie articulatoire » une notion dynamique, deux réalités qui pour lui sont complètement différentes ([300]).

L'emploi du terme « force articulatoire » comme caractéristique de certaines articulations par rapport à d'autres n'ayant pas cette caractéristique est plus important, voire capital pour notre problème.

Dans ce sens le terme semble provenir de Rousselot et de son école. Rousselot employait cependant la désignation « force de l'articulation », d'où dérive probablement la forme actuelle « force articulatoire » ([301]). Pour Rousselot la force de l'articulation ne s'appliquait pas à l'ensemble des efforts musculaires fournis pour l'émission d'une articulation (son), mais uniquement aux mouvements articulatoires de la langue, du maxillaire et des lèvres. Il distinguait nettement entre l'effort articulatoire de ces organes et l'effort vélo-pharyngal, l'effort laryngien et l'effort expiratoire ([302]). Il est important de distinguer cet emploi du terme « force articulatoire » de l'emploi totalisateur qu'en font certains auteurs. La totalité des efforts articulatoires n'est pas mesurable, mais on peut partiellement au moins deviner l'effort articulatoire ([303]).

1. *Force articulatoire et durée.*

Pour P. Delattre la force articulatoire d'une consonne est inverse de la durée de la voyelle précédente : plus celle-ci est brève, plus la consonne subséquente est forte et inversement, plus la voyelle est longue plus la consonne subséquente est faible. La voyelle s'abrégerait ou s'allongerait selon l'anticipation plus ou moins grande de l'effort articulatoire de la consonne subséquente ([304]). Delattre arrive ainsi à affirmer que les nasales ont une plus grande force articulatoire que les orales sonores correspondantes et que la consonne mouillée (= palatalisée) est plus faible que la dure correspondante, conclusions à vrai dire surprenantes. Delattre prétend pourtant expliquer ces anomalies, dont il est conscient, par sa théorie de la totalité des efforts musculaires, mais étant donné qu'il n'a pas mesuré la durée des consonnes ses explications ne convainquent personne ([305]).

Pour Jakobson, Fant et Halle ([306]) les phonèmes tendus ont une plus longue durée que les phonèmes lâches. Les mêmes faits sont cons-

(300) TLL *1*, 1963, pp. 66-72.
(301) Comp. P. Delattre : La force de l'articulation consonantique en français, dans *Studies in French and Comparative Phonetics*, 1966, pp. 111-119.
(302) Comp. Straka, TLL *1*, 1963, p. 61.
(303) Ibid., pp. 61-62.
(304) La force d'articulation consonantique en français, p. 112.
(305) Comp. aussi : E. Fischer-Jørgensen : *Zeitschrift für Phonetik 17*, 1964, p. 201 ; Yvan Lebrun : On Tension, p. 118.
(306) Preliminaries to Speech Analysis, 1952, p. 36 ; Tension et laxité dans *Essais de Linguistique Générale*, pp. 152 et 155.

tatés par G. Straka (307) et P. Simon (308). Il faut pourtant noter que ces cinq auteurs ne sont pas d'accord sur le problème de savoir lesquels des phonèmes doivent être considérés comme tendus et lâches. Rudolf Brunner (309) cite dans son étude l'avis du phonéticien Bennett que la durée brève des articulations *b, d, g* du français du Sud comparée à la durée plus longue des *p, t, k* serait due à une plus grande énergie articulatoire de celles-là. Brunner constate pourtant que le renforcement de l'énergie articulatoire peut avoir une influence allongeante (ce qui veut dire qu'il n'exclut pas l'effet contraire).

Pour Eli Fischer-Jørgensen (310) une durée plus longue peut être une manifestation de tension, mais il y a beaucoup d'autres facteurs qui intervienennt, par exemple l'influence du lieu d'articulation (311).

On a aussi constaté que la durée dépend de la catégorie des consonnes : Les occlusives sont plus longues que les constrictives, celles-ci plus longues que les nasales. A l'intérieur de chaque catégorie on constate que la sourde est plus longue que la sonore. Une consonne occlusive est ainsi plus énergique qu'une constrictive ou une nasale et une sourde plus énergique qu'une sonore (312).

Il est donc généralement admis qu'en ce qui concerne le rapport entre force articulatoire et durée, une durée plus longue correspond à une plus grande énergie. Il semble pourtant sûr que la force articulatoire ne suffit pas à elle seule pour expliquer les faits complexes de la durée. Il faut y faire intervenir d'autres facteurs comme le lieu d'articulation, le débit, la longueur des mots, la structure syllabique, la position par rapport à l'accent, etc., mais aucun de ces facteurs ne peut à lui seul expliquer complètement les faits complexes de durée. Il faut les appliquer tous ensemble.

2. *Force articulatoire et pression intrabuccale.*

André Malécot a essayé de trouver une relation entre la force articulatoire et la pression intrabuccale. Il définit la force articulatoire comme un attribut physiologique des consonnes : « The degree of force of articulation of a given consonant is defined as the relative amount of muscular energy required to utter it » (313). Partant du sentiment kinesthésique, il essaie de trouver expérimentalement la confirmation de ce sentiment en ce qui concerne la force relative des différentes catégories de consonnes. A partir de données relatives à la pression intrabuccale il constate la division des consonnes en trois groupes :

(307) TLL *1*, 1963, pp. 64-65.
(308) Les consonnes françaises, p. 273.
(309) Die Stimmhaftigkeit der französischen und zürichdeutschen Lenislaute, *Zeitschrift für Phonetik*, *7*, 1956, p. 177.
(310) ARIPUC *3*, 1968, p. 108.
(311) Sound Duration and Place of Articulation, *Zeitschrift für Phonetik*, *17*, 1964, pp. 200-207.
(312) Péla Simon : Les consonnes françaises, pp. 224-273 passim.
(313) An Experimental Study of the Force of articulation, SL *9*, 1955, p. 35.

1. Les sourdes : occlusives et constrictives.
2. Les sonores : occlusives et constrictives.
3. Les nasales.

Celles du premier groupe ayant la pression intrabuccale la plus élevée, celles du troisième groupe la pression la plus réduite ([314]).

Malécot conclut que la force articulatoire est sentie kinesthésiquement et que cette impression est due à l'activité des organes supraglottiques. Le degré relatif de la force articulatoire serait, pour les consonnes, plus important que la distinction sourde/sonore. Il faut donc appeler les sonores *lenes* et les sourdes *fortes* selon le degré relatif de force articulatoire.

Dans une autre étude Malécot examine trois paramètres, la durée et deux paramètres de pression « peak pressure and pressure impulse », pour essayer de déterminer lequel parmi eux constituerait l'indice le plus sûr de la force articulatoire. Sa conclusion est que la pression (« peak pressure and pressure impulse ») est plus importante que la durée ([315]), mais il remarque qu'il ne peut ainsi expliquer les variations de durée des différentes catégories phonétiques. Malécot pense que ces variations s'expliquent à partir de données acoustiques ([316]), lesquelles exigeraient une plus grande pression pour les sourdes et par conséquent une plus longue durée, mais pour le moment il ne veut pas écarter la possibilité que la pression organique pourrait expliquer ces faits.

Le problème de la pression organique comme indice de force articulatoire sera repris dans une autre étude ([317]). Malécot met en garde contre l'interprétation de la pression de l'air comme force articulatoire. La pression de l'air ne pourrait être qu'un indice de la force, pas la force elle-même ([318]). Malécot arrive à un résultat négatif en ce qui concerne la pression organique comme indice de la force articulatoire : « ... in spite of more than adequate sensitivity in the mechanical pressure modality American speakers do not articulate consonants in such a way as to yield values sufficiently distinctive to be used proprioceptively identifying phonetic class » ([319]), ce qui le conduit à accepter que le paramètre physiologique correspondant à la force articulatoire est « on the buccal level the sensation — of air pressure within the mouth, rather than mechanical pressure between the articulators » ([320]).

---

(314) Ibid., p. 42.

(315) The Effectiveness of Intra-Oral Air-Pressure Parameters in Distinguishing between Stop Cognates, *Phonetica 14,* 1966, p. 79.

(316) Ibid., p. 78.

(317) Mechanical Pressure as an Index of « Force of Articulation », *Phonetica 14,* 1966, pp. 169-180.

(318) Ibid., p. 170.

(319) Ibid,, p. 178.

(320) Ibid., p. 179.

Dans le dernier article de lui qui nous soit connu sur ce problème, Malécot affirme que la force articulatoire n'a rien à voir avec l'énergie articulatoire « but is rather a mistaken proprioceptive impression based primarily on intrabuccal air pressures resulting from the air-valving action of the glottis, and the velo-pharyngal sphincter, and perhaps also involving closure duration » (321), et il conclut : « Force of articulation thus appears to be a linguistic reality, but is primarily a synesthetic response to intrabuccal air-pressure impulse with closure duration perhaps playing a secondary role » (322).

Lubker et Parris (323) qui ne veulent pas prendre position sur le problème de la force articulatoire constatent que la pression intrabuccale permet de distinguer entre /p/ et /b/, tandis que /p/ n'a pas un contact bilabial plus grand que /b/. La différence de pression intrabuccale dépendrait de l'action de la glotte. Pourtant il faut noter que ces résultats sont obtenus à partir de logatomes, ce qui — comme les auteurs le remarquent eux-mêmes (324) — peut rendre impossible d'appliquer les résultats sans critique à la parole naturelle.

Pour F. Falc'hun aussi la force articulatoire est donnée par la pression de l'air (325). Il écrit : « L'énergie articulatoire d'une occlusive sonore dépend surtout du temps durant lequel se prolonge le déséquilibre entre pression buccale et pression pulmonaire. Une occlusive sonore se renforce dans la mesure où elle se prolonge. L'énergie articulatoire d'une occlusive sourde dépend surtout du niveau où s'établit l'équilibre entre pression buccale et pression pulmonaire : elle est moins conditionnée par la durée » (326), et il ajoute : « La pression pulmonaire est l'indice le plus fidèle de l'énergie articulatoire » (327).

En examinant la pression intrabuccale Arkebauer, Hixon et Hardy (328) constatent que la consonne sourde a une plus grande pression que la sonore qui lui correspond, mais en examinant les consonnes selon le mode articulatoire ils constatent deux tendances :

1. Pour les occlusives et les constrictives sourdes : une pression intrabuccale plus élevée pour les occlusives.
2. Pour les occlusives et constrictives sonores : une pression intrabuccale plus élevée pour les constrictives.

Quant au contexte phonétique la consonne intervocalique montre une pression plus élevée que la consonne pré- et postvocalique. Ils consta-

---

(321) The Lenis-Fortis Opposition : Its Physiological Parameters, JASA *47*, 1970, p. 1588.
(322) Ibid., p. 1592.
(323) James F. Lubker et Pamela J. Parris : Simultaneous Measurements of Intraoral Pressure, Force of Labial Contact, and Labial Electromyographic Activity during Production of the Stop Cognates /p/ and /b/, JASA *47*, 1970, pp. 625-633.
(324) Ibid., pp. 631 et 633.
(325) L'énergie articulatoire des occlusives, *Phonetica 13*, 1965, pp. 31-36.
(326) Ibid., p. 32.
(327) Ibid., p. 33.

tent aussi qu'un débit rapide a comme conséquence une plus grande dépense d'air. Selon ces auteurs, la grande différence de pression intrabuccale pour les occlusives sourdes par rapport aux sonores s'explique par l'action de la glotte pour ces dernières. D'après Eli Fischer-Jørgensen, au contraire, l'ouverture glottale a très peu d'influence sur la pression intrabuccale, car la pression se forme déjà pendant l'implosion de la consonne ([329]).

Pour Heffner la distinction entre voyelles tendues et lâches doit se fonder sur les positions de la glotte et la pression de l'air. Pour les voyelles tendues la pression de l'air et la tension glottale seraient relativement élevées, mais relativement peu élevées pour les voyelles lâches ([330]).

Egalement pour Jakobson et Halle les phonèmes tendus se caractérisent par une pression plus élevée que les lâches ([331]).

En conclusion : Les chercheurs semblent en général d'accord pour considérer que la pression intrabuccale est un reflet de la force articulatoire, même s'ils ne sont pas d'accord sur les causes physiologiques de ce fait. Il semble qu'il soit acquis que les sourdes ont une pression plus élevée que les sonores correspondantes et celles-ci une pression plus élevée que les nasales.

3. *Force articulatoire et sonorité.*

Il semble un fait acquis qu'une consonne sonore est plus faible que la sourde qui lui correspond. La consonne sonore est plus brève et elle a une pression intrabuccale moins élevée que la sourde correspondante. Ces faits ont été expliqués par la différence d'activité glottale pour les deux catégories (Malécot, Falc'hun) ou par la théorie d'anticipation du plus grand effort articulatoire (Delattre). Lisker a réussi à prouver que la durée en elle-même pouvait constituer un indice suffisant pour distinguer entre une occlusive sourde et sonore ([332]), ce qui fait qu'on a pu considérer que la durée est un facteur plus important que la sonorité pour distinguer les deux catégories d'occlusives. Mais à part les facteurs de durée et de sonorité on observe d'autres différences physiologiques entre les sourdes et les sonores correspondantes.

Perkell ([333]) constate un élargissement de la cavité pharyngale pour les sonores par rapport aux sourdes correspondantes, ce qu'il attribue à une faible tension des parois pharyngales qui seraient élargies par la pression intrabuccale. Des faits analogues ont été constatés par Nao-

---

(328) Peak Intraoral Air Pressures During Speech, *Journal of Speech and Hearing Research 10,* 1967, pp. 196-208.
(329) *Zeitschrift für Phonetik 16,* 1963, p. 32.
(330) General Phonetics, p. 96.
(331) Tension et laxité, p. 155.
(332) Closure Duration and the Intervocalic Voiced-Voiceless Distinction in English, *Language 33,* 1957, pp. 42-49.
(333) Physiology of Speech Production, 1969, p. 35.

michi Kaneko ([334]), Péla Simon ([335]) et A. C. Senn ([336]). Pour Perkell ce fait est un indice de faiblesse articulatoire, mais il n'exclut pas l'action des muscles de la langue comme explication. Pour Péla Simon ce fait est aussi la preuve de la faiblesse articulatoire des sonores par rapport aux sourdes. Eli Fischer-Jørgensen pense que l'élargissement des cavités est produit non pas par la pression intrabuccale, mais par l'activité musculaire. Cet élargissement ferait partie du mécanisme de la sonorité, mais ne serait pas un indice de force articulatoire ([337]).

4. *Force articulatoire et aspiration.*

Pour Jakobson, Fant et Halle ([338]) l'aspiration est un trait des consonnes tendues, sauf pour quelques langues du Caucase où l'aspiration est un trait des occlusives lâches.

Ce point de vue semble bien acceptable pour les langues où une occlusive sourde aspirée s'oppose à une occlusive sonore non-aspirée. Dans ce cas l'occlusive sonore est effectivement plus faible : sa durée est moindre, la pression intrabuccale moins élevée et le contact organique moins grand que pour les consonnes aspirées.

Mais il en est tout autrement pour une langue n'ayant pas d'occlusives sonores. Ainsi en coréen il y a deux degrés d'aspiration et on a pu classer les occlusives coréennes comme fortes ou faibles selon le degré d'aspiration ([339]), ce qui constitue évidemment un emploi très particulier de ces termes. Dans le cas du coréen la consonne faiblement aspirée est plus faible que la consonne non-aspirée et que la consonne fortement aspirée, en ce qui concerne le contact organique, la pression intrabuccale et l'emploi d'air ([340]). En danois où il n'y a pas d'occlusives sonores les occlusives non-aspirées ont une durée plus longue et un contact organique plus grand ([341]).

Les exemples de ces langues montrent clairement qu'en elle-même l'aspiration n'est pas un indice de force ou de tension. Elle peut être indépendante de ce trait. La conclusion de Fischer-Jørgensen est donc que tension, aspiration et sonorité sont trois traits indépendants, dans le

---

(334) An Experimental Observation and Phonetic Analysis of Opposite Consonants such as p/:/b. *Study of Sounds 9,* 1961, pp. 53-64.

(335) Les consonnes françaises, pp. 224-273 passim.

(336) Cité par E. Fischer-Jørgensen dans *Zeitschrift für Phonetik 16,* 1963, p. 33. L'article de Senn nous a été inaccessible.

(337) *Zeitschrift für Phonetik, 16,* 1963, p. 33 ; ARIPUC *3,* 1968, pp. 104-105.

(338) Preliminaries to Speech Analysis, pp. 38-39.

(339) M. S. Han et R. S. Weitzman : Acoustic Features of Korean /P, T, K/, /p, t, k/ and /p^h, t^h, k^h/, *Phonetica 22,* 1970, pp. 112-128 ; Chin-Wu Kim : A Theory of Aspiration, *Phonetica 21,* 1970, pp. 107-116.

(340) Chin-Wu Kim : On the Autonomy of the Tensity Feature in Stop Classification (with Special Reference to Korean Stops), *Word 21,* 1965, pp. 339-359.

(341) E. Fischer-Jørgensen, ARIPUC *3,* 1968, pp. 73 et 87-88. Comp. aussi les notes 226-229 de la présente étude.

sens qu'ils ne sont pas la conséquence automatique l'un de l'autre ([342]). La conclusion de Kim se situe sur le même plan ([343]).

5. *Force articulatoire et pression organique.*

Selon Georges Straka ([344]) la force articulatoire d'une consonne a deux aspects, dynamique et statique. Dynamiquement la force articulatoire est manifestée par la vitesse des mouvements organiques, une vitesse plus grande correspondant, toutes choses égales par ailleurs, à une plus grande énergie. Statiquement la force articulatoire est manifestée par l'étendue du contact organique et par l'ouverture de l'angle des maxillaires : plus le contact organique est grand et plus l'ouverture de l'angle des maxillaires est réduite, plus la consonne est énergique. Pour les voyelles c'est le contraire : plus l'angle des maxillaires est ouvert plus la voyelle est énergique, ce qui signifie que les voyelles fermées sont moins énergiques que les voyelles ouvertes.

Ces faits s'expliquent par le fait qu'il y a différents muscles qui articulent les voyelles et les consonnes : celles-ci sont essentiellement articulées par les muscles élévateurs, mais celles-là par les muscles abaisseurs. Ces faits ont pu être expérimentalement contrôlés à maintes reprises et il n'est plus à douter que pour l'essentiel ils restent valables pour de nombreuses langues ([345]). D'autres chercheurs les ont constatés, mais sans leur donner l'interprétation de Straka ([346]). Au vu de ces faits la conclusion de Malécot (*Phonetica 14,* 1966, p. 178) semble trop hâtive. Ces faits existent réellement dans la parole et on ne peut donc pas les écarter de la discussion. Cela ne veut pas dire que la force expiratoire et la pression intrabuccale soient négligeables, mais l'énergie articulatoire et l'énergie expiratoire sont deux réalités différentes qui ne vont pas nécessairement de pair ([347]). La force articulatoire comprise comme énergie articulatoire a un grand avantage comme explication par rapport à d'autres théories sur ce point, car :

1. Ceci rend compte du comportement différent des voyelles et des consonnes sous l'effet de l'énergie articulatoire. On constate depuis longtemps que dans les syllabes inaccentuées les consonnes et les voyelles sont plus faibles ([348]). Ces faits ont été amplement prouvés par les analyses de Péla Simon pour les consonnes françaises et de Brichler-Labaeye pour les voyelles françaises ([349]). Dans la phonétique historique des langues romanes des faits analogues sont amplement documentés.

(342) ARIPUC *3,* 1968, p. 106.
(343) *Word 21,* 1965, pp. 356-359.
(344) TLL *1,* 1963, pp. 36-43 et p. 66.
(345) Péla Simon : Les consonnes françaises, passim, Perkell, ouvr. cité., p. 61-68.
(346) Bohuslav Hála : Une contribution à l'éclaircissement de la nature phonétique des affriquées, *Zeitschrift für Phonetik, 6,* 1952, p. 80.
P. Delattre : La force d'articulation consonantique en français, p. 115.
(347) Straka, TLL *1,* 1963, pp. 62-64 ; Fischer-Jørgensen, ARIPUC *3,* pp. 87-88.
(348) TLL *1,* 1963, pp. 39-41 ; TLL *3,* 1965, pp. 117-167.
(349) Les voyelles françaises, pp. 104-105.

2. Ceci explique pourquoi la consonne ou la voyelle énergiques ont une durée plus longue que la consonne ou la voyelle non-énergique. La durée plus longue est une conséquence d'une plus grande énergie. Ainsi s'explique simultanément la durée propre des consonnes et des voyelles et la durée selon la position par rapport à l'accent.
3. Ceci explique pourquoi les sonores sont plus faibles que les sourdes par la dispersion de leur énergie articulatoire totale par rapport aux sourdes.

Conclusion :

Notre enquête nous amène donc à conclure que la force articulatoire est une réalité linguistique. La force articulatoire comprise comme énergie articulatoire a comme paramètres physiologiques le contact organique, la rapidité relative des mouvements organiques et l'ouverture de l'angle des maxillaires. Dans ce sens on peut donner un sens physiologique précis aux termes *tendu, lâche*. Il est à notre avis absolument nécessaire de définir les termes dont on se sert. La définition élaborée évite la difficulté qui surgit de l'emploi de termes dont le sens précis n'est pas connu, difficulté qui a amené quelques chercheurs à ne pas utiliser ou à refuser les termes *tendu, lâche* (tense, lax) ([350]) ou à avouer ne pas savoir dans quel sens ils les utilisaient ([351]).

Examinons les faits islandais à la lumière de l'énergie articulatoire comprise dans le sens que nous venons d'exposer.

10.38.5. *Les consonnes occlusives islandaises à la lumière de l'énergie articulatoire.*

Dans notre analyse nous avons constaté que la consonne occlusive aspirée avait — toutes choses égales par ailleurs — moins de contact organique et un angle des maxillaires plus ouvert que la consonne occlusive non-aspirée. Les données de la consonne [k^h] sont à cet égard moins précises que pour les autres occlusives, mais elles semblent indiquer la même tendance. Quant à la durée les données dont nous disposons sont évidemment insuffisantes pour en tirer une conclusion sûre, mais pour le sujet I [t] et [c] ont une plus longue durée d'occlusion que les aspirées [t^h, c^h], mais [k^h] a une occlusion plus longue que [k]. Pour le sujet II [c] et [k] ont une plus longue durée d'occlusion que [c^h] et [k^h], mais [t^h] une plus longue durée d'occlusion que [t].

Le tableau n° 74 résume ces faits :

---

(350) Leigh Lisker et Arthur S. Abramson : A Cross-Language Study of Voicing in Initial Stops : Acoustical Measurements, *Word 20,* 1964, pp. 382-422 ; Yvan Lebrun, art. cité, pp. 116-117.

(351) Peter Ladefoged : A Phonetic Study of West African Languages, Cambridge, 1968, pp. 38-39. Louis Hjelmslev, Fonetik, pp. 250-251.

Tableau n° 74.

Durée moyenne des occlusives en position initiale de mot.

Durée moyenne de l'occlusion en cs.

SUJET I

	Nombre d'exemples	Durée de l'occlusion	Durée de l'aspiration
[pʰ]			
[p]	18	13,44	
[tʰ]	8	10,7	5,25
[t]	5	15,2	
[cʰ]	2	12,75	3,50
[c]	3	15,6	
[kʰ]	7	13,21	5,56
[k]	13	12,1	

SUJET II

	Nombre d'exemples	Durée de l'occlusion	Durée de l'aspiration
[pʰ]			
[p]	10	12,15	
[tʰ]	2	14,5	4,5
[t]	3	10,3	
[cʰ]	2	9	6,5
[c]	3	10,1	
[kʰ]	3	10,0	4,3
[k]	5	10,1	

La consonne occlusive non-aspirée se révèle donc comme plus forte que la consonne aspirée en ce qui concerne les paramètres ici examinés, fait qui est contraire à l'avis de tous ceux qui se sont occupés de phonétique islandaise, mais se trouve en plein accord avec les faits constatés dans d'autres langues où il n'y a pas d'occlusives sonores. Pourtant il faut remarquer que notre analyse est fondée principalement sur les données limitées d'un sujet. Dans le système de notre sujet I il n'y a pas d'occlusives sonores. Il s'agit de l'islandais du Sud et il faudrait vérifier si ces résultats s'avèrent d'une validité générale, notamment pour l'islandais du Nord et pour ceux qui auraient sporadiquement des occlusives sonores (nous avons constaté la présence de temps en temps d'occlusives sonores dans le système de sujets appartenant à une autre génération (35 à 50 ans)). Ce que nous pouvons pourtant dire c'est que dans le parler de ceux qui n'ont pas d'occlusives sonores la vraie faible est la consonne aspirée.

Pour les raisons énumérées ci-dessus nous avons seulement distingué deux catégories d'occlusives : occlusives aspirées faibles et occlusives non-aspirées fortes.

Les dénominations *harðmæli* - *linmæli* employées par Björn Guðfinnsson ne correspondent pas à la réalité articulatoire. Ce sont des termes auditifs et impressionnistes dont le sens exact échappe, Björn Guðfinnsson ne les ayant jamais définis, ni sur le plan acoustique ni sur le plan articulatoire ([352]). Il semble que pour lui l'essentiel est la qualité de l'explosion. La consonne aspirée aurait aussi une pression intrabuccale plus forte, mais cela reste à être prouvé expérimentalement.

Quant à la rupture de l'occlusion il ne nous semble pas qu'elle se produise d'une manière différente pour la consonne aspirée et la consonne non-aspirée. Pour toutes les consonnes — à l'exception des occlusives palatales où la rupture de l'occlusion va toujours dans le sens postéro-antérieur chez notre sujet — nous avons pu observer une rupture de l'occlusion dans le sens antéro-postérieur, c'est-à-dire dans le sens contraire à celui dans lequel s'exerce la pression de l'air. Ce fait ne prouve pas que le rôle de la pression de l'air soit négligeable dans la rupture de l'occlusion, mais il apporte des indications sur le fait que la rupture de l'occlusion se réalise uniquement par l'activité musculaire. Chez notre sujet nous n'avons pas remarqué un élargissement de la cavité pharyngale pour les occlusives, ce qui ne doit pas étonner étant donné qu'elles sont toutes des sourdes, mais pour les constrictives [þ] et [ð] qui s'opposent par la sonorité on peut noter cette tendance. Il faut toutefois souligner que pour ces consonnes l'observation a moins de portée, parce qu'elles ne peuvent jamais se trouver dans la même position par rapport à l'accent.

---

(352) Pour un problème pareil voir G. Straka dans TLL *3*, 1965, pp. 122-124 à propos des termes appliqués aux consonnes palatales.

Schéma n° 10.

Le système consonantique de l'islandais d'après l'analyse des radiofilms.

MODE ARTICULATOIRE		LIEU D'ARTICULATION										Nasalité	Sonorité	Force articulatoire	Aspiration
		Bilabiales	Labio-dentales	Alvéo-dentales	Alvéolaires			Palatales	Palato-vélaires	Vélaires	Laryngales				
OCCLUSIVES		p		t				c	k		?	Orales	Sourdes	Fortes	non-asp.
		pʰ		tʰ				cʰ	kʰ					Faibles	asp.
		m			*n*			*ɲ*		*ŋ*		Nasales		Fortes	
		m			n			ɲ		ŋ			Sonores	Faibles	
CONSTRICTIVES	Médianes		m_v			$n_ð$	n_z						Sonores	Faibles	
			f			þ	s	ç	x		h	Orales	Sourdes	Fortes	
			v			ð		j		γ			Sonores	Faibles	
	Latérales						*l*						Sourde	Forte	
							l						Sonore	Faible	
VIBRANTES							*r*						Sourde	Forte	
							r						Sonore	Faible	
ORGANE ARTICULATOIRE		Lèvres	Lèvre inférieure	Apex	Apex	Dos de l'apex	Apex	Dorsum	Dorsum	Dorsum	Cordes vocales				

10.39. *Résultats de l'analyse : Le système consonantique de l'islandais moderne.*

Le schéma n° 10 illustre graphiquement le résultat de notre analyse. Nous venons de discuter le problème des consonnes occlusives (10.38.) et nous n'en dirons pas davantage ici. Quant aux autres consonnes, on note que les nasales, sauf les bilabiales, sont en général plus postérieures que les orales qui leur correspondent. Un trait notable de ce système est le grand nombre de consonnes alvéolaires. Notre exemple de la consonne [x] (10.33.) n'est probablement pas très représentatif. Sa réalisation la plus générale est peut-être aussi postérieure que celle de la consonne [γ].

10.39. Résultats de l'analyse : le système consonantique de l'islandais moderne.

Le schéma (§ 10.40) illustre graphiquement le résultat de notre analyse. Nous venons de décrire [illegible] des consonnes occlusives (§ 10.34) [illegible] (§ 10.35) [illegible] sont [illegible] que les nasales, sauf les bilabiales [illegible] peut [illegible] que [illegible] le [illegible] du [illegible] système est le grand nombre de consonnes [illegible] de la consonne [j] (§ 10.18) n'est pas [illegible] très [illegible] la plus [illegible] de la consonne /j/.

Quatrième section :

SYNTHESE

XI. SYNTHÈSE

11.0. L'analyse des matériaux de la présente étude nous a permis d'obtenir des résultats nouveaux sur plusieurs points et elle nous a également permis de compléter les résultats d'autres études. Ceci nous a fourni l'occasion de pouvoir discuter à fond la plupart des théories émises jusqu'à cette date à propos du système phonétique de l'islandais moderne, qu'il s'agisse des voyelles, des diphtongues ou des consonnes. Nous avons saisi cette occasion avec un intérêt évident, car il était indispensable de séparer ce qui est valable dans ces théories de ce qui sont des hypothèses gratuites sans autre appui que l'opinion tant bien que mal fondée de leurs auteurs respectifs.

Nos matériaux présentent, certes, quelques lacunes fâcheuses, mais malgré cela ils sont suffisants pour permettre d'arriver à des résultats sûrs et, sur plusieurs points, probablement définitifs. Il est donc indispensable de réunir ici sous la forme de synthèse les principaux résultats de notre analyse, nous renseignant tantôt au sujet de la phonétique générale, tantôt — et cela surtout — au sujet de la phonétique islandaise.

11.1. *Faits de phonétique générale d'après l'analyse des matériaux de la présente étude.*

11.1.1. *L'angle des maxillaires.*

Comme règle générale on peut dire que pour les consonnes l'angle des maxillaires est plus fermé quand les consonnes sont suivies de voyelles à petite aperture et plus ouvert quand elles sont suivies de voyelles à grande aperture. Cette règle générale n'est cependant pas sans exceptions. Quelques-unes de ces exceptions s'expliquent par une voyelle précédente très ouverte et énergique (par exemple le [p^h] de *pinna,* fig. 89) qui maintient une ouverture considérable de l'angle des maxillaires, bien que la consonne soit suivie de voyelle très fermée. D'autres exceptions s'expliquent comme la conséquence d'un accent relativement faible. La consonne, par conséquent, a un angle des maxillaires plus ouvert qu'on aurait espéré (comp. fig. 91, 92, 106 et 109). En substance ceci revient à dire que la consonne s'ouvre sous l'effet de l'affaiblissement de l'énergie articulatoire.

Un troisième type d'exceptions semble être lié à la nature génétique de certaines consonnes. Ainsi la consonne [s] a toujours et dans tous les entourages un angle des maxillaires très fermé. C'est que cette consonne ne peut être formée qu'avec un angle des maxillaires très fermé, condition indispensable pour constituer les cavités pour produire le sifflement aigu qui lui est propre. De même les occlusives palatales [c^h, c] ont tendance à avoir un angle des maxillaires très fermé. Ceci est à mettre en rapport avec l'énergie articulatoire de ces consonnes, laquelle est exceptionnellement grande.

Il est confirmé sans aucune exception que sous l'effet du renforcement de l'énergie articulatoire l'angle des maxillaires se ferme pour les consonnes et s'ouvre pour les voyelles. Cet effet ne dépend pas de la valeur quantitative de la voyelle (voyelle longue ou voyelle brève). Inversement l'angle des maxillaires s'ouvre pour les consonnes sous l'effet de l'affaiblissement de l'énergie articulatoire. Néanmoins il est à souligner que la consonne [s] se soustrait à cette loi générale, ce qui s'explique par la nature génétique de [s]. Pour [s] en position inaccentuée l'angle des maxillaires a généralement le même degré d'aperture que dans les positions accentuées. Sous l'effet de l'affaiblissement de l'énergie articulatoire l'angle des maxillaires se ferme pour toutes les voyelles (fig. 12-14, 30-32, 63-66).

11.1.2. *La relation entre l'ouverture de l'angle des maxillaires et l'aperture dans la formation des voyelles.*

Une voyelle énergique (angle des maxillaires ouvert) est habituellement plus ouverte (distance dos de la langue - voûte palatine) qu'une voyelle non-énergique. Cette règle est générale et, en ce qui concerne nos films, il ne semble pas y avoir d'exception pour les voyelles en syllabe accentuée. Effectivement, si l'on compare des voyelles en position accentuée entre elles sous l'effet d'un accent principal plus ou moins fort (voyelle renforcée et voyelle accentuée normale) on constate que le degré de l'ouverture de l'angle des maxillaires et celui de l'aperture vont de pair : plus l'angle des maxillaires est ouvert plus l'aperture est grande ou, inversement, plus l'angle des maxillaires est fermé, plus l'aperture est réduite.

Cependant, dès qu'on compare les voyelles inaccentuées avec les voyelles accentuées on s'aperçoit que cette loi, valable pour les voyelles accentuées, ne l'est plus pour les voyelles inaccentuées. Certes, la voyelle inaccentuée a toujours un angle des maxillaires plus fermé que la voyelle accentuée, mais en revanche elle est souvent d'une aperture égale ou plus grande que la voyelle accentuée (comp. fig. 12-14, 30-32, 63-66).

Ceci suggère d'une part que le rôle des muscles élévateurs de la langue est considérable dans la formation des voyelles et d'autre part qu'au lieu de parler en bloc de muscles abaisseurs et élévateurs, il faut, dans certaines circonstances, distinguer entre ceux du maxillaire inférieur et ceux de la langue, lesquels ne travaillent pas toujours symétriquement. Nous estimons que la théorie de Georges Straka serait à reviser et à compléter sur ce point.

11.1.3. *Le mouvement des lèvres.*

Nous avons fréquemment pu observer que les lèvres ne travaillent pas symétriquement. Cela peut être le cas dans tout contexte, mais cela est surtout notable pour les consonnes labiodentales. La lèvre inférieure est généralement beaucoup plus active, la lèvre supérieure étant relativement immobile. Néanmoins, quand il s'agit de consonnes labiodentales suivies de voyelles labialisées, il arrive fréquemment que la lèvre supérieure anticipe l'arrondissement de la voyelle subséquente (fig. 99 et 101). Ceci tient au fait que la lèvre inférieure doit conserver sa position jusqu'à la fin de la consonne labiodentale.

11.1.4. *La contraction du voile du palais.*

En général on dit que le voile du palais est plus fortement contracté plus la voyelle est fermée (comp. note 163 de la présente étude). Selon nos analyses ce fait articulatoire n'est pas toujours confirmé ; ce qui l'est, par contre, c'est que la contraction du voile est la plus faible pour les voyelles *a* et les diphtongues [āī, āū]. On peut aussi dire que de façon générale la contraction du voile est la plus forte pour les voyelles longues d'aperture minima [ī, Ī, ū]. Cette forte tendance articulatoire n'est cependant pas non plus toujours confirmée.

Pour les autres voyelles il n'est pas possible de trouver un ordre qui serait approximatif, mais on peut quand même dire que pour elles le voile est généralement plus faiblement contracté que pour les voyelles d'aperture minima et plus fortement contracté que pour les voyelles *a*. Quant aux voyelles longues et brèves de même type il semble que le voile est plus fortement contracté pour la voyelle brève (sauf quand celle-ci est suivie de la consonne *h*) que pour la voyelle longue, mais une stricte comparaison entre ces deux catégories de voyelles n'est pas possible, parce qu'elles ne peuvent pas exister dans le même entourage phonétique.

Quant aux consonnes orales le voile est le plus souvent fortement contracté, sauf dans l'entourage de consonnes nasales (comp. fig. 131), mais quelquefois il peut aussi être fortement contracté après nasale (comp. fig. 142)) et dans l'entourage de deux voyelles *a*. Entourées de consonnes nasales toutes les voyelles et les diphtongues sont plus ou moins nasalisées (7.6.). La consonne *h* se caractérise par une faible contraction du voile (10.36. et 10.37).

Les tentatives que nous avons entreprises pour essayer de trouver une relation entre le resserrement de l'angle des maxillaires et la contraction du voile ont été sans succès. D'après nos films aucune relation évidente ou même probable n'apparaît entre ces deux contractions ; il semble, au contraire, que ces deux contractions peuvent être complètement indépendantes l'une de l'autre.

En revanche, il semble qu'il y ait une relation entre l'élévation de la langue et la contraction du voile, du moins en ce qui concerne les voyelles. Quelquefois on peut aussi noter une contraction sensible du bourrelet de Passavant, mais ceci est un phénomène irrégulier que nous n'avons observé que de façon sporadique.

11.1.5. *La rupture de l'occlusion des consonnes occlusives.*

Dans l'ensemble on peut observer sur le radiofilm les contractions musculaires (de la langue et des lèvres), quoiqu'on ne puisse pas estimer le rôle de chaque muscle. Ceci nous a permis de voir que dans la rupture de l'occlusion il n'y a aucune différence dans le travail musculaire pour une consonne occlusive aspirée et une consonne occlusive non-aspirée. Notre méthode ne nous permet pas de résoudre, si la pression de l'air accumulé dans la cavité buccale contribue, elle aussi, à la rupture de l'occlusion en même temps que le travail musculaire ou — si cela était le cas — quelle est la partie qui revient à la pression de l'air et quelle est la partie qui revient au travail musculaire. Rien n'est connu de la pression intrabuccale pour les occlusives islandaises, de sorte que nous ne savons pas, si elle est plus importante pour une consonne occlusive aspirée que pour une consonne occlusive non-aspirée ou inversement. Il faudrait pouvoir réaliser des études expérimentales sur ce point. Ce qu'on trouve à propos de la pression de l'air dans les publications phonétiques sur l'islandais est sans valeur, puisqu'il n'y a aucune étude expérimentale sur ce point.

Quel que puisse ainsi être le rôle de la pression de l'air dans la rupture de l'occlusion des occlusives, il semble sûr que ce rôle devra être le même pour une occlusive aspirée et une occlusive non-aspirée, du moins jusqu'à la preuve du contraire. Rien ne nous permet à l'heure actuelle de penser autrement. Cependant il semble plutôt improbable que la pression de l'air produise la rupture de l'occlusion ou y contribue. Dans la parole la volonté joue aussi un rôle important et si l'on veut maintenir les organes articulatoires en contact, on peut le faire, même si la pression de l'air monte très au-delà de celle qui est jamais utilisée dans la parole.

Une autre preuve du rôle important que la contraction musculaire joue dans la rupture de l'occlusion des occlusives nous est fournie par le fait que, lorsque la rupture de l'occlusion est lente — ce qui arrive assez souvent aussi bien pour les occlusives aspirées que pour les occlusives non-aspirées — elle peut se faire dans le sens antéro-postérieur. Or, si l'occlusion se défaisait par la pression de l'air uniquement, ceci serait tout à fait impossible, puisque la pression de l'air agit toujours dans le sens contraire. Ce fait nous permet de penser que le rôle de la pression de l'air dans la rupture de l'occlusion des occlusives, s'il n'est pas tout à fait nul, est au moins assez réduit.

11.2. *Faits de phonétique islandaise d'après l'analyse des matériaux de la présente étude.*

11.2.1. *Faits concernant les voyelles.*

1. Le vocalisme islandais en syllabe accentuée est réparti en deux systèmes différents : le système des voyelles longues et celui des

voyelles brèves. Ces deux systèmes sont loin de se correspondre exactement. Entre une voyelle longue et brève de même type il y a des différences articulatoires concernant l'aperture et le lieu d'articulation. On devrait aussi ajouter les faits distributionnels connus depuis longtemps.

2. D'après le lieu d'articulation défini comme le plus petit passage les voyelles islandaises se répartissent en quatre séries :

1. Prépalatales [ī, ĭ]
2. Palatales [Ī, Ĭ, ē, ĕ, Y ,Y, Ö, ö]
3. Vélaires [ū, ŭ, ō, ŏ]
4. Pharyngales [ā, ă].

La voyelle *a* est la voyelle la plus postérieure du système.

3. Les différences entre les voyelles [ī, ĭ] d'une part et [Ī, Ĭ] d'autre part sont des différences de lieu d'articulation et non pas des différences d'aperture, l'aperture restant la même pour les quatre voyelles. L'angle des maxillaires est souvent plus ouvert pour [Ī, Ĭ] que pour [ī, ĭ] et c'est ce fait qui a probablement déconcerté les chercheurs qui ne disposaient pas de méthodes expérimentales. L'islandais moderne a ainsi trois voyelles d'aperture minima *i, I, u* et deux voyelles d'aperture maxima *ö, a*.

4. Les voyelles longues islandaises sont sans aucun doute des voyelles simples et non pas des diphtongues comme plusieurs chercheurs l'ont affirmé.

5. Toutes les voyelles brèves d'aperture moyenne et maxima sont plus ouvertes que les voyelles longues correspondantes, tandis que pour les voyelles d'aperture minima il n'y a pas de différence d'aperture chez notre sujet entre voyelle longue et brève. Les causes de ces différences selon le degré d'aperture restent pour le moment inexpliquées.

6. Au contact de consonnes nasales toutes les voyelles et les diphtongues sont plus ou moins nasalisées ou même entièrement. Cette nasalisation n'est pas perceptible et son rôle éventuel dans la perception des consonnes nasales sourdes est inconnu.

11.2.2. *Faits concernant les diphtongues.*

1. Toutes les diphtongues islandaises ont en commun d'être des diphtongues décroissantes. Le premier segment de la diphtongue peut être toute autre voyelle que *i, u*. Néanmoins le premier segment n'est que rarement la correspondance exacte des voyelles correspondantes, parce que très souvent le début de la diphtongue est légèrement plus fermé que la voyelle respective. De même la fin de la diphtongue est le plus souvent plus ouverte que les voyelles *i, u* et, lorsqu'il s'agit de diphtongues brèves beaucoup plus ouverte.

2. Certains faits semblent indiquer que la diphtongue brève est formée de deux voyelles brèves, comme la diphtongue longue serait formée de deux voyelles longues. L'étendue du mouvement est très

réduite pour la diphtongue brève et semble être seulement un tiers du mouvement pour la diphtongue longue correspondante. Les diphtongues brèves mériteraient une étude à part, tant des points de vue articulatoire qu'acoustique et perceptuel. Notre étude en effet n'a fait que signaler les véritables problèmes de ces articulations caractéristiques de la langue islandaise moderne.

3. Le mouvement de toutes les diphtongues va dans le sens postéro-antérieur. Le mouvement des diphtongues se distingue par sa régularité unidirectionnelle par rapport à celui des voyelles qui sont uniquement du mouvement. Dans le cas des voyelles le mouvement est beaucoup plus irrégulier et se limite en général à des variations sur le plan vertical. Pour les diphtongues le mouvement est d'ordinaire sur les plans vertical et horizontal simultanément.

11.2.3. *Faits concernant les consonnes.*

a) *Faits généraux.*

1. *L'enchaînement de deux consonnes.*

Bien que l'objet de la présente étude ne soit pas l'enchaînement de deux ou plusieurs consonnes, nous avons observé des faits concernant ce problème qui méritent d'être soulignés. Nous réunissons ici les faits les plus intéressants.

a) *Consonnes homorganes :*

Entre deux consonnes homorganes, *nasale + occlusive, occlusive + nasale* et [tl], il n'y a pas d'explosion. Les organes buccaux conservent pour les deux consonnes la même position sur le plan sagittal médian et seule la position du voile du palais change. De ce fait les consonnes [ŋ, ɲ] qui existent presque uniquement devant [k, c] n'ont jamais d'explosion. Pour le groupe [tl] le radiofilm ne donne aucun renseignement en ce qui concerne le passage d'une consonne à l'autre, mais les films oscillographiques permettent de voir que le passage latéral s'ouvre plus ou moins rapidement, sans explosion, pour la consonne [l].

b) *Consonne occlusive + constrictive ou vibrante :*

Nous avons constaté que l'enchaînement est plus rapide entre une consonne occlusive non-aspirée et une constrictive qu'entre une consonne occlusive aspirée et une constrictive. Habituellement l'enchaînement est très rapide entre les consonnes occlusives non-aspirées et une consonne subséquente. Néanmoins il faut aussi souligner que l'enchaînement peut être très rapide pour les consonnes occlusives aspirées, surtout si la consonne subséquente est une labiodentale.

c) *Consonne constrictive + constrictive ou occlusive :*

L'enchaînement est très rapide, lorsqu'une des consonnes constrictives est une labiodentale. De même l'enchaînement est généralement plus rapide, lorsque la consonne constrictive est suivie d'une occlusive labiale et alvéodentale que lorsque l'occlusive subséquente est une palatale ou palato-vélaire. Cette règle générale n'est cependant pas sans exceptions.

2. *Observation générales sur les occlusives orales.*

a) *Force articulatoire :*

Par les données que nous avons pu réunir en étudiant les consonnes occlusives orales dans nos radiofilms et dans les films oscillographiques il semble que d'après la force articulatoire — entendue comme énergie articulatoire — les consonnes occlusives se rangeraient dans l'ordre suivant :

la plus forte			la plus faible
⟵			⟶
palatale	alvéodentale	palato-vélaire	bilabiale

Les occlusives palatales sont sans aucun doute les plus fortes ; viennent ensuite les alvéodentales. La relation entre la palato-vélaire et la bilabiale n'est pas aussi nette, mais il semble pourtant que la bilabiale est la plus faible. Ce qui est sûr c'est que ces dernières sont plus faibles que les palatales et les alvéodentales.

b) *Aspiration :*

Généralement l'aspiration est plus longue pour [c^h, k^h] que pour [t^h, p^h]. Il faut cependant noter que nous relevons des exceptions dans les deux sens : l'aspiration peut être plus longue pour [p^h, t^h] que pour [c^h, k^h] ou elle peut être plus brève pour [c^h, k^h] que pour [p^h, t^h]. Il serait intéressant d'étudier s'il y a ou non une relation de réciprocité ou d'interdépendance entre la durée de l'occlusion et celle de l'aspiration d'une occlusive aspirée.

c) *Le rapport entre une occlusive aspirée et une occlusive non-aspirée :*

Toutes choses égales par ailleurs, une consonne occlusive aspirée est, sur le plan de la contraction musculaire, invariablement plus faible que la consonne occlusive non-aspirée qui lui correspond. Le contact est moins large pour la consonne aspirée et plus large pour la consonne non-aspirée. La plus grande énergie des non-aspirées se traduit aussi sur la durée. L'occlusion est — toutes choses égales par ailleurs — plus longue pour une consonne occlusive non-aspirée que pour une consonne occlusive aspirée (10.38.).

d) *Sonorité des consonnes occlusives orales.*

Dans la prononciation de nos sujets aucune occlusive orale ne montre la moindre trace de sonorité ou de sonorisation. Ceci est valable pour toutes les positions et aussi pour les groupes de consonnes : *nasale sonore + occlusive.* Le résultat opposé de Stefán Einarsson pour ces groupes (1.11. et 10.38.) s'explique comme tendance individuelle de son sujet. Il faut aussi insister sur le fait qu'il n'y a aucune différence entre les occlusives des groupes *nasale sonore + occlusive* et *nasale sourde+occlusive.* La différence réside exclusivement dans la nature de la consonne nasale. Les mêmes faits sont évidemment valables aussi pour les groupes [l, *l*, r, *r*] + *consonne occlusive* où la différence réside exclusivement dans la nature des consonnes *l* et *r* respectivement.

3. *Les occlusives bilabiales et les constrictives labiodentales.*

Toutes les consonnes bilabiales et labiodentales islandaises ont en commun le fait de ne pas avoir une articulation linguale propre. Pendant leur réalisation la langue prépare l'articulation subséquente, voyelle ou consonne. Les seuls facteurs intervenant dans la réalisation de ces consonnes sont l'occlusion bilabiale et la constriction labiodentale, respectivement.

b) *Faits particuliers concernant certaines consonnes.*

1. *Consonnes [þ] et [ð] :*

Les consonnes [þ] et [ð] sont, chez notre sujet, sans exception, des constrictives alvéolaires. Elles ne sont jamais dentales. [þ] est articulé avec le dos de l'apex, mais [ð] peut aussi être apical.

2. *Les occlusives palatales :*

Les occlusives palatales sont des articulations exceptionnellement fortes comme on peut l'estimer par le très large contact palatal et par l'ouverture réduite de l'aigle des maxillaires. Ce sont des occlusives « pures » au même titre que les autres occlusives et non pas une combinaison de *consonne occlusive* + *j* ou des mi-occlusives. Cependant les occlusives palatales de notre sujet se caractérisent face aux autres occlusives par une manière spéciale et caractéristique de la rupture de l'occlusion : pour les occlusives palatales la rupture de l'occlusion va toujours (sauf les rares exemples où la rupture de l'occlusion est simultanée sur toute l'étendue du contact occlusif) dans le sens postéro-antérieur et elle est toujours lente. Pour les autres consonnes occlusives la rupture de l'occlusion est dans la plupart des exemples brusque. La rupture de l'occlusion dans le sens postéro-antérieur est une condition indispensable pour pouvoir distinguer les occlusives palatales des palato-vélaires.

3. *Les occlusives alvéodentales :*

Les alvéodentales [t^h, t] sont formées avec le dos de la pointe. Chez notre sujet elles ne sont jamais dentales, bien que la pointe touche souvent les incisives supérieures. La consonne [n] qui est habituellement supposée correspondre à [t^h, t] comme nasale, ne leur correspond pas exactement sur le plan du lieu d'articulation : en fait, [n] est uniquement alvéolaire.

4. *La consonne [j] :*

Malgré les doutes émis à ce sujet le [j] est une consonne « pure » qui n'a rien de vocalique, « semi-vocalique » ou « semi-consonantique ». On devrait d'ailleurs éliminer définitivement les termes « semi-voyelle » et « semi-consonne » de la terminologie phonétique du fait qu'ils ne correspondent à aucune réalité articulatoire. Il n'y a aucune différence substantielle d'ordre articulatoire entre [ī, ĭ] d'une part et [j] d'autre part. Les vraies différences consistent en des facteurs qui échappent à l'examen du radiofilm. Ce qui distingue les séquences *j* + *voyelle et voyelle* + *j* des diphtongues à deuxième segment *-i* sur le plan du mouvement c'est que le mouvement est beaucoup plus rapide pour la consonne *j* à la voyelle (ou inversement de la voyelle à la consonne *j*) que celui qui est réalisé entre les deux segments d'une diphtongue.

5. *Les constrictives nasales :*

Les constrictives nasales ont l'articulation buccale de la consonne subséquente et non pas celle de la voyelle précédente. Ce sont de simples variantes des consonnes [m] et [n] et il semble juste de les maintenir ainsi dans la transcription phonétique. Quant aux constrictives nasales certains problèmes ne sont pas encore résolus et leur nombre exact n'est pas non plus connu avec certitude, c'est-à-dire il n'est pas prouvé s'il y a une constrictive nasale palatale ou palatovélaire qui correspondrait à [ç] et [x] respectivement.

6. *La consonne [l] :*

La consonne [l] est la consonne la plus modifiée par l'entourage phonétique. Les variantes nombreuses de [l] s'expliquent par le fait que son lieu d'articulation et son endroit de constriction sont différents : Les changements sur le plan vertical et sur le plan horizontal peuvent ainsi avoir lieu à condition de conserver le mode d'écoulement latéral. Pour la consonne [l] nous avons distingué trois variantes :

[l̯] - [l] - [l,]

et de même pour la sourde [*l*] :

[*l̯*] - [*l*] - [*l*,].

7. *Les groupes orthographiques hl-, hn- et hr- :*

Pour les groupes orthographiques *hl-*, *hn-* et *hr-* on constate que la transition vers la voyelle subséquente est souvent sonore, ce qui veut dire que les transcriptions [hl, hn, hr] se justifient, du moins dans certains cas. Le problème de ces combinaisons n'est pourtant pas résolu et leur examen est à reprendre.

8. *La préaspiration :*

Des consonnes préaspirées n'existent pas dans la langue islandaise moderne (10.37.). Ce qu'on a appelé, à notre avis à tort, des consonnes préaspirées, c'est en réalité un groupe de deux consonnes aussi bien des points de vue phonétique que phonologique.

Selon notre point de vue des mots comme *lappa* « amender » vs. *labba* « marcher » ou *hatta* « chapeaux » (acc. pl.) vs. *hadda* « bonnets » (acc. pl.) ne constitueraient pas de paires minimales, mais au contraire :
hatta « chapeaux » vs. *halta* « boiteux » vs. *hasta* « se dépêcher » vs. *handa* « pour », c'est-à-dire :
/h/ vs. /*l*/ vs. /s/ vs. /n/
hettu « couvre-chef » vs. *hendu*(r) « mains » vs. *hentu* « ils ont jeté », c'est-à-dire :
/h/ vs. /n/ vs. /*n*/.

La postaspiration et la préaspiration sont deux faits physiologiquement différents et il est totalement inadmissible de les mettre sur le même plan. Pour pallier les contradictions inhérentes avec l'affirmation que ces groupes constituaient une seule consonne (notamment le fait que la voyelle précédente est brève, mais jamais longue) on était obligé de supposer que la consonne occlusive subséquente était longue. Or, cette consonne se révèle comme étant plus brève que la consonne occlusive non-aspirée simple intervocalique de notre sujet I (comp. tableau n° 71), rien ne justifie plus de parler de consonnes préaspirées en islandais moderne. A notre avis le concept de préaspiration est à éliminer de la phonétique islandaise moderne.

ABRÉVIATIONS

ANF	=	Arkiv för nordisk filologi.
APhSc	=	Acta Philologica Scandinavica.
ARIPUC	=	Annual Report of the Institute of Phonetics, University of Copenhagen.
BFLS	=	Bulletin de la Faculté des Lettres de Strasbourg.
BSL	=	Bulletin de la Société de Linguistique de Paris.
FPh	=	Folia Phoniatrica.
ÍT	=	Lingua Islandica - Íslenzk Tunga.
JASA	=	Journal of the Acoustical Society of America.
JEGP	=	The Journal of English and Germanic Philology.
MLN	=	Modern Language Notes.
NLML	=	The Nordic Languages and Modern Linguistics (Reykjavík 1969).
NS	=	Nordiske Språkspørsmål.
NTTS	=	Nordisk Tidsskrift for Tale og Stemme.
PFICPS	=	Proceedings of the Fourth International Congress of Phonetic Sciences (Helsinki 1961).
PNJa	=	Problemy nemeŝkogo jazykoznanija i metodiki prepodavanija nemeŝkojo jazyka (Tula).
RLR	=	Revue de Linguistique Romane.
SL	=	Studia Linguistica.
SSB	=	Skandinavskij sbornik.
SvLm	=	Svenska Landsmål ock Svenskt Folkliv.
TIPhS	=	Travaux de l'Institut de Phonétique de Strasbourg.
TLL	=	Travaux de Linguistique et de Littérature.
VJa	=	Voprosy jazykoznanija.
ZPSK	=	Zeitschrift für Phonetik, Sprachwissenschaft und Kommunikationsforschung (ou Zeitschrift für Phonetik und allgemeine Sprachwissenschaft).

BIBLIOGRAPHIE

ANDERSEN, Poul et HJELMSLEV, Louis : Fonetik.. Særtryk af Nordisk Lærebog for Talepædagoger, 4e éd. (Rosenkilde og Bagger, København 1967).

ARKEBAUER, Herbert J., HIXON, Thomas J., HARDY, James C. : Peak Intraoral Air Pressures During Speech, *Journal of Speech and Hearing Research 10,* 1967, pp. 196-208.

BENEDIKTSSON, Hreinn : Nokkur dæmi um áhrifsbreytingar í íslenzku, ÍT *1,* 1959, pp. 55-70.

BENEDIKTSSON, Hreinn : The Vowel System of Icelandic : A Survey of its History, *Word 15,* 1959, pp. 282-312.

BENEDIKTSSON, Hreinn : « The Earliest Germanic Phonology », *Lingua 10*, 1961, pp. 237-254.

BENEDIKTSSON, Hreinn : Icelandic Dialectology : Methods and Results, ÍT *3,* 1961-62, pp. 72-113.

BENEDIKTSSON, Hreinn : The Non -Uniqueness of Phonemic Solutions : Quantity and Stress in Icelandic, *Phonetica 10,* 1963, pp. 133-149 (Discussion, pp. 150-153).

BENEDIKTSSON, Hreinn : Compte rendu de Bruno Kress : Laut- und Formenlehre des Isländischen, ÍT *6,* 1965, pp. 109-117.

BENEDIKTSSON, Hreinn (éditeur) : The Nordic Languages and Modern Linguistics. Proceedings of the International Conference of Nordic and General Linguistics, University of Iceland, Reykjavík, July 6-11, 1969.
(Vísindafélag Íslendinga, vol. 39, Reykjavík 1970).

BENEDIKTSSON, Hreinn : Aspects of Historical Phonology, NLML 1970, pp. 87-142.

BENEDIKTSSON, Jakob : Det islandske ordbogsarbejde ved Islands universitet, NS 1966 og 1967, pp. 11-24.

BERGSVEINSSON, Sveinn : Nasal + Engelaut bzw. Liquida im Isländischen, *Archiv für vergleichende Phonetik 2,* 1938, pp. 30-40.

BERGSVEINSSON, Sveinn : Grundfragen der isländischen Satzphonetik (Munksgaard, Kopenhagen, Metten & Co., Berlin 1941).

BERGSVEINSSON, Sveinn : Sprog og Tale, NTTS 5, 1941, pp. 93-104.

BERGSVEINSSON, Sveinn : Wie alt ist die phonologische Opposition in sprachwissenschaftlicher Anwendung ?, *Archiv für vergleichende Phonetik 6,* 1942, pp. 59-64.

BERGSVEINSSON, Sveinn : Nogle Rettelser, NTTS 6, 1942, pp. 62-72.

BERGSVEINSSON, Sveinn : Die Vokaldehnung in isländischen Fremdwörtern, *Phonetica 1,* 1957, pp. 129-145.

BERGSVEINSSON, Sveinn : Isländische Phonetik, *Phonetica 5,* 1960, pp. 43-64.

BERGSVEINSSON, Sveinn : Compte rendu de Kemp Malone : The Phonemes of Modern Icelandic, *Phonetica 6,* 1961, pp. 234-238.

BERGSVEINSSON, Sveinn : Die Wortbetonung im Isländischen, *Phonetica 10,* 1963, pp. 213-221.

BERGSVEINSSON, Sveinn : Áherzla á neitunarforskeytinu ó- í lýsingarorðum og lýsingarháttum, ÍT *6,* 1965, pp. 71-81.

BERNARD, J. R.L.-B. : A Cine-X-Ray Study of Some Sounds of Australian English, *Phonetica 21,* 1970, pp. 138-150.

BIQUARD, Pierre : Les ultrasons. Coll. Que sais-je ? n° 21. (Presses Universitaires de France, Paris 1963).

BLÖNDAL, Sigfús : Íslenzk-dönsk orðabók (Prentsmiðjan Gutenberg, Reykjavík 1920-1924).

BRICHLER-LABAEYE, Catherine : Les voyelles françaises. Mouvements et positions articulatoires à la lumière de la radiocinématographie (Klincksieck, Paris 1970).

BRUNNER, Rudolf : Die Stimmhaftigkeit der französischen und zürichdeutschen Lenislaute, ZPSK 7, 1953, pp. 153-196 et 289-319.

BUERGEL GOODWIN, H. : Det moderna isländska ljudsystemet, SvLm, 1905, pp. 99-113.

BUERGEL GOODWIN, H. : Utkast till systematisk framställning av det moderna isländska uttalet, SvLm, 1908, pp. 77-115.

BÖÐVARSSON, Árni : Uppruni óraddaðs framburðar á undan p, t, k. Dans : *Á góðu dægri.* Afmæliskveðja til Sigurðar Nordals 14. sept. 1951 frá yngstu nemendum hans, pp. 102-107 (Helgafell, Reykjavík 1951).

BÖÐVARSSON, Árni : Þáttur um málfræðistörf Eggerts Ólafssonar. *Skírnir 125,* 1951, pp. 156-172.

BÖÐVARSSON, Árni : Sitthvað um lokhljóð. Dans : Afmæliskveðja til Próf. Alexanders Jóhannessonar Háskólarektors 15. júlí 1953 frá samstarfsmönnum og nemendum, pp. 1-8. (Helgafell, Reykjavík 1953).

BÖÐVARSSON, Árni : Hljóðfræði. Kennslubók handa byrjendum. (Ísafoldarprentsmiðja H. F., Reykjavík 1953).

BÖÐVARSSON, Árni : Chapitre *Fonetika* dans : V. P. Berkov : Islandsko-russkij slovar', pp. 947-967. (Gosudarstvennoe Izdatel'stvo inostrannyx i naŝionalnyx slovarej, Moscou 1962).

BÖÐVARSSON, Árni : Viðhorf Íslendinga til móðurmálsins fyrr og síðar. Dans : *Þættir um íslenzkt mál eftir nokkra íslenzka málfræðinga,* pp. 177-200. (Almenna Bókafélagið, Reykjavík 1964).

CAZANAVE, Marie-Thérèse : Etude acoustique et articulatoire du YOD français et américain, TLL *6,* 1968, pp. 235-265.

CROATTO, L. P. et CROATTO-MARTINOLLI, Caterina : Physiopathologie du voile du palais, FPh *11,* 1959, pp. 124-166.

DAHLSTEDT, Karl-Hampus : Íslenzk mállýzkulandafræði. Nokkrar athuganir. *Skírnir 132,* 1958, pp. 29-63.

DAVIES, D. V. (éditeur) : Gray's Anatomy, 34e éd. (Longmans, London 1967).

DELATTRE, Pierre : La force d'articulation consonantique en français. Dans : *Studies in French and Comparative Phonetics,* pp. 111-120 (Mouton & Co., The Hague 1966).

DELATTRE, Pierre : The Physiological Interpretation of Sound Spectrograms. *Publications of the Modern Language Association of America 66,* 1951, pp. 864-875.

DELATTRE, Pierre : Les attributs acoustiques de la nasalité vocalique et consonantique, SL *8,* 1954, pp. 103-109.

DELATTRE, Pierre : Les modes phonétiques du français. Dans : *Studies in French and Comparative Phonetics,* pp. 9-13 (Mouton & Co., The Hague 1966).

DIETH, Eugen : Vademekum der Phonetik. (Francke, Bern 1950).

EINARSSON, Stefán : Compte rendu de « Islandsk Grammatik. Islandsk Nutidssprog af Valtýr Guðmundsson ». ANF *42,* 1926, pp. 281-283.

EINARSSON, Stefán : Beiträge zur Phonetik der isländischen Sprache. (A. W. Bröggers Boktrykkeri, Oslo 1927).

EINARSSON, Stefán : Ein tegund hljóðfirringar í íslenzku vorra daga. Dans : « Festskrift til Finnur Jónsson 29. maj 1928 », pp. 395-398. (Levin & Munksgaards Forlag, København 1928).

EINARSSON, Stefán : On some Points of Icelandic Dialectal Pronunciation, APhSc *3,* 1928, pp. 264-279.

EINARSSON, Stefán : A Specimen of Southern Icelandic Speech. (Skrifter utgitt av Det Norske Videnskaps-Akademi i Oslo. II. Hist.-Filos. Klasse 1930, No. 7. Oslo 1931).

EINARSSON, Stefán : Icelandic Dialect Studies I. Austfirðir. JEGP *31*, 1932, pp. 537-572.

EINARSSON, Stefán : Um mál á Fljótsdalshéraði og Austfjörðum 1930. *Skírnir 106*, 1932, pp. 33-54.

EINARSSON, Stefán : Some Icelandic Words with hv-kv. APhSc 7, 1932-1933, pp. 226-248.

EINARSSON, Stefán : Fagurt mál. Nokkrar hugleiðingar. *Skírnir 108*, 1934, pp. 131-149.

EINARSSON, Stefán : Hljóðvillur og kennarar. *Skírnir* 108, 1934, pp. 150-157.

EINARSSON, Stefán : Málbreytingar. *Menntamál 9*, 1936, pp. 192-197.

EINARSSON, Stefán : Compte rendu de : « Bruno Kress : Die Laute des modernen Isländischen », MLN *54*, 1939, pp. 150-152.

EINARSSON, Stefán : Nasal + Spirant or Liquid in Icelandic. JEGP *39*, 1940, pp. 462-464.

EINARSSON, Stefán : Compe rendu de : « Mállýzkur eftir dr. Björn Guðfinnsson », *Morgunblaðið 34*, 52 tbl. 4. marz 1947, pp. 7-8.

EINARSSON, Stefán : Compte rendu de : « Grundfragen der isländischen Satzphonetik von Sveinn Bergsveinsson », *Skírnir 122*, 1948, pp. 220-222.

EINARSSON, Stefán : Compte rendu de : « Björn Guðfinnsson : Breytingar á framburði og stafsetningu », *Skírnir 122*, 1948, pp. 219-220.

EINARSSON, Stefán : Um kerfisbundnar hljóðbreytingar í íslenzku. *Studia Islandica 10.* (H. F. Leiftur, Reykjavík 1949).

EINARSSON, Stefán : Íslenzk bókmenntasaga 874-1960. (Snæbjörn Jónsson & Co. H. F., Reykjavík 1961).

EINARSSON, Stefán : Icelandic. Grammar, Textes, Glossary. 5e éd. (The Johns Hopkins Press, Baltimore 1967).

FALC'HUN, F. : Le système consonantique du breton avec une étude comparative de phonétique expérimentale. (Plihon, Libraire, Rennes 1951).

FALC'HUN, F. : L'énergie articulatoire des occlusives. *Phonetica 13*, 1965, pp. 31-36.

FANT, Gunnar : Acoustic Theory of Speech Production, with Calculations based on X-Ray Studies of Russian Articulations. (Mouton & Co., 'S-Gravenhague 1960).

FISCHER-JØRGENSEN, Eli et Hammerich, L. L. : Compte rendu de : « Sveinn Bergsveinsson : Grundfragen der isländischen Satzphonetik », NTTS *6*, 1942, pp. 1-20.

FISCHER-JØRGENSEN, Eli : Acoustic Analysis of Stop Consonants. *Miscellanea Phonetica 2*, 1954, pp. 42-59.

FISCHER-JØRGENSEN, Eli : Almen fonetik, 3e éd. (Rosenkilde og Bagger, København 1962).

FISCHER-JØRGENSEN, Eli : Beobachtungen über den Zusammenhang zwischen Stimmhaftigkeit und intraoralem Luftdruck. ZPSK *16*, 1963, pp. 19-36.

FISCHER-JØRGENSEN, Eli : Sound Duration and Place of Articulation. ZPSK *17*, 1964, pp. 175-208.

FISCHER-JØRGENSEN, Eli : Voicing, Tenseness and Aspiration in Stop Consonants with Special Reference to French and Danish. ARIPUC *3*, 1968, pp. 63-114.

GENDRON, Jean-Denis : Tendances Phonétiques du Français parlé au Canada. (Klincksieck, Paris, Les Presses de l'Université Laval, Québec 1966).

GIMSON, A. C. : An Introduction to the Pronunciation of English. (Edward Arnold, London 1970).

GÍSLASON, Konráð : Um Frum-Parta Íslenzkrar Túngu í Fornöld. (Á kostnað hins Íslenzka Bókmenntafélags, Kaupmannahöfn 1846).

GRAMMONT, Maurice : Traité de Phonétique, 8e éd. (Delagrave, Paris 1965).

GUÐFINNSSON, Björn : Mállýzkur I. (Ísafoldarprentsmiðja H. F., Reykjavík 1946).

GUÐFINNSSON, Björn : Breytingar á framburði og stafsetningu. (Ísafoldarprentsmiðja H. F., Reykjavík 1947).

GUÐFINNSSON, Björn : An Icelandic Dialect Feature : The Pronunciation of *hv-* and *kv-* Dans : « Philologica : The Malone Anniversary Studies », pp. 354-361. (Baltimore 1949).

GUÐFINNSSON, Björn : Þáttur úr íslenzkum mállýzkurannsóknum. Hv-framburður - kv-framburður. *Menntamál 23*, 1950, pp. 170-180.

GUÐFINNSSON, Björn : Um íslenzkan framburð : Mállýzkur II. Ólafur M. Ólafsson og Óskar Ó. Halldórsson unnu úr gögnum höfundar og bjuggu til prentunar. *Studia Islandica 23*. (Heimspekideild Háskóla Íslands og Bókaútgáfa Menningarsjóðs, Reykjavík 1964).

GUÐMUNDSSON, Helgi : Fuglsheitið jaðrakan. Dans : « Afmælisrit Jóns Helgasonar 30. júní 1969 », pp. 364-386. (Heimskringla, Reykjavík 1969).

GUÐMUNDSSON, Valtýr : Islandsk Grammatik. Islandsk Nutidssprog. (H. Hagerups Forlag, København 1922).

GUTH, Gérard : Contribution à l'étude de la structure acoustique des voyelles du français. TIPhS *1*, 1968-1969, pp. 93-110.

HÁLA, Bohuslav : Une contribution à l'éclaircissement de la nature phonétique des affriquées. ZPSK *6*, 1952, pp. 77-93.

HAN, M. S. et WEITZMAN, R. S. : Acoustic Features of Korean /P, T, K/, /p, t, k/ and /pʰ, tʰ, kʰ/. *Phonetica 22*, 1970, pp. 112-128.

HAUGEN, Einar : On the Consonant Pattern of Modern Icelandic. *Acta Linguistica 2*, 1941, pp. 98-107.

HAUGEN, Einar : First Grammatical Treatise. The Earliest Germanic Phonology. *Language 26*. Monograph No. 25, 1950.

HAUGEN, Einar : The Phonemics of Modern Icelandic. *Language 34*, 1958, pp. 55-88.

HAUGEN, Einar : On Diagramming Vowel Systems. PFICPS, pp. 648-654 (Mouton & Co., The Hague 1962).

HAUGEN, Einar : The Language History of Scandinavia : A Profile of Problems. Dans NLML, pp. 41-86.

HEFFNER, R.-M. S. : General Phonetics. (The University of Wisconsin Press, Madison, Milwaukee and London 1969).

HELGASON, Jón : Om ordet « guð » i isländskan. ANF *40*, 1929, pp. 441-451 (Studier tillägnade Axel Kock).

HERMANNSSON, Halldór : Modern Icelandic. *Islandica 12*, (Cornell University Library, Ithaca, New York 1919).

HILL, Archibald A. : Compte rendu de : « Kemp Malone : Studies in Heroic Legend and in Current Speech », *Language 36*, 1960, pp. 246-249.

HOLTSMARK, Anne : En islandsk scholasticus fra det 12. århundre. (Skrifter utgitt av Det Nordke Videnskaps-Akademi i Oslo. II. Hist.-Filos. Klasse No. 3, 1936, Oslo).

HONIKMAN, Beatrice : Articulatory Settings. Dans : « In Honour of Daniel Jones, papers contributed on the occasion of his eightieth birthday 12 September 1961 », pp. 73-84. (Longmans, London 1964).

Hægstad, Marius : Er der bygdemaal paa Island ? *Kringsjaa 18*, 1910, pp. 41-43.

JAKOBSON, Roman, FANT, C. Gunnar M., HALLE, Morris : Preliminaries to Speech Analysis. The Distinctive Features and their Correlates. (Technical Report no. 13, January 1952. Acoustics Laboratory, Massachusetts Institute of Technology).

JACOBSON, Roman et HALLE, Morris : Tension et laxité. Dans : « Essais de Linguistique Générale », pp. 150-157. (Les Editions de Minuit, Paris) ; aussi dans : « In Honour of Daniel Jones » sous le titre : Tenseness and Laxness, pp. 96-101 (Longmans, London 1964).

JESPERSEN, Otto : Lehrbuch der Phonetik. (B. G. Teubner, Leipzig/Berlin 1913).

JESPERSEN, Otto : Modermålets fonetik. (Gyldendal, København 1966), 3ᵉ éd.

JONES, Daniel : An Outline of English Phonetics. (W. Heffer & Sons, Cambridge 1967).

JÓNSSON, Finnur et DAHLERUP, Verner : Islands Grammatiske Litteratur i Middelalderen I-II.
I. Den Første og Anden Grammatiske Afhandling i Snorres Edda. (Samfund til Udgivelse af Gammel Nordisk Litteratur, København 1884-86).

JÓNSSON, Finnur : Den Islandske Grammatiks Historie til o. (mkring) 1800. (Det Kgl. Danske Videnskabernes Selskab. Historisk-Filologiske Meddelser 19, 4. Levin & Munksgaard, København 1933).

JÓNSSON, Jón Aðalsteinn : Glöggt er gests « eyrað ». Dans : *Á góðu dægri.* Afmæliskveðja til Sigurðar Nordals 14. sept. 1951 frá yngstu nemendum hans, pp. 108-115. (Helgafell, Reykjavík 1951).

JÓNSSON, Jón Aðalsteinn : Lítil athugun á skaftfellskum mállýzkuatriðum. Dans : « Afmæliskveðja til Próf. Dr. Phil. Alexanders Jóhannessonar Háskólarektors 15. júlí 1953 frá samstarfsmönnum og nemendum », pp. 139-150 (Helgafell, Reykjavík 1953).

JÓNSSON, Jón Aðalsteinn : Ágrip af sögu íslenzkrar stafsetningar, ÍT *1*, 1959, pp. 71-119.

JÓNSSON, Jón Aðalsteinn : Íslenzkar mállýzkur. Dans : *Þættir um íslenzkt mál eftir nokkra íslenzka málfræðinga*, pp. 65-87. (Almenna Bókafélagið, Reykjavík 1964).

KANEKO, Naomichi : An Experimental Observation and Phonetic Analysis of Opposite Consonants such as /p/:/b/. *Study of Sounds 9*, 1961, pp. 53-64.

KARLSSON, Gunnar : Um aldur og uppruna kv-framburðar. ÍT *6*, 1965, pp. 20-37.

KIM, Chin-Wu : On the Autonomy of the Tensity Feature in Stop Classification (with Special Reference to Korean Stops), *Word 21*, 1965, pp. 339-359.

KIM, Chin-Wu : A Theory of Aspiration. *Phonetica 21*, 1970, pp. 107-116.

KLYCKOV, G. S. : K tipologii fonologiĉeskix sistem (islandskij konsonantizm i skandinavskie tony). Dans le livre : « Strukturno-tipologiĉeskoe opisanie sovremennyx germanskix jazykov », pp. 290-321 (Izdatel'stvo Nauka, Moscou 1966).

KRESS, Bruno : Die Laute des modernen Isländischen. (C. Schulze & Co., Berlin 1937).

KRESS, Bruno : Phonetische Platte des Isländischen. (Institut für Lautforschung, Berlin 1938).

KRESS, Bruno : Laut- und Formenlehre des Isländischen. (VEB Max Niemeyer Verlag, Halle 1963).

KRISTENSEN, Marius : Oplysninger om islandske dialektforskelle. Dans : « Festskrift tillägnad Hugo Pipping på hans sextioårsdag den 5. november 1924 », pp. 295-302. (Skrifter utg. av Svenska Litteratursällskapet i Finland 175, Helsingfors 1924).

KUHN, Hans : Die sprachliche Einheit Islands. *Zeitschrift für Mundartforschung 11*, 1935, pp. 21-39.

LADEFOGED, Peter : A Phonetic Study of West African Languages, 2e éd. (Cambridge University Press, Cambridge 1968).

LANE, George S. : Compte rendu de : Stefán Einarsson : Icelandic. Grammar, Texts, Glossary. *Language 22*, 1946, pp. 249-259.

LEBRUN, Yvan : On Tension. Dans : « Linguistique Contemporaine, Hommage à Eric Buyssens ». (Editions de l'Institut de Sociologie Université Libre de Bruxelles, Bruxelles 1970), pp. 115-124.

LEHISTE, Ilse et PETERSON, Gordon E. : Duration of Syllable Nuclei in English, JASA *32*, 1960, pp. 693-703.

LEHISTE, Ilse (éditeur) : Readings in Acoustic Phonetics. (The M.I.T. Press, Cambridge (Mass.) et London 1967).

LEIJSTRÖM, Gunnar : Compte rendu de : Bruno Kress : Die Laute des modernen Isländischen, AFN *54*, 1938, pp. 363-366.

LIBERMAN, A. S. : Izučenie islandskoj fonetiki I (bibliografičeskij obzor), SSB *14*, 1969, pp. 55-83 et II SSB *17*, pp. 181-213 (1972).

LIBERMAN, A. S. : Preaspiraŝija v islandskom jazyke, SSB *14*, 1969, pp. 106-122.

LIBERMAN, A. S. : Germanskie ępentezy v svete slogovoj akŝentuaŝii, PNJa, Vypusk 4, Tula 1970, pp. 194-205.

LIBERMAN, A. S. : Fonema ili različitel'nyj priznak ? Dans : « Fonetika, fonologija, grammatika k semidesjatiletiju A. A. Reformatskogo », pp. 143-150. (Izdatel'stvo Nauka, Moscou 1971).

LINDNER, Gerhart : Einführung in die experimentelle Phonetik. (Hueber, München 1969).

LISKER, Leigh : Closure Duration and the Intervocalic Voiced-Voiceless Distinction in English, *Language 33*, 1957, pp. 42-49.

LISKER, Leigh et ABRAMSON, Arthur S. : A Cross-Language Study of Voicing in Initial Stops : Acoustical Measurements. *Word 20*, 1964, pp. 384-422.

LUBKER, James F. et PARRIS, Pamela J. : Simultaneous Measurements of Intraoral Pressure, Force of Labial Contact, and Labial Electromyographic Activity during Production of the Stop Cognates /p/ and /b/, JASA *47*, 1970, pp. 625-633.

MAGNÚSSON, Ásgeir Bl. : Um framburðinn rd, gd, fd. ÍT *1*, 1959, pp. 9-25.

MAGNÚSSON, Jón : Grammatica islandica (voir n° 104).

MALÉCOT, André : An Experimental Study of the Force of Articulation, SL *9,* 1955, pp. 35-44.

MALÉCOT, André : The Effectiveness of Intra-Oral Air-Pressure-Pulse Parameters in Distinguishing Between Stop Cognates, *Phonetica 14,* 1966, pp. 65-81.

MALÉCOT, André : Mechanical Pressure as an Index of « Force of Articulation », *Phonetica 14,* 1966, pp. 169-180.

MALÉCOT, André : The Lenis-Fortis Opposition : Its Physiological Parameters, JASA *47,* 1970, pp. 1588-1592.

MALMBERG, Bertil : La phonétique. Coll. Que sais-je ? n° 637. (Presses Universitaires de France, Paris 1968), 7e éd.

MALONE, Kemp : The Phonology of Modern Icelandic. (George Banta Publishing Co, Menasha (Wisc.) 1923).

MALONE, Kemp : Long and Short in Icelandic Phonemics, *Language 29,* 1953, pp. 61-62.

MALONE, Kemp : The Phonemes of Modern Icelandic. Dans : « Studies in Heroic Legend and in Current Speech », pp. 268-282. (Rosenkilde og Bagger, København 1959).

MALONE, Kemp : On Symmetry in Phonemic Analysis. *Language 38,* 1962, pp. 142-146.

MARTINET, André : Compte rendu de : « Sveinn Bergsveinsson : Grundfragen der isländischen Satzphonetik », BSL *42,* 1942-45, pp. 36-39.

MOUNIN, Georges : Histoire de la linguistique des origines au XXe siècle. (Presses Universitaires de France, coll. « Le linguiste » n° 4, Paris 1967).

NAVARRO TOMÁS, T. : Manual de pronunciación española, 10e éd. (Consejo Superior de Investigaciones Cicentíficas, Madrid 1961).

ÓFEIGSSON, Jón : Træk af Moderne Islandsk Lydlære. Dans : « Sigfús Blöndal : Íslenzk-dönsk orðabók », pp. XIV-XXVII. (Prentsmiðjan Gutenberg, Reykjavík 1920-1924).

ÓFEIGSSON, Jón : Compte rendu de : « Stefán Einarsson : Beiträge zur Phonetik der isländischen Sprache », *Skírnir 102,* 1928, pp. 237-238.

ÓLSEN, Björn Magnússon : Zur neuisländischen Grammatik, *Germania 27* (neue Reihe *15*), 1882, pp. 257-287.

ÓLSEN, Björn Magnússon : Islands Grammatiske Litteratur i Middelalderen I-II.
II. Den Tredje og Fjærde Grammatiske Afhandling i Snorres Edda. (Samfund til Udgivelse af Gammel Nordisk Litteratur, København 1884-86).

OLSEN, Magnus : Den förste grammatiske avhandling. ANF *53,* 1937, pp. 109-146.

PASSY, Paul : De nordica lingva, qvantum in Islandia ab antiqvissimis temporibus mutata sit. (Lutetiae Parisiorum 1891).

PERKELL, Joseph S. : Physiology of Speech Production : Results and Implications of a Quantitative Cineradiographic Study. (The M.I.T. Press, Cambridge (Mass.) et London 1969).

PETERSON, G. E. et BARNEY, H. L. : Control Methods Used in a Study of the Vowels, JASA *24,* 1952, pp. 175-184.

PÉTURSSON, Magnús : Les consonnes occlusives palatales [k̬ʰ, *g*] en islandais, TIPhS *1,* 1968-1969, pp. 1-13.

PÉTURSSON, Magnús : Le système vocalique de l'islandais à partir de l'analyse radiocinématographique, TIPhS *2,* 1969-1970, pp. 1-31.

PÉTURSSON, Magnús : Polymorphisme de la consonne L en islandais moderne. Examen expérimental à partir de l'analyse radiocinématographique, TIPhS *3,* 1971, pp. 120-146.

PÉTURSSON, Magnús : Etude de la réalisation des consonnes islandaises þ, ð, s dans la prononciation d'un sujet islandais à partir de la radiocinématographie, *Phonetica 23,* 1971, pp. 203-216.

POIROT, Jean : Sur l'articulation des nasales islandaises. Dans « Mélanges offerts à M. Charles Andler », pp. 285-290. (Strasbourg 1924).

QUILIS, Antonio et FERNÁNDEZ, Joseph A. : Curso de fonética y fonología españolas, 4ᵉ éd. (Consejo Superior de Investigaciones Cientifícas, Madrid 1969).

RATEAU, René : L'oscillographe cathodique et ses applications. (Presses Universitaires de France, Coll. Que sais-je ? n° 1297, Paris 1968).

RASK, Rasmus Kristian : Vejledning til det Islandske eller Gamle Nordiske Sprog. (Trykt paa Hofboghandler Schubothes Forlag, hos J. R. Thiele, Kjøbenhavn 1811).

RASK, Rasmus Kristian : Undersøgelse om det Gamle Nordiske eller Islandske Sprogs Oprindelse. Dans : « Rasmus Rask : Ausgewählte Abhandlungen, herausgegeben für Det Danske Sprog- og Litteraturselskab von Louis Hjelmslev, mit einer Einleitung von Holger Pedersen. Band I. » (Levin & Munksgaard, Kopenhagen 1932).

RASK, Erasmus Christian : Anvisning till Isländskan eller Nordiska Fornspråket. (Trykt hos Olof Grahn, A. Wiborgs förlag, Stockholm 1818).

RASK, Erasmus Chr. : Sýnishorn af fornum og nýjum norrænum ritum í sundurlausri og samfastri ræðu. (Typis Ioannis Imnelli, Holmiae 1819).

RINGGAARD, K. : The Pronunciation of a Glottal Stop. *Phonetica 8,* 1962, pp. 203-208.

ROMANES, G. J. : Cunnigham's Manual of Practical Anatomy, 13e éd. (Oxford University Press, London 1968, vol. 3).

ROUGEOT, Louis : Les rayons X. (Presses Universitaires de France, coll. Que sais-je ? n° 70, Paris 1968).

SALUS, Peter H. : Concerning Icelandic Vocalism. *Orbis 14*, 1965, pp. 406-409.

SANTERRE, Laurent : La place de la phonétique expérimentale dans la linguistique. TIPhS *2*, 1969-1970, pp. 108-111.

SCERBA, L. V. : Fonetika franŝuzskogo jazyka. (Gosudarstvennoe uĉebno-pedagogiĉeskoe izdatel'stvo, Leningrad-Moscou, 1937).

SIMON, Péla : Films radiologiques et les aspects génétiques des sons du langage. *Orbis 10,* 1961, pp. 47-68.

SIMON, Péla : Les consonnes françaises. Mouvements et positions articulatoires à la lumière de la radiocinématographie. (Klincksieck, Paris 1967).

SIMON, Péla : A propos de la désarticulation de la consonne palatale ŋ dans la prononciation du français d'aujourd'hui. Dans : « Phonétique et Linguistique Romanes. Mélanges offerts à M. Georges Straka, tome I », pp. 67-98 (Lyon-Strasbourg 1970).

SLIS, I. H. : Articulatory Measurements on Voiced, Voiceless and Nasal Consonants. *Phonetica 21,* 1970, pp. 193-210.

SMÁRI, Jakob Jóh. : Um framburð. *Landið 2,* 1917, 26. tbl. 29. júní p. 101 ; 27. tbl. 6. júlí, p. 106 ; 28. tbl. 13. júlí, p. 112.

SOVIJÄRVI, Antti : Der Lautübergang im Lichte von Röntgenfilmen und Spektrogrammen. (Suomalainen Tiedeakatemia, Ser. B., Tom. 153, 3, Helsinki 1969).

STEBLIN-KAMENSKIJ, M. I. : Islandskoe peredviženie soglasnyx, SSB *2,* 1957, pp. 205-221. (Résumés pp. 302 et 319 en estonien et en suédois).

STEBLIN-KAMENSKIJ, M. I. : A Contribution to the History of the Old Icelandic Vowel System, *Philologica Pragensia 1,* 1958, pp. 76-80.

STEBLIN-KAMENSKIJ, M. I. : Den islandske klusilforskyvning i fonologisk fremstilling, ANF *75,* 1960, pp. 79-83.

STEBLIN-KAMENSKIJ, M. I. : Dialektal'nye razliĉija v islandskom jazyke, VJa *5,* 1960, pp. 61-67.

STEBLIN-KAMENSKIJ, M. I. : The Vowel System of Modern Icelandic, SL *14,* 1960, pp. 35-46.

STEBLIN-KAMENSKIJ, M. I. : Islandsko-norvežskie izmenenija soglasnyx. (K voprosu o suŝĉnosti zvukovyx izmenenij), VJa, 1963, pp. 58-66 (fascicule 5).

STEBLIN-KAMENSKIJ, M. I. : O simmetrii v fonologiĉeskix rešenijax i ix needinstvennosti, VJa, 1964, pp. 45-52.

STEBLIN-KAMENSKIJ, M. I. : Vozniknovenie šumnyx korreljatov, nosovyx i plavnyx soglasnyx fonem v islandskom. Dans : « Oĉerki po diaxroniĉeskoj fonologii skandinavskix jazykov », (Leningrad 1966), pp. 108-114.

STRAKA, Georges : Système des voyelles du français moderne, BFLS *28,* 1950, pp. 172-179, 220-233, 275-284 et 368-371.

STRAKA, Georges : Remarques sur les voyelles nasales, leur origine et leur évolution en français, RLR *19,* 1955, pp. 245-274.

STRAKA, Georges : Respiration et phonation. Deux chapitres d'introduction phonétique à l'étude des langues, BFLS *35,* 1957, pp. 397-429.

STRAKA, Georges : Durée et timbre vocaliques. Observations de phonétique générale, appliquées à la phonétique historique des langues romanes, ZPSK *12,* 1959, pp. 276-300 (Calzia-Festgabe).

STRAKA, Georges : La division des sons du langage en voyelles et consonnes peut-elle être justifiée ?, TLL *1,* 1963, pp. 17-99.

STRAKA, Georges et BURGSTAHLER, Paul : Etude du rythme à l'aide de l'oscillographe cathodique combiné avec le sonomètre, TLL *1,* 1963, pp. 125-133.

STRAKA, Georges : L'évolution phonétique du latin au français sous l'effet de l'énergie et de la faiblesse articulatoire, TLL *2,* 1964, pp. 17-98.

STRAKA, Georges : A propos de la question des semi-voyelles, ZPSK *17,* 1964, pp. 301-324 (Festgabe für Bohuslav Hála zum 70. Geburtstag 12. Januar 1964).

STRAKA, Georges : Album phonétique (Les Presses de l'Université Laval, Québec 1965).

STRAKA, Georges : Naissance et disparition des consonnes palatales dans l'évolution du latin au français, TLL *3,* 1965, pp. 117-167.

STRAKA, Georges : Contribution à la description et à l'histoire des consonnes L, TLL *6,* 1968, pp. 267-326.

SUBTELNY, J. D. et SUBTELNY, D. J. : Roentgenographic Techniques and Phonetic Research. Dans : PFICPS, pp. 129-146. (Mouton & Co., The Hague 1962).

SVEINBJÖRNSSON, Sveinbjörn : Icelandic Phonetics. *Acta Jutlandica 5, Supplementum.* (Aarhus 1933).

TRUBY, H. M. : Synchronized Cineradiography and Visual-Acoustic Analysis. Dans : PFICS, pp. 265-279. (Mouton & Co., The Hague 1962).

WERNER, Otmar : Die Erforschung des Inselnordischen. *Zeitschrift für Mundartforschung 35,* 1968, Beihefte, Neue Folge Nr. 6 (Germanische Dialektologie. Festschrift für Walther Mitzka zum 80. Geburtstag), pp. 459-519 (Das Isländische, pp. 461-465).

ÞORSTEINSSON, Steingrímur J. : Upphaf leikritunar á Íslandi. (Reykjavík 1943).

II

Annexe I

DOCUMENTS

Clichés radiologiques

Palatogrammes

Tracés oscillographiques

Voyelles antérieures non-labialisées :

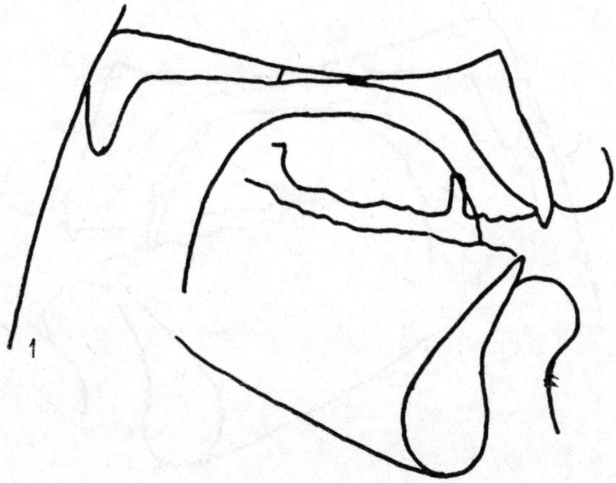

Fig. 1 — [ī]

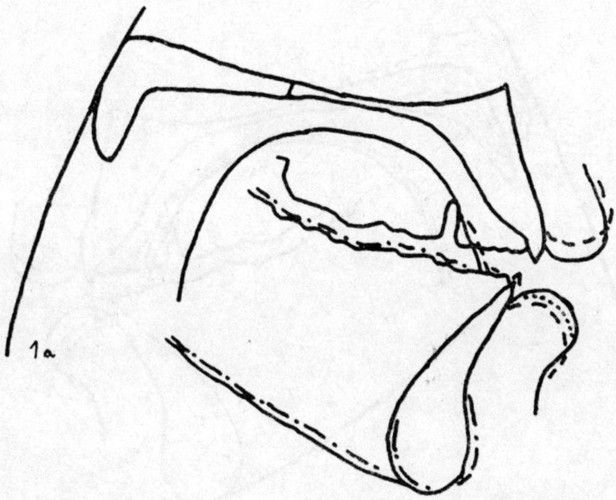

Fig. 1 a — p[ī]t (bítur) : 1 ———, 2+3+4 — — —, 5+6 ····, 7 —·—·

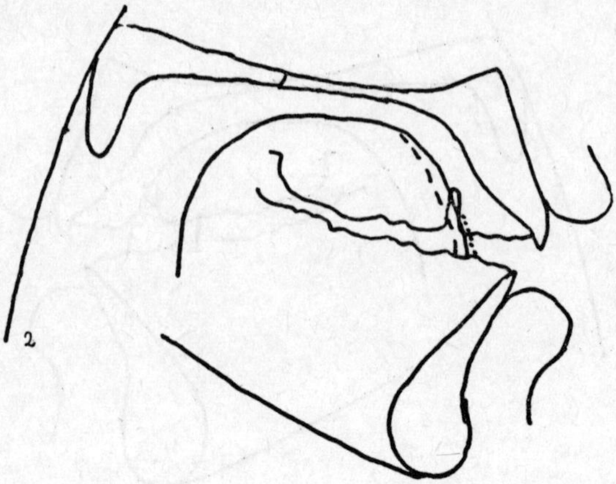

Fig. 2 — f[ī]l (fíl) : 1+2 ———, 3+4 — — —, 5 · · · · préparation du [l].

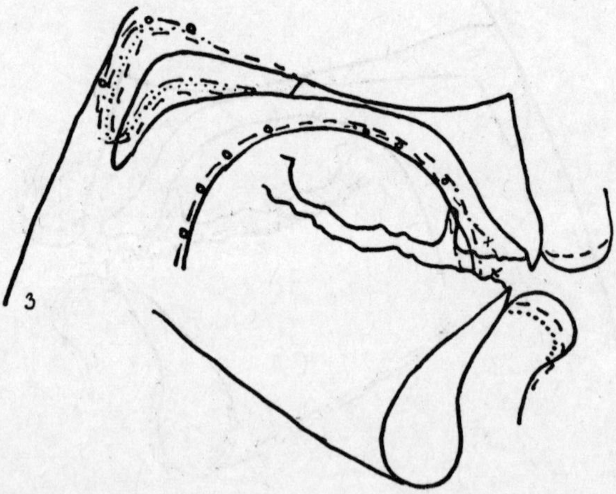

Fig. 3 — m[ī]s (mýs) : 1 ———, 2 — — —, 3 · · · ·, 4 — · — ·, 5 — o — o, 6 — x — x fin du [ī].

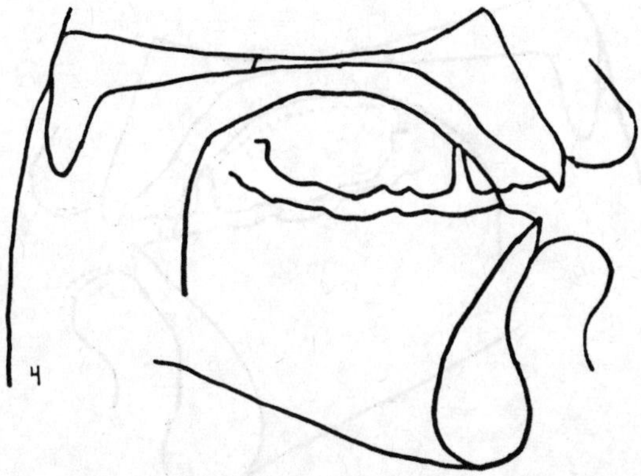

Fig. 4 — [ĭ]

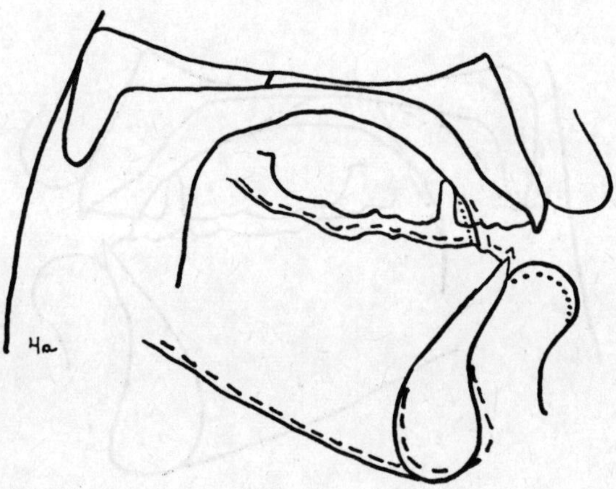

Fig. 4 a — p[ĭ]ht (býttar) : 1 ———, 2+3+4+5 · · · ·, 6 — — — préparation du [t].

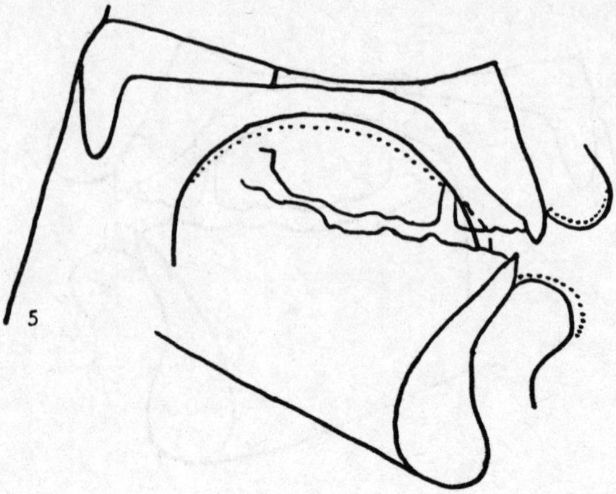

Fig. 5 — c[ĭ]s (Gísli) : 1+2 ———, 3 — — —, 4 ···· préparation du [s].

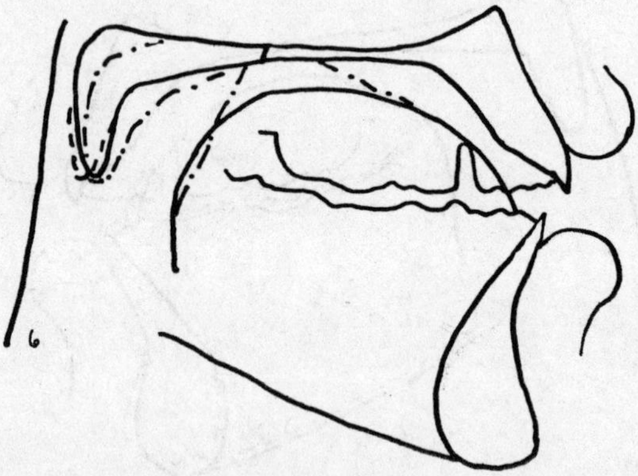

Fig. 6 — h[ĭ]ŋ (hingað) : 1 ———, 2+3 — — — (voile), 4 — · — · fin du [ĭ].

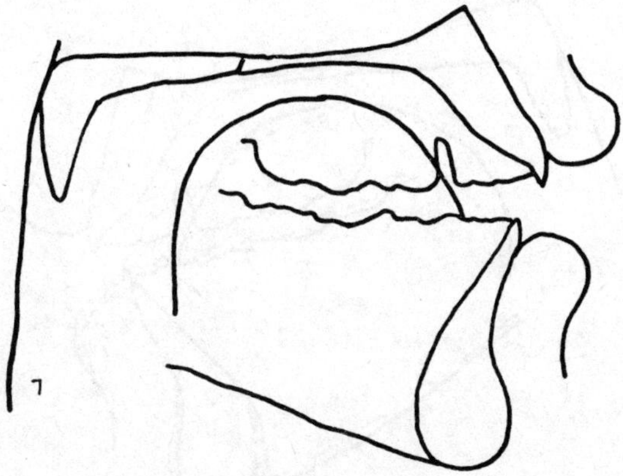

Fig. 7 — [Ī]

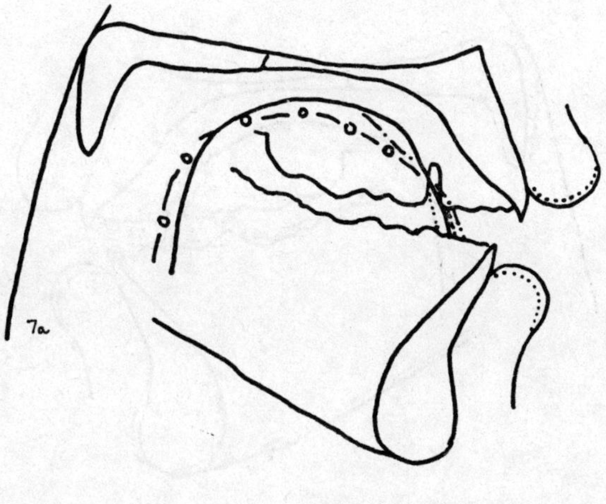

Fig. 7 a — p[Ī]t (bita) : 1 ———, 2+3+4 ····, 5 — — —, 6 — · —·, 7 — o — o préparation du [t].

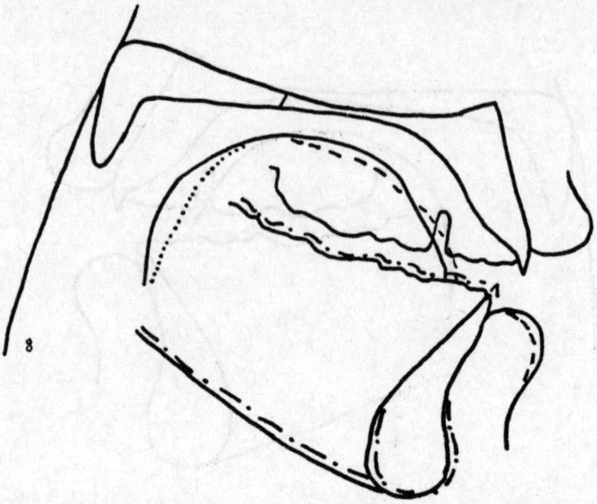

Fig. 8 — r[Ī]s (risans) : 1 ———, 2 — — —, 3 · · · ·, 4 — · — ·
préparation du [s].

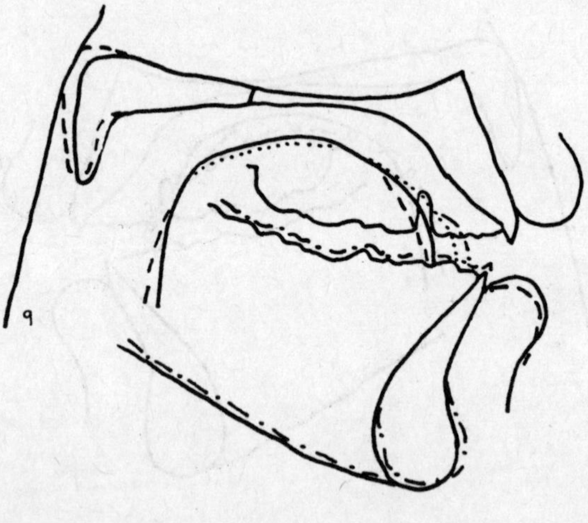

Fig. 9 — h[Ī]ð (hið) : 1 ———, 2+3 — — —, 4 · · · ·, 5 — . — .
préparation du [ð].

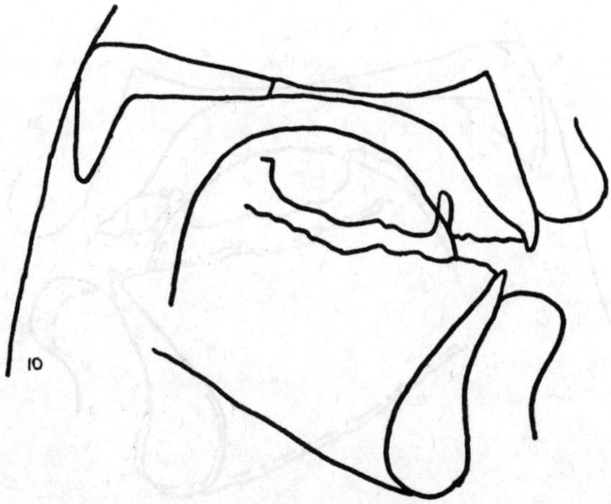

Fig. 10 — [Ĭ]

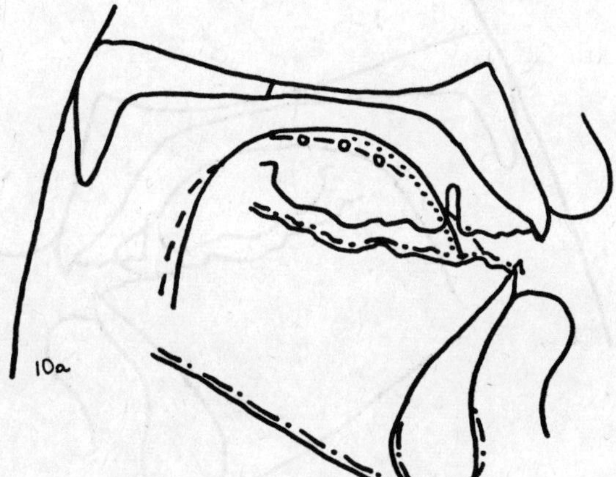

Fig. 10 a — p[Ĭ]ht (bytta) : 1 ———, 2 · · · ·, 3+4 — — —, 5 — · — ·, 6 — o — o préparation du [t].

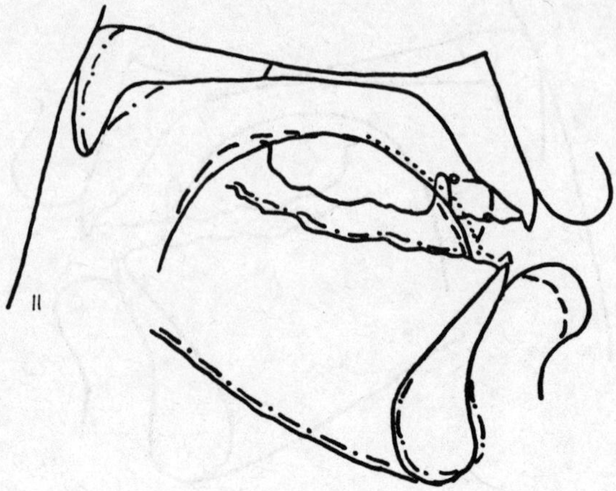

Fig. 11. p^h[Ĭ]n : (pinna) : 1 ———, 2 — — —, 3· · · ·, 4 — · — ·, 5 — o — o fin du [Ĭ].

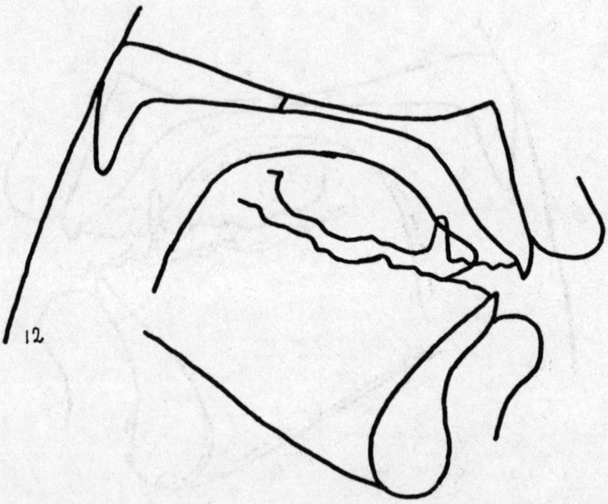

Fig. 12 — ht[I]l (léttilega) : une seule image.

13

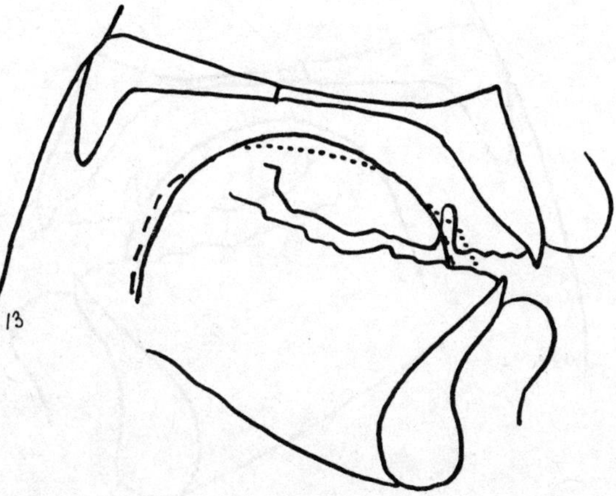

Fig. 13 — v[I]ð (við) : 1 ———, 2 — — —, 3 · · · · préparation du [ð].

14

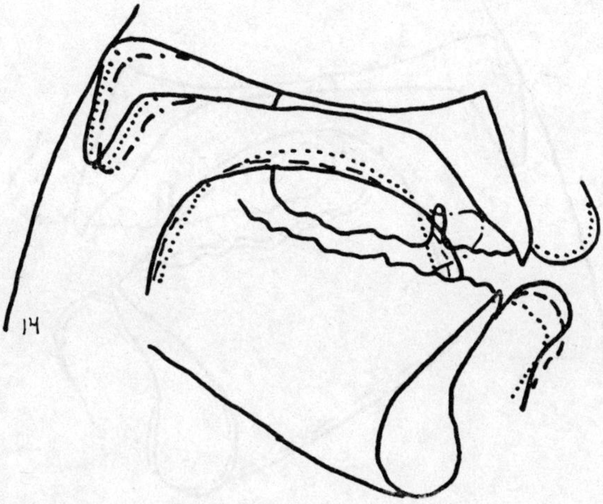

Fig. 14 — p[I]n (lömbin) : 1 ———, 2 — — —, 3 · · · ·, 4 — · — · fin du [I].

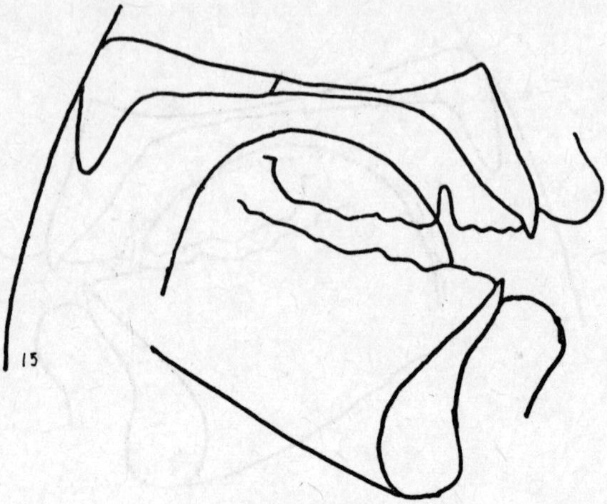

Fig. 15 — [ẽ]

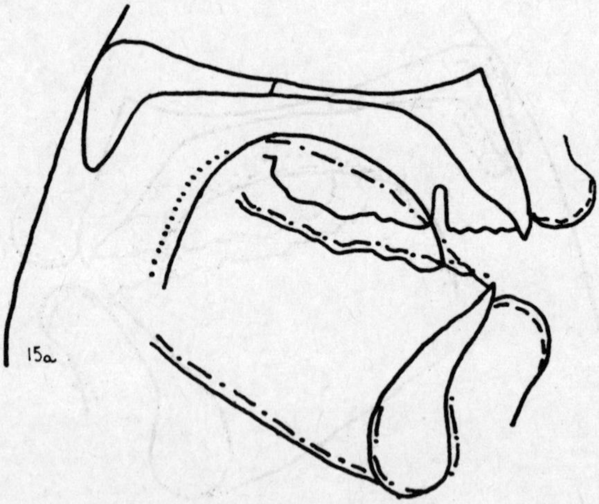

Fig. 15 a — p[ẽ]t (Betu) : 1 ———, 2 — — —, 3 · · · ·, 4 — · — · préparation du [t].

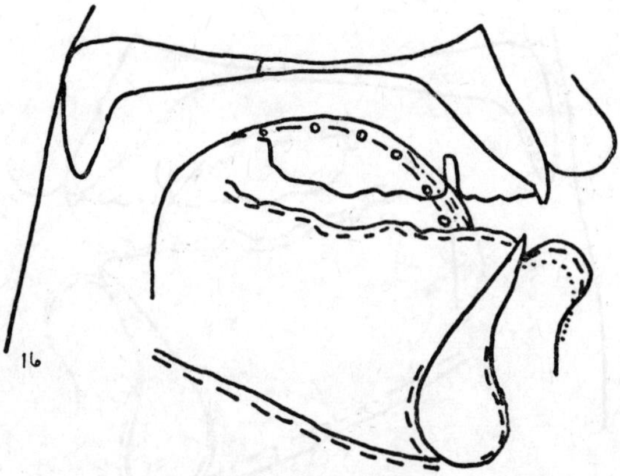

Fig. 16 — v[ē]l (vel) : 1 ———, 2+3 — — —, 4 · · · ·, 5 — · — ·, 6 — o — o préparation du [l].

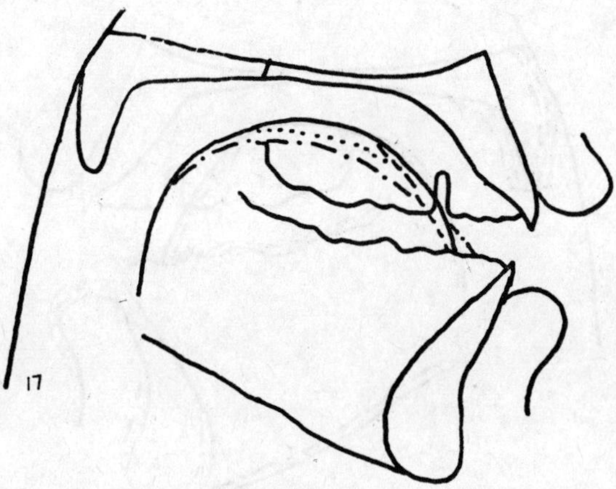

Fig. 17 — s[ē]l (selur) : 1 ———, 2 — — —, 3 · · · ·, 4 — · — · préparation du [l].

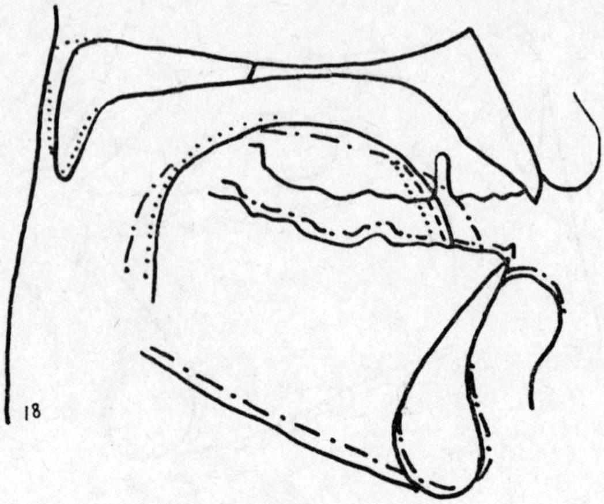

Fig. 18 — m[ē]t (metur) : 1 ———, 2 — — —, 3+4 · · · ·, 5 — · — · préparation du [t].

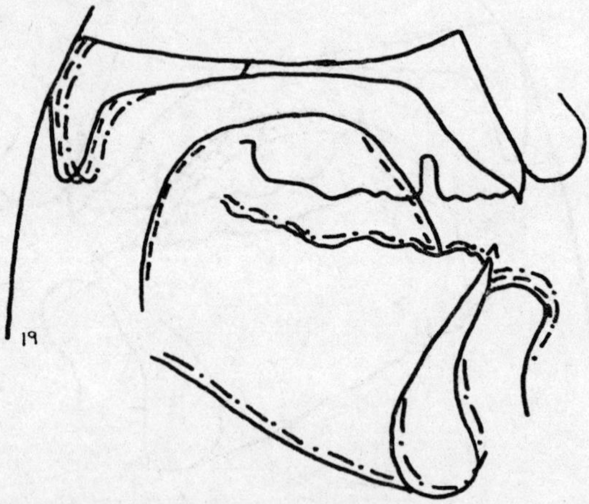

Fig. 19 — l[ē]m (lemur) : 1+2 ———, 3 — — —, 4 — · — · préparation du [m].

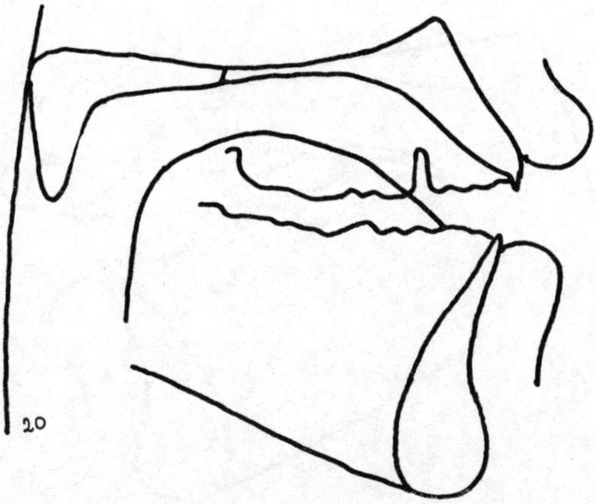

Fig. 20 — [ĕ]

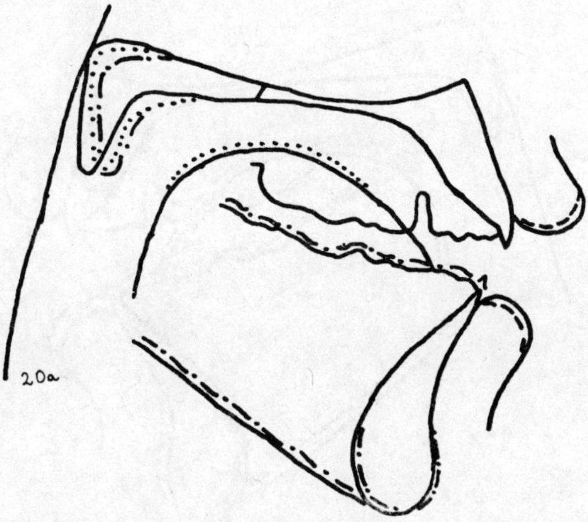

Fig. 20 a — p[ĕ]ht (Bettu) : 1 ———, 2 — — —, 3 · · · ·, 4 — · — ·
lèvres comme sur l'image 1 ; abaissement du voile.

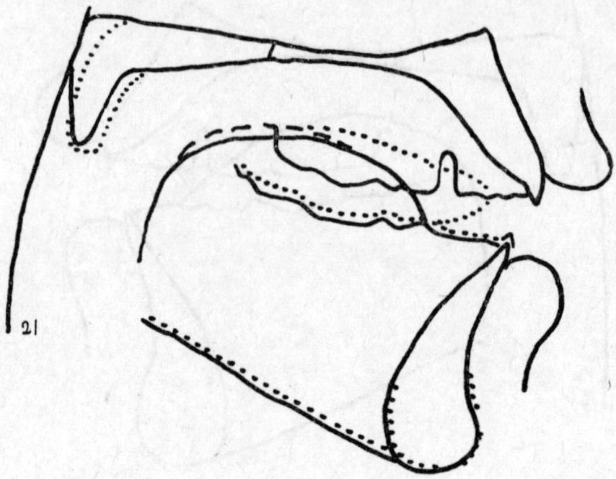

Fig. 21 — p^h[ĕ]n : (pennanum) : 1 ———, 2+3 — — —, 4 · · · · préparation du [n:].

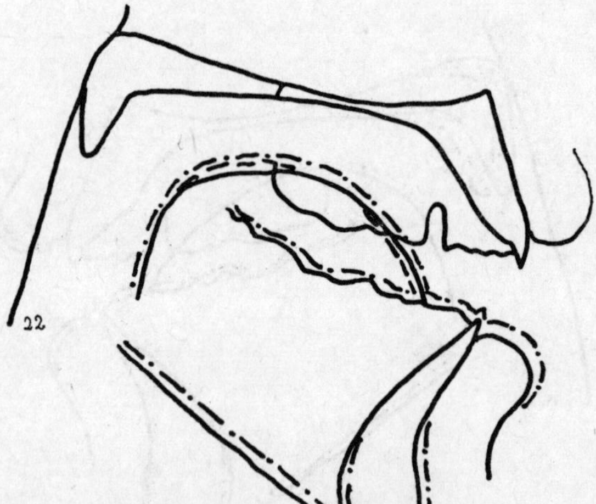

Fig. 22 — [ĕ]hc (ekki) : 1 ———, 2 — — —, 3 — · — · préparation du [c].

Voyelles antérieures labialisées :

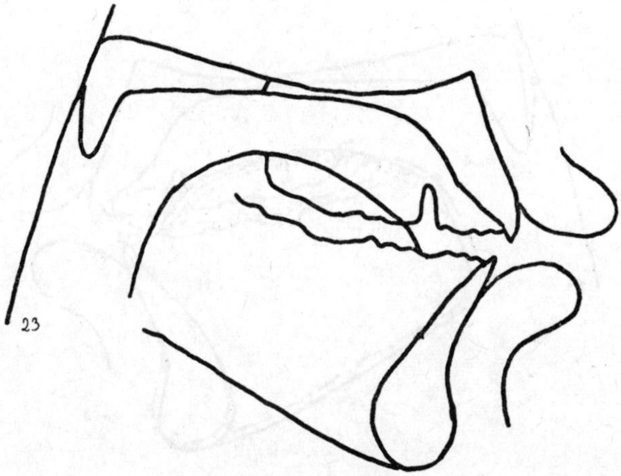

Fig. 23 — [Y]

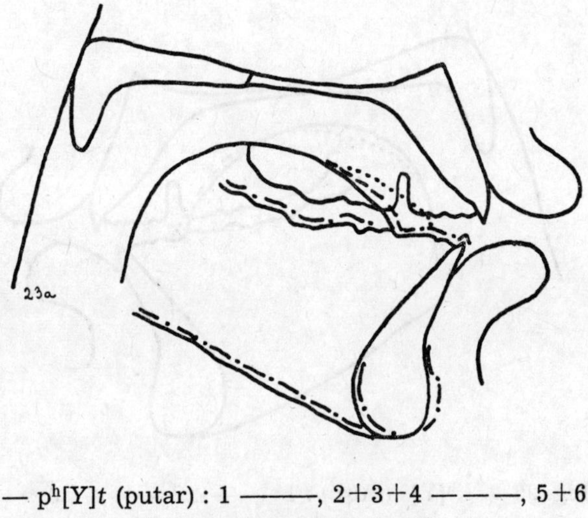

Fig. 23 a — p^{h}[Y]*t* (putar) : 1 ———, 2+3+4 — — —, 5+6 —·—·, 7 ···· préparation du [t].

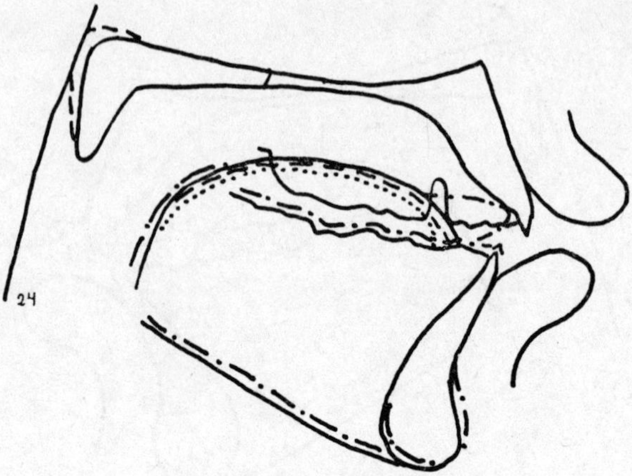

Fig. 24 — n[Y]t (nutuð) : 1 ———, 2 — — —, 3 · · · ·, 4 — · — · fin du [Y].

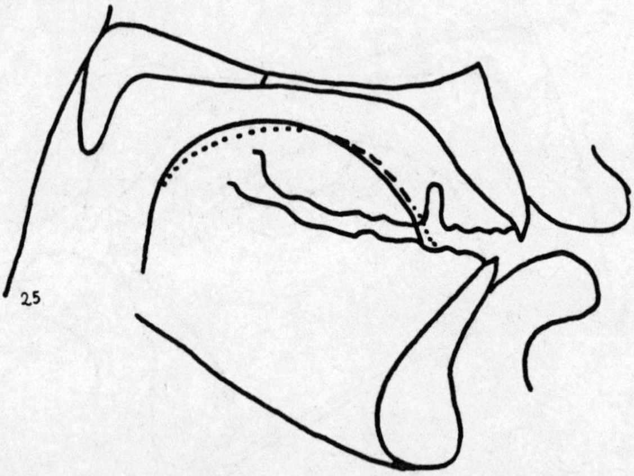

Fig. 25 — k^h[Y]s (kusu) : 1 ———, 2 — — —, 3 · · · ·

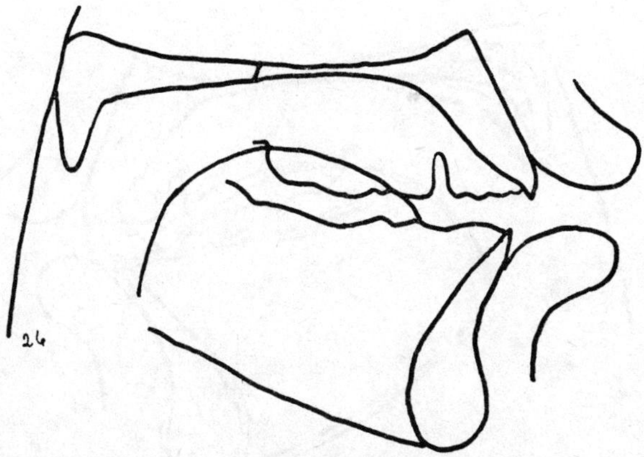

Fig. 26 — [Y]

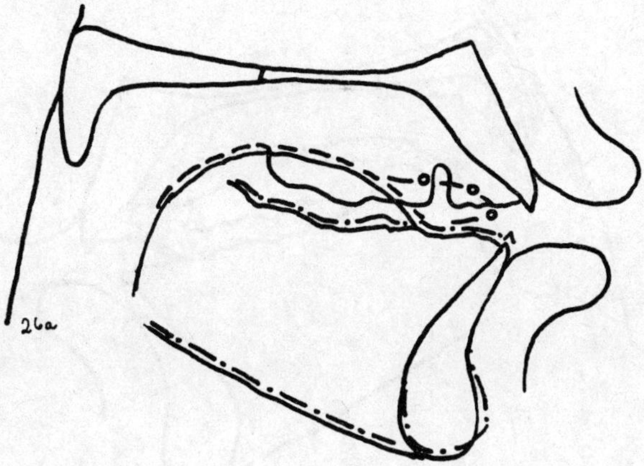

Fig. 26 a — p^h[Y]ht (puttar) : 1 ———, 2+3 — — —, 4 — · — ·, 5 — o — o préparation du [t].

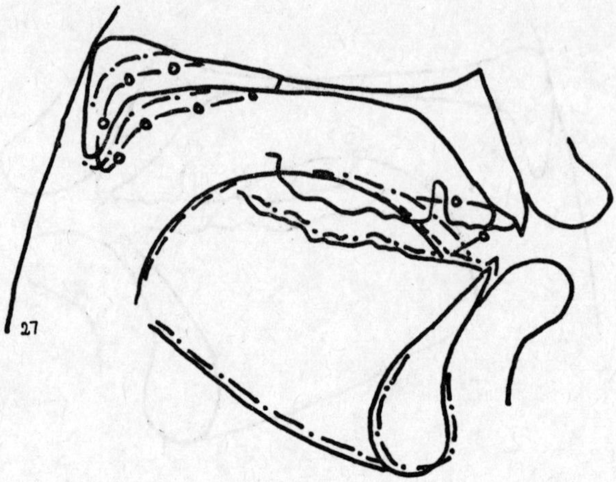

Fig. 27 — l[Y]n (lundinn) : 1 ———, 2 — — —, 3 — · — ·, 4 — o — o fin du [Y].

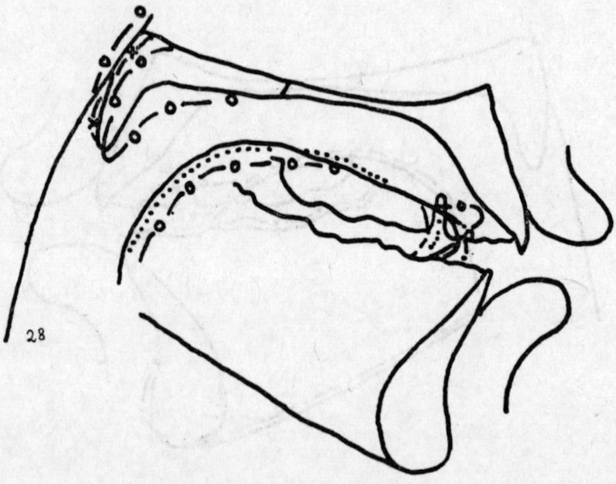

Fig. 28 — r[Y]n: (r*u*nnum) : 1 ———, 2 — — —, 3 · · · ·, 4 — · — ·, 5 — x — x (voile), 6 — o — o fin du [Y].

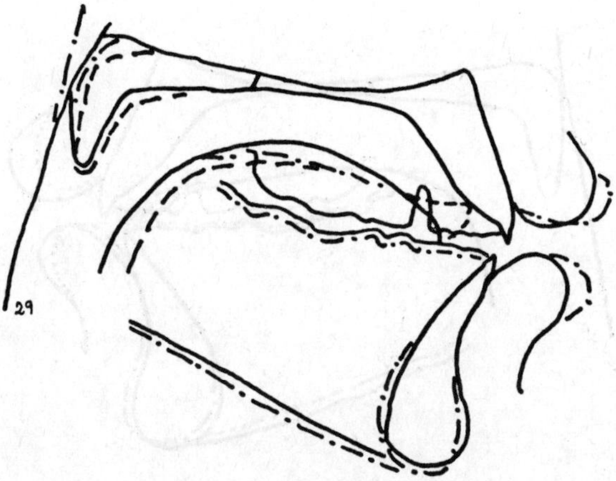

Fig. 29 — s[Y]n: (sunnar) : 1 ———, 2 — · — ·, 3 — — — (pointe) fin du [Y].

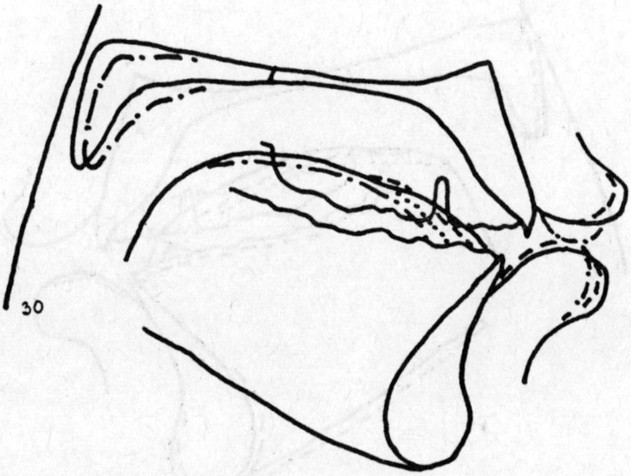

Fig. 30 — ð[Y]m (mátaðu) : 1 ———, 2 — — —, 3 · · · ·, 4 — · — · fin du [Y].

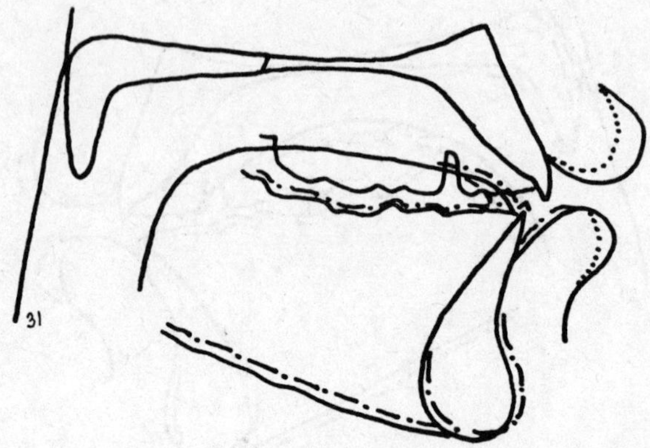

Fig. 31 — t[Y]ð (nut*u*ð) : 1 ———, 2— — — (pointe), 3 · · · ·, 4 — · — · fin du [Y].

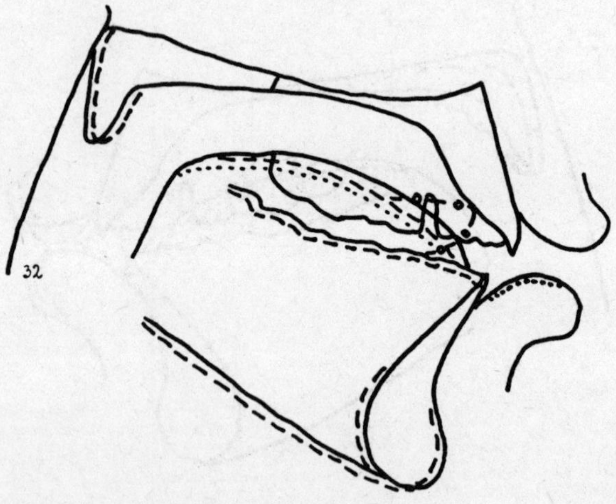

Fig. 32 — t[Y]t^h (viltu) : 1 ———, 2 — — —, 3 · · · · voile comme sur l'image 1, 4 — o — o fin du [Y].

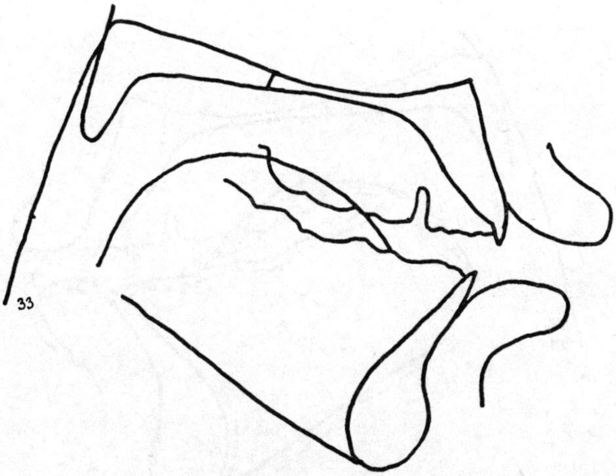

Fig. 33 — [Ö]

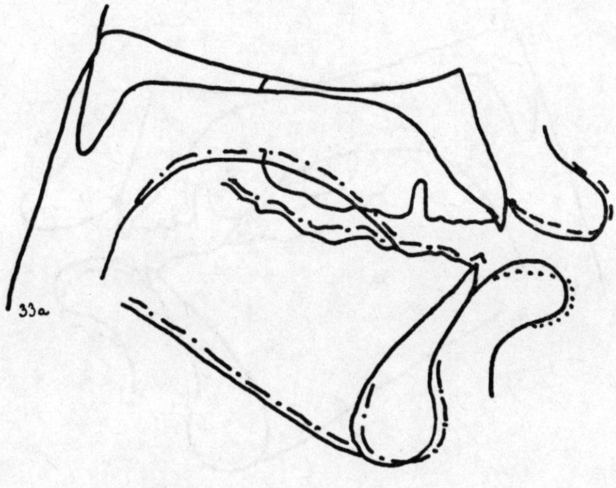

Fig. 33 a — p^h[Ö]t (pötum) : 1 ——, 2+3+4+5 —–—, 6 ····, 7 —·—· préparation du [t].

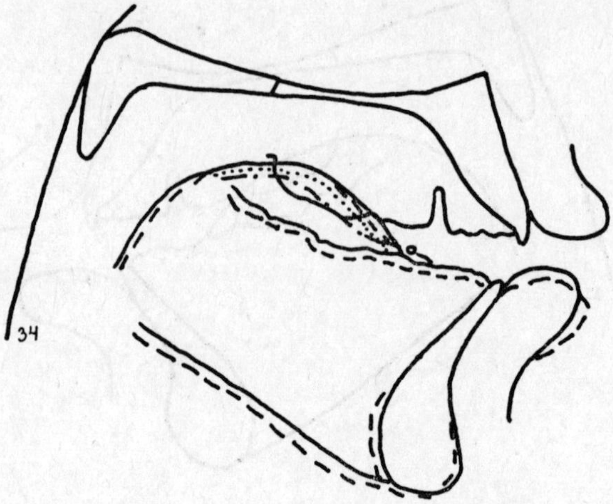

Fig. 34 — f[Ö]r (för) : 1 ———, 2 — — —, 3 · · · ·, 4 — · — ·, 5 — o — o (pointe) préparation du [r].

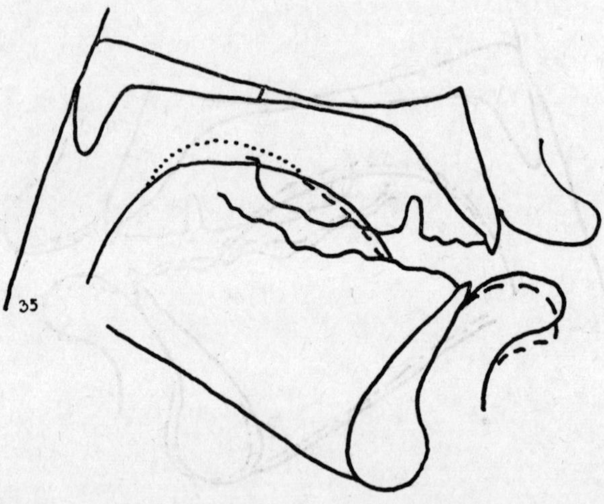

Fig. 35 — þ[Ö]γ (þögull) : 1 ———, 2+3 — — —, 4 · · · · préparation du [γ].

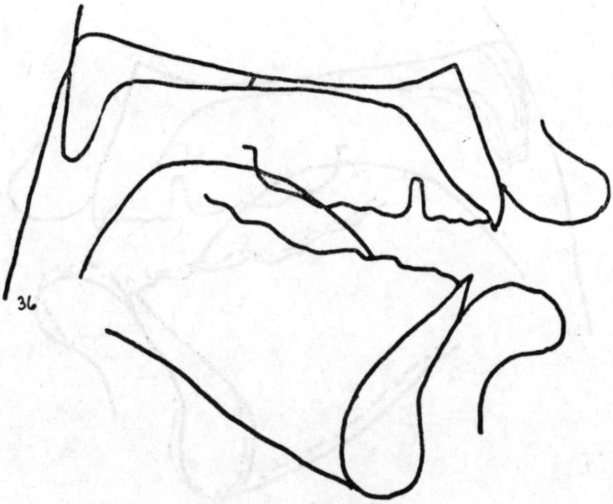

Fig. 36 — [ö]

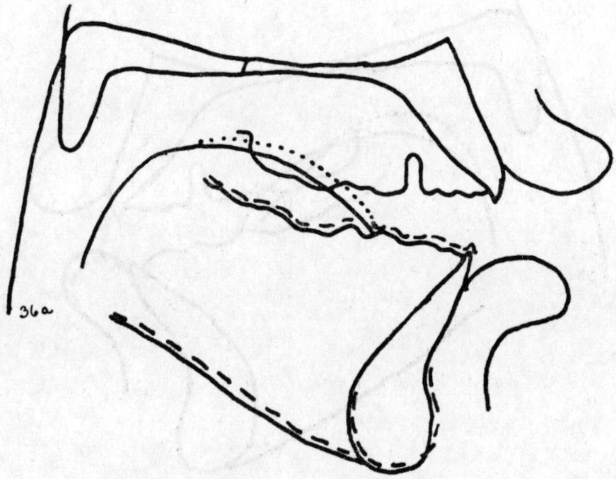

Fig. 36 a — p^h[ö]ht (pöttum) : 1+2 ———, 3 — — —, 4 · · · · préparation du [t].

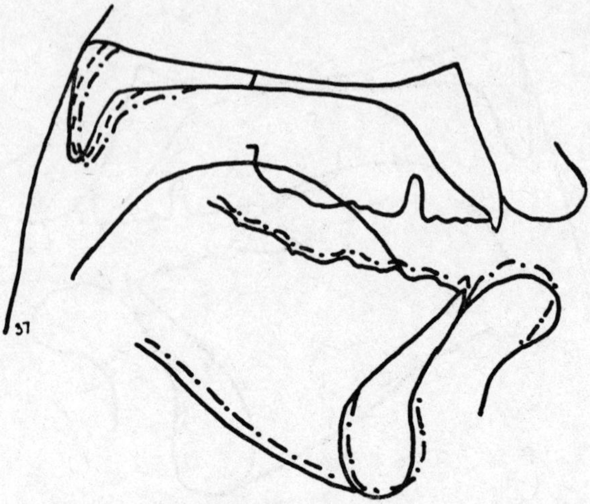

Fig. 37 — l[ö]m (lömbin) : 1 ———, 2 — — —, 3 —·—·
préparation du [m].

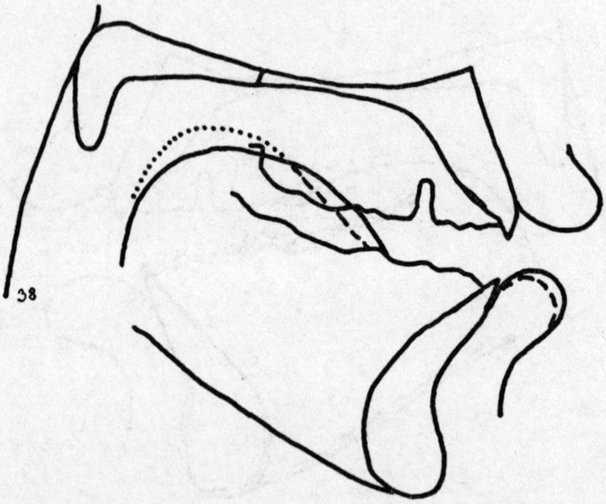

Fig. 38 — p[ö]k (bögglarnir) : 1 ———, 2 — — —, 3 ····
préparation du [k].

Voyelles postérieures labialisées :

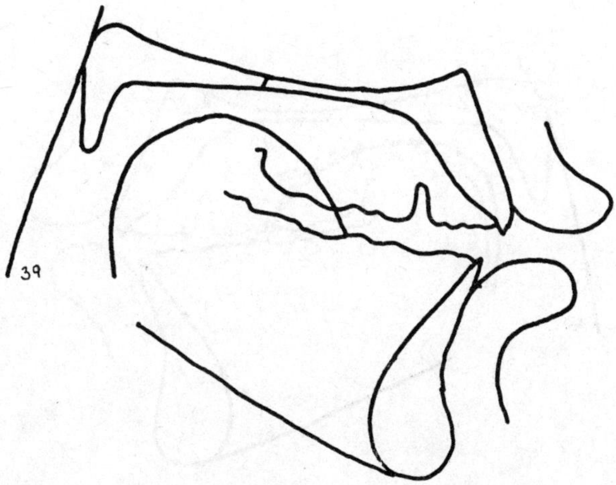

Fig. 39 — [ū]

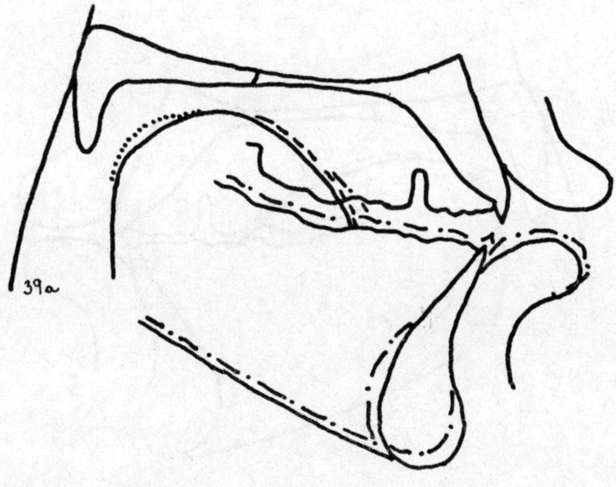

Fig. 39 a — p^h[ū]t (púta) : 1+2 ———, 3 — — —, 4+5 · · · ·, 6 langue comme sur l'image 1 en arrière, mais comme sur l'image 3 en avant, 7 —·—· préparation du [t].

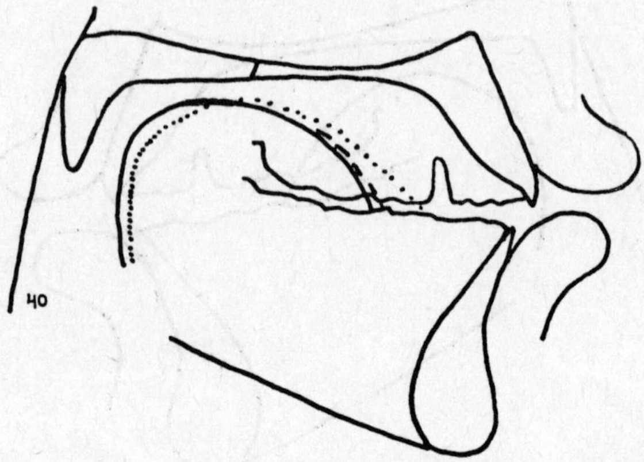

Fig. 40 — f[ū]s (Fúsa) : 1 ———, 2 — — —, 3 · · · · préparation du [s].

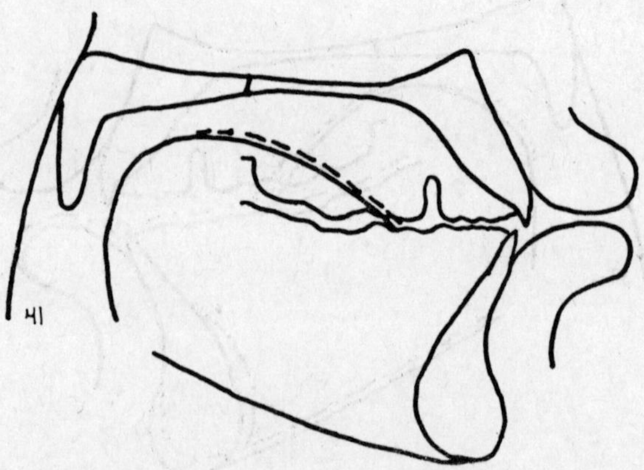

Fig. 41 — s[ū]t (sútað) : 1 ———, 2 — — —.

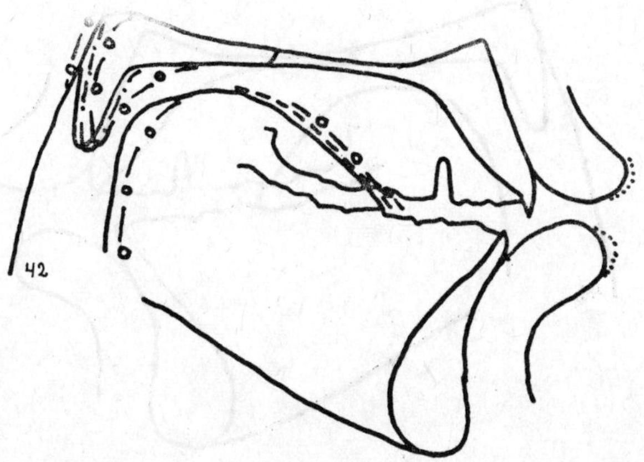

Fig. 42 — r[ū]n (Rúna) : 1 ———, 2 — — —, 3 · · · ·, 4 — · — ·, 5 — o — o préparation du [n].

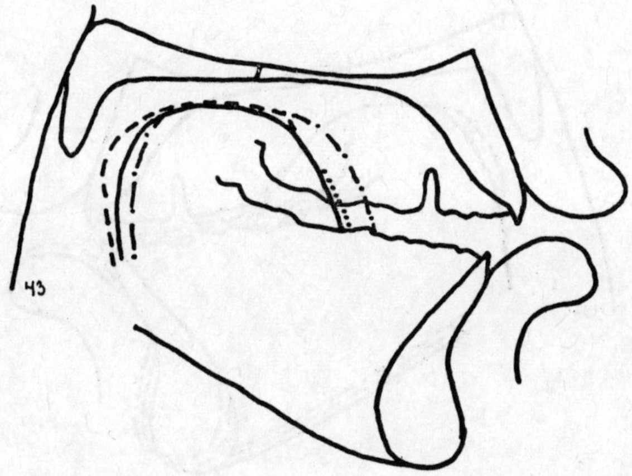

Fig. 43 — p^h[ū]l (púl) : 1+2 ———, 3 — — —, 4 · · · ·, 5 langue comme sur l'image 1, 6 — · — · préparation du [l].

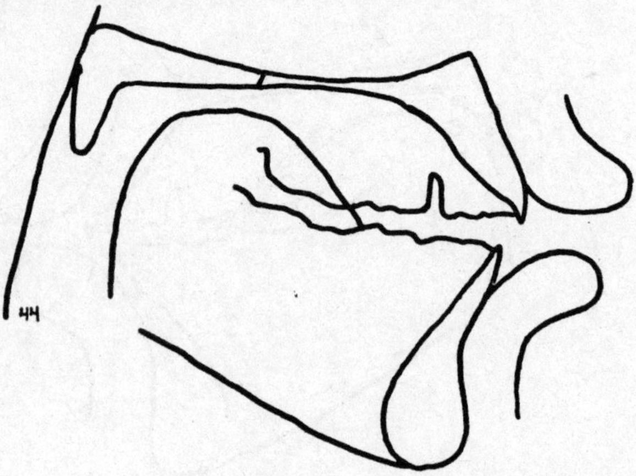

Fig. 44 — [ŭ]

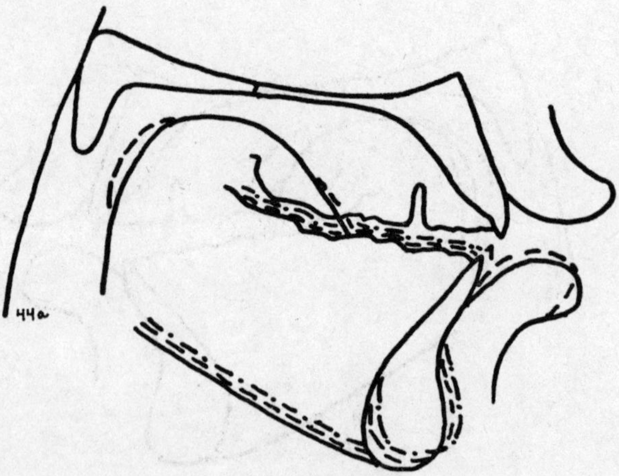

Fig. 44 a — p^h[ŭ]ht (pútta) : 1+2 ———, 3+4 — — —, 5 — · — · préparation du [t].

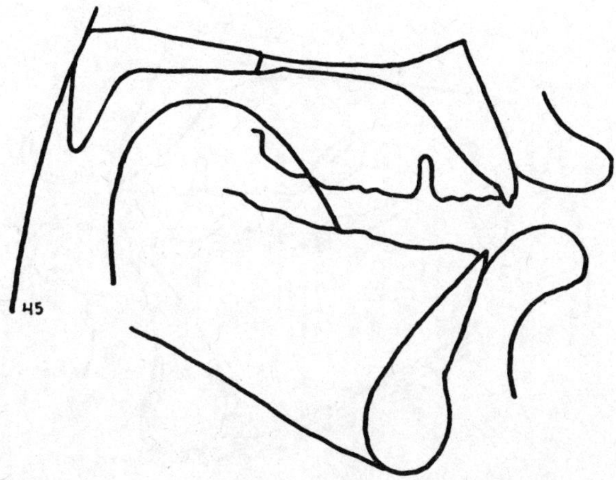

Fig. 45 — [ō]

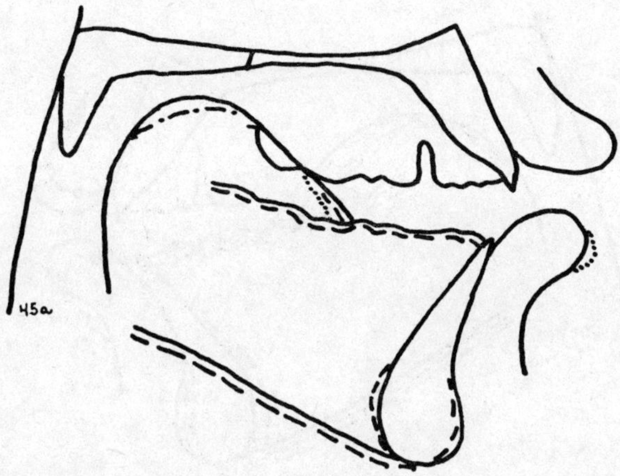

Fig. 45 a — p[h][ō]t (pota) : 1 ———, 2 — — —, 3+4 · · · ·, 5 — · — · pointe comme sur l'image 1 ; début de la préparation pour le [t].

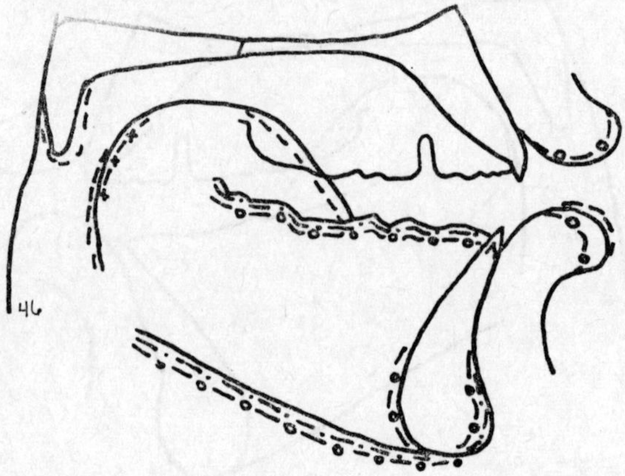

Fig. 46 — p^h[ō]k (pokann) : 1 ———, 2 — — —, 3 — · — ·, 4 — o — o, 5 — x — x pointe comme sur l'image 1.

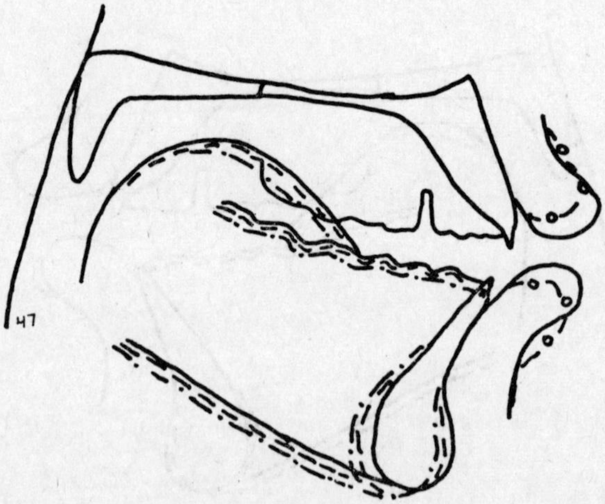

Fig. 47 — r[ō]k (rok) : 1 (non-dessinée), 2 ———, 3 — — —, 4 — · — ·, 5 — o — o langue comme sur l'image 2.

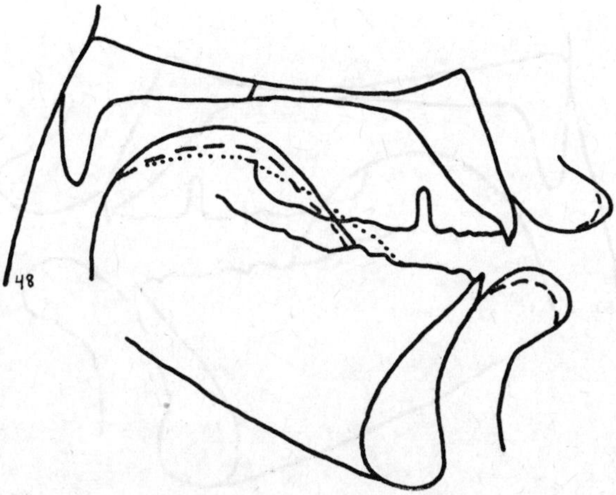

Fig. 48 — j[ō]ð (joð) : 1+2 (non-dessinées), 3 ———, 4 — — —, 5 ····
préparation du [ð].

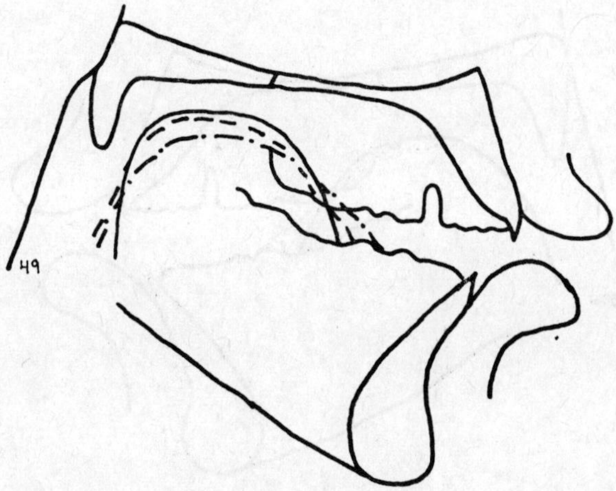

Fig. 49 — v[ō]r (voru) : 1 (non-dessinée), 2 ———, 3 — — —, 4 —·—·
préparation du [r].

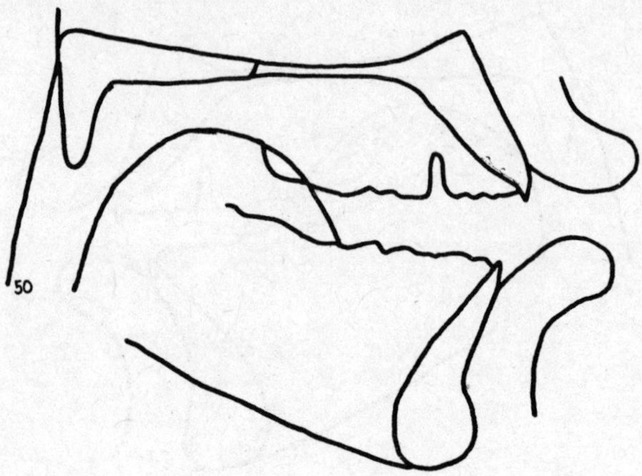

Fig. 50 — [ŏ]

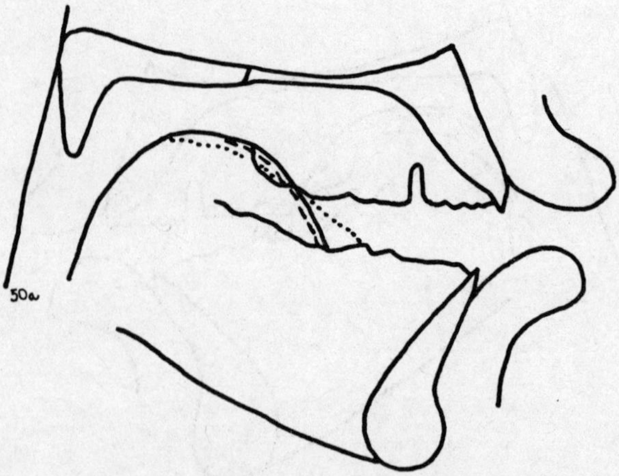

Fig. 50 a — p^h[ŏ]ht (pottar) : 1 ———, 2+3+4 — — —, 5 ····
préparation du [t].

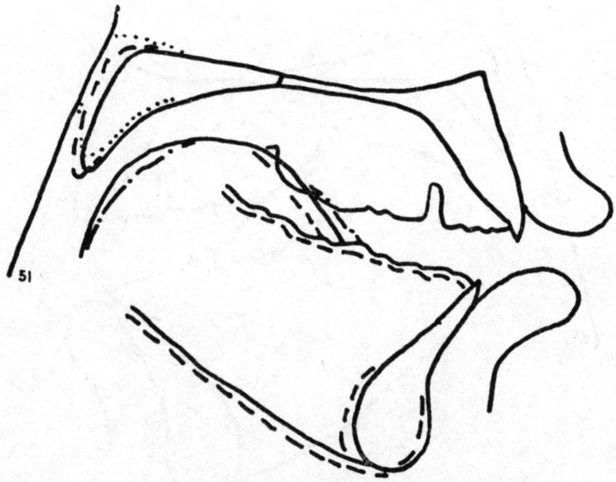

Fig. 51 — m[ŏ]*r* (morkna) : 1 ———, 2 — — —, 3 · · · ·, 4 — · — · préparation du [*r*].

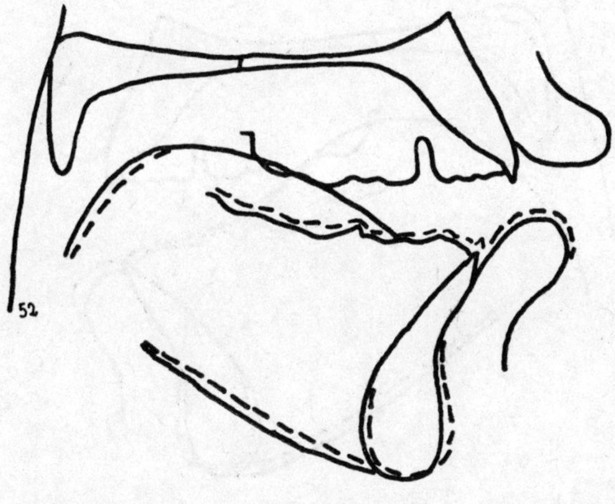

Fig. 52 — l[ŏ]f (loft) : 1+2 ———, 3 — — — préparation du [f].

Voyelles postérieures non-labialisées :

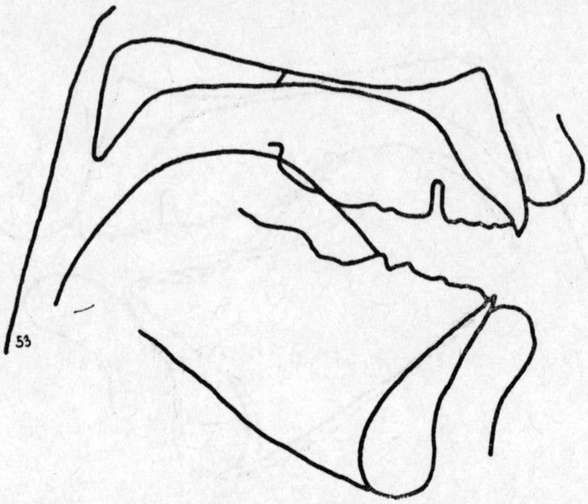

Fig. 53 — [ā]

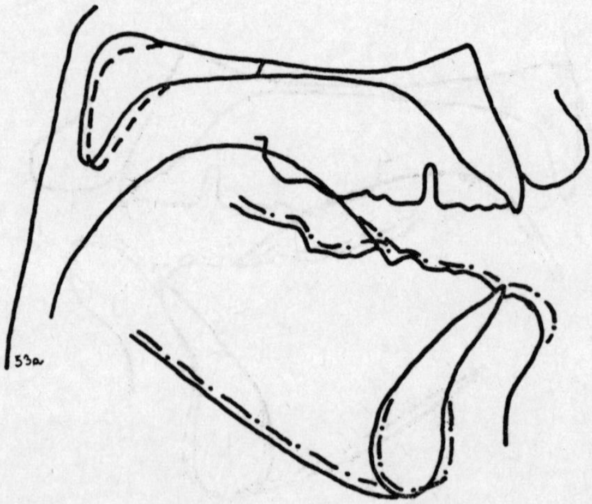

Fig. 53 a — pʰ[ā]t (pata) : 1 ———, 2+3+4 — — —, 5 —·—·

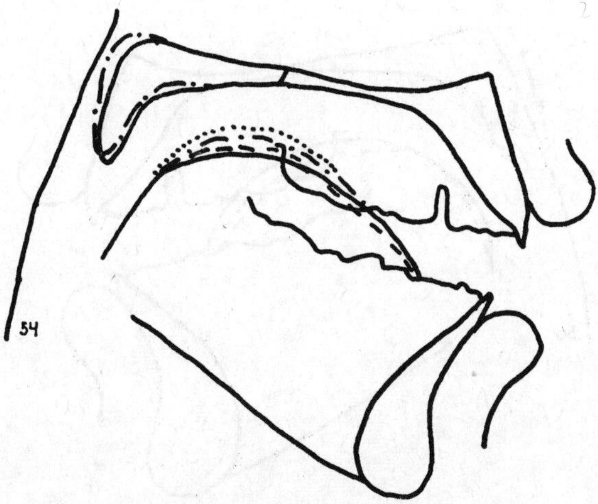

Fig. 54 — n[ā]γ (nagar) : 1 ———, 2+3 — — —, 4 — · — · 5 · · · · préparation du [γ].

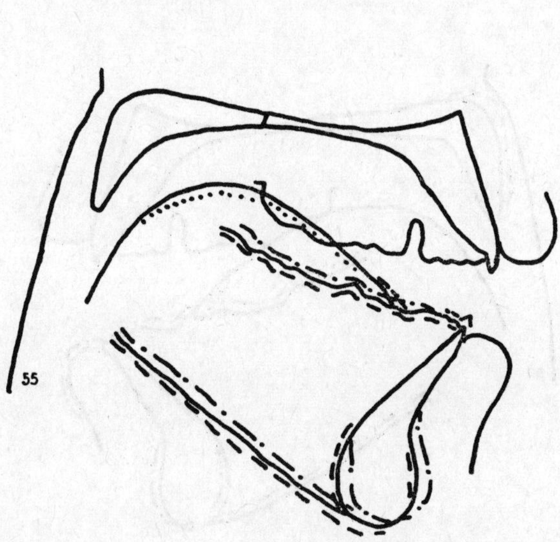

Fig. 55 — p[ā]r (bara) : 1 ———, 2+3 — — —, 4+5 · · · ·, 6 — · — · préparation du [r].

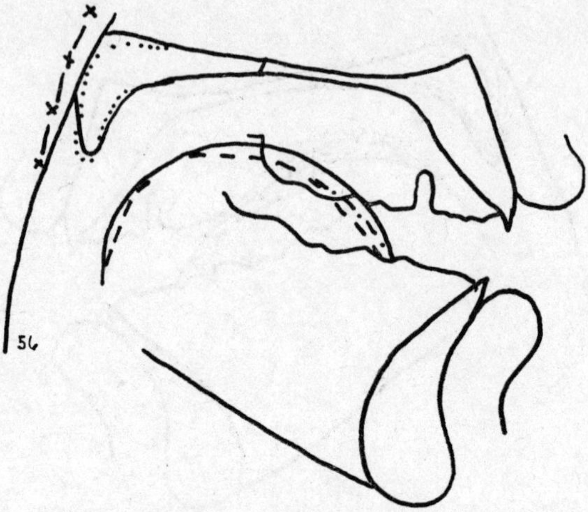

Fig. 56 — k^h[ā]k (k*a*ka) : 1 ———, 2 — — —, 3 · · · ·, 4 — · — ·, 5 — x — x.

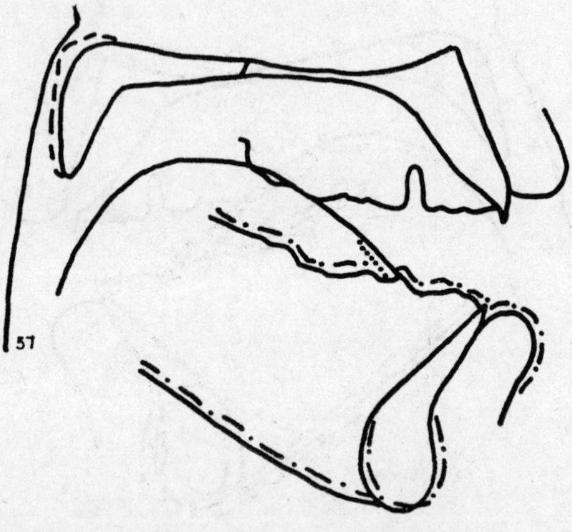

Fig. 57 — [ā]þ (*A*bena) : 1+2+3 ———, 4 — — —, 5 · · · ·, 6 — · — · préparation du [þ].

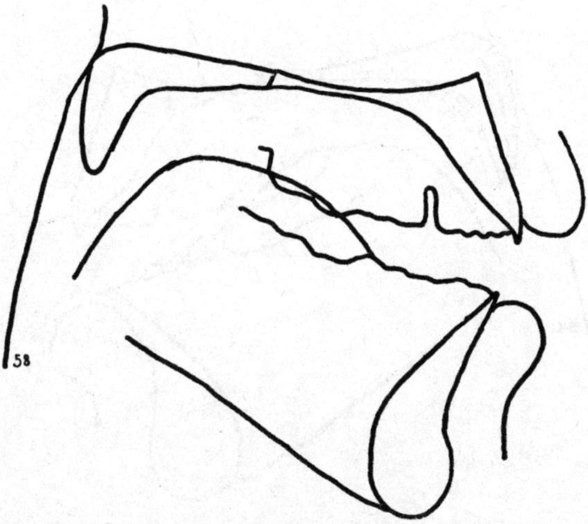

Fig. 58 — [ă]

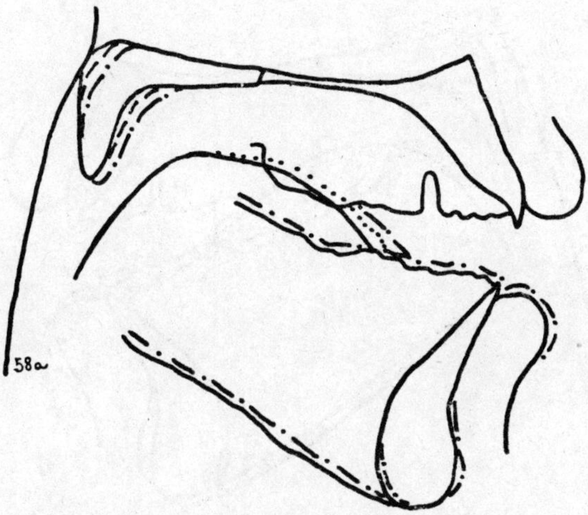

Fig. 58 a — p^h[ă]ht (p*a*tta) : 1 ———, 2 — — —, 3+4 · · · ·, 5 — · — · préparation du [t].

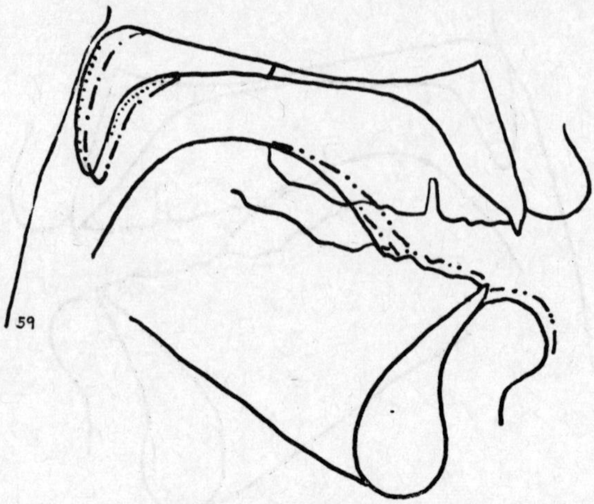

Fig. 59 — p^h[ă]hp (pappann) : 1+2 ———, 3 · · · ·, 4 — · — ·, 5 — · · — · · préparation du [p].

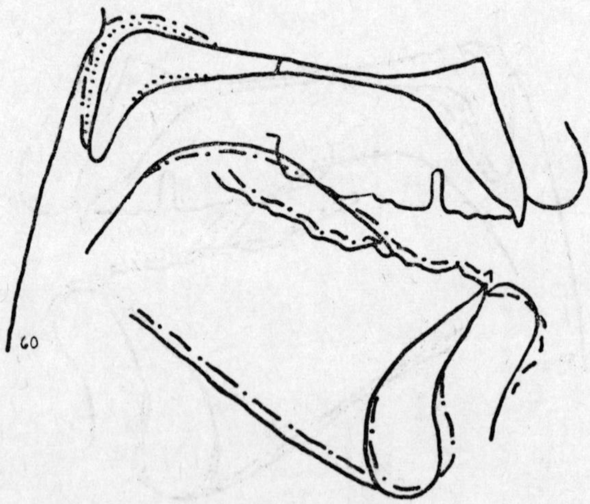

Fig. 60 — m[ă]r: (marrar) : 1 ———, 2 — — —, 3 · · · ·, 4 — · — · préparation du [r:].

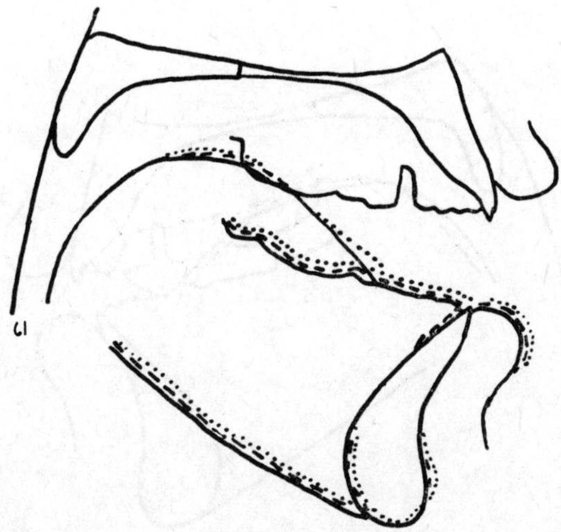

Fig. 61 — h[ă]hk (h*a*kkaðu) : 1 ———, 2 — — —, 3 · · · ·
préparation du [k].

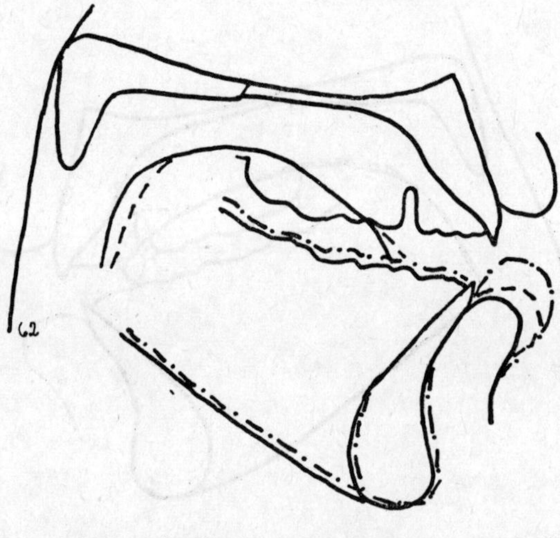

Fig. 62 — k[ă]f: (sk*a*ffar) : 1 ———, 2 — — —, 3 — · — ·
préparation du [f:].

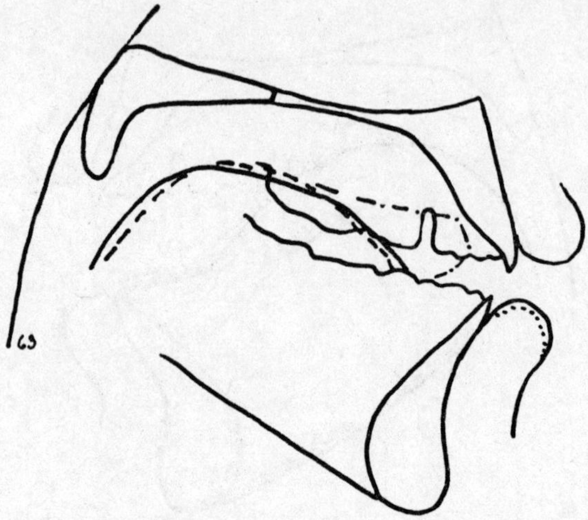

Fig. 63 — f:[a]r (skaff*a*r) : 1 ———, 2 — — —, 3 · · · ·, 4 — · — · fin du [a].

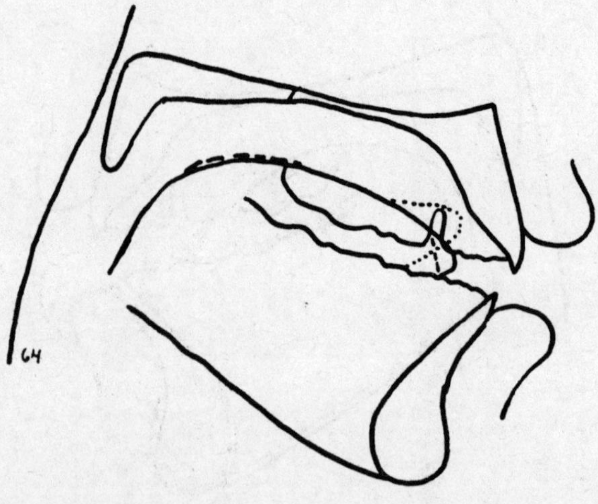

Fig. 64 — r:[a]r (marr*a*r) : 1 ———, 2 — — —, 3 · · · · fin du [a].

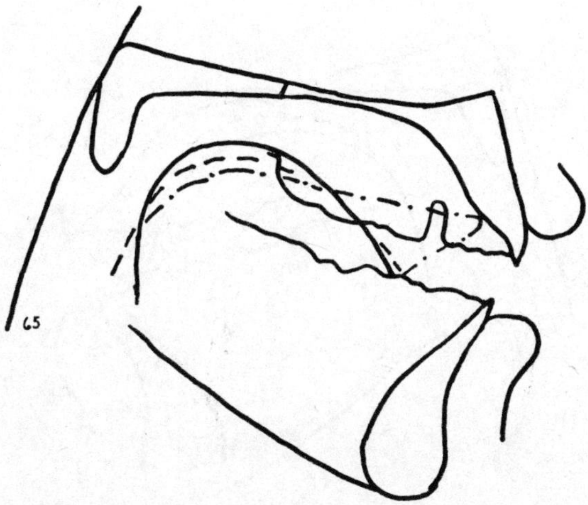

Fig. 65. — γ[a]r (nag*a*r) : 1 ———, 2 — — —, 3 — · — · fin du [a].

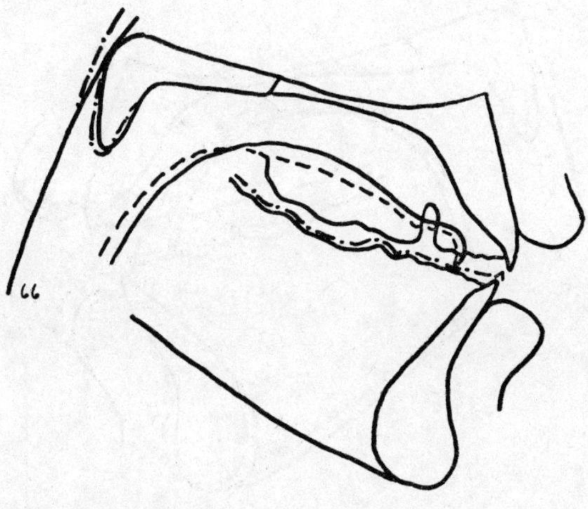

Fig. 66 — s[a]s (flaks*a*st) : 1 ———, 2+3 — — —, 4 — · — · fin du [a].

Diphtongues à deuxième segment -i :

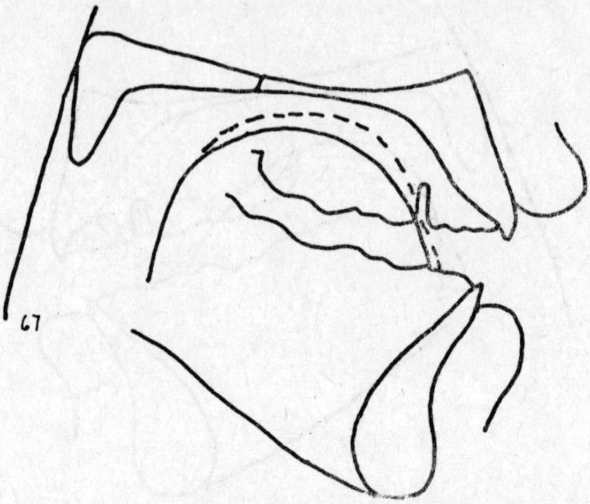

Fig. 67 — [ēī]

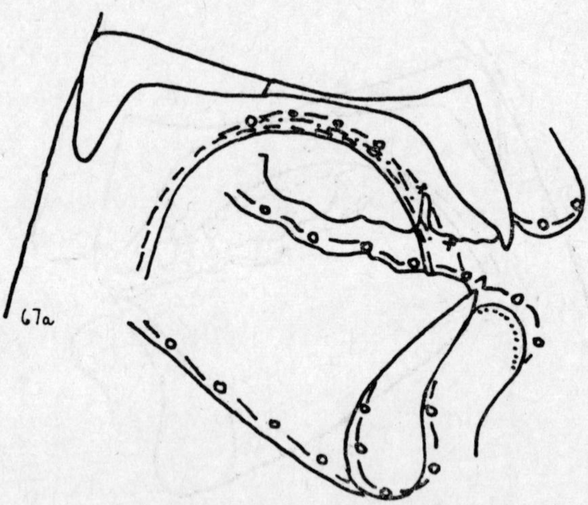

Fig. 67 a — p[ēī]t (beita) : 1 ———, 2 · · · ·, 3 — — —, 4 — · — ·, 5 — o — o, 6 — x — x préparation du [t].

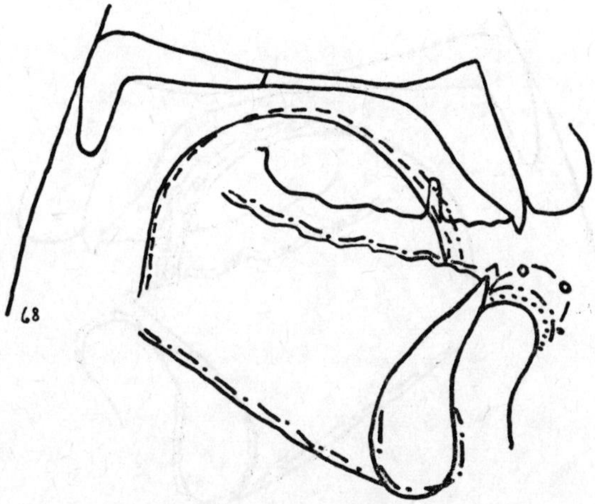

Fig. 68 — r[ēī]v (reif) : 1 ———, 2 — — —, 3 · · · ·, 4 — · — ·, 5 — o — o préparation du [v].

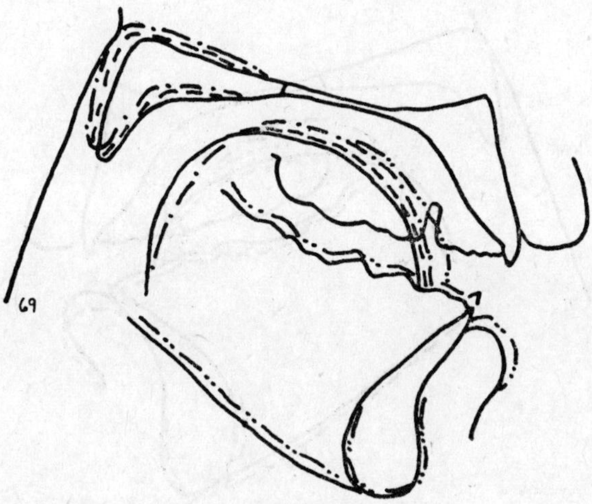

Fig. 69 — n[ēī]t (neitar) : 1 ———, 2 — — —, 3 — · — ·, 4 — · · — · · préparation du [t].

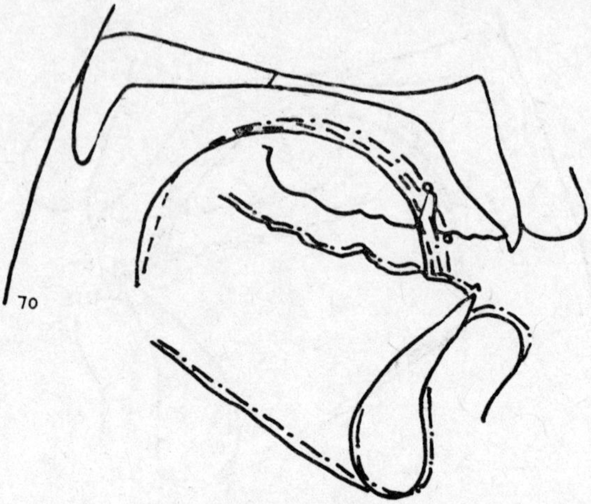

Fig. 70 — t[ēī]ð (deyðir) : 1 ———, 2 — — —, 3 — · — ·, 4 —o—o préparation du [ð].

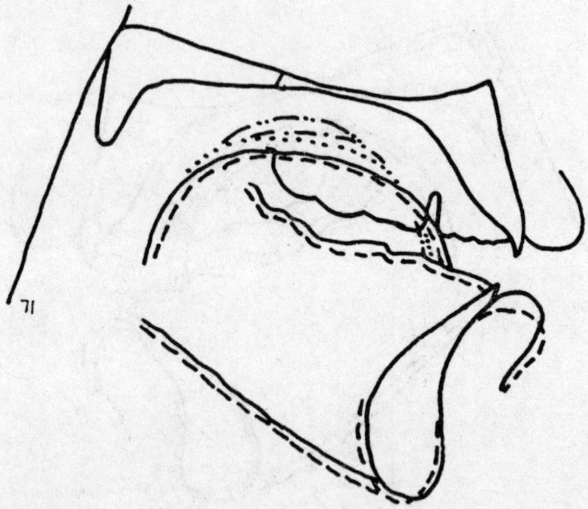

Fig. 71 — p[ĕĭ]γ (beygðist) : 1 ———, 2 — — —, 3 · · · · maxillaire inférieur entre 1 et 2, 4 — · — ·, 5 — · · — · · préparation du [γ].

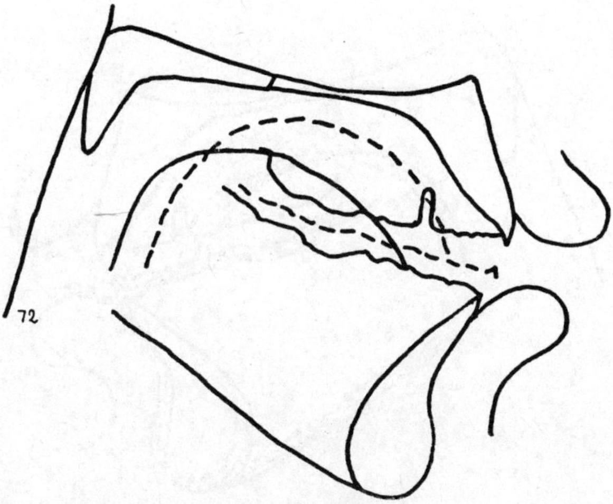

Fig. 72 — [Öī]

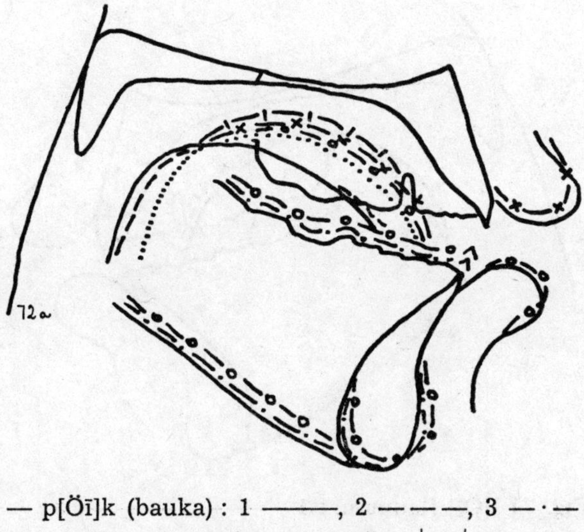

Fig. 72 a — p[Öī]k (bauka) : 1 ———, 2 — — —, 3 — · — ·, 4 · · · ·, 5 — o — o, 6 — x — x, 7 — | — |.

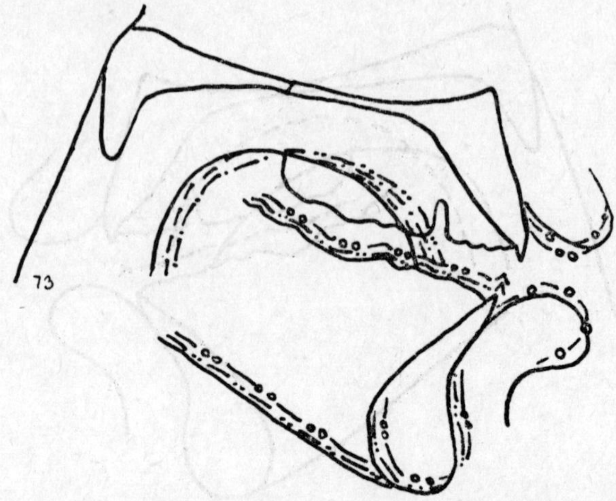

Fig. 73 — k^h[Öī]p (kaup) : 1 ——, 2 — — —, 3 — · — ·, 4 — · · — · ·, 5 — o — o, 6 — oo — oo préparation du [p].

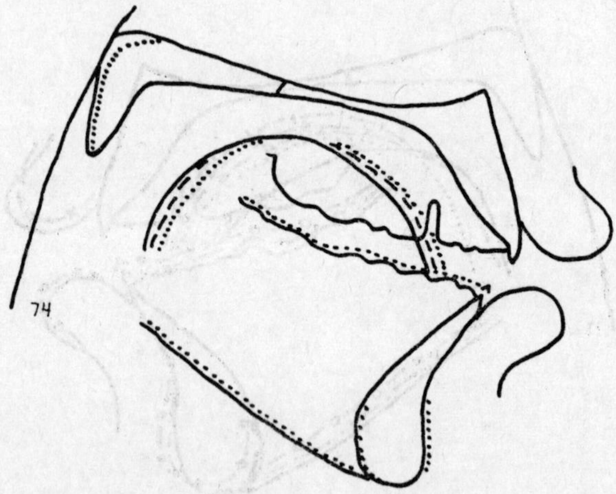

Fig. 74 l[Öī] (launum) : 1 ——, 2 — — —, 3 · · · ·

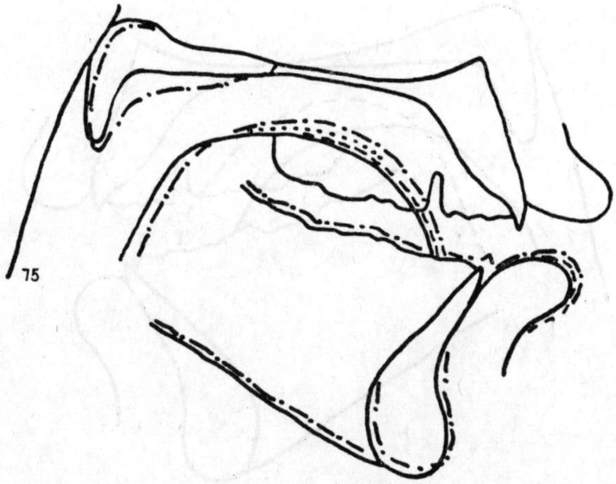

Fig. 75 — f[öĭ]ŋ̥ (föngin) : 1 ———, 2 — — —, 3 · · · ·, 4 — · — ·

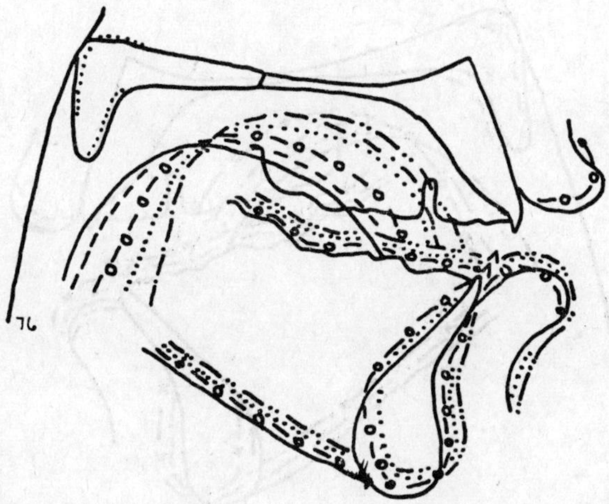

Fig. 76 — l[ōĭ]j (loginn) : 1 ———, 2 — — —, 3 — o — o, 4 · · ·, 5 — · — ·, 6 — · · — · ·

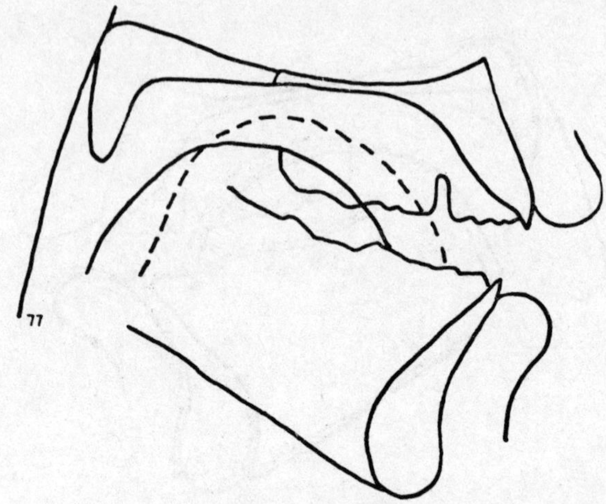

Fig. 77 — [ãĩ]

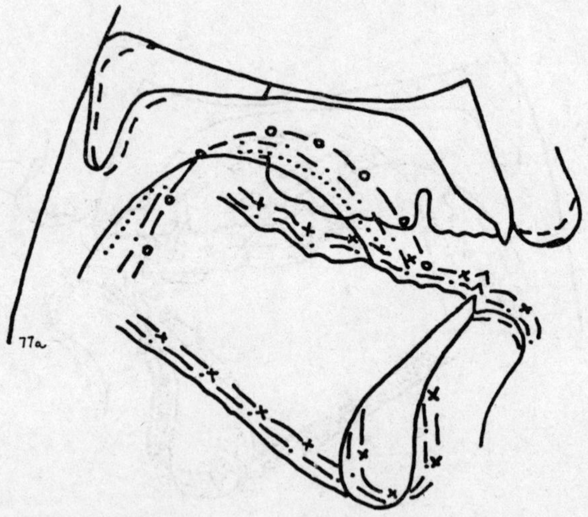

Fig. 77 a — p[ãĩ]t (bæta) : 1 ———, 2+3 — — —, 4 · · · ·, 5 — · — · le voile retourne à la position de l'image 1, 6 — o — o, 7 — x — x.

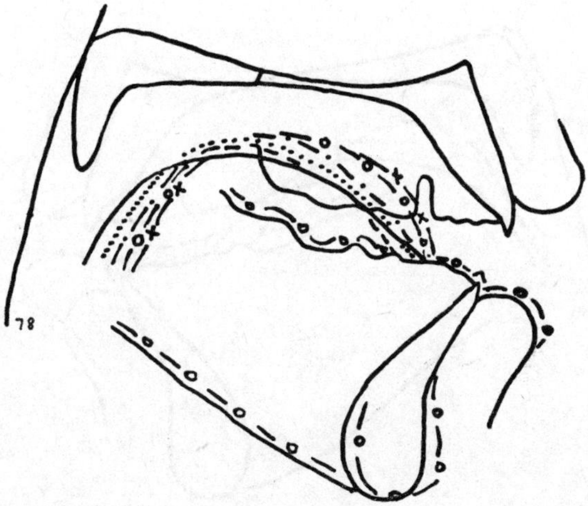

Fig. 78 — þ[āĭ]r (þær) : 1+2 ———, 3 — — —, 4 · · · ·, 5 —· — —·,
6— o — o, 7 — x — x préparation du [r].

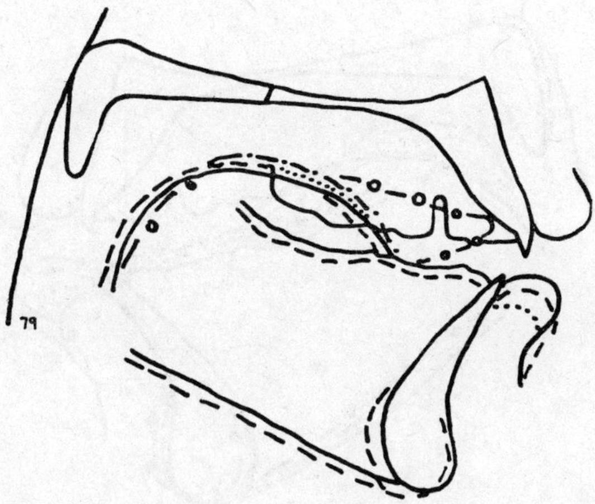

Fig. 79 — f[ăĭ]l (fældi) : 1 ———, 2— — —, 3 · · · ·, 4 — · — ·
maxillaire inférieur comme sur l'image 1, 5 — o — o fin du [ăĭ].

Diphtongues à deuxième segment -u :

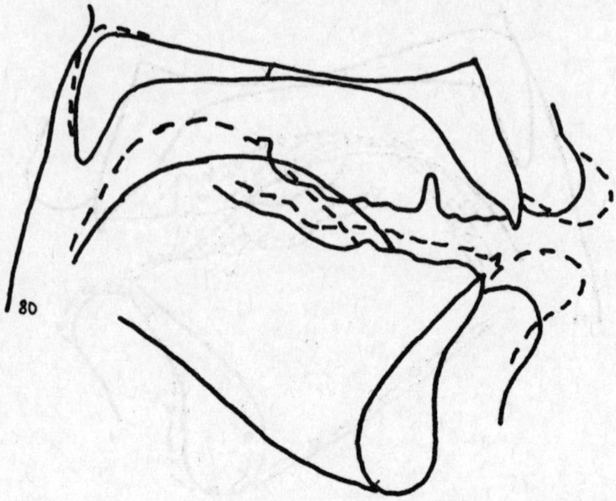

Fig. 80 — [āū]

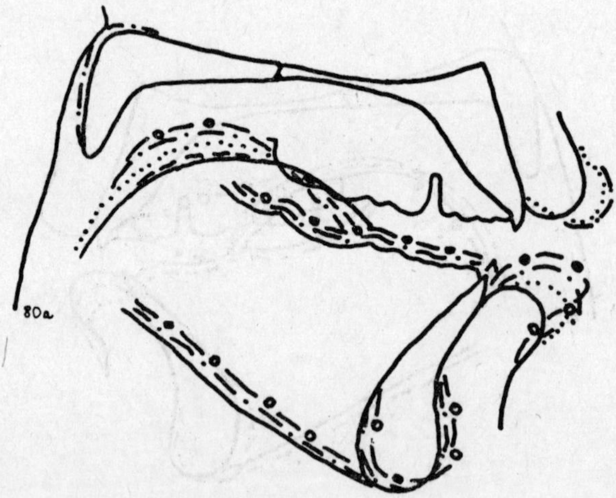

Fig. 80 a — p[āū]t (bátar) : 1 ———, 2+3 — — —, 4 · · · ·, 5 — · — ·, 6 — o — o pointe comme sur les images 2+3 ; préparation du [t].

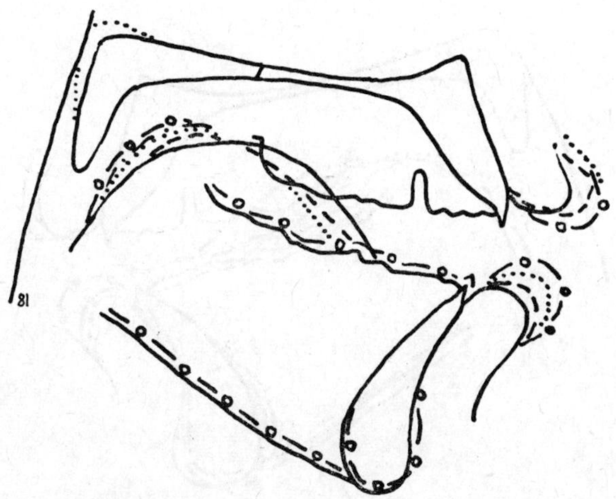

Fig. 81 — v[āū]f (vá) : 1+2 ———, 3 — — —, 4 · · · ·, 5 — · — ·, 6 — o — o.

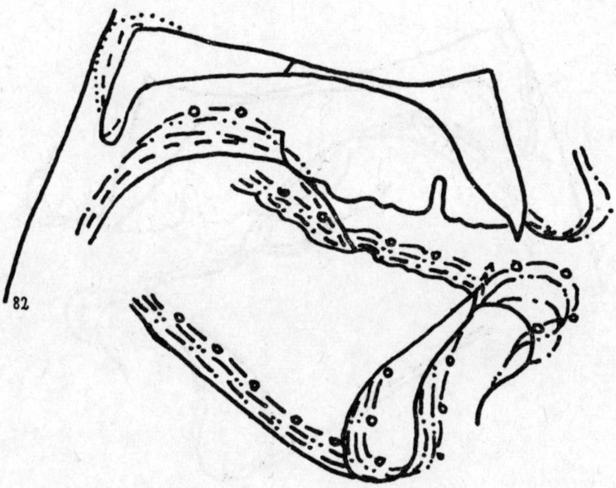

Fig. 82 — m[āū]t (mátaðu) : 1 ———, 2 — — —, 3 · · · ·, 4 — · — ·, 5 — · · — · ·, 6 — o — o préparation du [t].

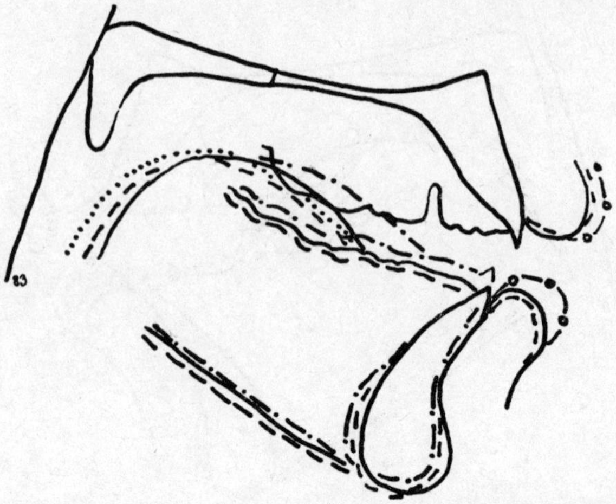

Fig. 83 — p^h[ăŭ]t (Páll) : 1 ———, 2 — — —, 3+4 · · · ·, 5 —o—o maxillaire inférieur comme sur l'image 1, 6 —·—· préparation du [t].

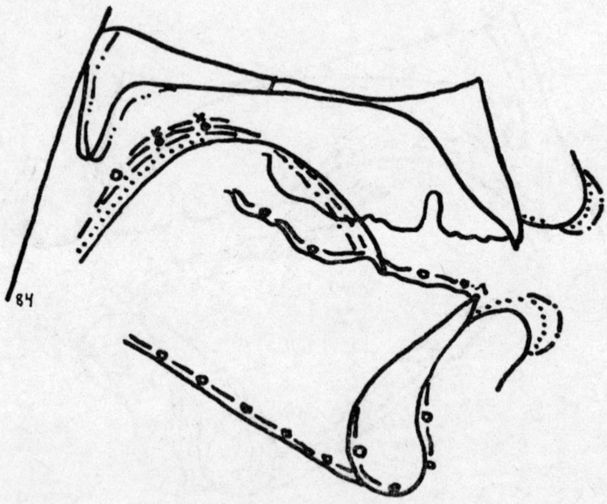

Fig. 84 — j[ăŭ]hk (djáknann) : 1 ———, 2 — — —, 3 · · · ·, 4 —·—·, 5 —o—o, 6 —x—x, 7 —··—·· (voile).

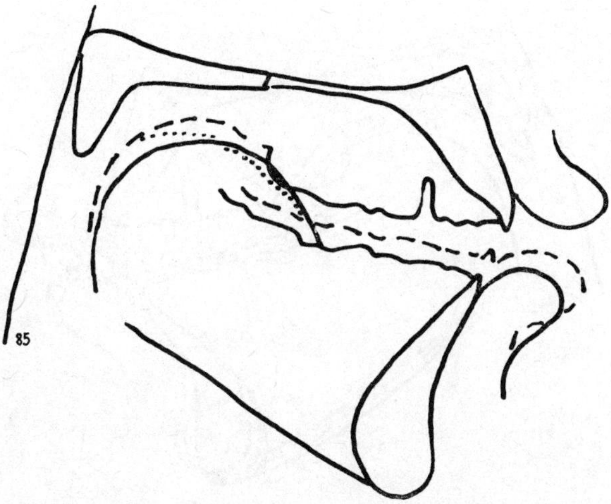

Fig. 85 — [ōū]

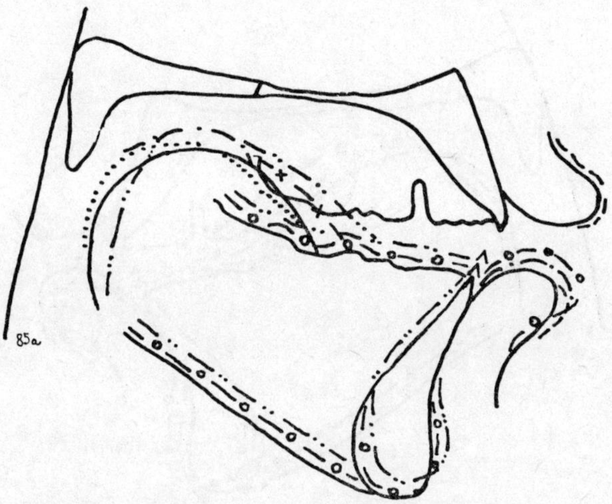

Fig. 85 a — p[ōū]t (bóta) : 1 ———, 2 — — —, 3+4 · · · ·, 5 — · — ·, 6 — o — o, 7 — x — x, 8 — · · — · · préparation du [t].

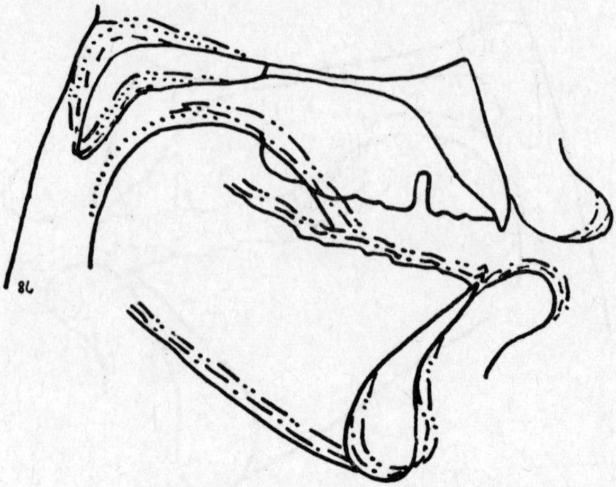

Fig. 86 — m[ōū]s (Mósa) : 1 ———, 2 — — —, 3 . . . ., 4 — · — ·,
5 — · · — · · préparation du [s].

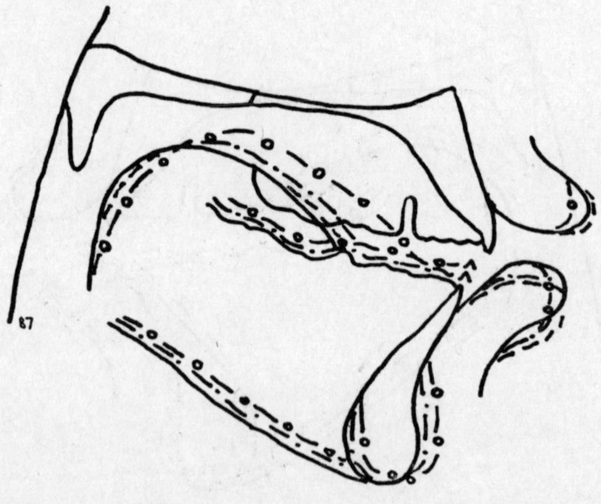

Fig. 87 — pʰ[ŏŭ]s (póstur) : 1 ———, 2 — — —, 3 — · — ·, 4 — o — o
préparation du [s].

Consonnes bilabiales et labiodentales :

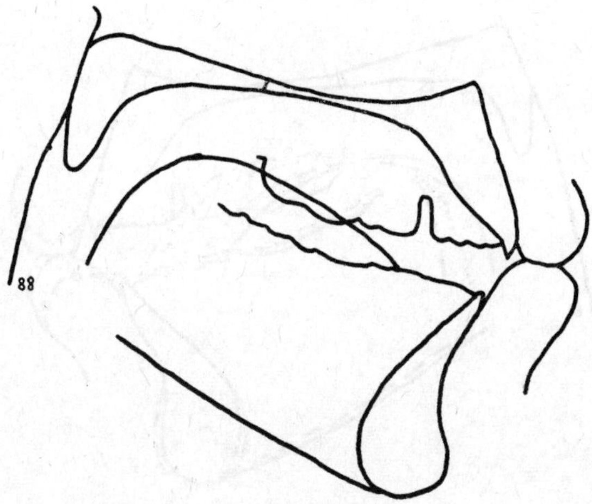

Fig. 88 — [p^h]

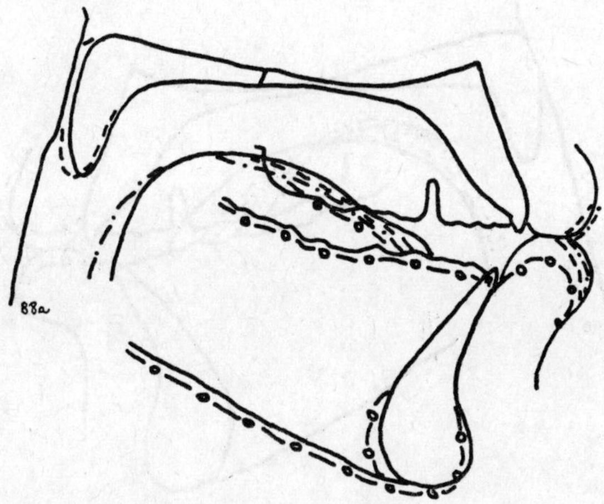

Fig. 88 a — a[p^h]ā (parið) : 1 ———, 2 — — —, 3 —·—·, 4 —o—o fin du [p^h] ; lèvre supérieure comme sur l'image 1.

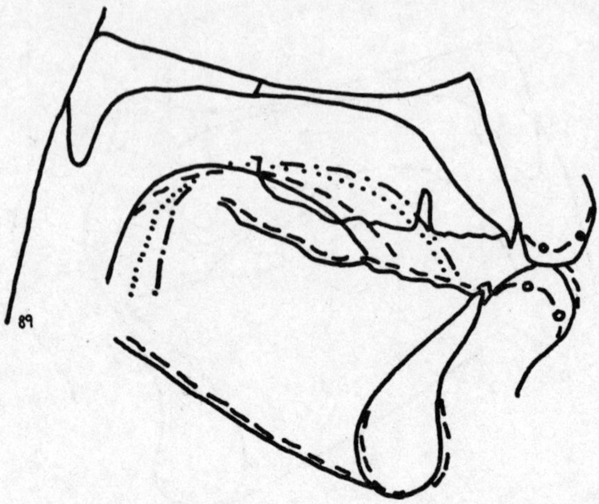

Fig. 89 — o[pʰ]ĭ (pinna) : 1 ———, 2 — — —, 3 · · · ·, 4 — · — ·, 5 — o — o fin du [pʰ].

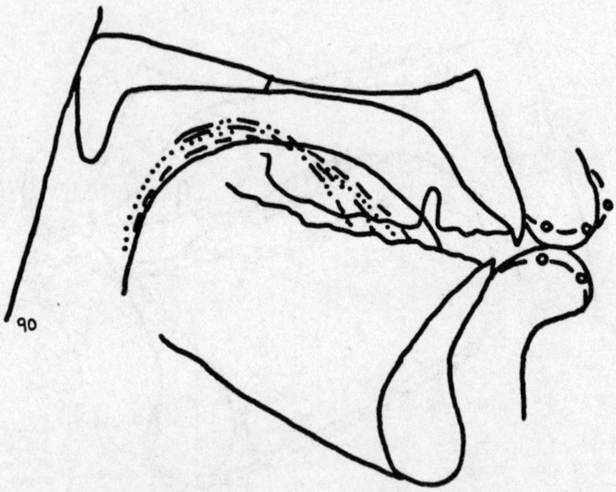

Fig. 90 — r[pʰ]ū (púl) : 1 ———, 2 — — —, 3 · · · ·, 4 — · — ·, 5 — · · — · ·, 6 — o — o fin du [pʰ].

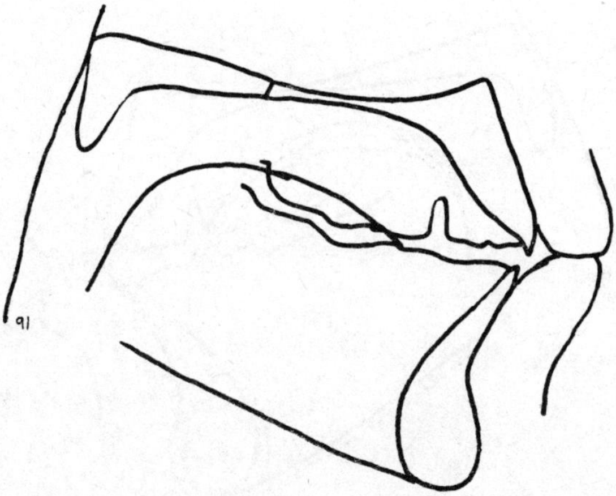

Fig. 91 — [p]

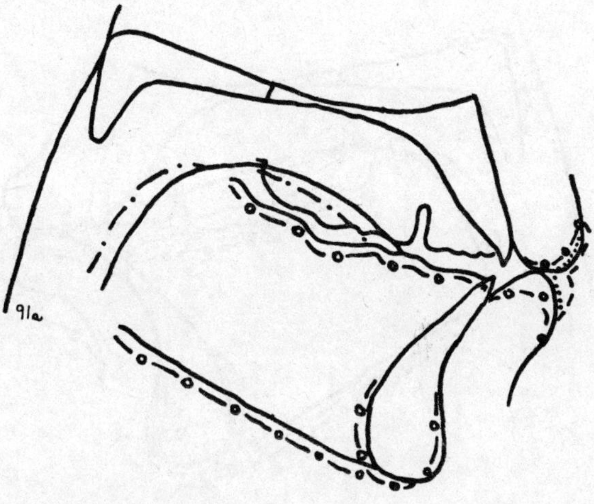

Fig. 91 a — [p]ă (barnið) : 1 ———, 2 · · · ·, 3+4+5+6 — — —, 7+8 — · — · lèvres comme sur l'image 2, 9 — o — o fin du [p].

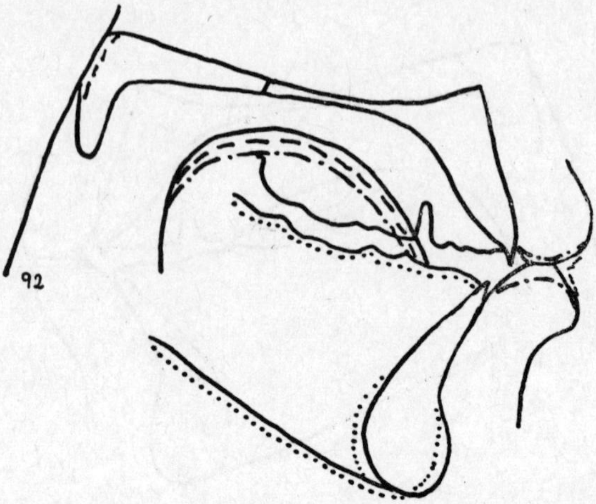

Fig. 92 — γ[p]ē (betur) : 1 ———, 2 — — —, 3 · · · · voile comme sur l'image 1, 4 — · — · fin du [p].

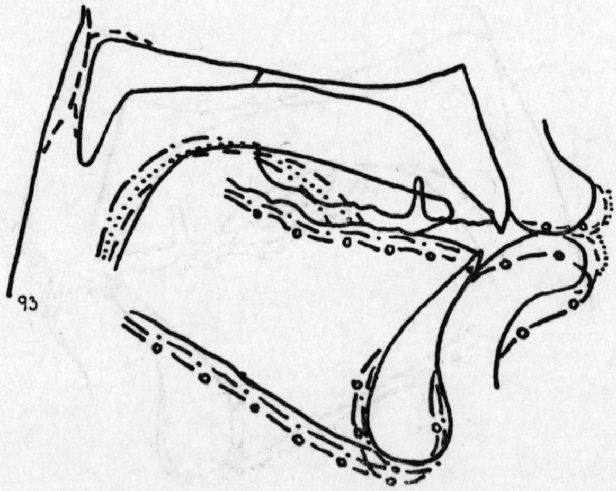

Fig. 93 — n[p]ŏ (borg) : 1 ———, 2 — — —, 3 · · · ·, 4 — · — ·, 5 — o — o fin du [p].

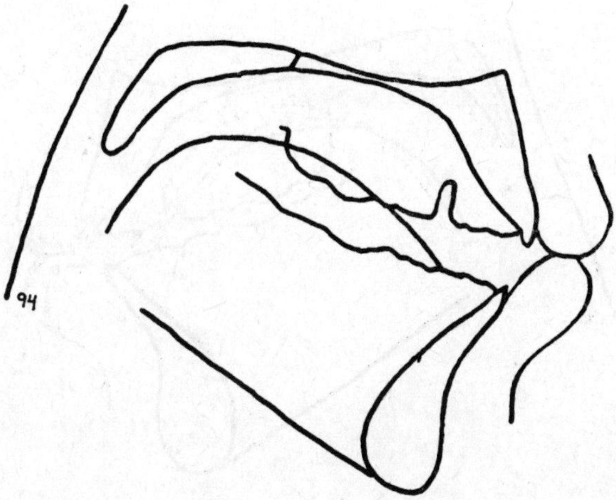

Fig. 94 — [m]

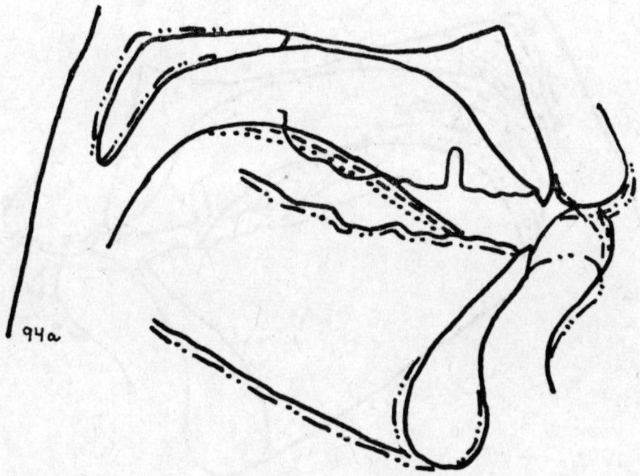

Fig. 94 a — a[m]ā (man) : 1 ———, 2 — — —, 3 · · · ·, 4 — · — ·,
5 — · · — · · fin du [m].

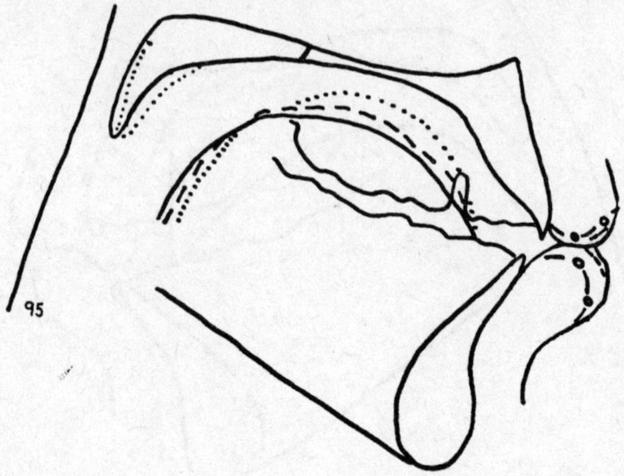

Fig. 95 — r[m]ī (mýs) : 1 ———, 2 — — —, 3 · · · ·, 4 — o — o fin du [m].

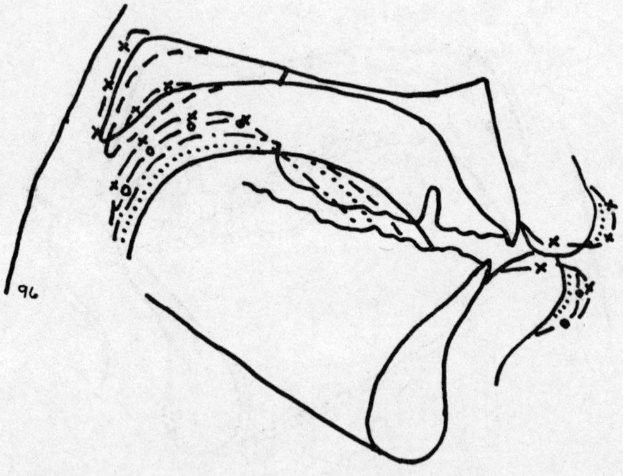

Fig. 96 — Y[m]ū (múlinn) : 1 ———, 2 — — —, 3 · · · ·, 4 — · — · voile comme sur l'image 1, 5 — o — o, 6 — x — x fin du [m].

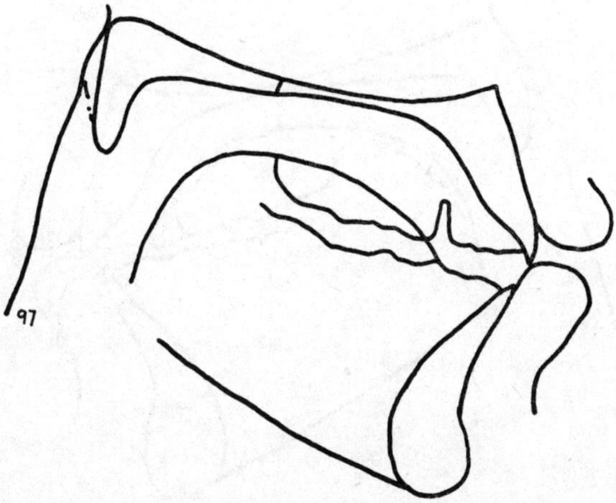

Fig. 97 — [f]

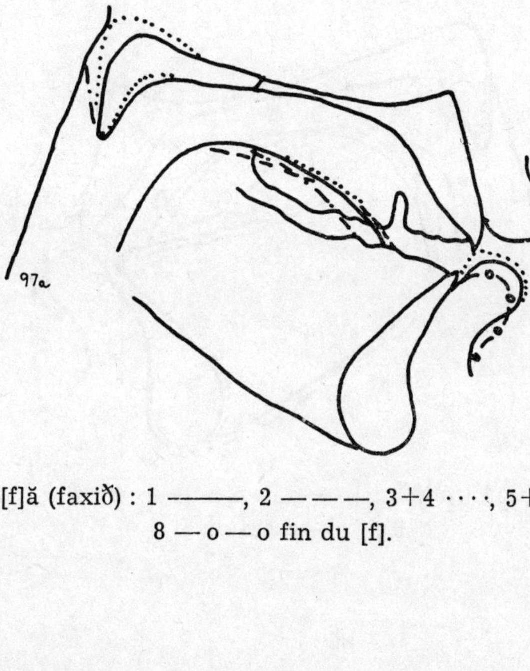

Fig. 97 a — [f]ă (faxið) : 1 ———, 2 — — —, 3+4 · · · ·, 5+6+7 — · — ·,
8 — o — o fin du [f].

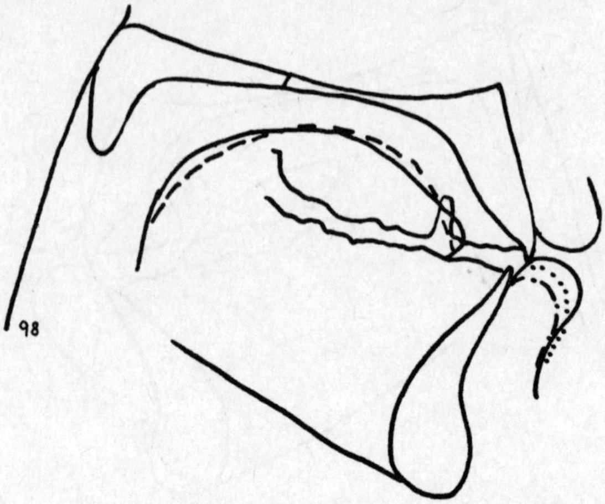

Fig. 98 — r[f]ī (fíl) : 1 ———, 2+3 — — —, 4 · · · ·, 5 — · — · fin du [f].

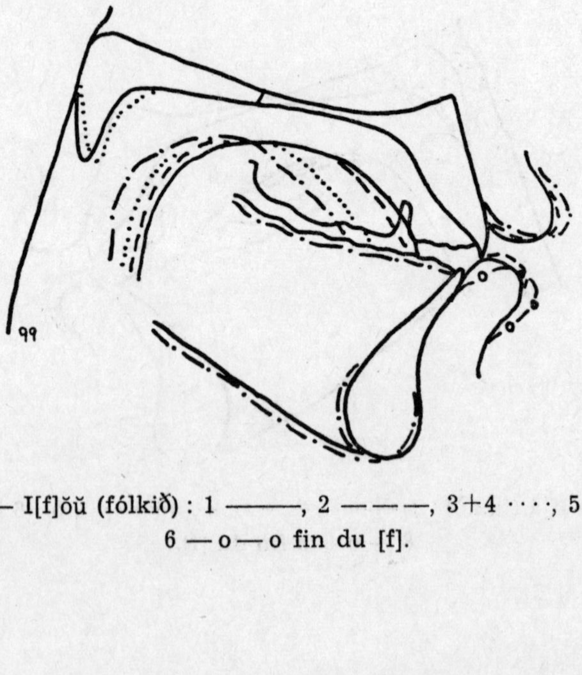

Fig. 99 — l[f]ŏŭ (fólkið) : 1 ———, 2 — — —, 3+4 · · · ·, 5 — · — ·, 6 — o — o fin du [f].

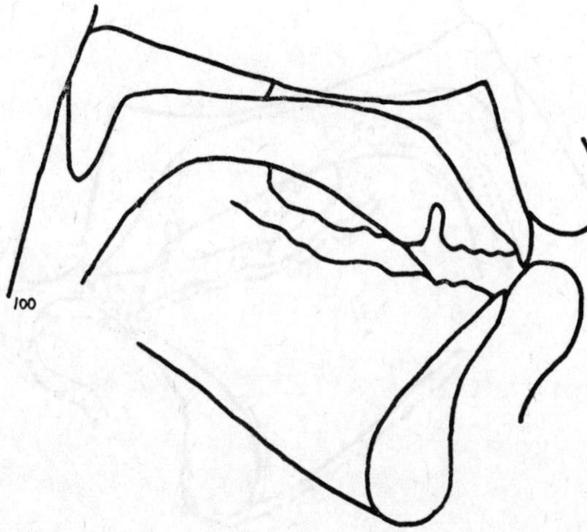

Fig. 100 — [v]

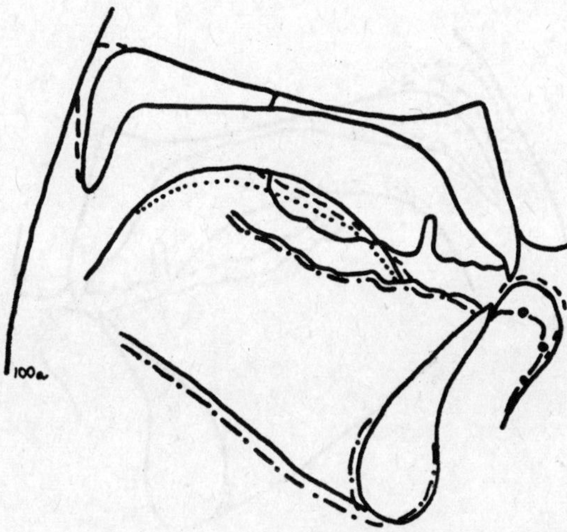

Fig. 100 a — a[v]ā (var) : 1 ———, 2+3+4 — — —, 5 · · · ·, 6 — · — ·, 7 — o — o fin du [v].

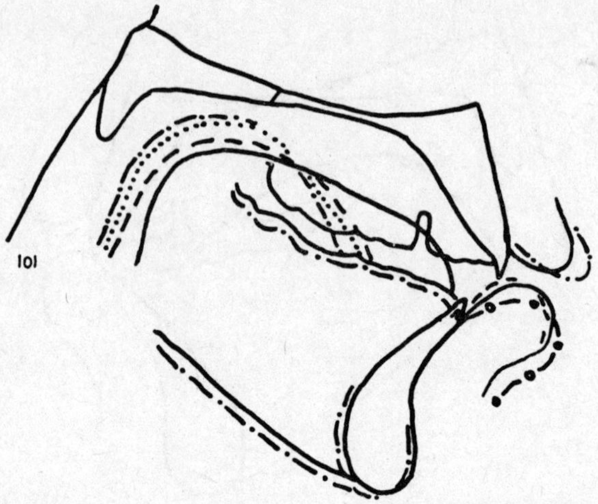

Fig. 101 — ð[v]ō (voru) : 1 ———, 2 — — —, 3 · · · ·, 4 — · — ·, 5 — o — o fin du [v].

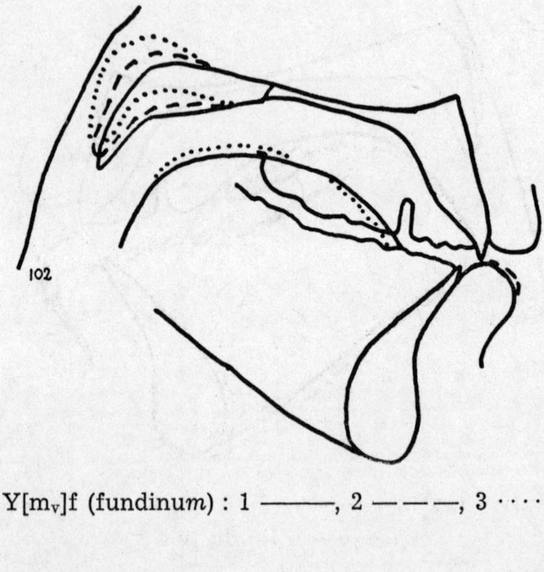

Fig. 102 — Y[m_v]f (fundinu*m*) : 1 ———, 2 — — —, 3 · · · · fin du [m_v].

Consonnes alvéo-dentales et alvéolaires :

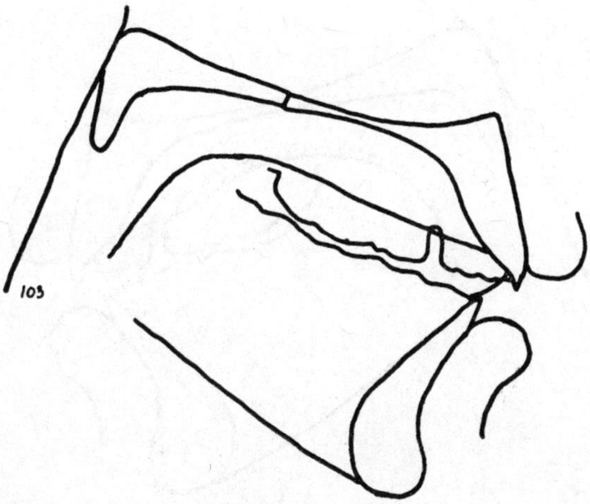

Fig. 103 — [t^h]

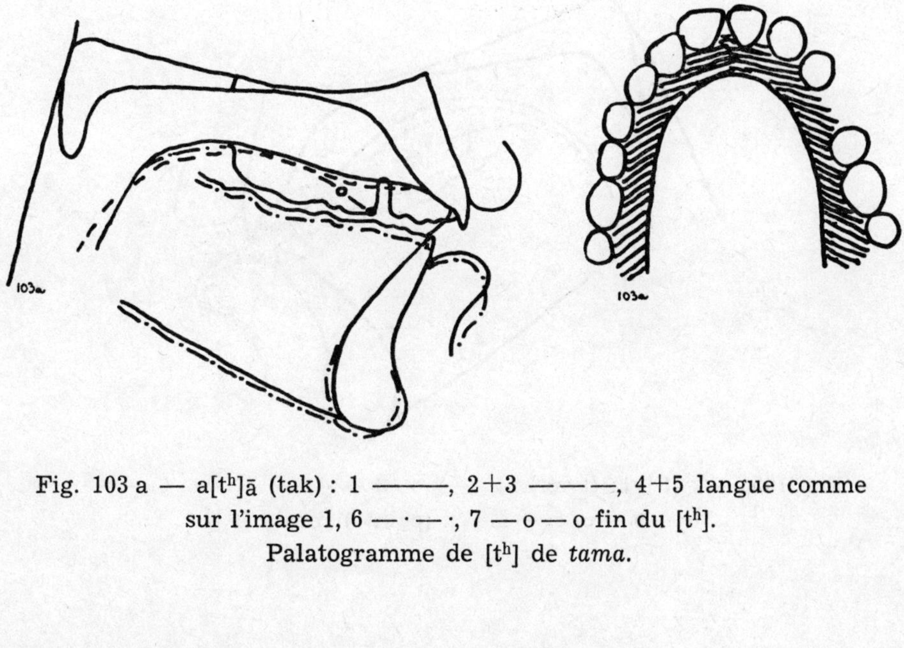

Fig. 103 a — a[t^h]ā (tak) : 1 ———, 2+3 — — —, 4+5 langue comme sur l'image 1, 6 — · — ·, 7 — o — o fin du [t^h].
Palatogramme de [t^h] de *tama*.

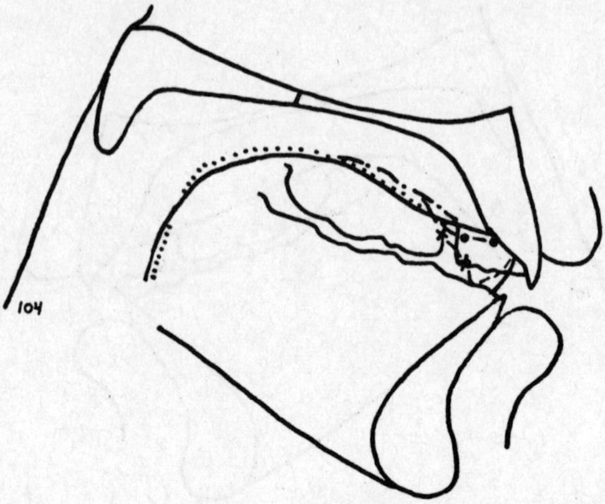

Fig. 104 — e[t^h]ē (tek) : 1 ———, 2 — — —, 3 · · · ·, 4+5 — · — ·, 6 — o — o, 7 — x — x fin du [t^h].

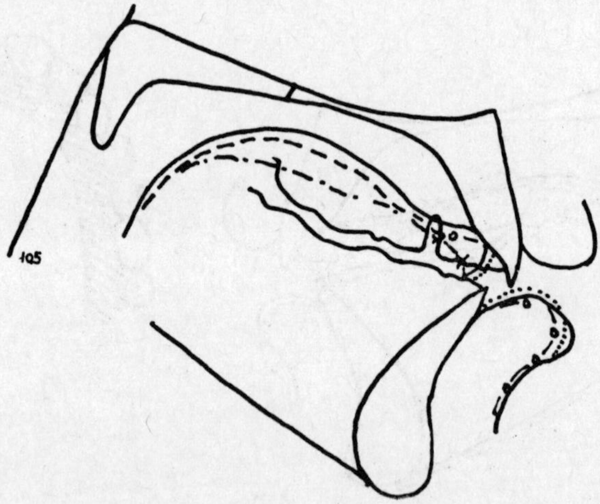

Fig. 105 — k^h[t^h]vāī (tvær) : 1 ———, 2 — — —, 3 · · · ·, 4 — · — ·, 5 — o — o, 6 — x — x (pointe) fin du [t^h].

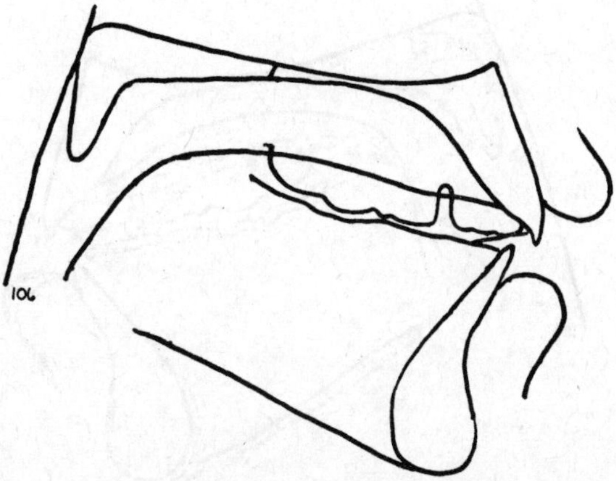

Fig. 106 — [t]

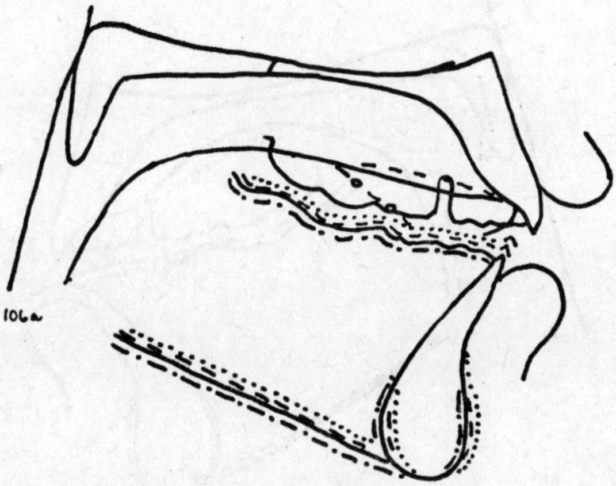

Fig. 106 a — a[t]ā (daga) : 1 ———, 2 — — —, 3+4+5 · · · ·, 6+7 maxillaire inférieur comme sur l'image 1, 8 — · — ·, 9 — o — o fin du [t].

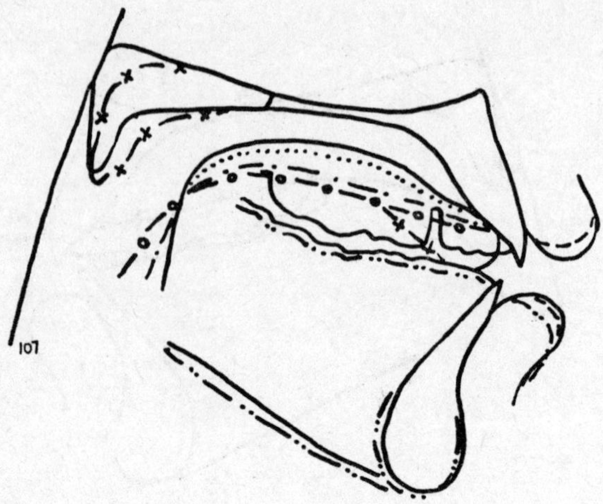

Fig. 107 — i[t]ă (dansinn) : 1 ———, 2+3+4 — — —, 5 · · · ·, 6 — · — ·, 7 — o — o, 8 — · · — · ·, 9 — x — x fin du [t].

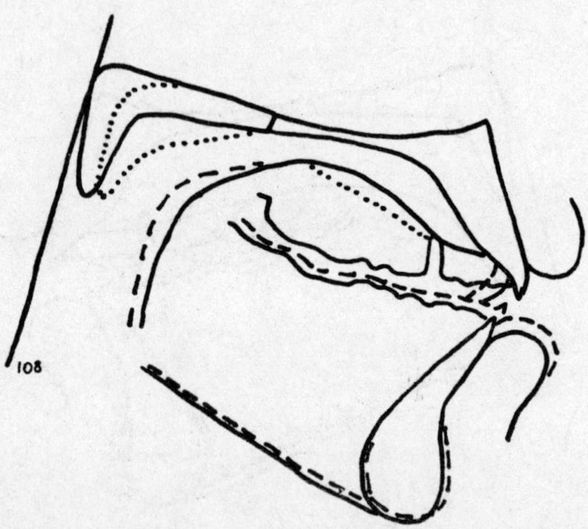

Fig. 108 — ĕĭ[t]*n* (Sveinn) : 1+2+3 ———, 4+5+6 — — —, 7 · · · · début du [*n*].

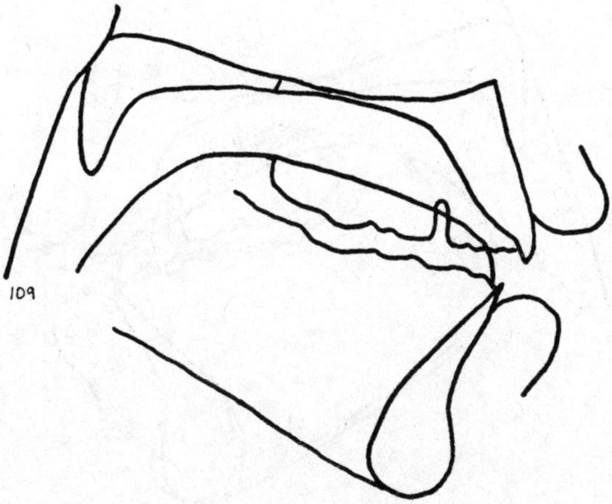

Fig. 109 — [þ]

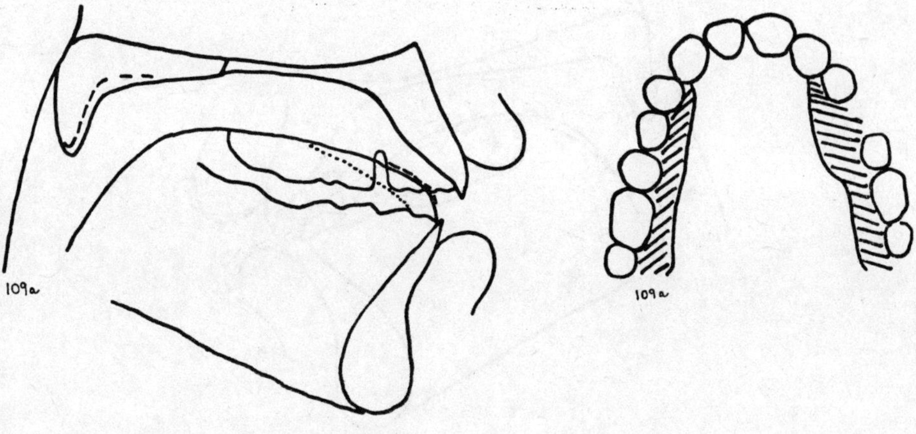

Fig. 109 a — a[þ]ā (þakið) : 1 ———, 2+3+4+5 — — —, 6 · · · · fin du [þ]. Palatogramme de *þa*(ð).

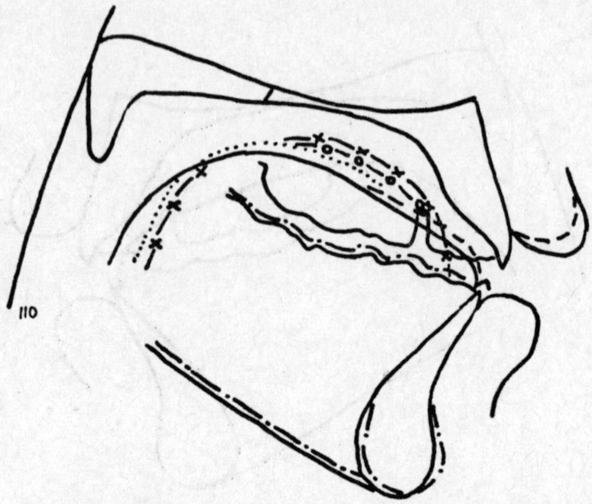

Fig. 110 — r[þ]ī (þín) : 1 ———, 2 — — —, 3 — · — ·, 4 · · · ·, 5+6 — o — o, 7 — x — x fin du [þ].

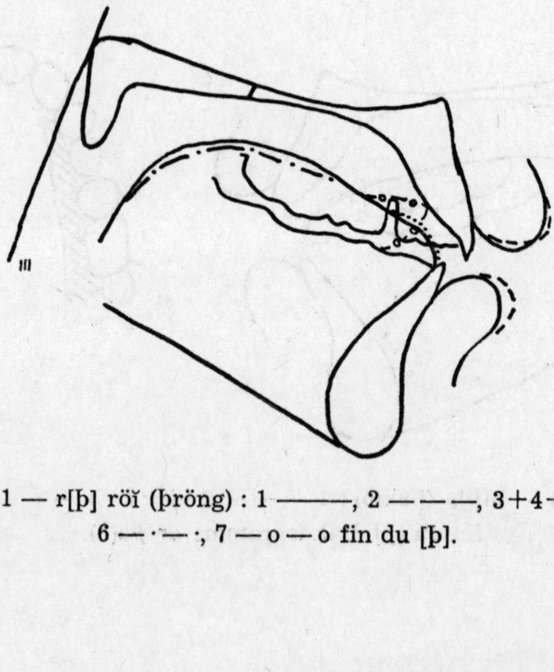

Fig. 111 — r[þ] röĭ (þröng) : 1 ———, 2 — — —, 3+4+5 · · · · 6 — · — ·, 7 — o — o fin du [þ].

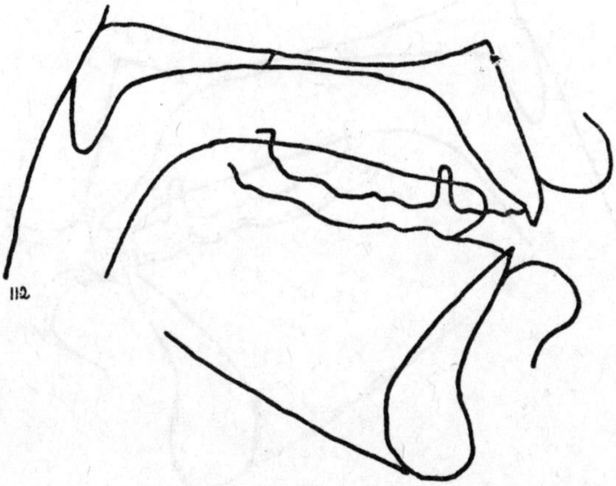

Fig. 112 — [ð]

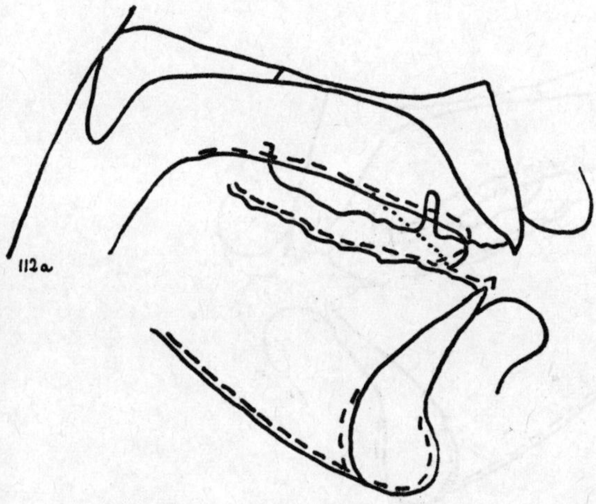

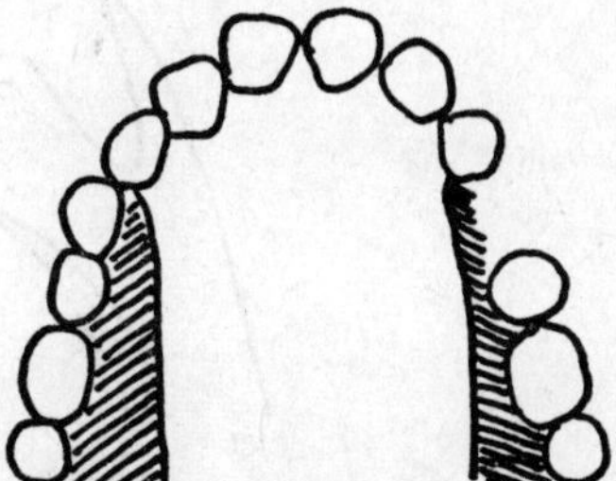

Fig. 112 a — ā[ð]a (hvaðan) : 1 ———, 2 — — —, 3 · · · · fin du [ð].
Palatogramme de [ð] de *baða*.

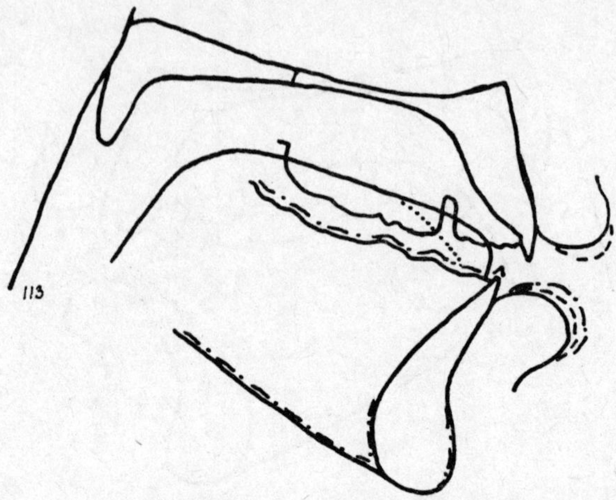

Fig. 113 — a[ð]Y (hjálpaðu) : 1 ———, 2 — — —, 3+4 — · — ·,
5 · · · · fin du [ð].

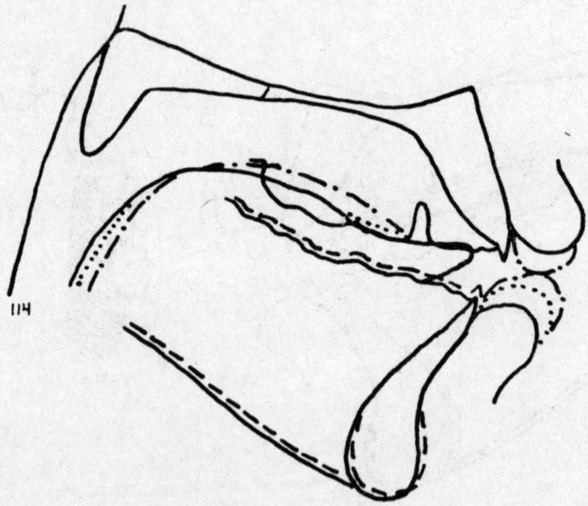

Fig. 114 — a[ð]p^hō (að pota) : 1 ———, 2 — — —, 3+4 · · · ·,
5 — · — · fin du [ð].

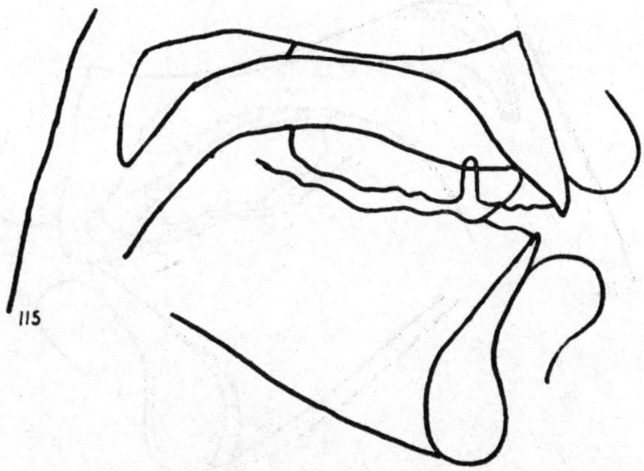

Fig. 115 — [n]

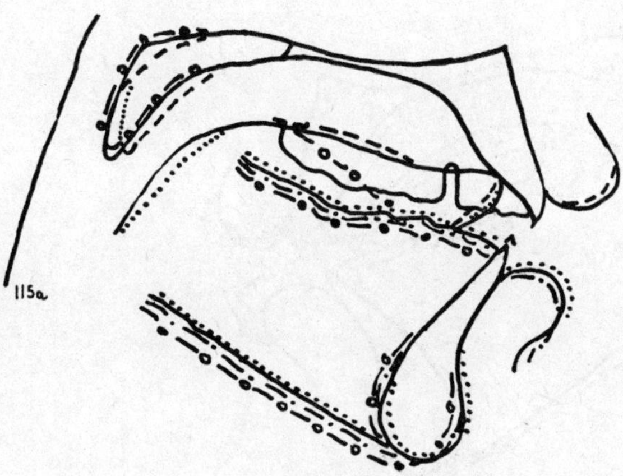

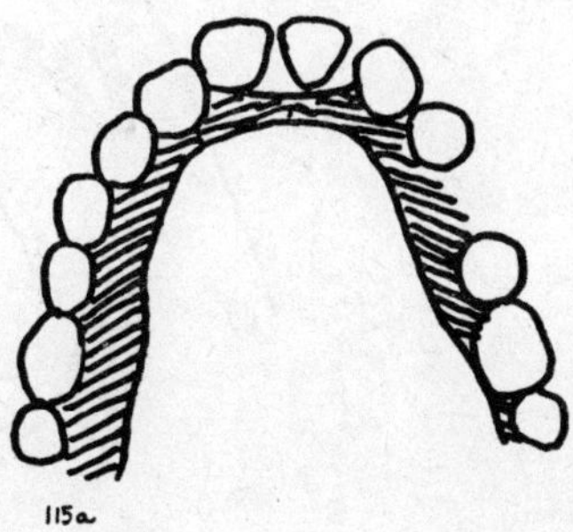

Fig. 115 a — a[n]ā (nagar) : 1 ———, 2 — — —, 3+4+5 · · · ·, 6 — · — ·, 7 — o — o fin du [n].
Palatogramme de [n] de *nam*.

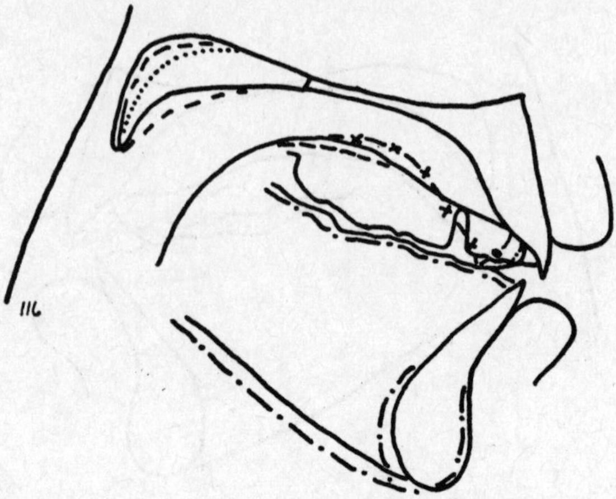

Fig. 116 — [n]Ī (nytin) : 1+2 ———, 3 — — —, 4 · · · ·, 5 —·—·,
6 — o — o pointe, 7 — x — x fin du [n].

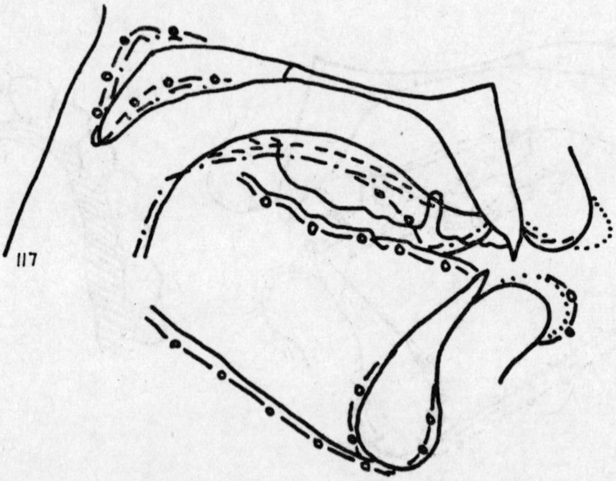

Fig. 117 — I[n]Ö (nöfinni) : 1 ———, 2 — — —, 3+4 · · · ·, 5 —·—.
6 — o — o fin du [n].

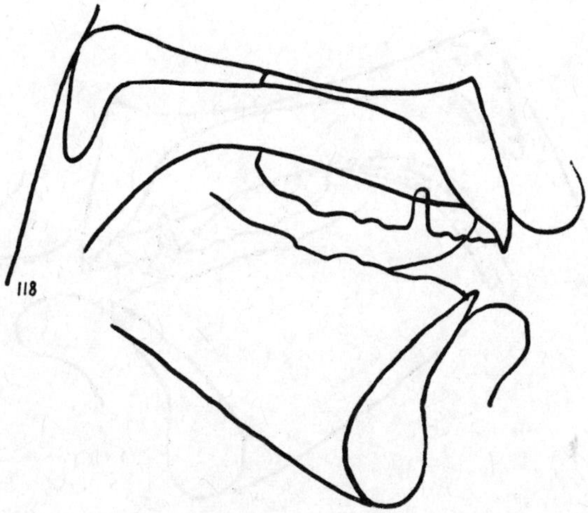

Fig. 118 — [l]

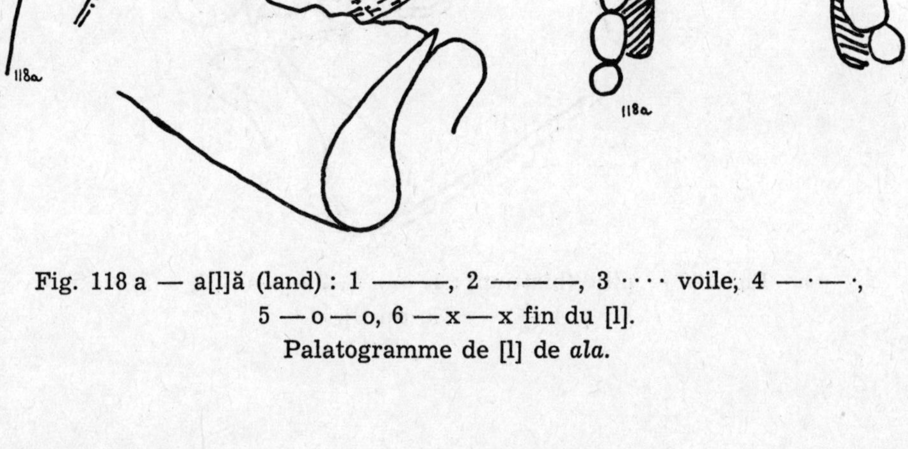

Fig. 118 a — a[l]ă (land) : 1 ———, 2 — — —, 3 · · · · voile, 4 — · — ·, 5 — o — o, 6 — x — x fin du [l].
Palatogramme de [l] de *ala*.

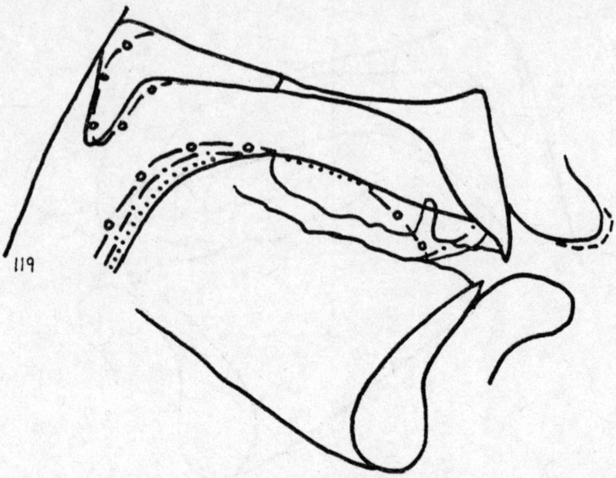

Fig. 119 — Y[l]ŭ (lungun) : 1 ———, 2+3 — — —, 4 · · · ·, 5 — · — ·, 6 — o — o fin du [l].

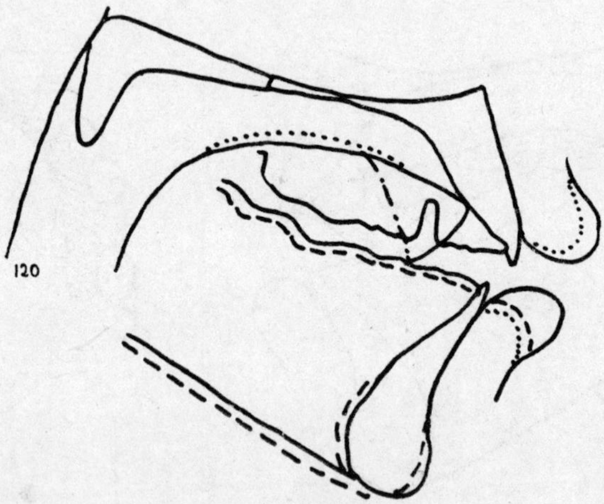

Fig. 120 — p[l]ĕ (blettinn) : 1 ———, 2 — — —, 3 · · · ·, 4 — · — · fin du [l].

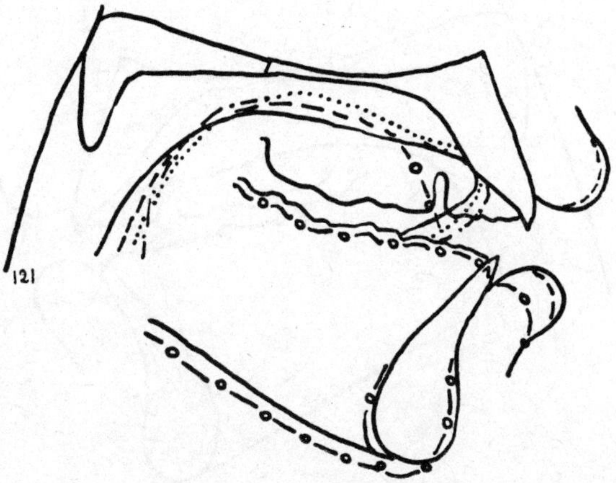

Fig. 121 — r[l,]jĕ (léttilega) : 1 ———, 2 — — —, 3 · · · ·, 4+5 — · — ·,
6 — o — o fin du [l,].

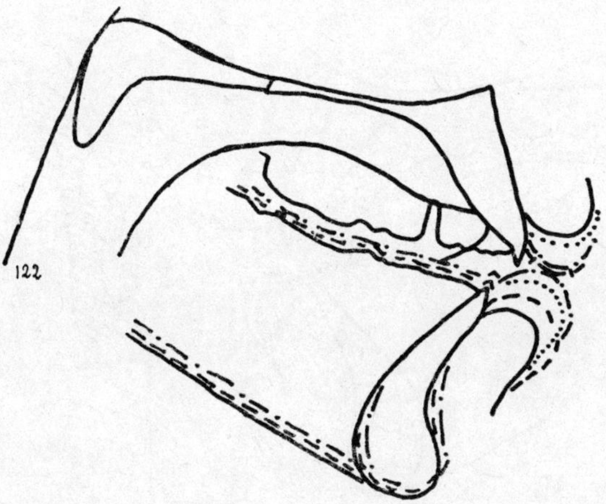

Fig. 122 — ĕ[*l*]p (stelpunni) : 1 ———, 2 — — —, 3 · · · ·, 4 — · — ·,
5 — | — | fin du [*l*].

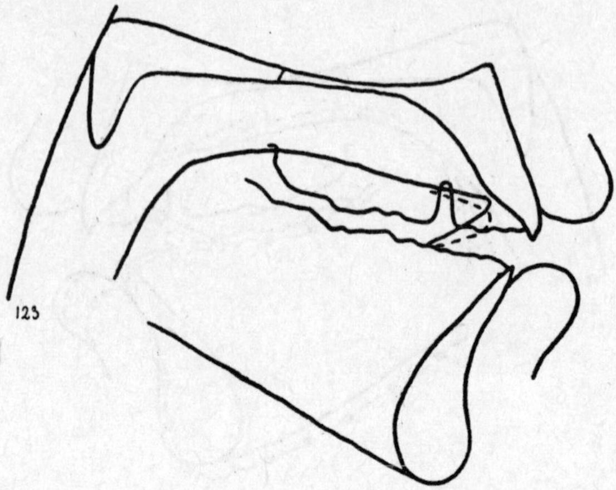

Fig. 123 — [r]

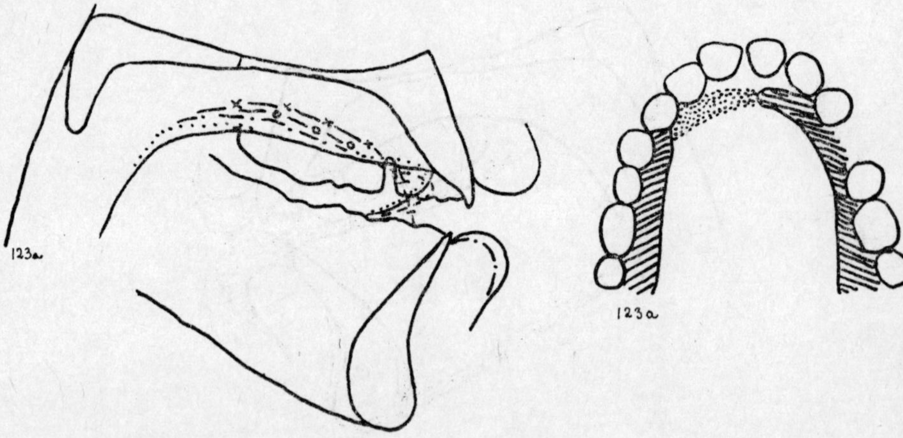

Fig. 123 a — [r]ē (refurinn) : 1 ———, 2 — — —, 3 · · · ·, 4 — · — ·, 5 — o — o pointe comme sur l'image 2, 6 — x — x, 7 pointe comme sur l'image 3, 8 — | — | (pointe) fin du [r].
Palatogramme de [r:] de *marra*.

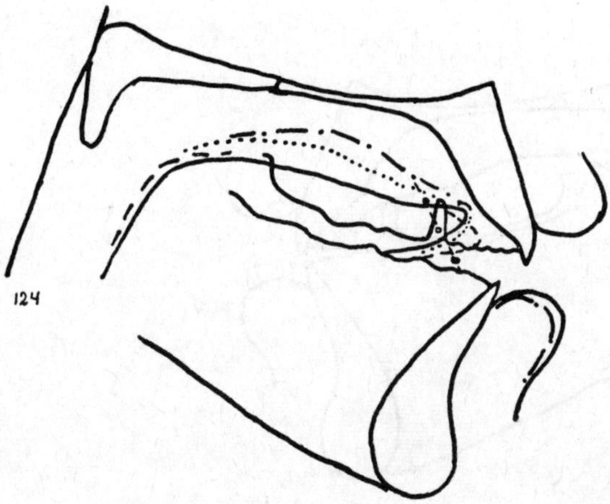

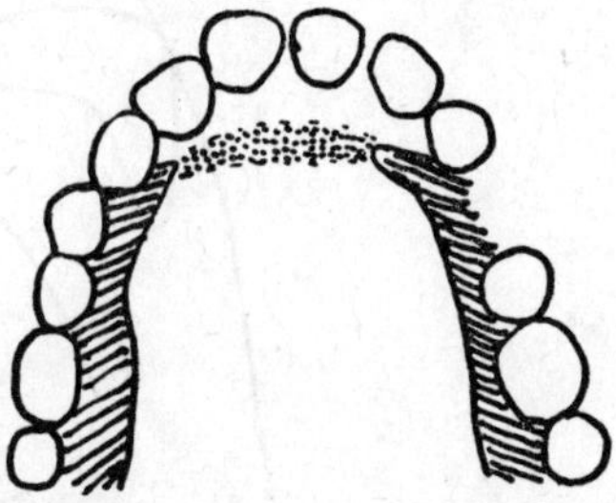

Fig. 124 — t:[r]Ī (risans) : 1 ———, 2 — — —, 3 · · · ·, 4+5 — · — ·,
6 — o — o fin du [r].
Palatogramme de [r] de *bara*.

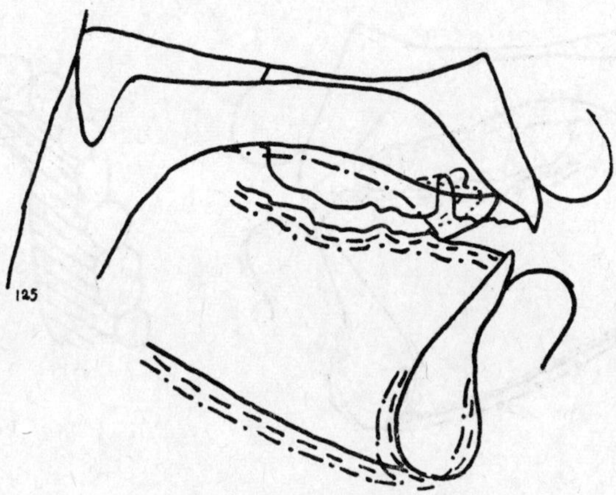

Fig. 125 — t[r]ā (dragann) : 1 ———, 2 — — —, 3 · · · ·,
4 — · — · fin du [r].

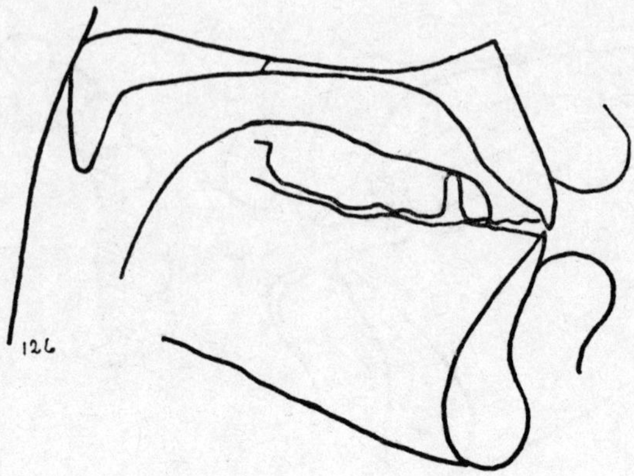

Fig. 126 — [s]

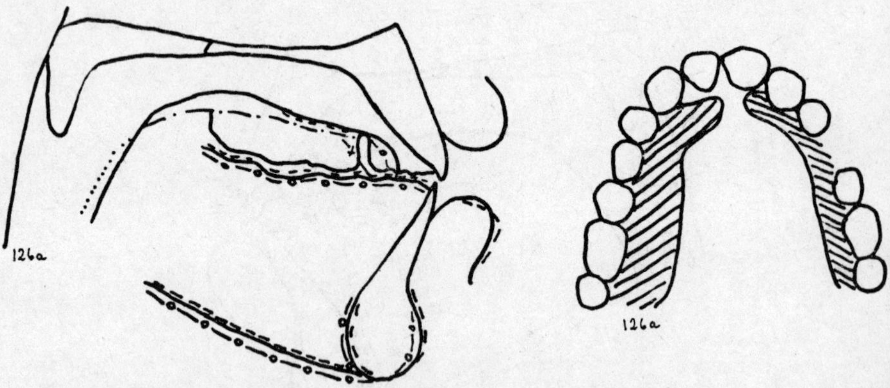

Fig. 126 a — a[s]ă (sannað) : 1+2 ———, 3+4 — — —, 5 · · · ·, 6 — · — ·,
7 — o — o pointe, 8 — x — x (pointe) fin du [s].
Palatogramme de [s] de *sama*.

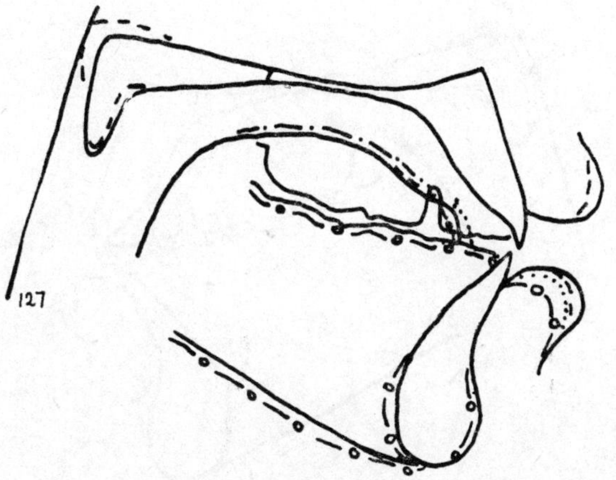

Fig. 127 — n[s]Ĭ (syndir) : 1 ———, 2 — — —, 3+4 · · · ·, 5+6 — · — ·, 7 — o — o fin du [s].

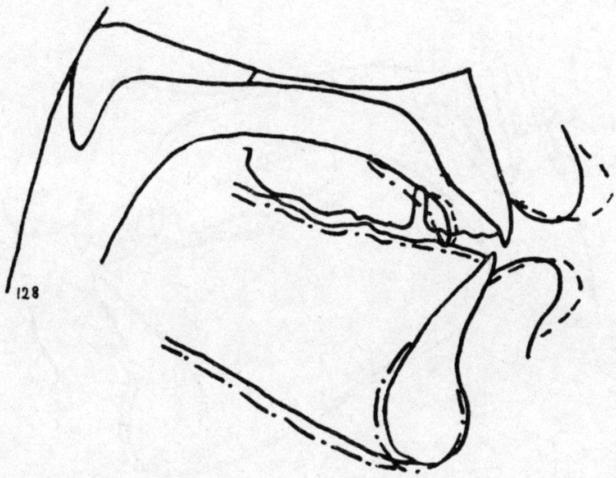

Fig. 128 — r[s]Y (sunnar) : 1 ———, 2+3+4 — — —, 5 — · — · fin du [s].

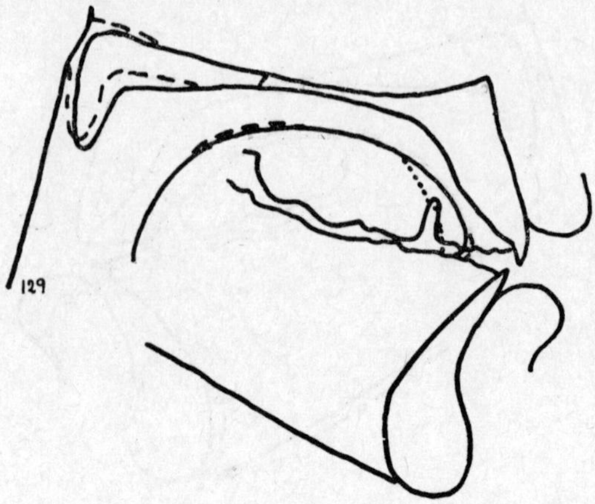

Fig. 129 — n[s,]jē (sé) : 1 ———, 2 — — —, 3 · · · · fin du [s,].

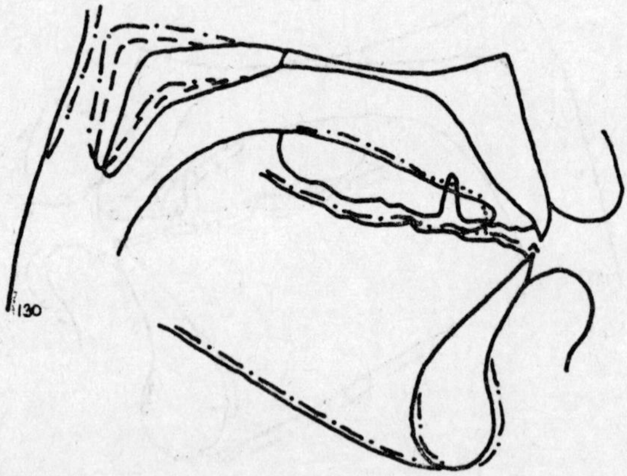

Fig. 130 — a[n_z]s (risans) : 1 ———, 2 — — —, 3 · · · ·, 4 — · — · fin du [n_z] ; le reste (4 images) est [s] pur.

Consonnes palatales :

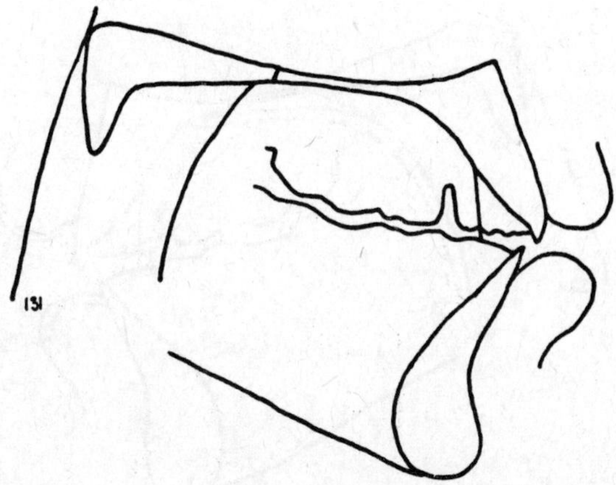

Fig. 131 — [c^h]

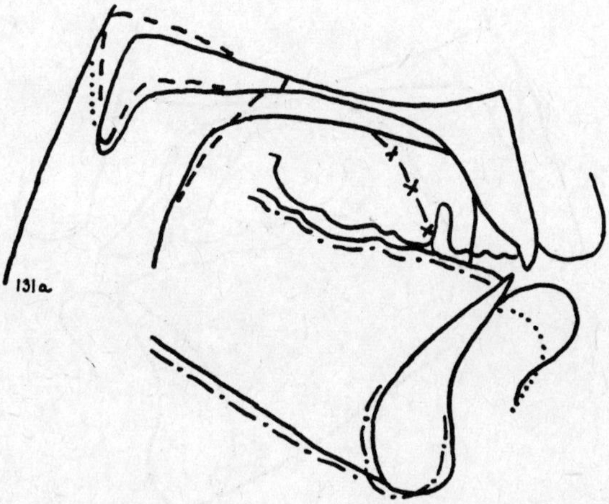

Fig. 131 a — m[c^h]ēī (keyrið) : 1 ———, 2 — — —, 3+4+5 · · · ·, 6 langue comme sur l'image 1, 7 — · — ·, 8 — x — x fin du [c^h].

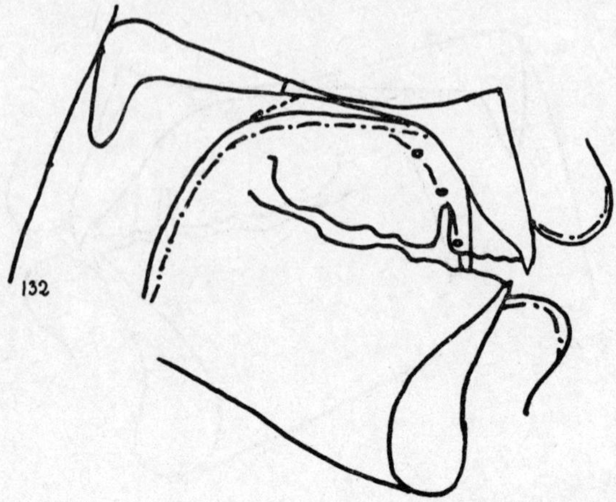

Fig. 132 — o[c^h]ī (kýrin) : 1 ———, 2+3+4+5 — — —, 6+7+8+9+10 — · — ·, 11 — o — o fin du [c^h].

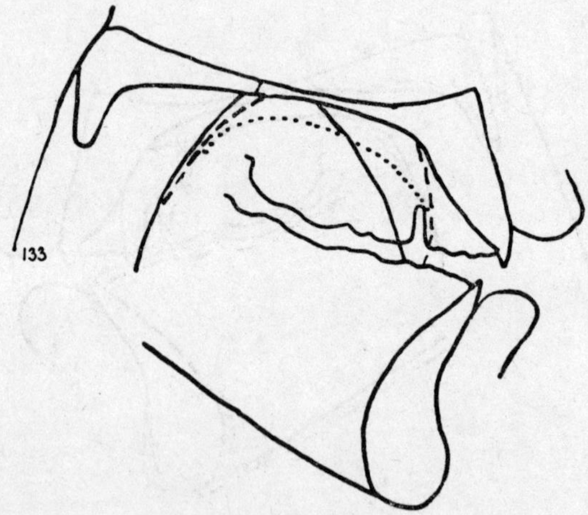

Fig. 133 — v[c^h]ĭ (kindinni) : 1 ———, 2+3+4 — — —, 5 · · · · fin du [c^h].

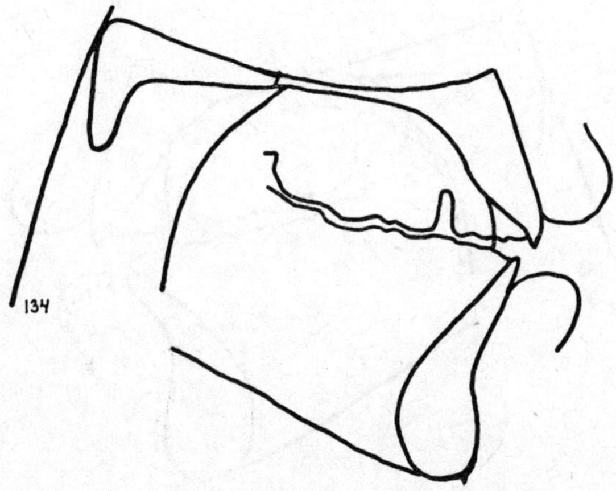

Fig. 134 — [c]

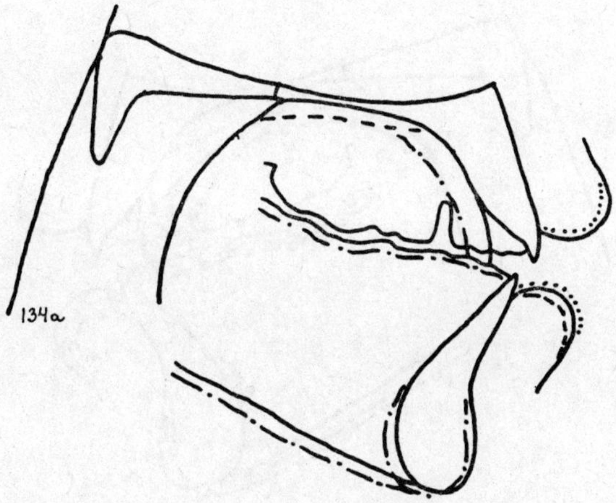

Fig. 134 a — [c] ēī (Geir) : 1+2+3+4 ———, 5 · · · ·, 6 — — —, 7 —·—· fin du [c].

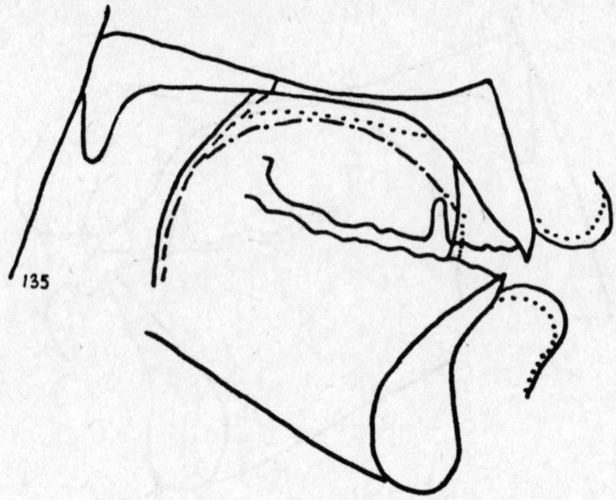

Fig. 135 — o[c]ĭ (Gísli) : 1 ——, 2+3+4 — — —, 5+6 · · · ·, 7 — · — · fin du [c].

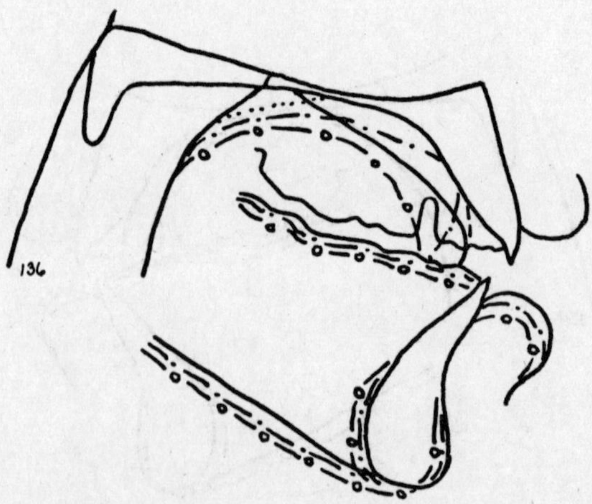

Fig. 136 — r[c]āī (gæsin) : 1 ——, 2 — — —, 3 · · · ·, 4 langue comme sur l'image 3 ; maxillaire inférieur comme sur l'image 5, 5 — · — ·, 6 — o — o fin du [c].

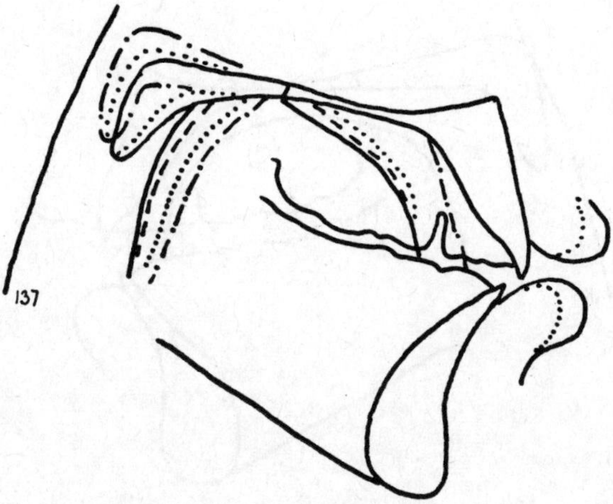

Fig. 137 — ŭ[ɲ]c (þungir) : 1 ———, 2 — — —, 3 · · · ·, 4 — · — ·

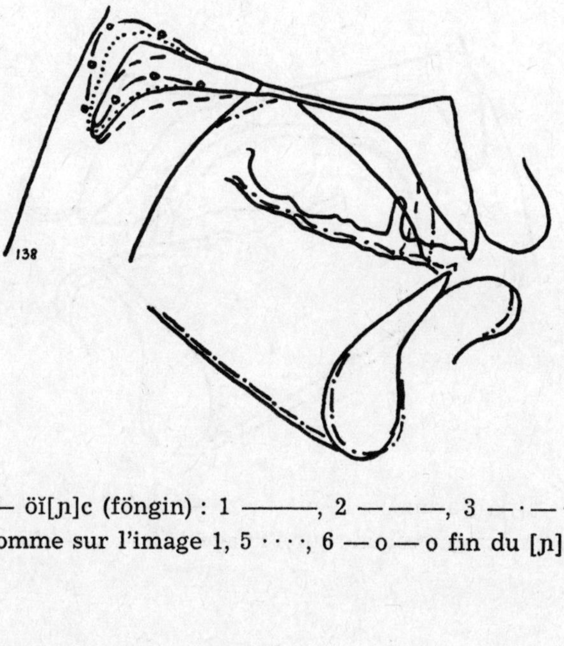

Fig. 138 — öĭ[ɲ]c (föngin) : 1 ———, 2 — — —, 3 — · — ·, 4 voile comme sur l'image 1, 5 · · · ·, 6 — o — o fin du [ɲ].

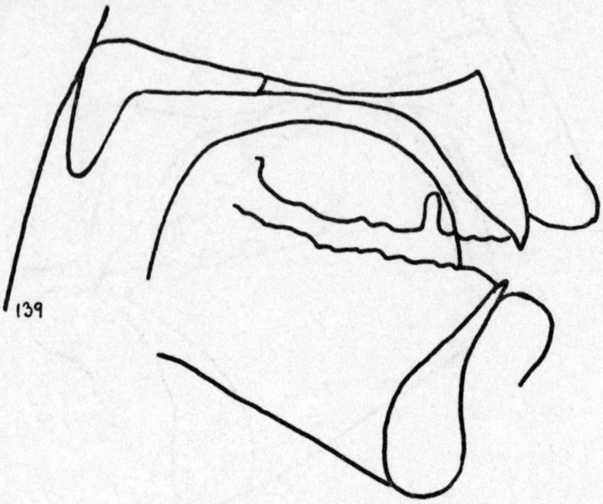

Fig. 139 — [j]

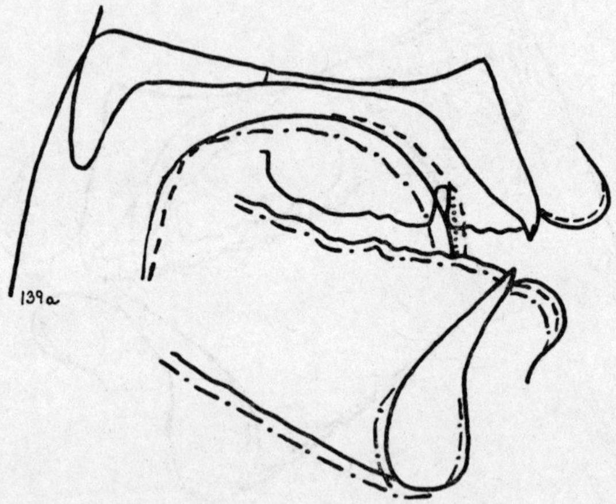

Fig. 139 a — a[j]ă (jarmað) : 1 ———, 2 — — —, 3 · · · ·, 4 le dos de la langue en arrière comme sur l'image 1, 5 — · — · fin du [j].

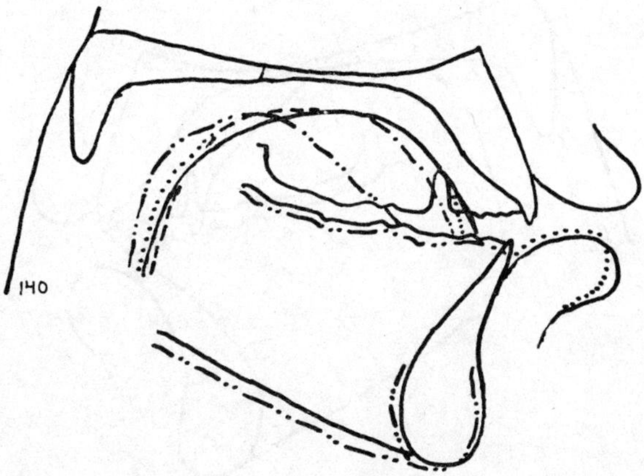

Fig. 140 — r[j]ō (joð) : 1 ———, 2 — — —, 3+4 · · · ·, 5 — · — ·, 6 — · · — · · fin du [j].

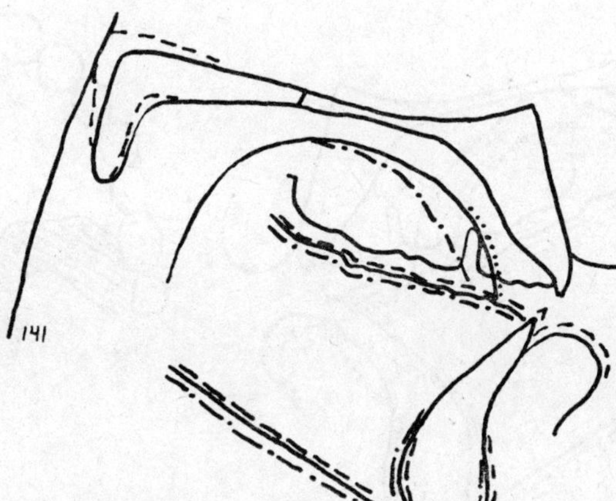

Fig. 141 — a[ç]ăŭ (hjálp) : 1 ———, 2+3 — — —, 5+6 maxillaire inférieur comme sur l'image 1, 7 — · — · fin du [ç].

Consonnes palato-vélaires et vélaires :

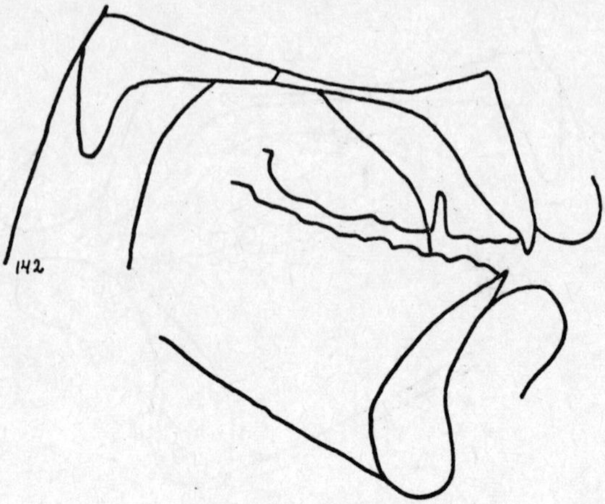

Fig. 142 — [k^h]

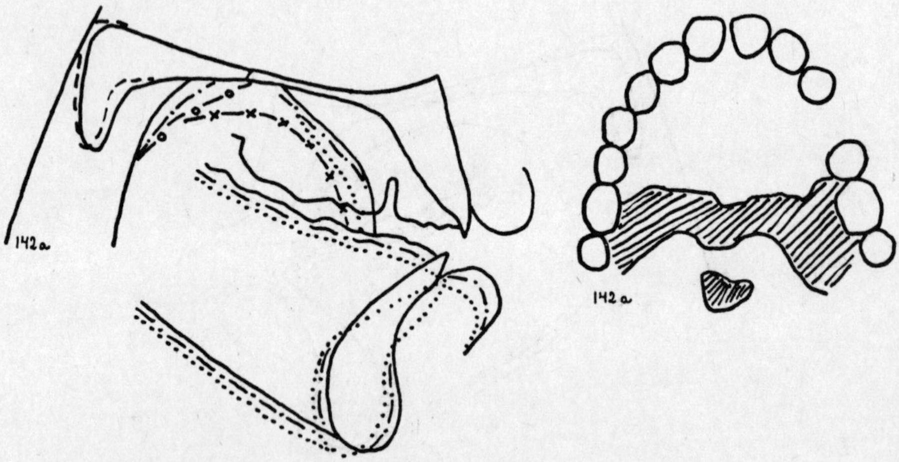

Fig. 142 a — n[k^h]ā (kaka) : 1 ———, 2 — — —, 3+4 — · — ·, 5 · · · ·,
6 — o — o, 7 — x — x fin du [k^h].
Palatogramme du [k^h] de *kaf*.

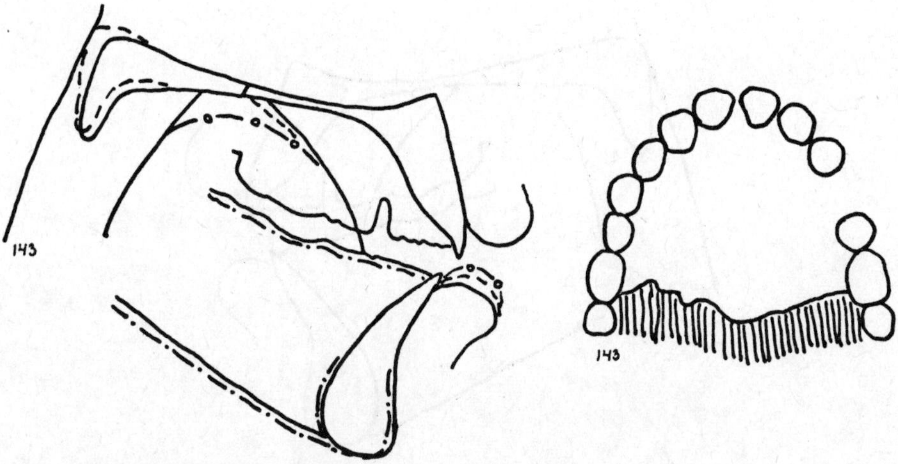

Fig. 143 — [kʰ]vā (hvaðan) : 1 ———, 2 — — —, 3+4+5 — · — ·,
6 — o — o fin du [kʰ].
Palatogramme du [kʰ] de *kom*.

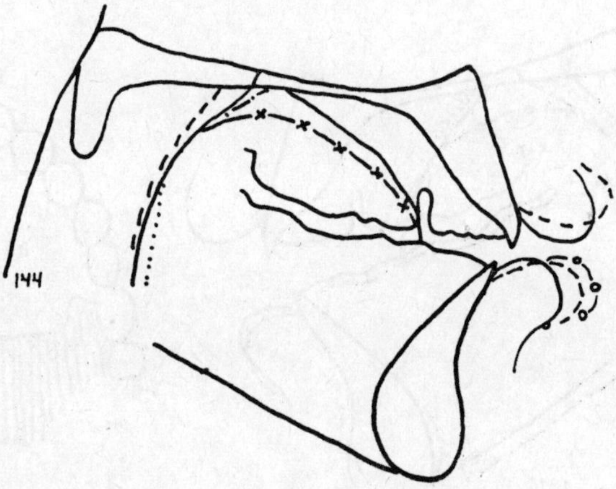

Fig. 144 — I[kʰ]Y (kusu) : 1 ———, 2+3 — — —, 4+5 · · · ·, 6 — · — ·,
7 — o — o, 8 — x — x fin du [kʰ].

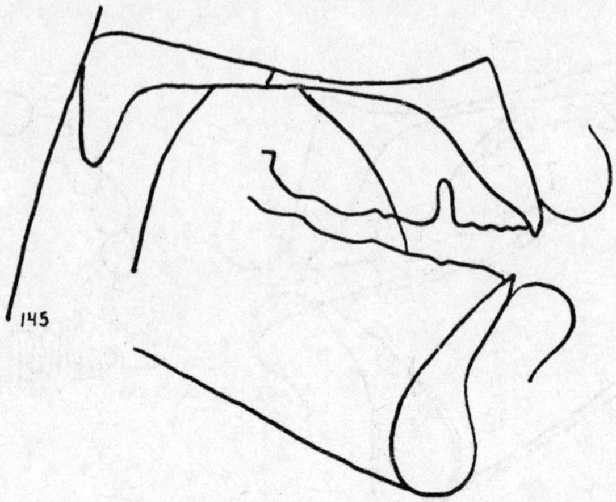

Fig. 145 — [k]

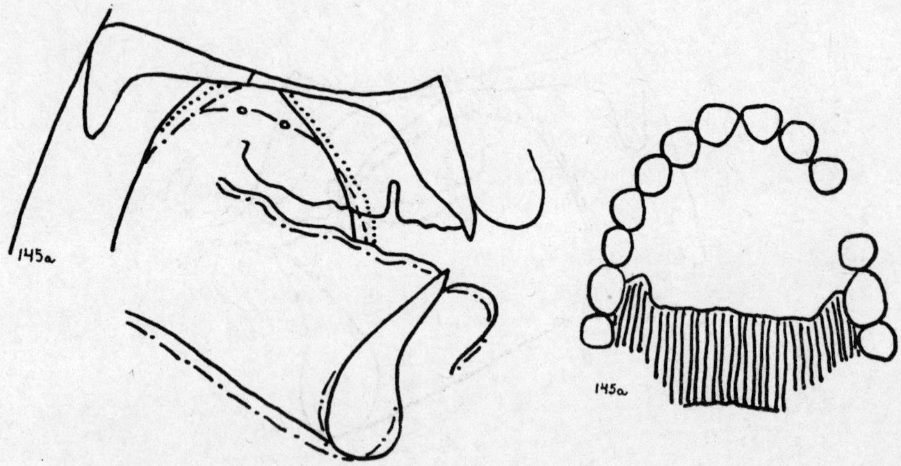

Fig. 145 a — a[k]ā (gatan) : 1 ———, 2 — — —, 3+4 · · · ·, 5 — · — ·,
6 — o — o fin du [k].
Palatogramme de [k:] de *Magga*.

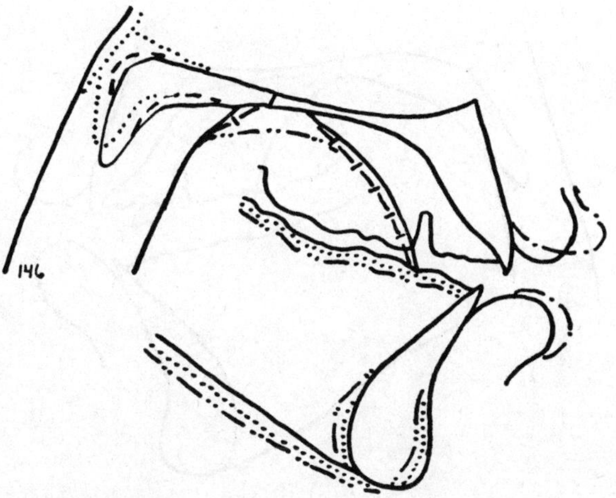

Fig. 146 — n[k]ö (gömul) : 1 ——, 2 — — —, 3+4 · · · ·, 5 — · — ·,
6 —|—|, 7 — · · — · · fin du [k].

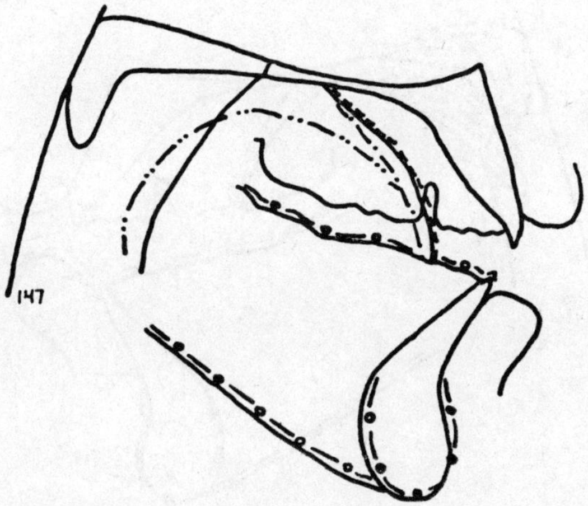

Fig. 147 — ēī[k]e (leikendurnir) : 1 ——, 2 — — —, 3+4+5 — o — o,
6 — · — ·, 7 — · · — · · fin du [k].

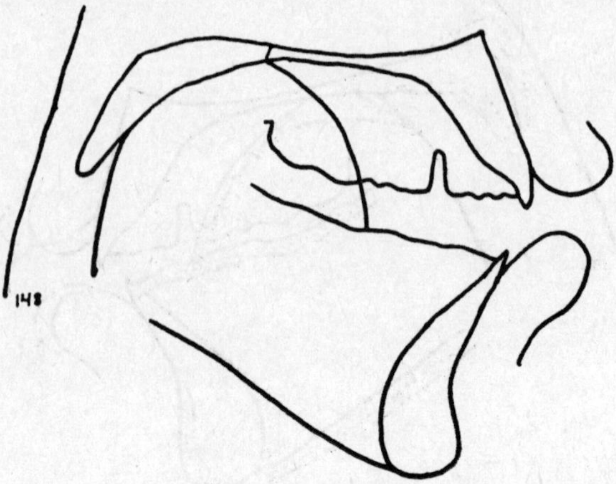

Fig. 148 — [ŋ]

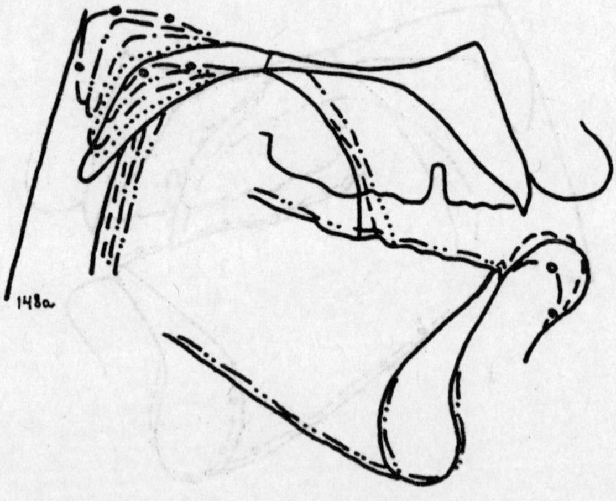

Fig. 148 a — ăŭ[ŋ]k (langa) : 1 ———, 2 — — —, 3 · · · ·, 4 — · — ·, 5 — · · — · ·, 6 — o — o fin du [ŋ].

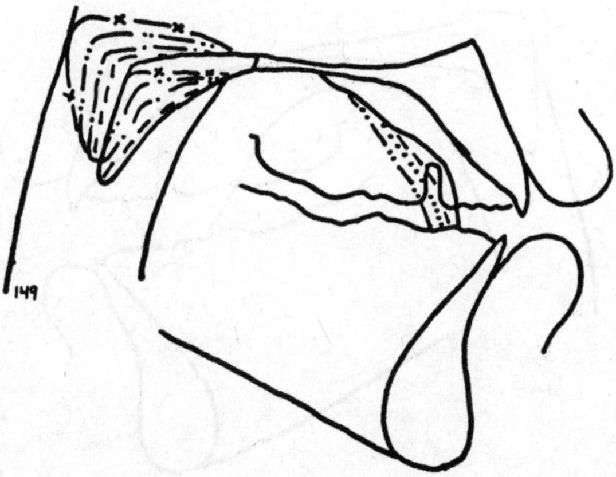

Fig. 149 — öĭ[ŋ]k (þröng) : 1 ———, 2 — — —, 3 · · · ·, 4 — · — ·,
5 — · · — · ·, 6 — x — x fin du [ŋ].

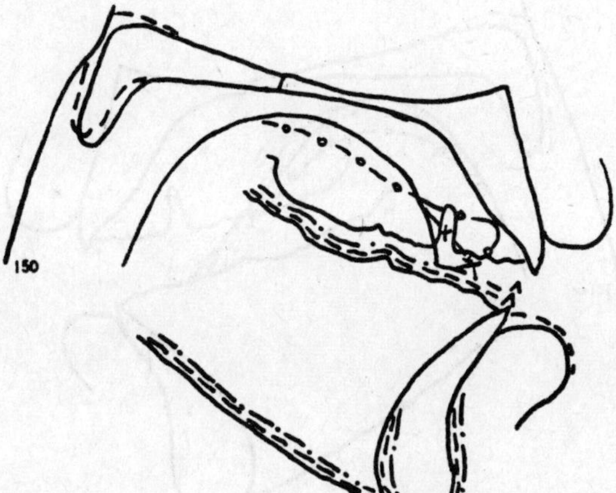

Fig. 150 — ăĭ[x]t (sæktu) : 1 ———, 2 — — —, 3+4 — . — .,
5+6 — x — x, 7 — o — o fin du [x].

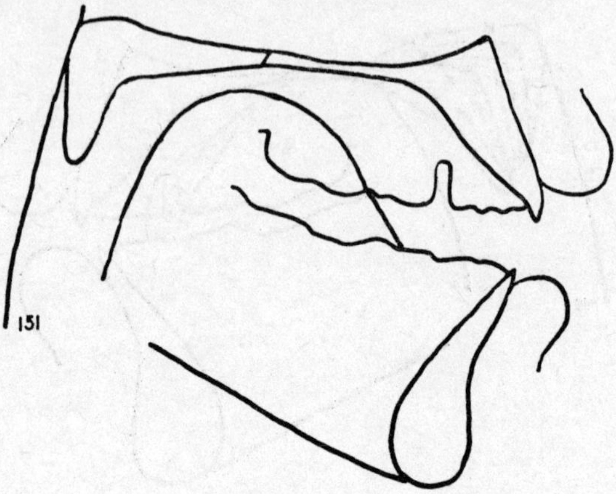

Fig. 151 — [γ]

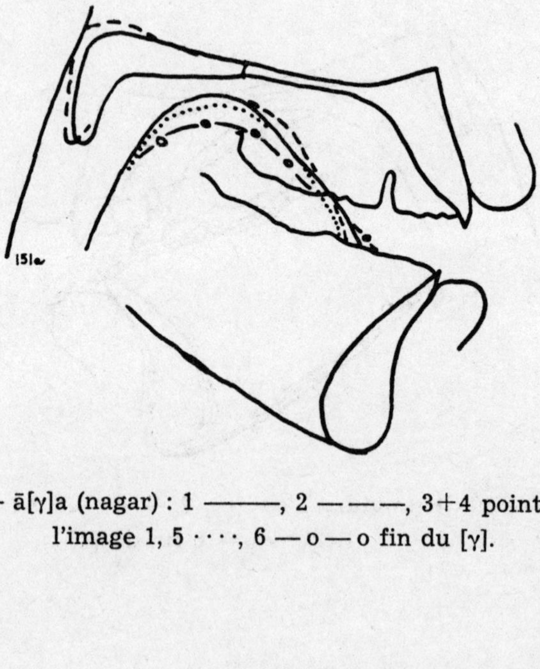

Fig. 151 a — ā[γ]a (nagar) : 1 ———, 2 — — —, 3+4 pointe comme sur l'image 1, 5 · · · ·, 6 — o — o fin du [γ].

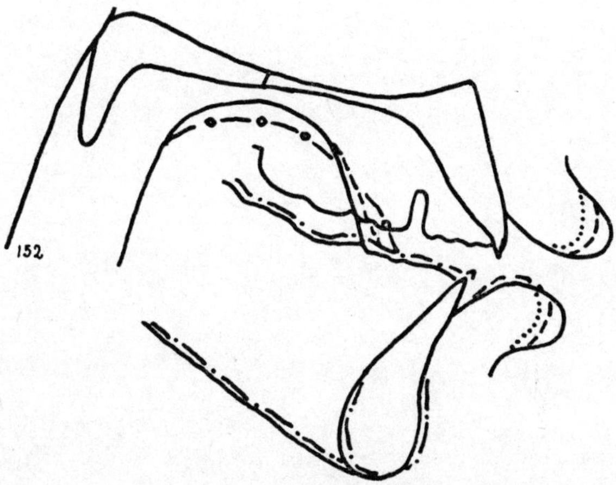

Fig. 152 — Ö[γ]Y (þögull) : 1 ———, 2+3 — — —, 4 — · — · 5 · · · ·, 6 — o — o fin du [γ].

OSCILLOGRAMMES

SUJET I

1. *Consonne [h] :*

LM

NM

BA

BM

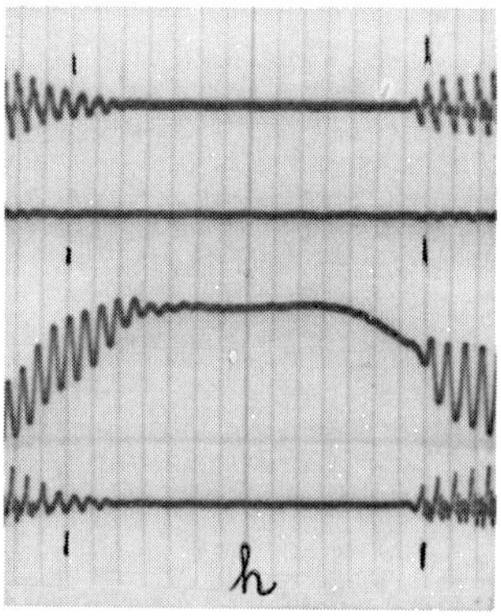

1. (40) *h*atar

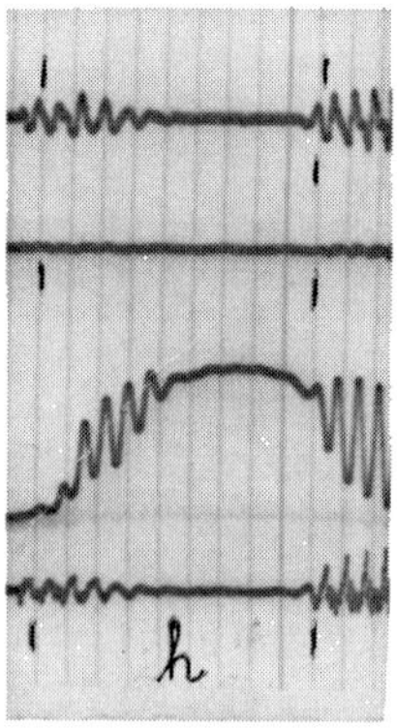

2. (35) *h*ötum

2. *Aspiration et explosion de consonnes occlusives :*

LM

NM

BA

BM

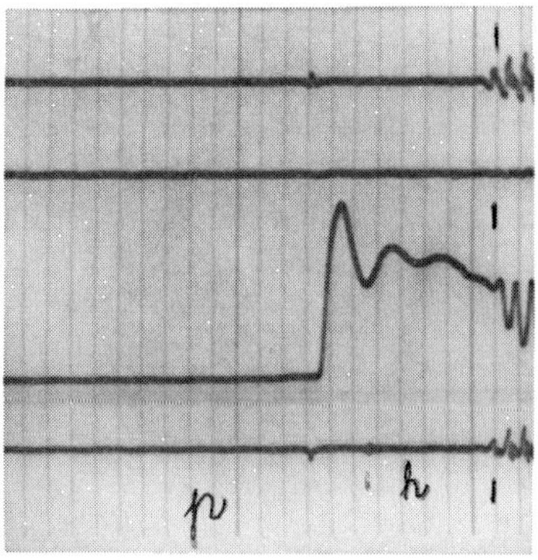

3. (8) *p*allurinn

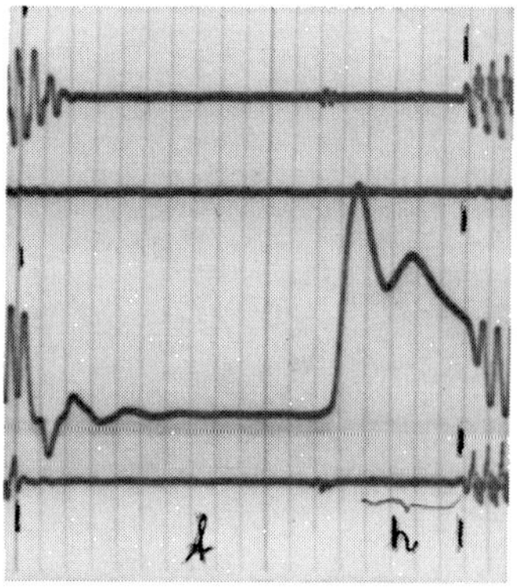

4. (4) *t*ófuna

LM

NM

BA

BM

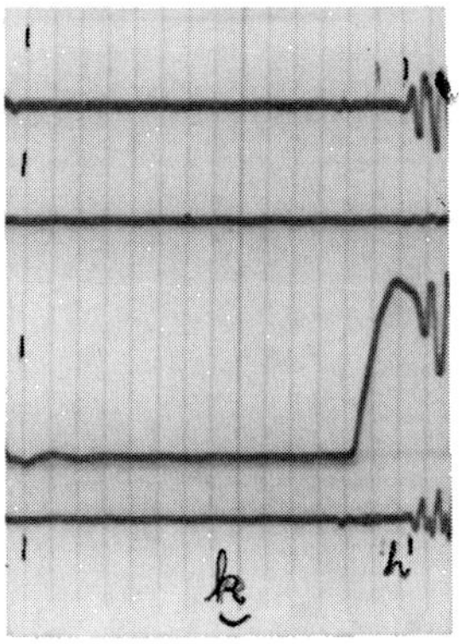

5. (22) *k*inka

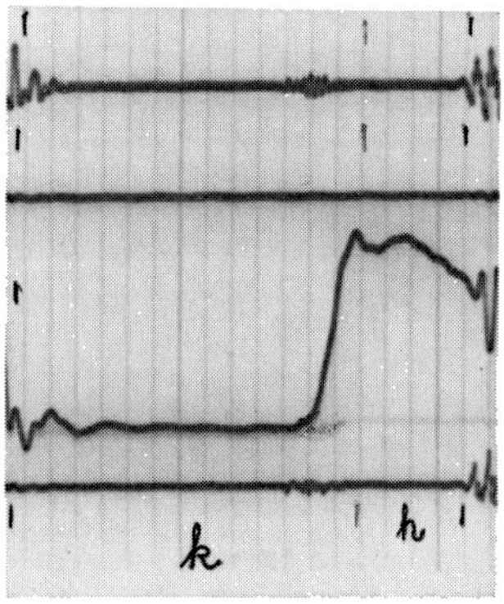

6. (24) *k*aldari

LM NM BA BM

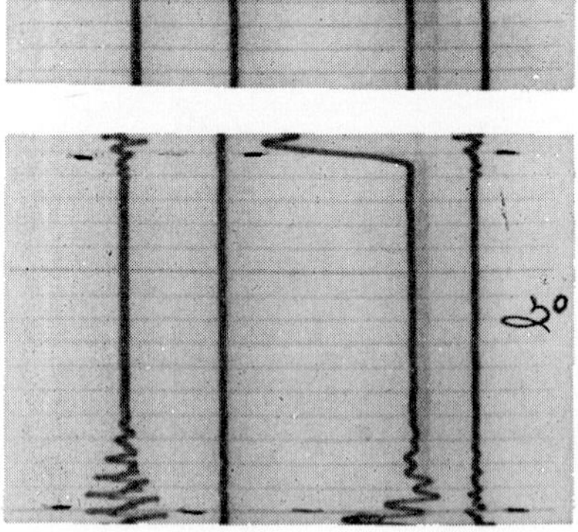

7. (18) *b*akkann

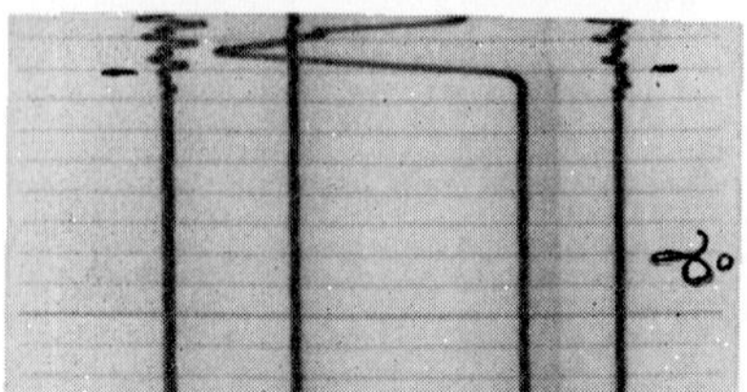

8. (11) *d*ollan

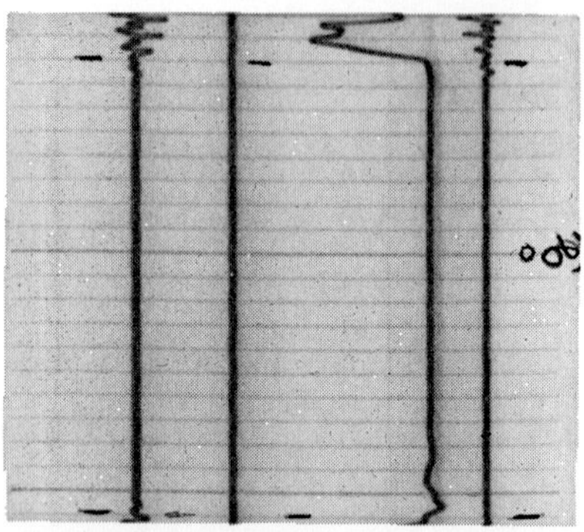

9. (33) *g*æta

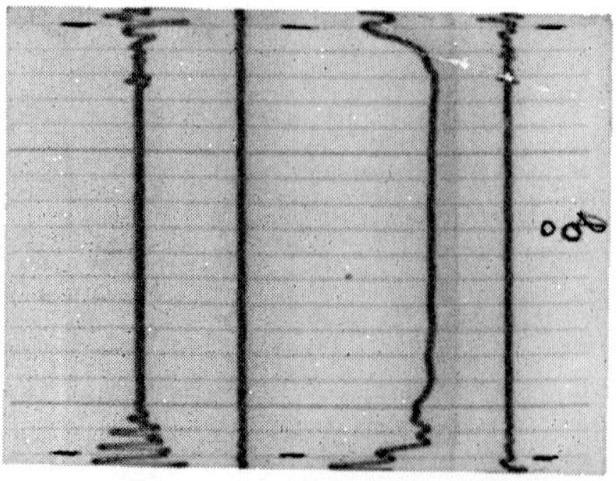

10. (31) *g*atan

Consonnes intervocaliques :

LM NM BA BM

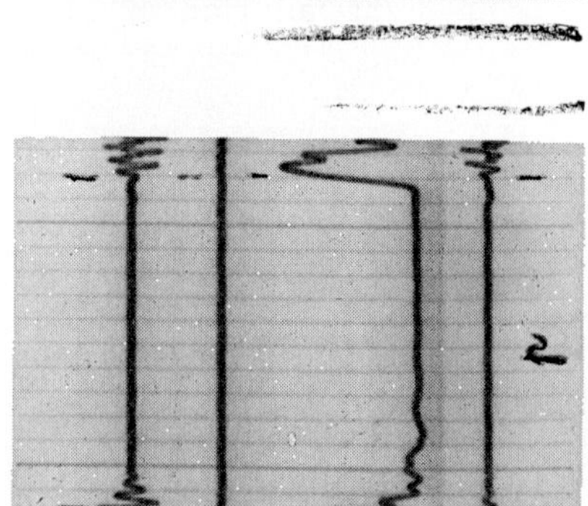

11. (6) sá*p*una

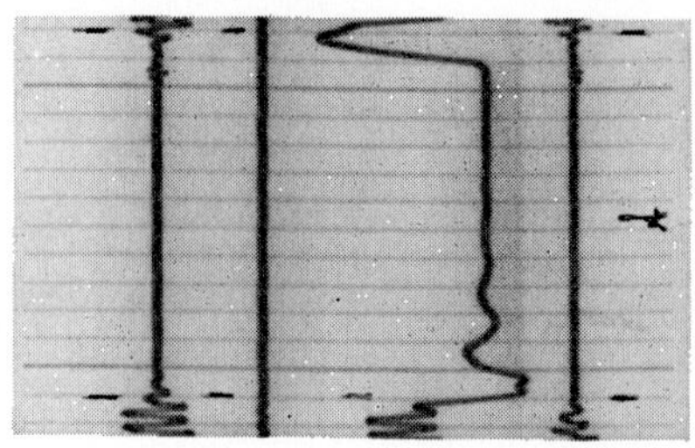

12. (6) é*t*a

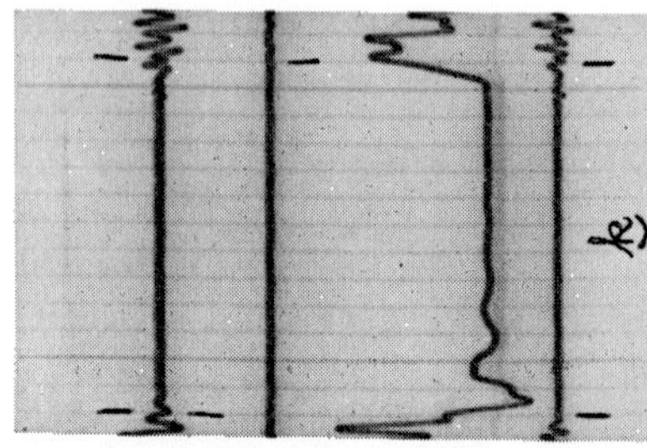

13. (37) e*k*ið

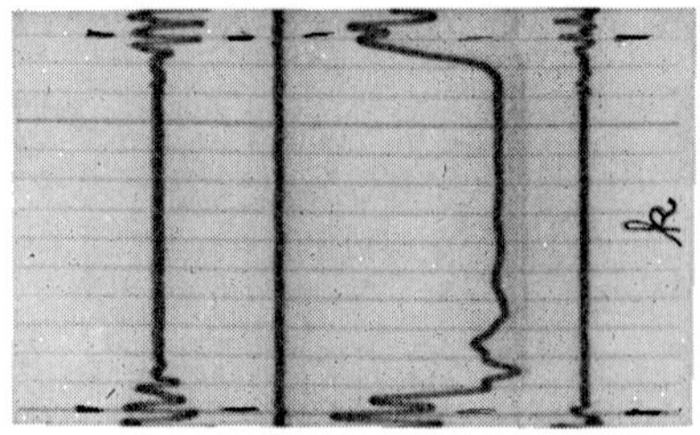

14. (16) le*k*ur

3. *Consonne [h] devant l, n, r :*

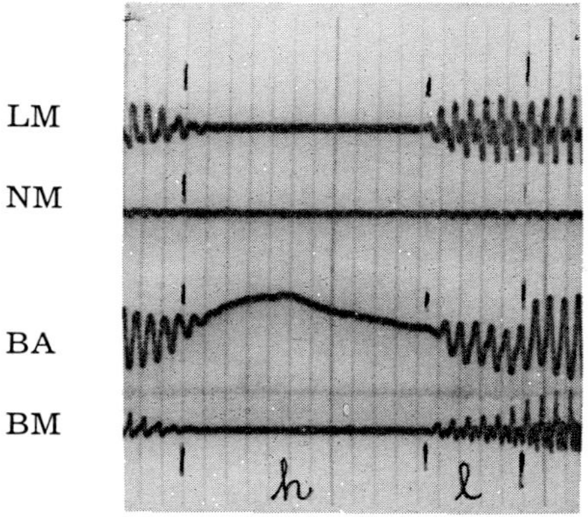

15. (1) *hl*iðið

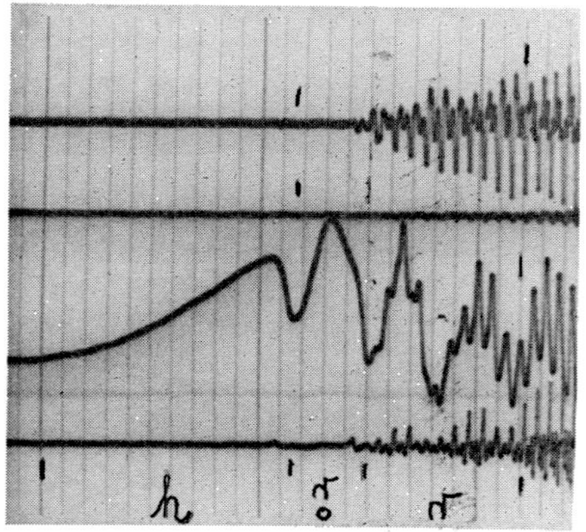

16. (18) *Hr*einn

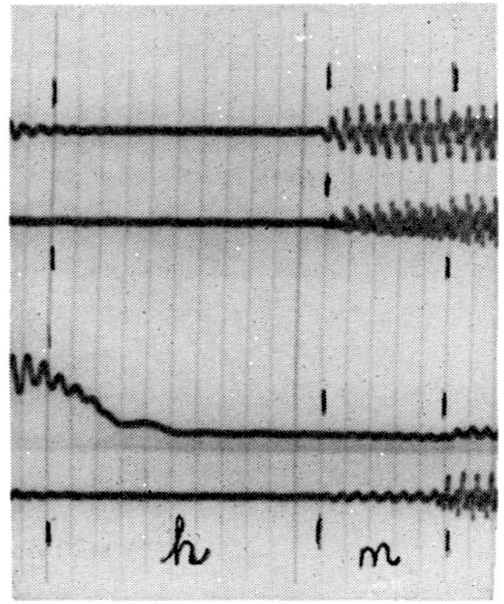

17. (5) *hn*appinum

4. *Consonne [h] devant consonne occlusive :*

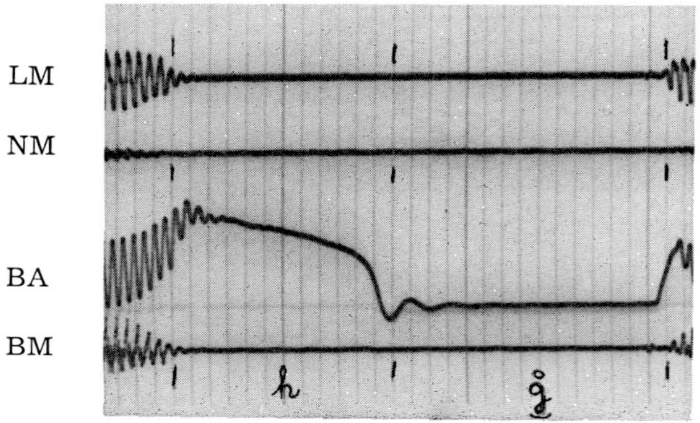

18. (44) e*kk*i

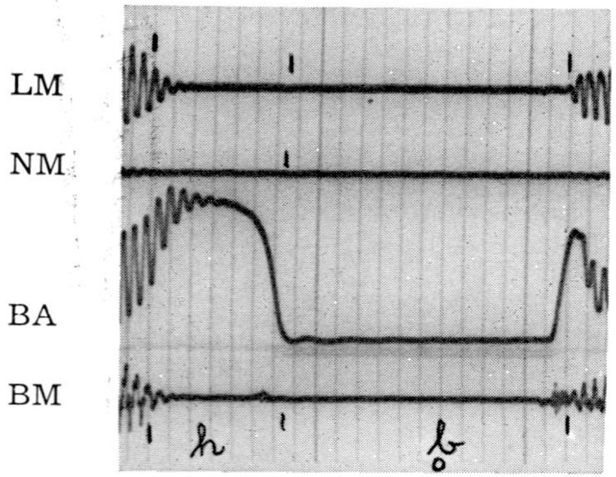

19. (41) u*pp*litast

SUJET II

1. *Consonne [h] devant l, n, r :*

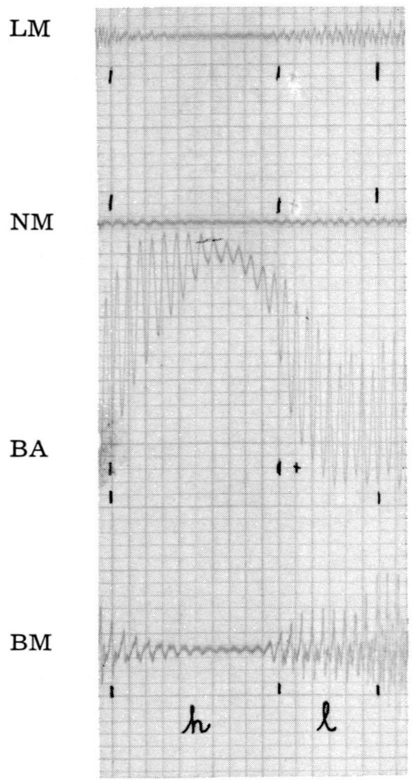

1. (14) *hl*iðið

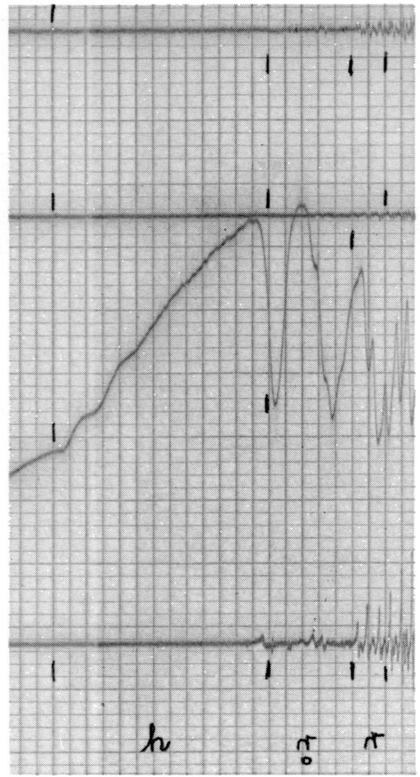

2. (18) *Hr*einn

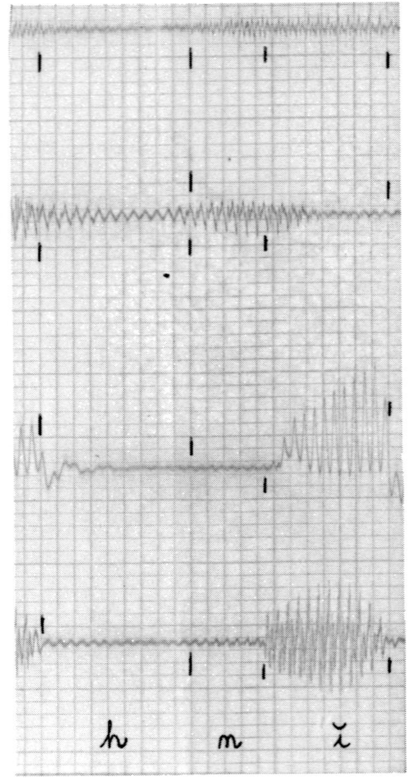

3. (2) *hn*ífnum

2. Consonne [h] devant consonne occlusive :

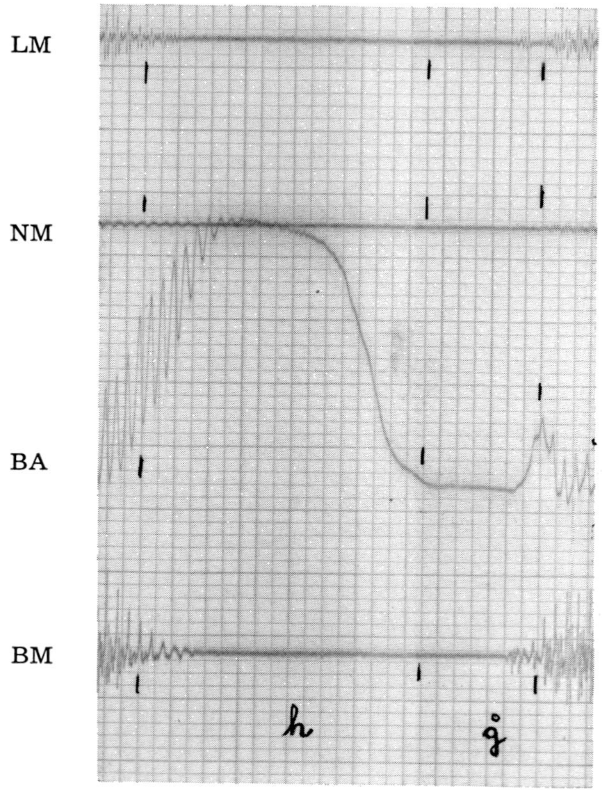

4. (12) ra*kk*ann

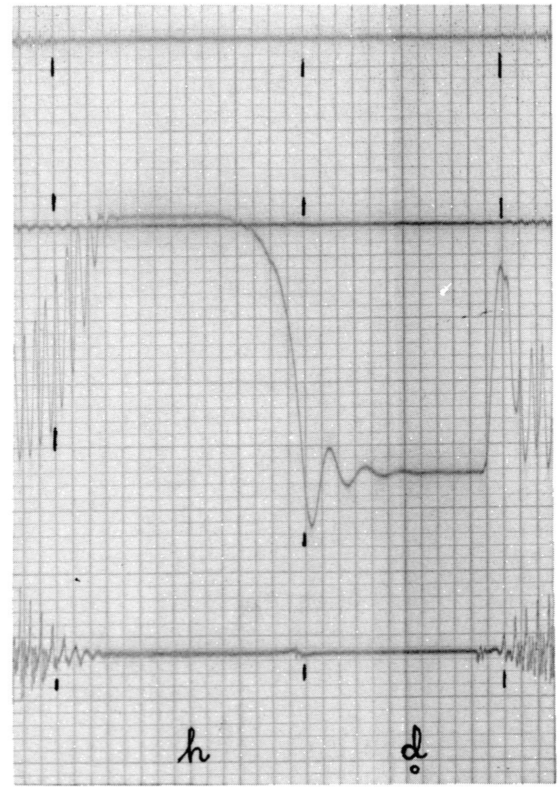

5. (18) gæ*tt*i

Annexe II

CARTES LINGUISTIQUES DE L'ISLANDE

ANNEXE II

Cartes linguistiques de l'Islande.

Répartition de variantes de prononciation sur le territoire islandais d'après les recherches de Björn Guðfinnsson durant les années 1941-46.

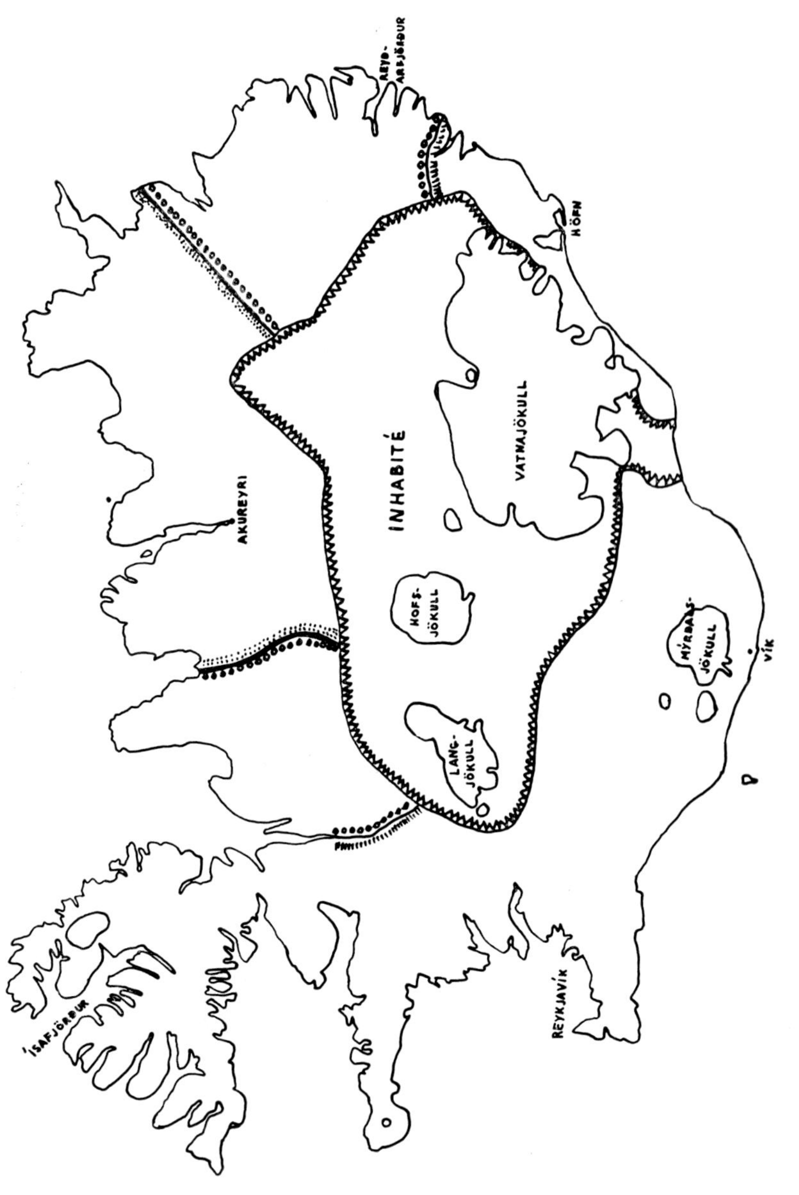

Carte n° 1.

p, t, k aspirés intervocaliques et postconsonantiques « *harðmæli* ».

p, t, k non-aspirés intervocaliques et postconsonantiques, « *linmæli* ».

Zones mixtes.

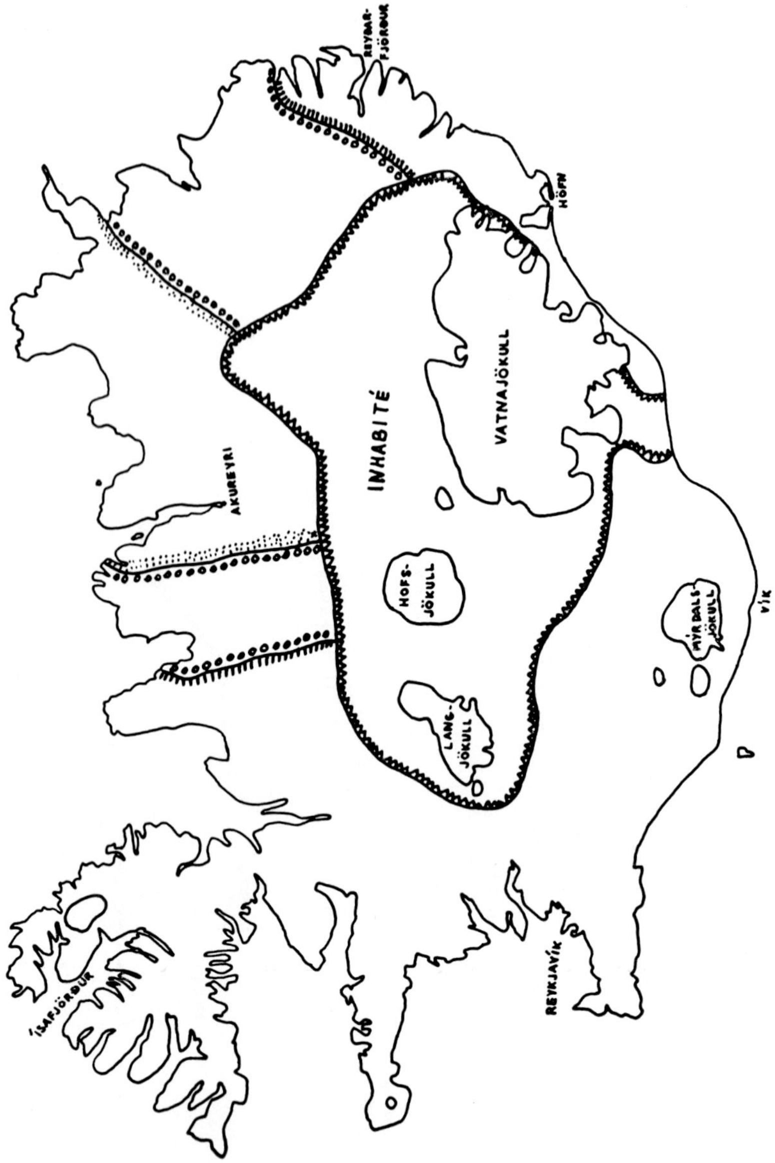

Carte n° 2.

Conservation de ð, *l*, *m*, *n* sonores devant *p*, *t*, *k* aspirés.

ð, *l*, *m*, *n* sourds devant *p*, *t*, *k* non-aspirés.

Zones mixtes.

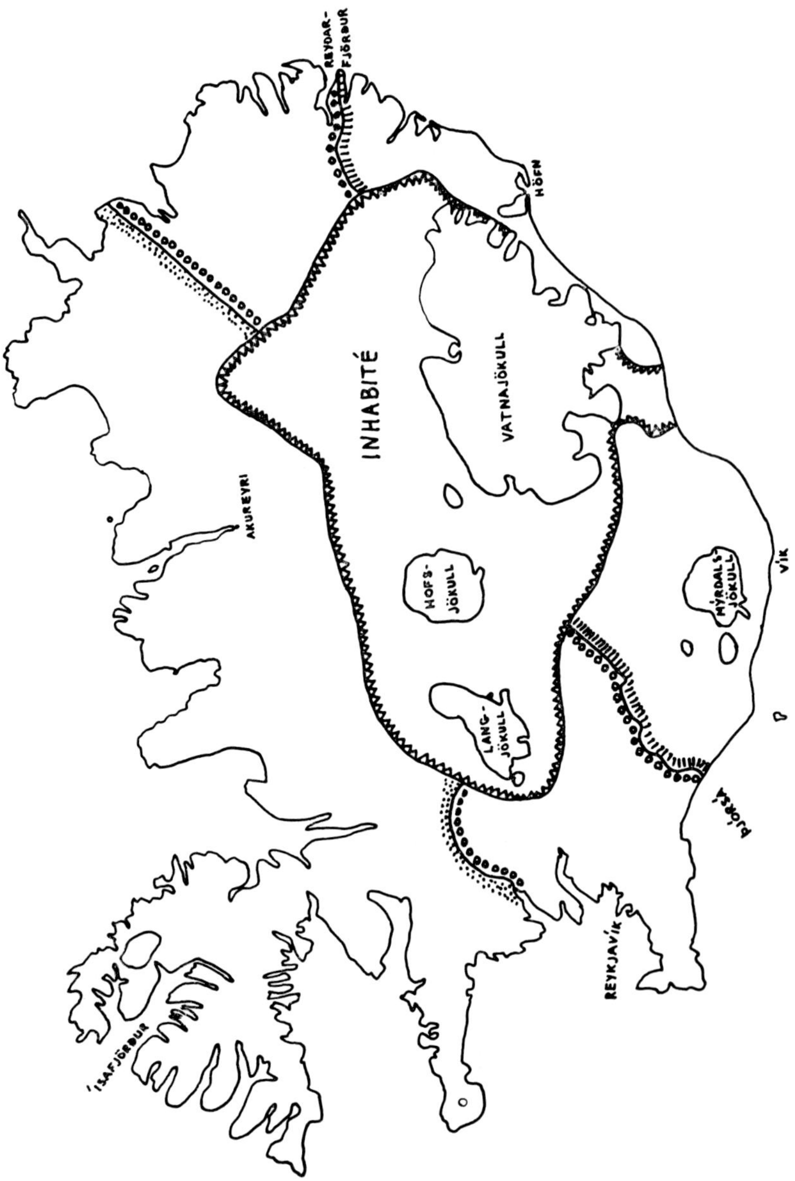

Carte n° 3. *kv-* vs. *hv.*
Zone de *kv-*.
Zone de *hv-*.
Zones mixtes.

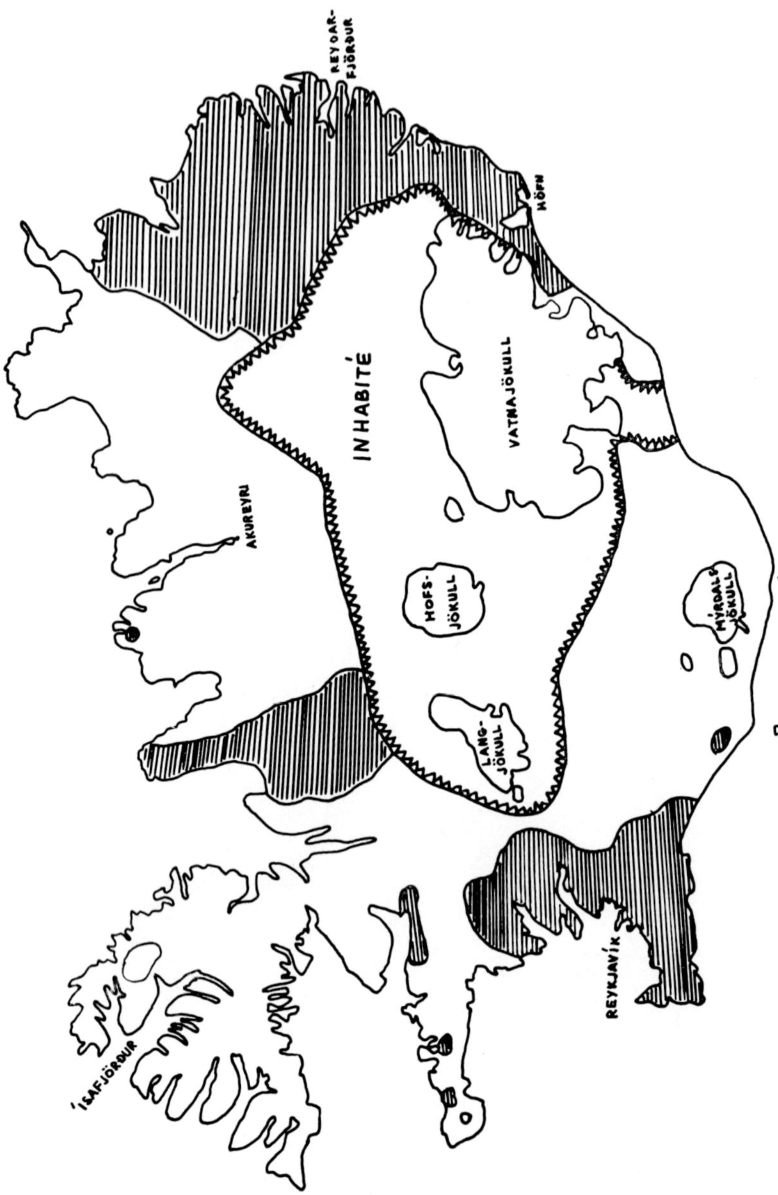

Carte n° 4.

Zones de « *flámæli* ».

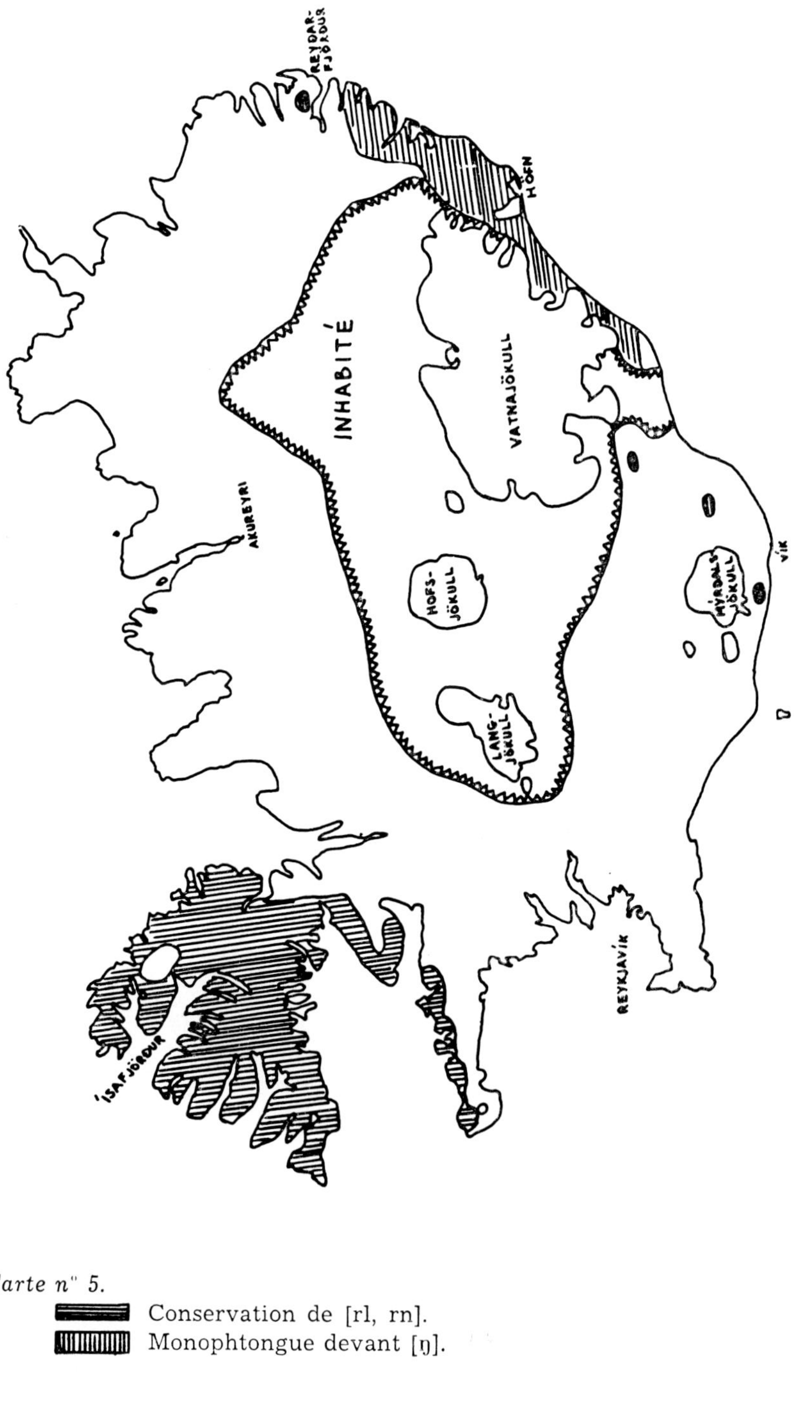

Carte n° 5.

▬ Conservation de [rl, rn].

▥ Monophtongue devant [ŋ].

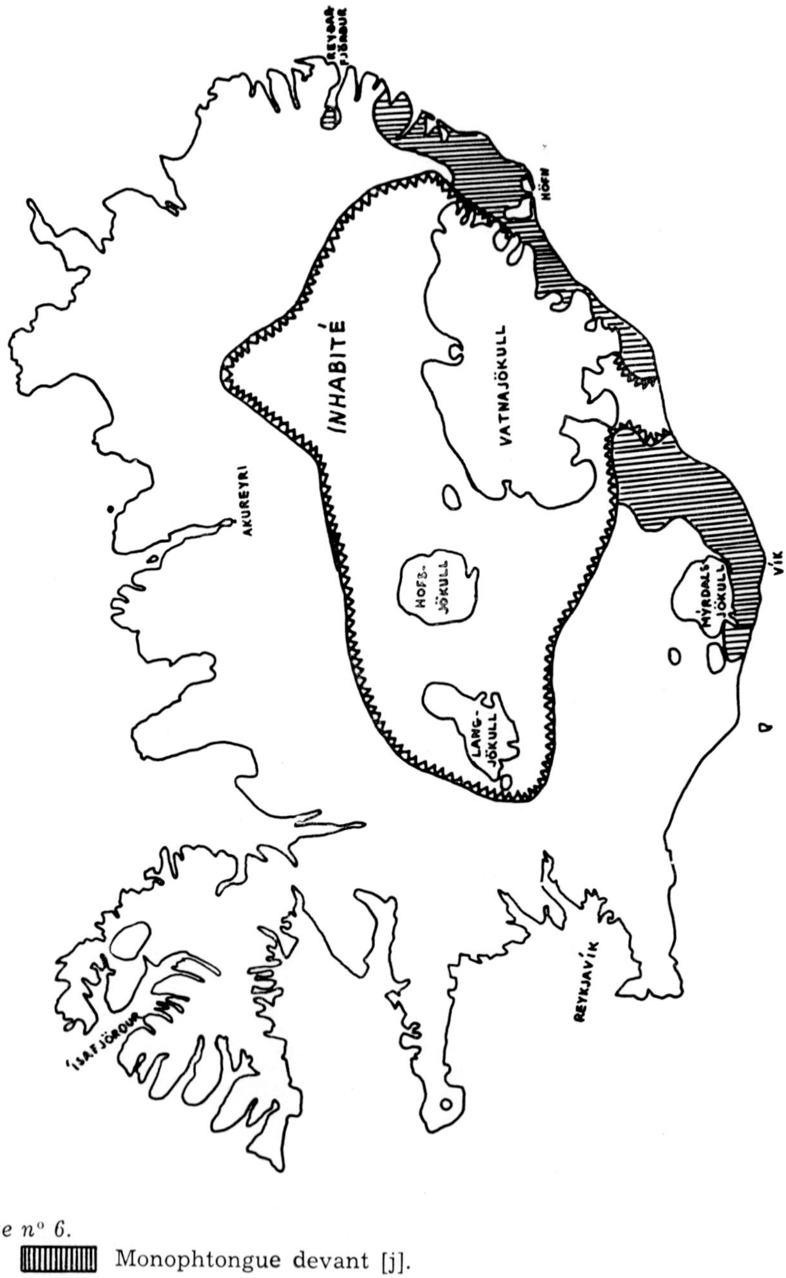

Carte n° 6.

Monophtongue devant [j].

Table des matières

ACHEVÉ D'IMPRIMER
LE 31 JANVIER 1974
SUR LES PRESSES DE
L'IMPRIMERIE RÉGIONALE
35-37, RUE DU FOSSÉ-DES-TREIZE
F-67000 STRASBOURG